The Seth Material

セス・ブック
セス・マテリアル

ジェーン・ロバーツ 著
水野 浩 訳

ナチュラルスピリット

セス・マテリアル――目次

序文

霊と交信する能力（ミディアムシップ）は、人間の心や意識の本質、そして根本的な運命にも関わる本質的な疑問に触れる、知的好奇心を刺激する興味の尽きないテーマである。ミディアムの一般的な定義は「超常的な力の作用に敏感で、そうした力に由来する知識を伝達することができる、あるいはそのような力の援助なくしては不可能な行為を行うことができる人」というものである。多くの人たちは、ミディアムというと、依頼者が苦労して稼いだ金をだまし取ろうとして、エキゾチックな衣服をまとい、暗い部屋の片隅で隠れるように動き回る女性を思い描くだろう。そのようなミディアムがまだ存在していることを疑っているわけではないが――実際、何人かに出会ったことがある――、それはミディアムの実情とはほど遠い。

ミディアムの活動が一般に人気を博すようになり、スピリチュアリズムが宗教的信条として確立したのは、19世紀末から20世紀に変わる直前のことだった。交霊会が、巧みに設計された薄暗い小さな部屋（多くの場合、そうした部屋は礼拝堂か何らかの宗教的様相を呈したセットのある、小規模の劇場をまねて作られていた）で開かれ、参加者はたいてい最近の家庭内の不幸のために感情が高ぶっており、さらに聖歌やオルガンの音色によって、その精神状態はさらにヒステリー寸前までかき立てられた。それは全体的に見れば、巧妙に仕組まれた演出だったのである。ミディアムはトランス状態に入り、その「支配霊」の助けを借りて、「霊界」にいる今は亡き愛する人たちからのメッセージを伝達した。多くの場合、それらのメッセージは些細なもので、ときにはばかばかしいほどだったが、それでも後に残された家族は、愛する故人はまだ「どこか」にいて、「しあわせ」なのだと慰められて帰路についたのだ。

ときにはミディアムが、何らかの超感覚的知覚（ＥＳＰ：extrasensory perception）によって得たと思われる知識を示すことがあったが、超心理学やＥＳＰの科学的探求が始まるきっかけとなったのは、交霊現象のそうした側面だった。過去においても、また今でも、交霊術やスピリチュアリズムにはいかさまがつきものだということには疑う余地はない。通常より精妙な知覚が要求される領域では、客観的な証拠を得ることは困難であり、効果的に管理できる条件を設けることは不可能に近い。超心理学的探求においては、証拠によってではなく、超常現象を信じる気持ちによってそれが真実であると受け入れられてしまうことが多い。証拠はわずかだが、超常現象に対する信仰は常に有り余るほどある。著名な心霊研究家であるハリー・プライスの言った言葉が、この状況を最も適切に表しているだろう。「スピリチュアリズムは、最も好意的に表現すれば一つの宗教であり、最も批判的に言えばただのばか騒ぎだ」

しかし、ミディアムのトランス状態の研究が始まると、それは複雑な経験であり、現在「変性意識状態」といわれている、より広範囲の現象の一部であることが明らかになってきた。昏睡状態、カタレプシー、失神状態や仮死状態などの、ほかのタイプのトランス状態では、病理的状況が目立つ場合が多い。こうした状態は、ある種のドラッグや病気が、生体の化学反応に与える影響によって引き起こされるほかの多くの状態と同様に、無意識と関連があると考えられており、通常の睡眠状態や催眠状態、夢遊病のような変性意識状態よりはるかに強烈なものである。

さまざまな変性意識状態がある中で、霊と交信する能力は最も貴重なものといえるだろう。人間の心の主観的な領域を、非常に都合よく研究する可能性があるからである。霊と交信する能力を研究した多くの人たちは、実質的には、それは気づきの領域を拡大する方法だと述べている。英国の物理学者、レイノー・ジョンスンは、そうした変性意識状態が数多くあることに注目し、次のように語っている。「そのような状態では、通常の目覚めているレベルから意識が退くが、それらをまとめてトランス状態と呼んでも構わないだろう。その中には催眠術、メスカリンのような薬物、あるいは麻酔薬によって誘発されるものもあり、また、ある種のヨガの訓練によって引き起こされるものもある。ミディアムや霊感のある人は自発的にそのような状態に入ることができ、意識は自己の中のどことも知れないレベルまで退くのだが、同時に外界とのコミュニケーションの回線は維持されたままになるのである」。霊との交信という現象は、トランス状態の自己誘発であり、したがって、比較的病的な状況から自由であるために、催眠術の場合と同様に、その体験をより厳密に制御する可能性が得られる。

ジェーン・ロバーツには、アイリーン・ギャレットやミセス・オズボーン・レナードなどの、数名の著名なミディアムと共有するユニークな特徴がある。多くのミディアムは、自らがトランス状態で得た情報に対して、ほとんど宗教的ともいえる軽信性を持って反応し、実際、彼らの霊との交信体験から宗教的確信が生じることはよくあるのである。だが、自分が接触した潜在意識の世界に魅了されたにもかかわらず、即座に信じ込みたいという誘惑に抵抗し、トランス人格が伝えてきたことを鵜呑みにしないミディアムもいる。たとえば、ミセス・ギャレットは、霊と交信する能力とは何か、彼女自身の無意識、そして超心理学的現象一般を研究するために自らの生涯を捧げた。ミセス・レナードもまた、自身の交霊能力に関する疑問を探求することに献身し、数えきれないほどの実験で被験者になることに同意した。

偉大なミディアムは、偉大なミュージシャンや偉大な芸術家と同じくらい稀である。偉大なミディアムには、トランス状態に入りやすい鋭い感受性と、好奇心が強く、客観的で誠実に自己批判のできる強い人格が特異に混じり合った特徴が見受けられる。当然だが、非常に優れた才能を持つミディアムの性格は、そう簡単に特徴づけることはできないものであるが、ジェーン・ロバーツがたぐいまれな才能のあるミディアムの一人であることは、私には疑いの余地はないと思われる。

果敢にも自分自身の主観的経験を対象に実験し、インスピレーションやイマジネーション、あるいは創造性の根源を究明すること、それは常に並外れた才能に恵まれた人が行ってきたことだ。『超現実主義宣言』の著者であるアンドレ・ブルトンは、芸術の中で現実と非現実を融合するというアイデアに取り憑かれていた。それはたぶん日本の墨絵画家のように、ブルトンはその両者の区別をはっきりとつけることができなかったためだろう。ブルトンは、われわれが「現実」として理解しているものの深遠な側面を見つけようとして、一連の自動書記の実験を行った。結果として、内なる人間のより純粋な表現が得られたとブルトンは主張したが、この無意識の世界と、客観的な意識的気づきの婚姻は、ジェーン・ロバーツが踏み出した旅と似ていないこともない。霊との交信に長年の経験があるわけではない若い女性としては、ジェーン・ロバーツが自らの交霊能力と、それが暗示するものを真に理解するのに必要な、偏見のない自己批判的分析を身につけているのは、驚くべき進歩だといえるだろう。彼女は、基本的には哲学的である問題を、実際に応用することにすでに深く専心している。しかし、その原動力の一部は、彼女の交霊能力から発現してきたトランス人格であるセスのたまものだと言わなければならない。

トランス人格はふつう「コントロール」と呼ばれているが、これはその人格がミディアムの肉体に対する支配力を持っていると考えられているからで、独特で個性にあふれた特徴を呈することが多い。元来、コントロールとは、生きている者とコミュニケーションを図る手段としてミディアムの体を一時的に支配する霊、もしくは肉体を持たない存在だと信じられている。しかし、『The World of Psychic Phenomena（心霊現象の世界）』の中で、トランス人格またはコントロールの発現は、ミディアムの経歴や環境に関連する潜在意識的経験によるところが大きい、とF・S・エドソルは指摘している。「コントロール」と呼ばれる人格は何者で、どのようにしてコミュニケーションをとるのかという疑問は非常に難しい問題であり、超心理学者や深層心理分析家によって何十年にもわたって研究されてきた（ところでセスは、ミディアムを通して伝えられる情報における事実の歪曲という困難な問題を――私には良識と誠実さと思われるものをもって――議論している。ミディアムは、超常的な力と密接に関連があると考えられているために、彼らの伝える情報は100パーセント正確であることも期待されている。当然ながらこれは正しくないが、この姿勢は広く行き渡っており、エドガー・ケイシーやジーン・ディクスンに対する一般大衆の考え方にも見られるものである）。人間には五感を超えた能力があり、その能力は見たところ意識的な心にまったく影響を与えることなく、無意識の心に効果を及ぼす可能性は十分にあると信じる人たちもいる。「ミディアムの〝環境〟に関連する経験が、これらの驚異的な二次的人格の形成に一役買っているかもしれず、数人の著名なミディアムの場合には、そうした人格は、不気味なほどすべてを見通しているように見える」とエドソルは述べている。

ニューヨークの精神分析医、アイラ・プロゴフの「ダイナタイプ」理論など、トランス人格の存在を説明するために数多くの心理学的理論が提唱されてきた。アイリーン・ギャレットを被験者として広範囲にわたる研究を行った後、プロゴフは、「さまざまなコントロール人格の存在がミセス・ギャレットの精神にバランスを保つのに不可欠である」と結論づけた。プロゴフ博士は、交霊術におけるコントロール人格を「霊的な存在としてではなく、より大きな生命の原理が人間経験の中で明確に表現されるための手段である戯曲化の象徴的形態」と見なしている。ソクラテスには「ダイモン」が、ロバート・グレイヴスには詩の白き女神がいた。そしてノアは、泥酔して見た夢の中で自分自身を祖先の生まれ変わり、最初はアダム、次にジェレマイアだと感じた。この理論が提唱するように、人はそれぞれ自分自身の本質を、無意識のうちにそうした形で人格化するのである。霊感のある人たちは、自らの代替自己を創り出すのだが、おそらくダイモンや「霊的な」コントロール人格のように、よりはっきりと認識できて理にかなった形で表現されるだけなのだ、とミセス・ギャレットなどの霊能者は推測している。

しかしながら、理知的な判断力のある著名な心霊研究家、W・H・ソルターは、異なった見方をしている。「もしトランス人格が、長年にわたってコミュニケーションをとり続け、決して精神的にも感情的にも取り乱したりすることがなく、ふだんの性格からかけ離れた言動をすることもなければ、ミディアムの潜在意識的要素や戯曲化に基づくもっともらしい説明を考え出すことは困難である」

最終的に決定的な答えを得るには、まだ時期尚早といえるだろう。疑問を発することは重要だが、そのような探求によって、交霊術の、同様に重要なほかの側面がおろそかにされるようなことがあってはならない。ミディアムがトランス状態で伝達する内容が見過ごされることは多い。それは、ほとんどの場合、その内容がバカげたつじつまの合わない陳述であるためだということは間違いない。しかし、エドガー・ケイシーの発言のように、稀にではあるが、じっくりとした検討が要求され、知的好奇心を刺激する重要なアイデアが現れることもある。ジェーン・ロバーツの「トランス」人格、セスを通して伝えられた内容は、そのような関心を向けるに値するものである。

トランス状態で得られる情報の最良のものには、寛容で、個性の強い人格を通して伝えられた、優れた心理的洞察が見られるものだが、「セス・マテリアル」（セス・セッションの資料）にはそうした特徴がすべて備わっている。しかし、セスには、ほとんどのトランス・マテリアルには欠けている一つの要素がある。それは思考と説明における明晰さである。古来のものも、現代のミディアムのコントロールによるものも含めて、ほとんどのトランス・マテリアルは、構文が支離滅裂であるばかりか思考自体が混乱している。ところがセスには、複雑でたいていは深遠なテーマをわかりやすく、明快に紹介する才能があるように思われる。熟練した哲学者や学究的超心理学者などの専門家の目からすると、セスはときに、われわれのよく知る事柄について語ることがある（たとえば、睡眠中には心が肉体を離れるという彼の考えは古典的なもので、原始時代にさかのぼる）が、夢やＥＳＰの世界、そしてそのほかの驚くべき無意識の側面などの興味深い世界に、これから足を踏み入れようとしている者にとっては、セスは極めてわかりやすい教師だといえるだろう。

そしてセスが繰り返し語りかけるのは、そうした探求者、疑問を持つ人たちなのである。セスは、彼の交信の目的は、「人々が自分自身をよりよく理解し、自分の現実を見直して、変えることができる手段」を提供することだと述べている。内なる感覚に関する章では、自分の気づきの領域を拡大し、瞑想の技術とＥＳＰを発達させるにはどうすればいいかについて、明快かつ理にかなったアドバイスを提供している。もう一つ、セスやエドガー・ケイシーのような数人のトランス人格に特有なのは、哲学的、形而上学的憶測の重みを大幅に軽減してくれる大量の常識的なアドバイスと、個人の抱える問題に対する思いやりのある気遣いである。こうした要素が「セス・マテリアル」の最も重要な特徴であるように思われ、私が個人的に非常に惹きつけられるのも、間違いなく、そのような側面なのである。

興味深いことに、セスの人格と表現の様式が非常に独自であるために、多少とも慣れてくると、イシスのヴェールの向こう側から現れてくるというよりは、教養のある現代的知性の表現だと見なしたくなる。資料（マテリアル）もまた、驚くほど広範囲にわたるアイデアをカバーし、多くの場合、ほかに類を見ない好奇心をそそるものである。私が特に興味を持ったのは、「断片的人格の投影」についてのセスの説明であるが、これはドイツのドッペルガンガーやスラブのヴァルドガーを彷彿とさせるものだ（これは広く知られた現象であり、たとえば、フロイトもつかの間ではあるが、鏡の中に自らのドッペルガンガーを見たことがある。モーパッサンも彼の「分身」が部屋に入ってきて自分の前に座り、執筆に手こずっていた本の一部を口述するのを目撃した。口述が終わると、その生き霊は立ち上がり消え去った。ただ、セスがこの現象の理論だけでなく、そのメカニズムについても、もっとはっきりと説明してくれればよかったと思うばかりだ）。また、ミセス・デイヴィッドーニールが、チベット流儀の「トゥルパ」を創り出した際に述べた思考型の投影という伝統的なオカルト現象もある。

実際のところ、セスによれば「アイデアは出来事」なのである。したがって、どんな活動領域におけるどのようなアイデアも、物質化していてもいなくても、われわれの生活に影響を与えると考えるのは論理的である。「現実（リアリティ）としてのアイデア」も、西洋においてはプラトンにより正式に取り上げられ、その後の多くの哲学者によって述べられてきた、もう一つの非常に古い概念である。だが、セスはこの概念について抽象的に語るばかりでなく、それを論理的帰結まで推し進めている。すべてのアイデア、思考、そして心を集中させる対象は、ダイナミックで絶えず互いに影響し合う宇宙を創造する手助けとなり、そこではアイデアは、どんな物理的出来事とも同じように重要で具体的な役割を担っているのである。

　キリストの磔（はりつけ）に関するセスの理論は理想的な例だ。セスによると、キリストの磔は「夢の宇宙」に起源があり、別の現実界（リアリティ）で起きた出来事で、「歴史の中へ、一つのアイデアとして現れてきた」のである。セスは、磔が人類の内部にある共通の必要性から浮かび上がってきたただの「夢」だと言っているのではない。別の時空間の領域で現実化されているアイデアであり、それがわれわれの現世に影響を与え、われわれの文明に変化をもたらしたのである。当然のことながら、これは興味深い憶測だが、はたしてわれわれは、「アイデアは世界を変えることができる」という単純な哲学的金言を、どれだけ快く進んで受け入れることができるか考えてみよう。「人はパンのみにて生きるにあらず」「自分の隣人を自分自身のように愛せよ」など、例は数多くある。われわれは日常生活において、こうしたアイデアを抽象的な世界から原因と結果からなる時間の世界へと移し変え、実現しようと試みるのだ。セスは事実上、アイデアは現実（リアリティ）に規定されるばかりでなく、その逆の方向にも働くことができ、アイデアは世俗の世界に絶え間なく、計り知れない影響を与えていると示唆することによって、われわれの考え方を転換させようとしている。問題は、時間に依存する意識がこのアイデアの世界の中に顕在できるようになり、われわれも、アイデアの世界がわれわれの文明や個人の生活に及ぼしている影響に気づけるように、われわれの知覚の幅と気づきを拡大することだろう。セスはこう言っている。「夢の宇宙には、いつの日にか、物質世界の歴史を完全に書き換えることになる概念が備わっているのだが、可能性としてのそのような概念を否定すれば、それが発現することを遅らせることになる」。心が、「感覚器官によって得られたデータに」現実性(リアリティ)を「押しかぶせる」と説いたカントなら、感覚器官は単に物質世界を知覚するのではなく、「それを創造するのだ」と言うセスにおそらく同意しただろう。

　また、セスが述べた事柄の中には、知性を大いに刺激する資料(マテリアル)も散在しており、それらは今よりもはるかに大きな関心を持って扱われるべきものである。たとえばセスは、コミュニケーションをより効果的に行うために、無意識の中ではっきりと誰であるかわかる形をとって現れる象徴的人物の存在について語っている。これは具体的な事実のない研究対象ということになるが、推測と経験的な報告には事欠かない。偉大なスイス人の精神分析学者、カール・ユングは、神話的、宗教的、あるいは有名な歴史的人物の姿を借りて、意識的な心とコミュニケーションを図る、彼が無意識の元型的人物と呼ぶものの存在に注目した（ユング自身も、長年にわたり、自らの無意識の中の元型的人物、フィレモンと対話した）。ＬＳＤの効果について幅広い研究を行ったマスターズとヒューストンは、薬物によって誘発された意識の拡大を、4つのカテゴリーに分類したが、その3番目の象徴的レベルにおいては、一貫して歴史的または伝説的人物が現れ、神話的シンボルが豊富に見られると報告した。

哲学的見地からいうと、「セス・マテリアル」は、私が今までに読んだことのあるこの種のものの中では、最も優れている。セスのアイデアを比較研究すれば、非常に興味深いことがわかるに違いない。セスが語る内容は、本書のような大冊でも紹介しきれないほど複雑なものである。したがって当然ながら、この短い序文ですべてを要約することは不可能である。本書を読んでいる間には幾多の疑問が浮かび上がってきた。答えが得られなかったものも多いが、私にとってそれは悪いことではない。本書を読むことで、われわれが知的に、感情的に、あるいはスピリチュアルな面で刺激を受けて疑問を持ち、自分の慣れ親しんだ態度を見つめ直し、偏見という限界を越えて、常に拡大を続ける思想の領域へと駆り立てられるなら、多くのことが達成されたといえるだろう。これこそ、セスの人格と彼が伝えた内容の最も大きな価値だと私は考える。セス自身が述べているように、彼は思想を伝達し、知的好奇心を刺激するという、現世の教師にはほとんど見られない役目を担っているのである。

この探求がどこに向かっていくのかを理解している人は誰もいない。しかし、確かなことが一つある。「セス・マテリアル」のような、トランス人格によるコミュニケーションの記録は、人間の主観的な心を掘り下げて研究する稀な機会を提供するために、計り知れないほどの価値がある、という点である。これは一時的で安易な恩恵ではなく、同時に神秘的でもあり、挑発的でもある、人類の安寧にとって極めて重要な源泉の一瞥なのである。インスピレーションが湧き出す泉であり、科学する心に火をつける直感であり、詩人の夢がほとばしる源であり、われわれが時間とエネルギーを費やす人生の大半を占める場所なのである。

ニューヨーク州ニューヨーク
レイモンド・ヴァン・オーヴァー

ジェーン・ロバーツによる序文

1968年2月29日のことです。その夜もわたしは、週2回開いていたＥＳＰクラスを始めていました。大きな張り出し窓は開け放たれ、季節はずれに暖かい夜風が部屋の中に流れ込んでいました。ふつう、クラスを開くときには、居間の明かりはつけたままにしておきます。突然わたしは、訪問者が来ているのを感じ、そして前触れもなく、たやすくトランス状態に入っていきました。

そのときのクラスには、女子大生たちが集まっていました。学生たちはわたしの最初の本を読んだことがあり、セスのことは知っていて、クラスにも何度か出席したことがありました。でも、セスのセッションを間近に見るのは、初めてでした。目を閉じ、数秒後、目を開けたときには、目の黒みがずっと濃くなっていました。わたしはセスとなって語り始めたのです。セスは素早い、独特の身振りでわたしの眼鏡を床に放り投げましたが、自分が学生一人一人に焦点を合わせ、じっくり観察しているのがわかりました。口から出た声はかなり大きく、深みを帯びていて、女性であるわたしの声にしてはかなり男性的でした。

そのセッションで、セスは期せずして自発的に現れたのですが、都合よく学生たちにセスを紹介することができました。そこで、そのセッションから一部を抜粋して、まだセスのことを知らない読者の皆さんに彼を紹介したいと思います。

「きみたちが教えられてきたことに従えば、きみたちは物質で構成されていて、そこから逃れることはできないということになる。だが、それは正しくない。物質はやがて分解してしまうだろうが、きみたちはそうではないのだ。私のことを見ることはできなくても、きみたちは私がここにいることを知っている。きみたち自身の親も、死ねば目の前から消え去り、永遠に虚無の中へと消滅してしまうように見えるだろう。私はここではっきりと請け合うが、彼らは生き続けている。死は新たな始まりであり、死んでも、きみたちは沈黙させられてしまうわけではないのだ。きみたちが今聞いているこの声は、はたして沈黙といえるだろうか？　この部屋の中に感じられる私の存在は、はたして死だろうか？

　私が今ここにいるのは、きみたちに言いたいことがあるからだ。喜びは若者の特権ではない。私自身決して若いとはいえないのだから。喜びは肉体を持っている間に限られているわけでもない。私はきみたちの言葉でいう、肉体と呼べるようなものは持っていないのだから。私には決して失ったことのないものがある。それは私自身の自己感覚（アイデンティティ）だ。それは小さくなることなどなく、成長し発達し続けるのだ。

　きみたちはあるがままの自分自身である。そしてそれ以上のものになるだろう。変化を怖れてはいけない。なぜならきみたち自身が変化であり、いま私の前に座っている間にも変化しているのだ。すべての行為（アクション）は変化である。さもなければ、宇宙は動きのないものになってしまい、まさに死こそが終末となるだろう。あるがままの私自身、それはあるがままのきみたち自身と同じ、つまり個として存在する意識なのだ。

季節とともに変化しなさい。なぜならきみたちは季節を超えた存在なのだから。きみたちが季節を作りだしているのだ。季節は、きみたちの内なる精神的風土が映し出されたものなのだ。今夜、私は一つの目的を持ってやって来た。きみたちに、私の生き生きとしたエネルギーを感じ取ってもらい、そうすることによって、私がきみたちの知っている次元を超えた場所から話しかけているということを知ってもらいたいのだ。死は終わりではない。私のようなやかましい者が、死者の口を通して語ることなどあり得ないのだから。

私は今、この部屋の中にいる。しかし私をとどめておけるような物体は存在しない。きみたちもまた、私と同じように肉体から離れた存在なのだ。きみたちには肉体という、この世で使う自分自身の乗り物がある。ただそれだけのことだ。私はルバート（セスがわたしを呼ぶときの名前。セスはいつもわたしを男性として扱う）の身体を、許可を得て借りている。だが、私自身の本質は、原子や分子には縛られない存在であり、きみたち自身の本質も、物質から独立した存在なのだ。きみたちは以前にも生きていたことがあり、再び生まれてくることがあるだろう。そして物質的な世界を卒業した後も、生き続けていくのである。

私はあたかも時空間の穴を通るように現れ、ここにやって来る。時間と空間には、きみたちが旅することのできるいくつもの道筋があり、夢の中で、きみたちは私のいるところに来たことがあるのだ。きみたちには、自分自身の生き生きとしたエネルギーを感じてほしい。そのエネルギーが宇宙を進んでいくのを感じ、肉体的イメージからは独立したものであることを理解するのだ。実際、きみたちは、自分のエネルギーを外へと向かって投影し、物質的世界を形作っている。したがって世界を変えるためには自分自身を変えなければいけない。自分が外に向かって投影するものを変えなければならないのだ。

きみたちはつねに存在していたし、これからも存在し続けていくだろう。それこそが存在と喜びの意味なのだ。神というのはきみたちの内にいるものだ。なぜならば、きみたちは〈すべてなるもの〉の一部だからだ」

セスは、わたしを通して2時間以上も話しましたが、その口調があまりに早かったので、学生たちはメモを取るのに苦労しました。セスの喜びにあふれた生命力がはっきりと感じられましたが、その人格はわたしのものとは違っていました。わたしの目から、彼の皮肉を込めたさりげないユーモアが輝きだし、顔の筋肉が再編成されて別の表情を作り上げ、いつもの女性的な物腰は、セスの男らしい身振りに取って代わりました。セスは快活で抜け目のない、しかもまったく人間的な老人を装って大いに楽しんでいたのです。存在することの喜びを語ったとき、セスの声は、深みのある声色となって響きわたりました。後になって、学生の一人、キャロルがわたしにこう言いました。「セスの言葉は、あなたの口から出てくるのはわかっていたのですが、そこらじゅう、周りの壁そのものから聞こえてくるように感じました」

休憩の間に、キャロルは自分が書き取ったメモを読んでくれました。すると突然、わたしはいつの間にか再びセスとなると、前かがみになりながらおどけて言いました。

「私の話を記録したいなら、その程度じゃまだだめだ。きみはむちゃくちゃな書記だよ」

それから質疑応答の時間が始まると、セスはキャロルが読むメモを直しながら、ところどころ文を明確にするためにコメントしたり、キャロルと冷やかし半分のやり取りをしたりしました。そして学生たちの質問に答えていったのです。

これは大変単純なセッションでした。セスは、このとき初めて学生たちに語りかけたのですが、それでも「セス・マテリアル」の中でよく出てくるいくつかの問題を取り上げました。人格は多次元的であること。個人の人格は基本的に時間や空間に縛られてはいないということ。わたしたち一人一人の運命は、自分たちの手で決めるのだということ。この人生で直面しなかった問題は、別の人生で解決することになるということ。わたしたちはこの物質的な人生が始まる前に、自分が生まれてくる環境や、自分に最善の成長をもたらすような課題を選んだのであり、したがって不幸なことが起きても、神や社会、両親を責めることはできないということ。わたしたちは、呼吸をするのと同じように、なんの努力も私心もなく、物質を作り出しているのだということ。私たちはみんなテレパシーを使って集団的な思想に気づいており、それをもとにして、物質的な現実についての自分たちの概念を形成しているのだということ、などです。

１９６9年12月現在で、夫のロブとわたしは5年以上にわたって、５００回を超えるセッションを開いてきました。こうした事柄についてのわたしの最初の本、『How to Develop Your ESP Power（ＥＳＰ能力をどうやって開発するか）』には、わたしがＥＳＰに興味を持つようになった状況と、セスと出会うきっかけとなった実験について簡単に説明しています。わたしたちのところに現れるようになって以来、セスは、とても語りきれないほど数多くの機会にテレパシーや透視の能力を実演してきました。セッションを通じては、友人や見知らぬ人たち、学生たちの助けとなり、夫とわたしは、彼の教えに従うことによって、自分たちの心霊的な潜在能力を開発することを学んでいます。

しかしわたしは、以前から超常的な経験を豊富に持っているような、「生まれながらの霊能者」ではないのです。ロブもわたしも、そのような事柄についてはまったく知らなかったのです。セスが現れ、最初の熱狂が過ぎた後でも、こうした出来事が起きるようになった進展を受け入れられるようになるには、自ら問い続け、知的に理屈を追って考えずにはいられませんでした。自分の経験したことを、可能なかぎり科学的な論拠の上に位置づけておきたかったのです。

実際、わたしはこう思っていました。

「そう、確かにわたしはトランス状態に入って死後も生き続けているという人格に代わって話しているわ。確かに自分の超感覚的能力を開発することができるわ。そして確かに、生まれ変わりは事実だとセスははっきりと言っているわ。でも…でも…でも…」。

「セス・マテリアル」で述べられている数々のアイデアは、非常に興味深いものでした。しかし、それをたとえば、朝食に食べるベーコンと同じような堅固な事実として受け入れる気にはなれなかったのです。でも今は、それらの考えが、はるかに重要なものであることがわかっています。

セスが実際に死後も生存している人格だという可能性を認めることさえ、わたしにとっては合理的な知的能力を完全に放棄するに等しいことでした。セスが自分で主張しているような「もはや物質的現実に焦点の合っていない人格を持ったエネルギー存在」だとは、最初の本でもひと言も言っていません。代わりに、そのような人格に対する、心理学者や超心理学者の理論ばかりでなく、その対極に位置するスピリチュアリスト（心霊主義者）たちの説明も調べてみました。しかし、「セス・マテリアル」そのものが与えてくれる説明以上に論理的で一貫したものは、どこにも見つけることはできなかったのです。

わたしは、自分を、時間と空間に縛られた物質的な生き物だと見なすことに慣れていたので、自分自身の経験が指し示すものを受け入れることをほとんど拒否していました。この世で最も直感に頼る仕事に携わっていながら、今まで以上に客観的になろうとしました。わたしが永久に離れ去った世界、つまり物質的なもの以外は何も存在しない宇宙や、それがどんなものであろうと、別の現実（リアリティ）や次元からの通信など不可能な世界に再び戻ろうとしていたのです。それでもわたしたちは週2回、セスのセッションを開き続けました。

居間に座ってセスとなって話している間に、体外離脱体験（星気体投射（アストラル・プロジェクション））をするようになりました。わたし自身の意識が何キロも離れたところで、別の町や州にある場所や、そこで起きている出来事を知覚している間に、セスはわたしが見たものを詳しく述べていました。たとえば、わたしたちのファイルには、カリフォルニアに住む2人の兄弟の証言が残っています。わたしが5千キロほども離れたニューヨーク州エルマイラで、セスとなって話しているときに、セスは2人の家やその付近の状況を正確に描写したのです。このような事実を否定することは、とてもできませんでした。

わたしの本が出版されると、見知らぬ人たちから助けや助言を求める手紙が届くようになりました。結局、とても窮地に陥っている人たちのために何回かセッションを開くことにしましたが、その責任の重さに怖じ気づいてしまいました。その人たちは別の州に住んでいたので、セッションには参加しませんでしたが、助言は役に立ち、それぞれの状況に関する情報は正確だったと言ってくれました。セスはよく、過去の生まれ変わりの人生で解消されていないストレスにより、問題が起こると説明し、各個人が今の自分の能力を使って、それらのチャレンジにどのように対処していけばいいのか、具体的な助言を与えました。

このようなことが起きる前まで、わたしは、生まれ変わりに関する情報というものは、自分の潜在意識が用意した都合のいい空想の産物だと思っていました。実際、こうしたことのすべてが始まったときも、わたしたちははたして1回でも死を乗り越えるのか、ましてや何度も繰り返して生きるなどとは、とても信じられない気持ちでした。

ロブもわたしも月並みな言い方からすると、決して宗教的ではありません。結婚式や葬式に出席するときを除けば、もう何年も教会に行っていないのです。わたしはカトリック教徒として育てられましたが、成長するにつれ、先祖が信じていたような神を受け入れるのがますます困難になっていきました。神は先祖の人たちと同じように死んでしまったという皮肉なうわさもありました。子どものころ、わたしを支えてくれた「天国」の考えも、10代になると意義深い存在をあざけるような、浅薄なものに見えたのです。たとえ父なる神が存在したとしても、誰が周りに座り込んで賛歌ばかり歌いたがるでしょうか？　そんなに絶えず崇拝されることを要求するなんて、どんな知性のある神のすることでしょうか？　まったく、非常に自信のない、驚くばかり人間的な神だと言わざるを得ません。

それにとって代わる「地獄の業火」という考えも、同じように信じがたいことです。わたしたちの祖先が型通りに信じていた神は、悪魔が、大多数の不運な死者を責め苦しませる間、一部の恵まれた者たちと、なんの気兼ねもなく天国で腰を下ろしているというわけです。そんな神なんていらないわ、とわたしは決めつけました。友人にそんな人がいたら、とても許すことはできないでしょう。その点に関していえば、語り継がれているように、神は自分の息子すらあまり大事に扱わなかったのです。でもキリストなら、少なくとも尊敬することはできると思いました。キリストはこの世にいたことがあるし、ここがどんなところか知っていたからです。

というわけで、わたしは20歳になる前に、古典的な神や聖なる処女、聖徒の交わりといったアイデアから抜け出し、天国や地獄、天使や悪魔は、もはやわたしの世界にはいなくなっていたのです。無数の化学物質や原子からできている、この「わたし」は、そんなばかげた罠には、少なくとも罠だと見分けがつくようなものにははまりたくないと思いました。

ロブの境遇はまったく違っていました。彼の両親が信じていた宗派は、一種の社会派的プロテスタント主義で、教義からはおめでたいほど自由でした。おおざっぱにいえば、神はぱりっと糊のきいたシャツとピカピカの靴を身につけ、きちんとした家があり、稼ぎのいい父親のいる少年少女たちを愛したのです。それに母親がＰＴＡのためにクッキーでも焼けば、神様に気に入られるのに役に立ったでしょう。

わたしたちは2人とも、そんな神様が明らかに犯していると思われる、数々の不公平に文句はありませんでした。というか、2人とも神にそれほど関心がなかったのです。わたしには詩がありました。そして、芸術家であるロブには絵があったからです。わたしたちは、それぞれに自然との強い一体感を感じていました。ですから、突然、わたしが、死後も生存しているという誰かに代わって話をしていることがわかったときには、誰よりも驚いたのはわたし自身でした。わたしは時折、自分自身をひどく非難しました。アイルランド系の祖母でさえ、居間に霊がいるなんて受け入れるわけがない、しかもわたしは、その祖母のことを迷信深いと思っていたからです。死後も生き続ける魂という考えは、まさに大人が信じたがるナンセンスの最たるものでしたし、大学教育と頭の回転の早さ、それに生まれながらの反抗心が加わって、わたしは、そんなものはとうに卒業したと思っていました。自分が死後の生存という考えに対して、それを信じ切っている人たちに劣らず偏見を抱いていることに気づくまでに、しばらく時間がかかりました。今考えると、自分の度量の広さと頭の柔らかさを自負していたのですが、それは私自身の先入観に合致する考え方だけに向けられていたということがわかります。そして今は、人間の人格というものには、私たちがふだん認めている以上の、はるかに偉大な現実（リアリティ）があると納得しています。誰かが、ノート50冊以上もの心を引きつけてやまない原稿を生み出したのです。最も懐疑的な気分のときでさえ、その原稿とセッションが現実のものであることは受け入れざるを得ません。その原稿に書かれている題材の幅広さ、内容、そしてさまざまな理論、それらはたちまち、わたしたちを「とりこ」にしてしまったのです。

「セス・マテリアル」は、わたしという自己を越えたところから湧き上がってくるものであり、2人がこれまで読んだことのあるほかの自動書記による原稿に比べて、御都合主義の型にはまった言葉遣いや表現によって歪められるということがはるかに少ない、とロブもわたしも確信しています。セスによると、この資料（マテリアル）は彼自身ばかりでなく、これまでも別の時代や場所にいるほかの存在たちによって伝えられてきたもので、何世紀もの間に次々に生まれてくる世代の人たちのために、新しい形で再び与えられているのだ、ということです。これについては、読者の皆さんはご自分で判断なさるべきでしょう。でもわたし個人としては、セスの理論はもっともで、意義深いものだと思っています。

さらに付け加えるべきことは、セスのような人格――「〝霊〟による憑依」と呼ぼうと、(ソクラテスのように)「ダイモン」と呼ぼうと――は、いつの時代でも人類と関わってきたということです。こうした現象は、新奇なものとはとてもいえないのです。わたし自身の体験を語り、この資料(マテリアル)を発表することによって、そのような現象を解明するなんらかの手がかりを与え、人間性にはまだ利用されるのを待っている数々の能力と、ふだん使っているものとは別の知識を得る方法があるのだ、ということを示すことができればいいと思っています。

「セス・マテリアル」は、わたしが現実というものの性質として捉えていたアイデアを完全に覆し、わたし自身のアイデンティティを強めてくれました。もう以前のように、人間は時間や病気、徐々に進んでいく衰えから逃れられない存在で、自分ではコントロールできない、持って生まれた破壊的な衝動のなすがままに動かされているとは思えません。自分の運命は自分の手の中にあると、かつてないほど強く感じていますし、子どものときに潜在意識に埋め込まれたパターンに支配されていると思うことはなくなっています。

自分があらゆる心配や不安から完全に解放されてしまった、と言おうとしているのではありません。ただ、わたしたちには、自分や環境を変える自由があるのだということ、そして根本的には、わたしたち自身が環境をつくりあげ、そしてそれに対して反応しているのだ、ということが今はわかっているということなのです。今もそして死後も、わたしたちは自分にとっての現実を創り出すのだと信じています。

本書の目的は、皆さんに、セスと「セス・マテリアル」を紹介することです。セスは今までに一度だけしか物質化していませんが、ロブははっきりと彼の姿を見たことがあり、肖像画を描くことができました。その絵は今、リビングルームの壁にかかっています（xiiページを参照）。セスは5年も経たない間に、タイプして5千ページを超える原稿を生み出し、それは今でも続いているのです。わたしの知っている〝生きている〟人でも、一生の間にそんなにたくさんの原稿を書いた人はまずいません。それでもわたしは、自分自身の仕事も続けています。セスのセッションが始まってから、（本書のほかに）ノンフィクションを2冊、詩の本を2冊、それに10をこえる短編小説を書きあげました。セスがわたし自身の創造的なエネルギーを、自分のために〝盗んで〟いないことは確かです。

本書の最初の数章には、セスという人格がどのようにして現れてきたか、そして2人が何が起きているのか理解しようとしている間に、わたしたちの生活にセスが及ぼした影響について書いてあります。まったく突然、何もわからないうちに、自分でもほとんど不可能だと思えた体験をし始めたのです。これまでの人生でも、これほどまでに好奇心にかられながらも用心し、心を奪われながらも当惑したということはかつてありません。

はじめのいくつかの章には、初期のセッションからの抜粋も引用してあります。なにしろ当時は、セッションそれ自体ばかりでなく、セスのアイデアも、わたしたちには目新しい、奇抜なものだったのです。クライマックスは、初めてのウィージャーボード（降霊術や心霊術のために用いる文字盤）を使った実験から、わたしがセスとなって話しだしてロブを驚かし、また自分でもびっくりしてしまったときまでの経過、そしてさらなる進展が起こるにつれて、わたしたちの気持ちが変化していったことを述べた部分です。さらに、セスの透視能力の例もいくつか紹介するつもりです。

本書の大部分は、さまざまな話題、たとえば死後の生存、生まれ変わり、健康、物質的現実の本質、神の概念、夢、時間、自己感覚（アイデンティティ）、知覚などについてのセスのアイデアを扱っています。「セス・マテリアル」そのものからの引用と、例として上げたいくつかの生まれ変わりに関するリーディングを読むことによって、読者の皆さんはきっと自分自身の人格や自らがおかれた人生の状況について、より深い理解が得られることでしょう。健康についてのセスの理論が、皆さんすべての役に立つことを、そして人格に関する資料（マテリアル）によって、皆さん一人一人に、多次元的な現実（リアリティ）こそ自分の本性であるということがわかるようになっていただければと願っています。

ミディアムやＥＳＰ現象といったものの哲学的、心理学的意味、「セス・マテリアル」の起源に関する可能性、そしてセスが独立した存在であるかどうかに関わるいくつかの疑問、こうした事柄も考えていくことになるでしょう。また心霊的な能力を開発することについての、セスのアドバイスも紹介するつもりです。

心霊現象に関する書物に詳しく、超常的な経験の豊富な人なら、こうした出来事にはわたしよりうまく対処できたことでしょう。でもわたしはそうした知識や経験がなくても、少しも残念だとは感じなかったと思います。

第1章

セスとの出会い

セスのセッションが始まったいきさつを考えると、今でも驚きの念を禁じえません。わたしは人生の意味を求めて迷っていたわけではないのです。最初の小説がペーパーバックで出版されたばかりで、優れた小説家、詩人になるべくすべてのエネルギーを注ぎ込んでいました。ノンフィクションはジャーナリストが書くべきもので、創造的な作家の仕事じゃないと見なしていました。自分の人生と仕事のプランはもう出来上がっていて、進むべき道ははっきりと決まっていたのです。ところが今、わたしはこうして3冊目のノンフィクションを書いているというわけです。

1963年はわたしたち2人にとって苦労の多い年でした。ロブは背中を痛め、仕事から帰っても絵を描く元気もなく、わたしのほうは次に何を書くかで頭を悩ませていました。そしてペットの犬、ミスチャが死んだのです。おそらくこうした状況のせいで、人間の脆弱さというものにいつもより敏感になっていたのでしょう。でもたいていの人は、長年苦労を重ねたからといって、心霊的な現象が起き始めることはまずありません。まったく気づかないうちにわたし自身が危機的な状況に入り込み、内的な必要性に駆られて霊的な能力が目覚めてきた、というところなのでしょうか。

実際に、霊的なことなど考えたこともありませんでした。覚えているかぎりでは、一度も心霊現象を経験したこともなければ、知り合いにそういう経験をした人もいませんでした。わたしのそれまでの人生には、1963年9月9日夜に起きた驚くべき出来事に結びつくようなものは、何一つなかったのです。しかし、確かにその夜の出来事こそ、セスが現れ、セッションが始まったきっかけになったのだと思います。

それは心地よい秋の夕べでした。夕食後わたしは居間の古いテーブルを前にして座り、いつものように詩に取り組んでいました。ロブは部屋を3つへだてた裏のスタジオで絵を描いている最中です。わたしは、紙とペンを取り出すと、その日9杯目か10杯目のコーヒーと、それに何本かのタバコを友に腰を落ち着けました。猫のウィリーは青い絨毯の上で眠りこけていました。

次に起きたことは、幻覚剤なしのトリップのようなものでした。たとえ誰かがこっそりと角砂糖の代わりにLSDを忍び込ませたとしても、それよりも奇妙な経験にはならなかったでしょう。何の変哲もない時間を過ごしていたと思った次の瞬間、新奇で革新的な数々のアイデアの幻想的な世界が、なだれのように物凄い勢いでわたしの頭に飛び込み、頭蓋骨がまるでラジオの受信局になったようでした。しかも音量のスイッチが、耐えられないほどの大きさまで回されていたのです。この受信チャンネルを通して無数のアイデアが送られてきたばかりではありません。増幅されて脈打っているような感覚もやってきました。わたしは波長が合い、あるいはスイッチを入れられ――何と呼んでくださっても結構ですが――どこかの想像を超えたエネルギーの源とつながってしまったのです。ロブに来てもらおうと声を出す時間すらありませんでした。

　まるで物質の世界がティッシュペーパーほどの薄っぺらなものになり、その裏には現実（リアリティ）の無尽蔵の次元が隠れていて、わたしはいきなりそのティッシュペーパーをばりっという大きな音をたてて突き破り、向こう側へ飛び出していったのです。体はテーブルを前にして座ったままで、手は頭の中を駆け抜けていく言葉やアイデアの数々を狂ったように書きなぐっていました。ところがわたし自身はそのとき、どこか別の場所で、いろいろなものの中を突き抜けて移動しているような気がしていました。1枚の葉っぱを通り抜けて落ちると、宇宙全体がポッカリ口を開けたのです。それからまた宇宙から飛び出て、新しい展望へと引き込まれていきました。

　まるで、その体験を忘れることのないように、そのとき得た知識が体の細胞そのものに埋め込まれたかのように感じました。それは体の奥底から知るという感じ、生物的な精神性（スピリチュアリティ）とでもいえるでしょうか。それは知的に知るというのではなく、知ることと感じることが一緒になったような感覚です。それまでは忘れていましたが、そのときになって前の晩に見た夢を思い出しました。その夢の中で、これと同じようなことを体験していたのです。そしてわたしにはその2つの出来事に関連性があることがわかりました。

我に返ったとき、明らかにあの奇妙な走り書きの題目と思われる言葉を、ぞんざいな字で書き留めているところでした。**「観念(アイデア)によって構成される物質宇宙」**。のちに「セス・マテリアル」がこうした思想を詳しく解き明かしていくのですが、そのときのわたしにはまだそんなことはわかりませんでした。初期のセッションの1つで、セスはこのときにわたしとの初めての接触を試みたのだと語りました。わたしにいえるのは、もしあの夜にセスとなって話をするようになっていたら、まったく怯えてしまっただろうということだけです。

実際には何が起こったのかわかりませんでしたが、それでも人生に突然変化が訪れたという感じがしました。「啓示」という言葉が浮かびましたが、心から締め出そうとしました。でもどうやらそれは適切な言葉だったようです。わたしは単に、その言葉の持つ神秘主義的な意味合いが気に入らなかったのです。自分の仕事で現れるインスピレーションには馴染みがあります。でもこれは、鳥が虫と同じではないように、ふつうのインスピレーションとは似ても似つかぬものでした。

わたしが「受け取った」アイデアもまた、同じように驚異的なものです。おかげでわたしが現実に対して抱いていた考えは、根底から覆されてしまいました。あの日が来るまでは毎朝、1つの事実、「物質的な現実というものは信頼するに足るものである」ということだけには確信を持っていました。ときには現実が気に入らないこともあるかもしれませんが、頼りにすることはできます。自分が望むなら、現実に対して自分が抱いている考え方を変えることはできますが、それによって現実そのものが変わることはないはずです。ところがもう二度とそのように感じることはできなくなってしまったのです。

あの体験をしている間は逆に、私たちが物質を創りあげているのだということ、感覚器官は、通常は知覚することのできない無限にある現実（リアリティ）の中から、たった1つの、3次元の現実（リアリティ）しか私たちに見せてはくれないということ、それに感覚器官をあてにすることができるのは、その限られた認識の範囲を越えない質問をしている場合に限ることがわかりました。

でもそればかりではありません。たとえば、すべてのものにはそれ自身の意識がある、ということをわたしは初めて知ったのです。そのときまでは生きてはいないと思っていた事物にも、実際に夢のように素晴らしい生命力があることを、突然感じるようなりました。窓枠に刺さった1本の釘、その釘を構成している原子や分子の意識を、瞬間的にではありますが実感しました。

それまでの自分の考えや常識に反して、わたしは、時間というものは、1本のヒモにぶら下がった洗濯ばさみのように、一つ一つの瞬間が前後につながって連続しているのではなく、一種の永遠の今の中に、すべての時間（出来事）が存在するのだということがわかりました。

こうしたことは皆、物凄い速さで書き留められていったのですが、わたしは今でもその原稿を持っています。今、読み返してみても、何かを発見したという感覚、驚くべき事実が明らかにされたという感覚に圧倒されてしまいます。

その原稿から何カ所か引用してみましょう。

「われわれはエネルギーが個別化し、物質界に具体化した部分だ。その目的はエネルギーから観念を創り出し、それを物として表現すること（観念によって構成されるということ）を学ぶことである。われわれは観念を物体の中へと投影し、それを自分たちで扱えるようにする。だが、物体とは物質化した思考のことだ。こうして観念を物質化して表現することによって、考える〝自分〟と思考との違いを学ぶことができる。観念による構成は、自分が生み出したものを物質として示すことによって、自分が何であるのかを教えてくれる。言い換えれば、われわれは自分自身が創造したものを眺めることによって学ぶのだ。観念を物質的現実に変換することによって、観念のもつエネルギーと効力を学び、創造的エネルギーを使うことにおける責任を学ぶのである……。

エンティティ（entity）とは、肉体を持たない、不死の、根源的な自己／存在のことだ。それは他のエンティティとエネルギーを使って意志の疎通を図り、ほとんど無限といえるほどのエネルギーを自由に利用することができる。個人はわれわれが物質的に表現することのできる、全体自己の一部であり……。

映写機が映像をスクリーンに投射するのと同じように、目は内的なイメージ（観念）を物質世界に投影し、焦点を合わせる。口は言葉を、耳は音を創り出す。この原理を理解するのが困難なのは、イメージや音は感覚器官が読み取るのを待って、すでに存在しているものだと思い込んでいるからだ。実際には、感覚器官というものは、観念を物質的に表現するのに使われる創造のためのチャンネルなのだ。

つまり基本的には、感覚器官はすでに存在する物質世界を知覚するために発達したのではなく、世界を創造するためにあるのだ……」

これらのアイデアはあとにやって来た思想を予感させる、ほんの一端にすぎません。原稿は結局１００ページほどになり、今まで使われてきた用語を新しく定義し直した部分もありました。たとえば次ようなものです。

「潜在意識とは、観念が個人の意識的な心に現れる直前の入り口のことであり、根源的自己（エンティティ）と個人をつなげるものである……肉体は物からなる世界の性質にしたがって、根源的自己（エンティティ）が自らのイメージを、具体的に物質化して構成したものだ……本能は肉体的生存に必要な、観念による構成を行う最小限の能力である……現在とは、観念が物質の領域に出現する際に、感知できる接点のことである」

このときの体験と原稿は、どんな創造的な活動の背後にもある、潜在意識によるクリエイティブなプロセスの結果だと思いますが、通常の創造力のスイッチが突然オンになり、信じられないほど増幅されてしまったのでしょう。その夜生み出されたエネルギーは、わたしと夫の人生を変えてしまうほど大きなものでした。だからこそこうした体験は、心理学的にも非常に重要なものだと考えています。その出来事によって、わたし自身のそれまで気づいていなかった「霊的な」能力が発現するようになり、「セス・マテリアル」が生み出される引きがねとなったのは確かです。

明らかに、機が熟したというか、こうした能力が自然に出てくる地点にわたしが到達していたのです。それまで作家として鍛練してきたので、ヴィジョンを見るなど、わたしが怯えてしまうような出来事としてではなく、言葉を通してやってきたのでしょう。

さらに、もう一つここで述べておきたいことがあります。霊的能力それ自体は、私たち一人一人の中に本来備わっている創造性が発達した結果あらわになるものであり、したがって超常的なものではなく、平常なものだとわたしは考えています。しかしあとでおわかりになるように、このような能力は私たちの人格の、あまり馴染みのない別の領域に属する性質ではないかとも思うのです。つまり、通常の創造的な能力が増幅されると、私たちは現実(リアリティ)の別の次元と周波数が合ってしまうというわけです。

この出来事のあと、わたしの日々の主観的な経験までもが変化し始めました。まもなく、はっきりとしたわけもなく、突然夢を思い出すようになったのです。それはまるで第二の人生を見つけたような感じです。しかもそればかりでなく、そのあとの2カ月の間に、鮮烈な予知夢を2つも見たのですが、わたしの知るかぎりではそれは初めての体験でした。

ごく控えめにいっても、好奇心がそそられたのは確かです。あるとき、新聞売り場でＥＳＰ(extrasensory perception 超感覚的知覚)に関する本を見つけました。カバーの「透視夢」という文字が目に飛び込んできて、わたしたちはその本を買って帰りました。その頃わたしは、新しい本の題材を探していたのですが、その後、次のようなロブのアドバイスによって、それまで親しんできた生活の仕方から、ますます離れていってしまうという結果になりました。

買ってきたばかりのペーパーバックをコーヒーテーブルの上に置いて、わたしたちはその両側に腰を下ろして話し合いました。「考えている小説のあらすじなら3つあるんだけど、本当のところどれも気に入らないのよ」

ロブは本を取り上げると冗談半分で言いました。「ESP能力を自分で開発する本というのを書いてみたらどうだい？」

「ばかなこと言わないでよ。ESPなんて全然わからないんだから、書けるわけないわ。それにノンフィクションじゃない。生まれてこのかた、フィクションと詩しか書いたことがないのよ」

「知ってるよ」とロブ。「でもきみは夢に興味があるだろう。特にあのときすごいのを2つ見てから。それから先月のあの体験、あれはいったいなんだと思う？　僕たちが今まで見てきた本には、有名な霊能者のことしか載っていないじゃないか。ふつうの人たちはどうなんだろう。ひょっとしてみんなそういう能力を持っているんじゃないかな？」。わたしはロブを見つめましたが、彼はまったくまじめな様子でした。「いくつかまとまった実験を考えて試してみたらどうだい？　自分がモルモットになってね」

そう言われてみると、ロブの思いつきにも一理あります。自分が今、関心がある問題を調べることができるし、同時に本も書けるというわけです。

早速次の日に取りかかりました。1週間もしないうちに、わたしはふつうの人でも超感覚的な能力を開発できるかどうかを調べるために、いくつもの実験を考え出しました。そして本の概要を書き、あまり大きな期待は持っていませんでしたが出版社に送ったのです。

意外にも、わたしを担当している編集者からすぐに返事があり、彼は、いいアイデアだとかなり乗り気で、試しに3章か4章ぐらい書いてくれないかというのです。ロブもわたしも嬉しかったのですが、リストにしてみた章題をあらためて見てみると、いささか度を失ってしまいました。「自分でやってみる交霊術」「テレパシー、事実かフィクションか」「ウィージャボードの使い方」……。

「それじゃ、始めてみるか」とロブが笑いながら言いました。

「あなたが提案したことですからね」とわたしは言い返しました。実はそのときまでに、考え直したほうがいいのではないかと思い始めていたのです。わたしたちは一度も霊能者のところに行ったことがありません。テレパシーなんか体験したこともなければ、ウィージャボードを見たこともなかったのです。でも一方では、だめでもともとじゃないかしら、とも考えました（かなり経ってから思い出したのですが、そもそもわたしがフィクションを書くようになったのも、ロブのアドバイスがきっかけでした）。

というわけで、わたしたちは始めました。まずは「ウィージャボード」にしようと決めました。思いついたいろいろな実験の中で、一番単純だったからです。家主が屋根裏部屋でボードを見つけてくれたので、それを借りることにしました。正直に言うと、最初の数回は何となく気恥ずかしい感じでした。「こんなことはさっさと片付けて、本当に興味のあるテレパシーや透視に早く取りかかりたいわ」。そんな態度でいましたから、初めの何回かは失敗に終わったのも当然でした。

3度目に試したとき、小さな指針（ポインター）（文字盤の文字を指す道具）がやっとのことで、わたしたちの指の下で動き始めました。そして、フランク・ウィザーズ（仮名）という、ニューヨーク州のエルマイラに住んでいて、1940年代に死んだ人物からだと思われるメッセージをつづり出したのです。

次にそのときのやり取りのいくつかを紹介します。質問したのはロブで、ポインターがそれに答えて文字を指しました。

「あなたが死んだのは何年だったか教えてくれますか？」

1942年

「わたしたち2人のどちらかを知っていましたか？」

ノー

「結婚していましたか？」

イエス

「あなたの奥さんはまだ生きていますか、それとも亡くなりましたか？」

死んだ

「奥さんの名前は?」

アーシュラ

「名字は?」

アルテリ

「あなたの国籍は?」

イギリス

「奥さんの国籍は?」

イタリア

「あなたが生まれたのは何年でしたか?」

1885年

ボードがちゃんと答えてくれたのには、2人ともびっくりしました。わたしは大人が2人でボードの上をポインターが滑っていくのを見てるなんてお笑いだわ、と思いました。それにまともに受け入れる気もありませんでした。まず1つには、わたしたちのどちらも死後の生を信じていたわけではないですし、まして死んだあとも意識があって、意志を伝えることができるなんて思ってもいなかったからです。あとになって、メッセージを伝えてきた人物と同じ名前の男がエルマイラに住んでいたことがあり、1940年代に死んだということがわかって驚きましたが、わたしたちはメッセージそのものより、何がポインターを動かしているのかを見つけ出すことに、もっと関心があったのです。

数日経ってからまたやってみたところ、フランク・ウィザーズは、トルコで兵士として生きていたことがあると語り、さらに別の人生では、デンマークのトリエフという都市で、ロブとわたしを知っていたと主張（ボードを通してですが）しました。日付や地名がいくつも出てきたのですが、トリエフはもう存在していないことがわかりました。

その後、1963年12月8日に、今度もうまくいくだろうか、と幾分疑念に駆られながら、再びボードを前に腰を下ろしました。部屋は暖かく、気持ちのよい晩でした。窓の外では雪が降り続いています。すると突然、ついていくのがやっとなほど、ポインターがすばやく動き始めました。

ロブが質問をし、ポインターの答えを書き取るまでにしばらく間がありました。それまでのセッションでは、フランク・ウィザーズの応答は1語か2語の短いものでしたが、このときの答えはどんどん長くなり、その内容も以前とは違ったものになりました。部屋の雰囲気も変わったようです。

「何かメッセージがありますか?」とロブが訊きました。

意識はたくさんの花びらのついた花のようなもの、とポインターの答え。

最初のいくつかのメッセージで、フランク・ウィザーズが生まれ変わりの正当性にこだわっていたので、ロブが言いました。「何度も生まれ変わった人生についてどう思いますか?」

生まれ変わった自分はわたし自身そのもの、だがわたしはそれ以上のものになる。全体（ホール）

は、それぞれの核心が合わさったもの。(*)

初めてポインターが完全なセンテンスをつづったのです。わたしは笑いました。

「これはみんなジェーンの潜在意識が話しているんですか?」とロブが尋ねます。

潜在意識は廊下のようなものだ。どの扉を通って廊下に出て行こうとどんな違いがある?

「ひょっとしたらあなたの潜在意識かもね」とわたしは言いましたが、ロブはもう次の質問に移っていました。

「フランク・ウィザーズ、これから細かな点について訊き直しても構わないですか?」

イエス。だがフランク・ウィザーズという名前で呼んでほしくない。その名の人格はかなり精彩を欠いているんでね。

ロブとわたしは顔を見合わせて肩をすくめました。本当にとんでもないことになってきました。しかもポインターの動きはますます速くなっていきます。一瞬おいてからロブが訊きました。「何と呼べばいいんですか?」

神にとっては、どのような名前も、すべて彼の名前だ、とポインターがつづりました。

ウィザーズは今度は宗教じみてきたわ! わたしはあきれて窓の外を見るふりをしました。

「でも、あなたに話しかけるときに何か名前があるといいんですが」とロブ。

きみたちの好きなように呼んでもらって構わない。わたしは自分をセスと呼ぶ。それは私の中の一番私らしい部分、つまり私の今の、あるいは私がなろうとしている全体的な自

己をかなり正確に表す人格にふさわしい名前だ。きみの全体自己はジョゼフという。過去と未来にいるきみのさまざまな人格を総合したイメージをほぼ完全に表している。

この文章全体が、非常に速くつづり出されたので、指をポインターにのせておくのがやっとでした。思わず、わたしは前に乗り出しました。うなじの毛が逆立つような感覚が走りました。いったいどうなってるの？

「もっと話してくれますか？」とロブが続けて、「わたしをジョゼフと呼ぶなら、ジェーンのことはどう呼ぶんですか？」

ルバートだ。

わたしたちは再びお互いに目をやり、わたしは顔をしかめました。「もう少し詳しく説明してくれませんか？」

何を説明するのかね？とポインターが尋ねます。

「わたしたちには奇妙な名前です。ジェーンも気に入らないんじゃないかと思います」

奇妙なことは奇妙なままに。

しばらく間がありました。わたしたちは何を訊いたらいいのか、どう進めていけばいいのかわかりませんでしたが、やっとロブが言いました。「今年になってあんなに背中が痛かったのはなぜか、教えてくれませんか？」

有機体を通る生命力の流れが、第一脊椎で滞っていた。不安による抑うつが神経を圧迫

する。霊魂（スピリット）が膨らめば、圧力が開放され、肉体を持つ有機体も拡大する。

以上は、セスとの最初のセッションからごく一部を抜粋したものにすぎません（数週間後、ロブの背中の具合がさらに悪くなり、カイロプラクターに見てもらったところ、第一脊椎骨がずれていることがわかりました）。このときのセッションは真夜中過ぎまで続き、終わってからもわたしたちはそれについて話し合いました。

「もしかしたら、セスは2人の潜在意識が合わさって、わたしたちに理解できないやり方で働いた結果かもしれないわ」

「そうかもしれない」。ロブはにやりとするとさらに続けました。「ひょっとしたら、本当に死を越えて生き延びた誰かかもしれないよ」

「ばかなこと言わないで」。苛立ってわたしは言いました。「第一、どんな目的があるっていうの？　もし霊がいるとしても、ウィージャボードを動かすよりもっとほかにやることがあるはずよ」

「何て言ったんだい、ルバート？」とロブ。頭をひっぱたいてやろうかと思いました。

セスにはちゃんと目的がありました。それから5年間にわたって、決まって週2回、わたしたちに話してきた資料（マテリアル）を伝えるという目的が——。でもわたしたちは当時、そのことは知りませんでした。このウィージャボードを使った4回目のセッションが、セスとの初めてのセッションとなったわけです。その後の2回も同じようなセッションでしたが、1つだけ当惑するようなことがありました。ボードの答えが、わたしにはあらかじめわかるようになったのです。このことにわたしは大いに悩み、不安が増していきました。次の、セスとの4回のセッションで、ますます速く言葉が頭の中で聞こえるようになり、しかも文章ばかりでなく、パラグラフ全体が、実際にボードでつづり出される前にわかってしまうようになったのです。

次のセッションもいつもと同じように始まりました。わたしは午後はアート・ギャラリーで働き、夕食の後片づけを終え、ロブもその日の絵を描く仕事を済ませると、ボードを取り出すのです。

「ジェーンはあなたと接触することについて、なぜ気が乗らないのですか?」。準備が整うと、ロブが質問しました。「あまり熱中しているとはいえませんからね」

彼女はボードが字をつづる前に、わたしのメッセージを受け取っているので気をもんでいるのだ。そうなったらきみだって慎重になるだろう。

「でもそんなに心配するのはどうしてでしょう?」。まったく巧妙に知らないふりをして(そのときわたしは思ったのですが)、ロブが尋ねます。

そのほうが不気味だからだ。

「なぜです?」と執拗に訊き返すロブ。

ボードは中立だが、心の中に現れるメッセージはそうではない。

その頃わたしたちは、友人の1人、ビル・マクダネルに自分たちのしていることを話したことがありました。ビルはお返しに、数年前美術を学ぶ学生だったときに見た亡霊について話してくれたのです。彼がそんなことを口にするのはそれが初めてでした。ロブは、ビルが見たものは何だったのか訊いてみました。

彼自身の根源的自己（エンティティ）の断片、過去の人格が、目に見える次元で一時的に独自の存在を取り戻したのだ。時にこの種の脱線が起こることがある。

「その人格像はビルには気づいていたのですか?」

わたしはロブのその質問を、ほとんど聞いていませんでした。セッションが始まってからずっと、ボードがつづり出す前に頭の中に言葉が聞こえていて、口に出して言ってみたいという衝動に駆られていたのです。今やその衝動はますます強くなり、わたしもそれと戦うためにさらに力を込めました。

ところがわたしの好奇心はひどく刺激されていました。結局何が起こるのかしら? わからない——そんなことを考えていると、好奇心はさらに強くなりました。

ポインターがロブの質問に対する答えをつづり始めました。

人格の断片はどれも、個人としてのそれ自身の意識を持ちながら、根源的自己（エンティティ）の内部に埋もれた形で存在している……

ポインターの動きが止まり、わたしは高い飛び込み台のてっぺんで、後ろにイライラしながら待っているたくさんの人たちを従えて、まさに飛び込まんと震えながら立っているような気分がしていました。わたしを飛び込ませようと押し続けていたのは、実際には言葉です。言葉はわたしの心の中を勢いよく飛び回っているかのようでした。突拍子もないことですが、もしそれらの言葉を口に出さなかったら、無数の名詞や動詞が積み重なって通り道をふさぎ、ほかのすべてのものを心の中から締め出してしまうのではないかと感じました。そして、どのようにだったか、なぜなのかもわからないまま、わたしは口を開き、言葉を吐き出しました。初めてわたしはセスの代わりとなって話し始め、一瞬前にボードがつづり出していた文章を引き継いでいたのです。

「ビルがその人格像に目をやり、存在に気づいたとき、その断片自体は夢を見ているような状態だったのだ。根源的自己（エンティティ）は自らの断片を、きみたちなら潜在意識と呼ぶレベルで、つまり意識的に指揮することなく操作する。根源的自己（エンティティ）は断片に独立した命を与え、そのあとでたいがいは忘れてしまう。一時的にコントロールが効かなくなると、根源的自己（エンティティ）と断片は互いに正面から相対することになる。意識的な心が心臓の鼓動を統制することができないのと同じように、根源的自己（エンティティ）が断片的人格を支配することは不可能なのだ」

突然言葉が途絶え、わたしはロブを見つめました。

「自分が話しているのが聞こえるかい？」とロブが尋ねます。

わたしは戸惑いながらもうなずきました。「ぼんやりとね。どこかよその局のラジオ番組が、頭の中で聞こえてくるって感じだわ」。話すのをやめて、手をポインターの上に戻しました。このおしゃべり——というか何というか——は、一晩にする分としてはもうたくさんだと思ったのです。

「セス、ジェーンはさっきのメッセージを本当にあなたから受け取ったんですね？」

そうだ。ジェーンはもっと気分がよくなるはずだ。

ポインターが再びメッセージをつづり出し、わたしは少しリラックスしました。そしてロブは次の質問に移りました。

「それなら、通りを歩いていて、自分の断片と出会うこともありうるということですね？」

ポインターが答え始めます。

もちろんだ。よくわかってもらうために、いい喩えを考え出そう。たとえば、思考も断片だ。もっとも違った次元での話だが……

またしても言葉がわたしの頭の中を飛ぶように横切り、一方小さなポインターは、ゆっくりと丹念に単語をつづっていきます。今でも覚えていますが、わたしはワクワクするようなもどかしさを感じ、メッセージの続きを声に出して話していました。

「思考が物質界に現れるようになるには、変換されなければならない。別の断片、つまり人格の断片と呼ばれるものは、根源的自己（エンティティ）の庇護のもとにではあるが独立して機能する」

再び言葉が止まりました。今度はもう少し考える時間が取れるまで、同じようにまた自分が話し出すことのないようにしようと心に決め、ロブに伝えました。そして、ボードを使って調べてみようということになりました。「ジェーンの答えは正確に伝わっていますか、セス？」

イエス、とポインターが答えます。**ボードが答えをつづり出すのを待たなくていいので、ジェーンは元気を取り戻すだろう。**

「そんなふうに考えてくれる人がいて嬉しいわ」と、わたしはロブに言いましたが、さて、またボードが順調に答えてくれるようになると、好奇心が再び頭をもたげてきました。2人のうち、どちらか1人だけがポインターに手を置いてもちゃんと動いてくれるかどうか訊いて、とロブに頼むと、ポインターは試してみるように提案しました。ロブが両手をポインターの上に置き、質問します。でもポインターはほとんど動きませんでした。

そこで2人ともまた手をポインターに戻し、ロブが尋ねました。「セス、今のはどういうことなんですか？」

あまり好ましいことではない。きみたちの側から接触するときには、おそらく内的な視覚データが関わってくるだろう。ジェーンはきっとわたしの言葉を直接受け取れるはずだ。どちらにしろ、常に接触が可能というわけではない。接触できなければ、わたしよりきみたちにとってきまり悪いことになるだろう。

「ウーン」とロブ。わたしたちは笑って、やっとセッションを終えました。

セスが「内的な視覚データ」という言葉で意味したものに、あのときロブが気づいていたとしたら、それをどう思ったかはわかりません。これを書いている今、思い出したのですが、ロブが初めて異常なほどの鮮烈さで内的なヴィジョンを見たときには、かなり驚いていました。それについてはあとで述べようと思います。当然のことながら、あの夜、わたしたちの主な関心事は、わたしがセスの言葉を声に出してしゃべるという体験をしたことでした。それが次のセッションでどんなふうに発展していくかそのときわかっていたら、きっとわたしは神経がおかしくなっていたことでしょう。

実際次の月には、実に驚くべき体験が待ち受けていたので、わたしたちはこの実験そのものを中止してしまうところでした。しかし同時に、気が楽になったようにも感じました。もしこの世界と現実というものに、わたしたちの知っている以上のものがあるならば、何としてでも見つけ出してやりたいと思ったのです。そして、わたしたちは今でも発見の途上にいます。セッションでは次々と新しい要素が現れてくるからです。「セス・マテリアル」は続いており、答えを知りたいと思う疑問が数えきれないほどあるのです。

12月8日にセスが名乗り出ました。15日にはわたしは初めてセスとなって話しました。そしてまもなくして、ボードをまったく使わずに、セスという人格がはるかに自由に自らを表現し始めたのです。この成り行きを見守るのは、胸をときめかせるような体験です。そういうわけで、わたしは初期のセッションを紹介するために、かなりのスペースを割くつもりです。そうすれば、皆さんもセスが語ったとおりの資料（マテリアル）に馴染むことができ、セスが自発的に1人の人格として現れてくる様子が見て取れるでしょう。

＊　ハート（heart）とパート（part〈部分〉）をひっかけた語呂合わせ。

第2章

ヨーク・ビーチの人格像――〝切り離された〟人格の断片

次のセッションが始まる前、わたしはかなり緊張していました。ギャラリーでのその日の仕事は特に骨の折れるものでした。それにロブも疲れていました。しかしロブが夕食後の仮眠からすぐに目覚めてくれたのはありがたいことでした。そして、何とその夜は、2時間以上もセスとなって話すことになったのです。このセッションはもう1つの理由からいっても、今までとはかなり違ったものになりました。わたしが直接セスとなって話したというだけでなく、内容そのものが非常に驚くべきものだったからです。

セッションが始まるとすぐに、前と同じように頭の中で言葉が聞こえてきましたが、わたしはどうしても、ボードを使って始めたいと思いました。すると、わたしたち2人が言葉を発する前に、ポインターが動きました。

イエス。こんばんは。

ロブがあくびをしました。するとポインターは次のようにつづったのです。

わたしが来たせいではないといいのだが。

ロブは笑って訊きました。「セス、植物や木も断片ですか?」

ポインターがボードの上で激しく動き始めました。

ある意味では、すべてのものを断片と呼ぶことができる……

しかしこのとき、わたしの頭の中では言葉が幾重にも積み重なり、ボードが最初の文を2つほどつづったあと、あの、未知のものの中へと飛び込んでいく解き放たれたような感覚に見舞われ、再びセスとなって話し始めていました。

「だが、断片にはさまざまな種類のものがある。人格の断片は、自分自身から別の自分の断片を創り出せるという点でほかのものとは異なっているのだ……」

まるで目に見えない原稿を読んでいるみたいだ、とロブが言いました。わたしの目は大きく開かれていましたが、わたしは絶対に目を閉じないし、腰を下ろすのも嫌だと思いました。何か起きて、もし不安になったらすぐにドアに向かって走り出せるように、しっかり自分の足で立っていようと思ったのです。今考えるとこれはかなり滑稽な態度だった気がします。実際には、セスとなって話しているとき、わたしは絶えず部屋の中を歩き回っていたのですが、そうしていることに自分ではほとんど気づきませんでした。ロブはできる限りのスピードでメモを取っていました。速記のやり方やすばやくメモを取るコツなどは知らなかったので、言われたことをすべてペンで書き取り、次の日にそれをタイプしました。でもしばらくすると、自分で記号や省略符号などの速記法を生み出すようになったのです。

「今、どの人生で生きている個人も、自分の全体的な根源的自己（エンティティ）の断片だといっていいだろう。本体である根源的自己（エンティティ）の性質をすべて備えているが、そうした性質は使われないまま潜在的なものとして残っている。きみたちの友人の見た人格像は、彼自身の人格の断片だったのだ。その断片は友人の持つすべての能力を持ち合わせていたが、それらが潜在的なものかどうかはわたしにはわからない。きみたちの友人もまた、彼自身の根源的自己（エンティティ）の断片なのだが、彼の見たような種類の断片とは違った起源を持っている。われわれはこの種の人格の断片を、分裂した人格の断片、または人格イメージの断片と呼ぶ。ふつうそうした断片は、きみたちの物質的な次元のすべてのレベルで機能することはできない。

人間は、自分では意識的に気づかないままに、人格の断片の像をそっくり存在の別の次元へと送り出すことがある。その断片は別の次元で貴重な情報を手に入れて、戻ってくるかもしれない。だがときには、そうした知識を吸収できないことがあり、さらには戻ってこようとしている自分自身の人格像に気がつかないということさえあるのだ。きみたちの友人が見たのは、そうした種類の断片だったのだが、あまりにも分離が激しく、またあまりにもぼんやりとした状態で存在の別の次元に送りだされたので、その断片が得た情報は、おそらくきみたちの友人がその一部である根源的自己（エンティティ）に直接伝えられたのだろう……」

あとになって、ロブは質問が山ほどあったけれど、途中で遮りたくなかったのだと話してくれました。それに彼は、メモを取ることで、すでに手が疲れていました。その間ずっと、わたしは部屋の中を歩き回り、目を半ば閉じて、まったくためらうことなくこの独白形式の口述を行っていたのです。

「意識ある個人が集中力を増大させること、それがポイントだ。そうすれば、気を散らすという負担を現在の自我（エゴ）にかけることなく、このような分離した人格の断片や像を監視下に置くことができる。今のところ、きみたちが潜在意識と呼ぶものがこの任務を果たしているのだが、あまりうまくやっているわけではない。というのも潜在意識は、そもそも明晰な注意力を集中させるようには作られていないからだ。きみたちの次元においても、意識は拡大していくだろう。意識の範囲が非常に広大になるので、人格の断片や分離した人格像、それから、引き続き肉体を持って生まれてくる個々の個人の断片にも、負担とならずに明確に焦点が合い、すべて把握された状態になるだろう。それこそが進化の目指すところなのだが、当然のことながら、それはロバの歩みのようにゆっくりとした、いつものペースで進んでいくのだ」

わたしはこの資料（マテリアル）を午後9時からずっと口述し続けていたのですが、9時50分にロブの手が麻痺してしまいました。ここでは一部を抜粋しただけですが、2人ともわたしがそんなにも長い時間しゃべり続け、しかもまったく訂正したり、戸惑ったりすることなく、こんなにも複雑な内容の文章を語っていたことに驚いてしまいました。それから10分後、休憩をとっているときにロブが言いました。「僕たちもそんな〝人格像の断片〟に出会ったことがあるかどうか訊いてみよう」。すぐに言葉がわたしの頭の中に湧き上がってきて、口述が始まりました。話しているときには、言葉の意味がまったくわかりません。ですから、わたしがセスの言ったことを知ったのは、次の休憩の時間になってからです。このときセスの言った次の言葉に、あとになって2人とも不安な気分にさせられました。

「ヨーク・ビーチのダンスホールにいた男と女は……きみたちの自己の断片だった。きみたち自身の否定的で攻撃的な気持ちが物質化し、切り離されたものだ……あの人格像は、当時のきみたちの破壊的なエネルギーが積もり積もって創りあげられたのだ。意識的には気づかなかったかもしれないが、2人とも無意識のうちではよくわかっていた。きみたちは知らぬ間に、自分の破壊的な傾向を人格像として見たのだ。そしてそれらの像自体がきみたちを駆り立て、自分の感情と直面するように仕向けたのだ」

ロブはすぐに、セスがなんのことを言っているのかわかりました。セスが話している間、どうしてただ座って冷静にメモを取っていられたのかは、わたしの知る由もないことです。

1963年の後半、セッションが始まる数カ月前のことですが、わたしたちはメイン州のヨーク・ビーチで休暇をとることにしました。環境が変われればロブの体調が良くなるのではないかと思ったのです。医者はなぜロブの背中が痛むのかわからず、病院でしばらく牽引をしたらどうかと勧めました。でもわたしたちは、ストレスが少なくとも原因の一部ではないかと決め込み、旅行をすることにしたのです。

問題の夜、お祭り気分を求めてナイトクラブに行きました。ロブの背中は絶えず痛み、文句こそ言わなかったのですが、時折訪れる突然のケイレンには顔をしかめずにはいられませんでした。そのときわたしは、ちょうど部屋の反対側に座っている年配の夫婦に気がつきました。その2人がロブとわたしに奇妙なほど似ていたので、ぞっとしました。わたしたちもあんなふうに見えるのかしら？　彼らは超然としていてにがにがしく、わたしたちのほうが少し若いだけだわ、と感じ、わたしは2人から目をそらすことができず、ついにロブにも教えました。

ロブはその夫婦に目をやると、再びやって来た痛みにうめき声を漏らしました。それからわたしたちにも説明のできない出来事が起こりました。まったく驚いたことに、ロブはいきなり立ち上がるとわたしの腕をつかみ、ダンスをしようというのです。1分前には歩くこともやっとだったのにです。

わたしはただぼう然とロブを見つめていました。結婚してから8年間ダンスをしたことは一度もありません。そのとき楽団はツイストを演奏していたのですが、2人ともどうやって踊るのかまったく知らなかったので、嫌だと言ったのですが、ロブは聞いてくれなかったのです。下手なダンスで物笑いにされるのは嫌でしたが、ロブはわたしをダンスフロアに引きずり出しました。わたしたちはその夜はずっと踊って過ごしました。そしてそのときからロブの体調が著しく快方に向かったのです。そして、その瞬間から人生に対する見通しも明るくなったように思えました。

これについて、セスは次のように述べていました。

「振り返ってみると、その出来事には治癒的な効果があったといえるだろう。だがもしその人格像を無意識的に受け入れてしまっていたら、きみたち2人にとって、個人的にも創造的な面からいっても、大変な下り坂が始まっていたことだろう。もう一度言うが、あの人格像は、きみたちの破壊的なエネルギーが頂点に達し、危機的な状況にあったことを表していた。自分自身の人格像が現れたということは、物質的な形に具体化していたとはいえ、破壊的なエネルギーが自分の内側に向けられていたことを示していたのである。

ダンスをすることによって、きみたちはあの人格像が意味していたものから離れようとする第一歩を踏み出したのだ。あのときの状況では過激な活動が最善だったのである……きみとジェーンが自分の人格の大部分を、自らが創り出した断片に移し替えてしまうという、微妙な変容（トランスフォーメーション）が起きていたかもしれない……そして彼らの目を通して、部屋の反対側にいる自分自身を眺めるのだ。この場合には、現在の支配的な人格はもはや優勢ではなくなってしまう」

休憩の間に、セスが人格像について語ったことをロブが話してくれました。2人ともそのときはまだ、具体化された想念については聞いたことがなかったので、その話全体が信じられませんでした。でも、わたしたちは自分の不安を外に向けて他人や物に投影したり、転移したあとで、それらに対して反応すると心理学者たちは言っているじゃない、とわたしは思いました。

「セスが言っているのは象徴的な創造のことじゃない?」とわたしは自分の思いを口にしました。ところがすぐに、また言葉がやって来て、セスが文字通り物質化だと念を押しているのが明らかになりました。

「どちらが先に部屋を出て行きましたか? ジェーンとわたし、それともその人格像ですか?」。ロブが質問します。

わたしは再びセスとなって話し出しました。

「投影されたその断片はいなくなった。席から立ち上がると部屋を横切り、群衆の中に消えていったのだ。きみたちが与えないかぎり、彼らには自分たちが生まれた場所を離れる力はなかった。彼らが実際に存在したことを忘れてはいけない……同様に、きみたちのほうが打ち勝ったので、現在の自我(エゴ)の健康的な側面が強められたことも忘れないように」

夜が更けてきましたが、セスは一向に疲れた様子はありません。午前0時少し前に、もう一度休憩を取り、そのままセッションを終えることにしました(約30分ごとに1回、5分から10分の休みを取るように勧めるのはセスです)。ロブもわたしも、その夜のセッションをどう考えていいのかわかりませんでした。1つには、一晩でそんなに長くセスとなって話したのは初めてだったということがあります。それにセスが言ったことを確かめる術もなかったのです。

でも、ヨーク・ビーチでの出来事に対するセスの説明は直感的には理解できました。確かにあの晩、何か意義のあることが起こったのです。しかし、わたしたちは本当に隠れた不安を物質化して、あの肉体を持った人格像を創り出したのでしょうか？　ほかの人たちもこんなことをよくするのでしょうか？　もしそうなら、それは途方もないことを意味します。それともセスの説明は、心理学的に、そして象徴的には正当なものであっても、現実的には当てはまらないナンセンスだったのでしょうか？

セッションを続けることに、わたしはどちらかというとロブほど乗り気ではありませんでした。あまりに直接関わっているせいでしょう。でも何というチャンスだろう、とも思いました。そして、どんな発展があるか見極めるために、少なくともあと2、3回はセッションを開くことに決めました。ロブには断片的な人格について、いくつか訊きたい質問がありました。わたしたちがあの人格像に変わってしまったかもしれないとセスは言ったけれど、それはどういう意味なのか？　ロブは忘れないように質問をいくつか書き留めておきました。そして2日後の夜、再びウィージャボードの前に座ったのです。当然ともいえますが、この時点では、毎回セッションを開くたびに、わたしたちの意志にかかわらず、それが最後のセッションになるのではないかと思っていました。セスもフランク・ウィザーズと同じように突然いなくなってしまうかもしれなかったのです。答えを得られる機会があるうちに質問ができるように、ロブはリストを用意しておきました。

しかし次のセッションで、わたしは今まで以上に長い時間セスとなって語りました。セスはわたしたちの2回の前世について詳しく話し、ロブの家族について生まれ変わりの背景を伝え始めました。そのときの資料（マテリアル）には、いくつかの素晴らしい心理的な洞察が含まれており、それを利用して、わたしたちは親戚と、前よりずっとうまく付き合えるようになりました。しかし、わたしは、この生まれ変わりへのこだわりが、まったく気に入りませんでした。「心理的な洞察はすごいわ」。休憩のときにロブに言いました。「でも生まれ変わりの話はきっと空想よ。楽しいけれど、事実じゃないわ」

「なにも今夜結論を出さなくてもいいんじゃないか?」とロブ。「なぜ急ぐんだい? セスがほかに何を言うか確かめてみようよ。それに僕は今夜、家族についてかつてないほどたくさんのことを学んだんだ。それだけでも価値があるよ」

それからセッションが再開されると、ロブは、セスが初めてヨーク・ビーチの人格像について話してから、ずっと2人の心に引っ掛かっていた質問をしました。「もしジェーンと僕が、あのイメージを無意識のうちに受け入れてしまったら、わたしたちは家に戻ることができたんですか? 周りの人たちは違いに気づくでしょうか? あの人格像はわたしたちより歳を取ってましたけど」

言葉がすぐに転がるように頭の中を通り、口から出て行きました。わたしが体から抜け出て、セスのスイッチがオンになった感じです。

「あの人格像は長年経験していた否定的な気持ちが、頂点に達して現れたものだ。もし彼らを受け入れていたら、きみたちは自分が人格像に移し入れたレプリカと同じになっていただろう。だが、きみたちが持っている創造力と発展的な性質によって、顔つきはいくらか柔らかくなっていたかもしれない。友人もきみたちだということがわかるだろうが、変化にも気づくはずだ。前とお変わりになりましたね、と言われることもあるかもしれない。なにしろそれにははっきりとした理由があるのだから」

「わたしたちのどちらかが、ほかにも同じような経験をしたことがありますか？」とロブが訊きます。

「きみが11歳ぐらいの頃、ある日の午後小さな公園にいたときのことだ。きみは独りぼっちだと思っていた。9月17日の夕方5時近くだった。その日は学校が休みだった。すると、突然1人の少年が現れた。きみはその子が近づいてくるのに気がつかなかったので、野外ステージの後ろを回る道を通ってきたものだと思い込んだ。彼はジャックス(*)を持っていた。2人は顔を見合わせてお互いに話しかけようとした。とそのとき、1匹のリスが近くの樹を駆け上がっていった。

きみはそのリスを見ようと振り向き、再び視線を戻したときには、その少年はいなくなっていた。しばらくの間、きみは何が起きたのか不思議に思っていたが、しだいにその出来事は忘れ去られてしまったのだ。実を言うと、同じときにきみの兄のローレンが、道を隔てた父親の店の窓から外を見ていたのだが、彼には何も見えなかった」

「その少年は本当にいたのですか？」とロブ。

「それはきみ自身の人格の断片だったのだ。きみは遊び相手がいればいいな、と思っていた。そして兄さんが父親とずっと一緒にいるのでやきもちを焼いていた。まったくそうとは知らずに、きみは遊び友達として人格の断片を物質化したのだ。そのとき、きみには何が起きたのかを知る術はなかったし、その人格像を長続きさせることもできなかったのだ。
　ときに人はそのように形象を創り出して、自分自身でも驚いてしまうことがある。ふつうこの種の形象を創造する能力は、大人になる頃までには消え去ってしまう。だが、子どもの頃にはそのような例はよくあることだ。お化けがいると子どもが騒ぐときには、たいていそのような創られた形象、もしくは実体化した投影を見たからなのだが、そうした形象は、潜在意識の鮮烈な願望によって生み出されるのだ」

「潜在意識の動機に結びつけて説明したところが気に入ったわ」。あとでわたしは言いました。

　ロブはにやりと笑って、「そうしなかったほうがよかったんじゃないかい?」

「でも生まれ変わりとか――子どもが遊び友達として人格の断片とか何かを創り出すっていうのは、どうかしら?」とわたしは眉をしかめました。

「だけどすっごく面白いわ。本当だったらどんなことになるか考えてみると!」

「それに前に会ったときと、突然まったく違って見える人っているじゃないか。どんなふうに変わったのかは表現できないけど」とロブ。「もしセスが正しかったら、そういう人は自分に対して持っていた破壊的なイメージに、実際になってしまったっていうことになる」

　わたしは不安になって身震いしました。「でもいつも破壊的なものであるとは限らないでしょう。その反対になることはないのかしら?」

「心配かい?」。ロブはわたしをからかっているのです。

「全然」。威厳を装って言いましたが、まだあのときの夫婦の顔を思い浮かべることができました し、答えのない質問があまりにもたくさんありました。そのうちのいくつかは続くセッションで答えが得られました。それから3年後のセッションでセスが述べた次の説明は、特に興味深いと思います。

「さてヨーク・ビーチの人格像のことだが、あの場合には攻撃的で破壊的なエネルギーが、無意識のうちに外へと向かって投影され、疑似的な現実性（リアリティ）と一時的な物質性を帯びたのだ。そうした創造が行われるときには、感情がその形や勢いの強さを決める。創りだされる現実（リアリティ）がどの程度の物質性を持つかによって、創作者の肉体が自らの化学的組成を移し替えたり変換したりするのだ。肉体のたんぱく質が利用され、また炭水化物が大量に減少する。

肉体を構成しているたんぱく質や化学物質が使われることがあるのは、さまざまな種類の形象を創り出すためばかりではない。それらはまた、潰瘍や甲状腺腫を生み出すのに利用されたり、その他の変化を体に引き起こすために使われることもある。そのような場合には、ある特定の感情が否定され、分離してしまっている。当人はそれらの感情を自己の一部として受け入れたがらないのだ。きみたちがヨーク・ビーチの人格像を創り出したときのように、感情を外へ向かって投影するのではなく、分離した感情が肉体のある決まった部位に向けられたり、体の物質的構造の中を、いわば旅する厄介者のように好きなところをさまよい歩くことが許されている場合もあるのだ」

セスがこの情報を伝えてくれたときまでには、わたしたちはそれを理解するのに十分な予備知識を持ち合わせていました。健康についての議論では、セスはいつも、感情が抑圧されたり、分離されたりした結果として病気になるのだと主張しています。精神はそれらの感情を体の特定の場所に投影することによって、取り除こうとするのです。潰瘍の場合には、方向を転じたエネルギーが実際に潰瘍を創り出すのです。自己の領域の大部分が抑圧されると、二次的な人格が現れることもあります。二次的な人格は、それまで支配していた自我（エゴ）が、信頼せず否定してしまった性質を中心にして形成され、たいていは自我（エゴ）に反発します。別の場合には、抑圧された感情が他人に向かって投影されたり、ヨーク・ビーチの人格像のように、抑え込まれたエネルギーが強い感情的な色彩を帯びたまま、実際に疑似物質的な形象を創りあげ、当人に自分の恐れを物質化した形で示そうとすることもあるのです。

とはいっても、当時、こうしたことすべてはわたしたちには新しい考え方でした。わたしの知るかぎりでは、セス自身も二次的な人格のはずです。そしてこの時点でセッションをやめてしまうこともできたのです。セッションは確かに好奇心を刺激するものでしたが、セスが死後も生き残っている人物だと、2人とも納得していたわけではありませんでした。セスはわたし自身の潜在意識の、とても生き生きとした部分だ、というのがもっと事実に近いように思われました。それまでには、いろいろと文献を当たっていたので、セスが二次的な人格かもしれないという心配はなくなっていました。「セス・マテリアル」には度を超えて感情に訴えるようなところ、つまり抑圧された憎しみや偏見、願望といったものはまったく見られません。またセスは、わたしたち2人にいかなる種類の要求を押し付けるということもありませんでした。

そうこうしているうちに、やがてクリスマスの休日がやって来て、わたしたちは2週間セッションを休みました。もしまたセッションを開こうとしたら、そのときはいったいどうなるのだろうか、と案じずにはいられませんでした。しかし次に起こった出来事が、わたしたちが可能だと思っていた事柄に対する考えをあまりにも激しく打ち破り、また、常識的な見解を踏みにじるものだったので、もうすべてに終止符を打ったほうがいいのでは、というところまでいってしまいました。もちろん実際にはそうはならなかったのですが、その出来事から受けた印象によって、その後数年間のわたしたちの活動が色づけられ、わたしが自分の霊的な能力を伸ばしていこうと思う方向にも大きな影響を与えることとなったのです。

＊　古代ギリシャから伝わる日本のお手玉に似た遊び。突起のついた金属の球やプラスチック製のコマなどを使用する。元来は動物の骨を使っていたので、「ナックルボーンズ」と呼ばれることもある。

第3章

セス、交霊会に参加する――現れた〝新たな5本〟の指

本の題材としてわたしがリストにしていた次の項目は、実験的交霊会でしたが、わたしたちは交霊会がどんなものなのか、まったくといっていいほど知りませんでした。もちろんそういうものに参加したことなど一度もありませんでしたが、3人以上の人がいたほうがいいのではないか、と考え、ビル・マクダネルに仲間に入ってくれるように頼むことにしました。なにしろわたしたちの実験のことを知っているのは、ビルたった1人だったからです。ビルは1964年1月2日の晩に立ち寄ってくれ、その場でわたしは試してみようと提案しました。

その結果があまりに思いがけなかったので、ロブのメモの内容をわたしの言葉で説明し直すのではなく、そのまま引用しようと思います。というのも、ロブはわたしより客観的に物事を観察することができるからです。彼の書いたメモをそのまま読めば、そのときの精神状態や、彼の注意深く

批判的な態度を見て取ることができます。ビル・マクダネルはそのメモを読んで、間違いがないことを確認してくれました。

僕たちは居間にあった小さなテーブルのまわりに座ることから始めた。テーブルを黒い布で被い、居間と隣のキッチンの窓のブラインドを下ろし、さらにその上からカーテンを引いた。

交霊会などいったいどうやって開けばいいのかわからないまま、まずは赤い電球が灯るクリスマス・キャンドルのスイッチを入れる。まわりの壁が白いので、いったん暗さに目が慣れると、室内の様子をかなりよく見ることができた。

僕はジェーンに結婚指輪をテーブルの上に置くように頼み、3人でそのまわりを囲むように手をつないだ。薄暗い明かりの中で指輪を見つめながら静かに座って、ビルのように不慣れな観察者でも、見ようと思えば何でも、それほど苦もなく見えることを確認した。

指輪の縁に、小さな光る点が現れたが、腕を動かすとその光が見えたり消えたりするので、ただロウソクの赤い明かりが反射しているだけだということがわかった。そこで明かりが直接指輪にあたらないように、ロウソクをカーテンの裏に置いた。もう一度指輪を見つめるが何も起きない。思いつくままに質問を声に出して言う。だが、セスに向かって尋ねたわけではない。

すると突然、ジェーンが落ち着いたよく透る声で命令するように言った。「手を見て！」。僕はセスが来ているのがわかった。ジェーンは自分の手が冷たくなっていくのを感じたのだ。何が起きたのか2人に疑問を抱かせないためだ、と言いながら、セスはジェーンの声を通して、次に起きていった事柄の一つ一つに、じっくり楽しみながら説明を加えていった。

セスはまずジェーンの親指を見るようにと言った。指先が輝き始めていた。それは熱を伴わない白い光が、指の内側を満たしているかのようだった。光が外へと放射されるようなことはなく、単に指先の色が変わったという感じだ。ジェーンの手に影がかかっていたので、その変化が錯覚であることはあり得なかった。

輝きは親指の先からその付け根の膨らみへと広がり、次に手のひらへと移っていった。まったく満足しきったという調子でセスが言う。「親指の付け根を見てごらん。色が変わって、手のひらの影が消えていくのがわかるかな? くだらないことかもしれないが、何か起こってほしいと思うなら、見せてあげよう……さあ今度は手首だ。太くなって、色が白く変わっているだろう?」

ジェーンの手首は確かに太くなっていた。ジェーンは左手の手首をテーブルの表面につけて座っていた。黒いセーターを着て、袖を肘のところまでたくし上げていたので、白い光が太くなった手首を越えて前腕に広がり、セーターの袖のところまで達しているのがわかった。

それから手全体の形が変化し始め、動物の脚に似てきた。まるで動物の前脚だな、と僕は薄気味悪くなった。いつもは長く形の良いジェーンの指は縮こまり、木のこぶのような突起物になってしまった。少なくともそう見えたのだ。光が手のひら全体に浸透し、本来そこにあるはずの影は消えて、単に指を折り曲げているようには見えなかった。

ゆっくりと手はいつもの形を取り戻していった。ジェーンはまだ、手のひらを上に向けて座っている。セスは今度は本当にすごいことを見せようとしているらしい。ジェーンの指が目に見えて長くなり、白っぽくなった。そしてジェーンの手の第二関節のあたりから、もう5本の指が伸び上がってきたのだ。ジェーンが自分の指を曲げて、その位置に持っていくことは簡単にできただろう。だが僕たちは、白く長い、新たな5本の指が生えてきて伸びるのを見たのだ。しかもそのもう5本の指には爪が上側についていたのである。もしそれがジェーンの指だったとしたら、爪は下側にあって見えないはずだ。

「初めてにしては、とてもうまいと思わないかね」とセスが言う。「きみたちはこれをどう思う？　じっくり見てごらん」。僕たちは数分の間、目の前で起きていることを観察した。新しく生えてきた指は気味悪く曲げられ、僕にはまるで鋳型からはずされたばかりで、まだ濡れている感じの蝋人形の指のように見えた。ジェーンは怖がっている様子はなかった。それからゆっくりとその指は消えていった。

「さあ、また手が変化する」とセスの声。「短くてずんぐりした手に。フランク・ウィザーズはそんな手をしていた。ちょうどそっくりだ。フランク・ウィザーズは愚か者だった」。フランクは自分の根源的自己(エンティティ)の断片的人格だとセス自身が言っていたのに、今は満足そうにそう語るのだった。

実際、一瞬の間、手は短くずんぐりしたものに変わったが、その後すぐに動物の脚の形を取り戻した。「さあ」セスが僕に言う。「注意して手を伸ばして触ってごらん。どんな感触がするか、きみに触って確かめてもらいたい」。僕は用心深く、指先でジェーンの手のひらに触れてみた。その動物の脚のような手はとても冷たく、濡れていてじとじとした感じがした。そして皮膚は、いつものジェーンの肌にはない、でこぼこした感触があった。

セスは今度はジェーンの手首と手のひらを、この内部で光る冷たい光でさらに強く満たしていった。ちょうど手から手首へと移る部分の肉が、卵のような塊になって盛り上がってきた。白い部分は、上は前腕のたくし上げたセーターのところまで、下は指全体に広がっていき、腕と手のひらからは影らしいものはまったく消えてしまっていた。この実演はそれで終わりにするらしく、セスはジェーンに両手を並べてテーブルの上に置かせ、僕たちが2つの手の違いをはっきり見ることができるようにしてくれた。手は次第にふつうの状態に戻り、セスは休憩するように指示した。

休憩が終わると、セスはバスルームにつながるドアを閉めてくれと言った。そのドアの居間に面している側には等身大の鏡が埋め込んであるのだが、セスは僕たちにその鏡を見つめるように求めた。鏡は細長く背が高かったので、自分たちが映った姿を見るには、小さなテーブルの三方から互いに体を寄せ合うようしなければならない。ジェーンは3人の真ん中に座っていた。話しているときの彼女の唇はぼくの耳のすぐそばにあったので、呼吸をするたびに息が耳にかかり、つばを飲み込むたびにその音が聞こえた。ジェーンの声はかなり小さくなってきて、僕は彼女が（自らをセスと呼ぶ潜在意識の人格ではなく）本当に別の誰かになって話しているのではないかという感覚にとらわれた。

「さて、きみたち3人は、自分の姿がはっきりと鏡の中に見えるはずだが。見ていたまえ、今、ジェーンの姿を変えて、別人のものと取り換えてみよう」。こうセスが言った。そして鏡の中のジェーンの姿は実際に変化し始めた。頭が低く下がり、同時に頭骨の形が変わった。髪の毛も短くなり、頭にもっとぴったりとくっつくような感じとなった。肩が内側に曲がり、幅が狭くなっていった。それから鏡の中の頭は、うつむくような感じに傾けられていた。ところがジェーン自身は頭をきちんと立てたまま座っており、鏡の中をじっとまっすぐに見つめていたのだ。

あとでジェーンが語ったところによると、ほかの何よりもこのとき最もショックを受けたということだ。僕はまず、すぐ横にいるジェーンに目をやり、それから鏡の中に映った姿を見た。鏡の姿が実物と違っていることには疑いの余地はなかった。僕はまた、鏡の像に影がかかっていくのに気がついた。同時に、顔が体から前のほうに突き出るようにぶら下がっている、という印象を受けた。鏡の中の頭は小さくなっていくようだ。一見したところ、頭は鏡に映った像とぼくたち3人の間で、宙にぶら下がっているよう見えたが、そのまわりには、かすかな輝きがあるのに気がついた。

もう1つはっきりとわかったのは、鏡に映った像は、実際のジェーンより10センチほど低いところに座っているということだ。そしてその不思議な頭部は、時折低く下がっては、体から前に向かって吊るされているような感じになるのだった。

この交霊会の間、わたしは少しも緊張したり、怯えたりすることはありませんでした。でも終わりに近くなって、鏡に映った姿が自分自身とあまりに違っていたことにはショックを受けました。一瞬の間ですが、自分が本当にあんなふうに見えるのでは、と不安になったのだと思います。結局それは自然な反応ではないでしょうか。ふつう鏡を覗き込めば、自分とそっくりの姿が見えるはずですから、気味の悪い顔が自分を見返しているのを見て喜ぶ女性はいないはずです。

セスが取って代わると、彼の自信に満ちた態度によって、ほかの考えや疑いはわたしの心から追い出されてしまいました。でもわたしの目はずっと開いたままで、自分の2本の手の違いや、新たに現れた5本の指、そして腕まくりしたセーターの袖までせり上がっていった白い輝きを、じっくり観察することができました。セスが話し出したとき、わたしは「カチッと」とスイッチが切れるように意識がなくなったようなのですが、それでも途方もないエネルギーが体を走り抜けていくのがわかりました。最後の鏡に映った姿を除いては、ほかに気になることは何もありませんでした。

ところが交霊会が終わるとすぐに、何ともいえない後味の悪さを感じたのです。セスが参加してくれたことに励まされるどころか、逆にがっかりしてしまったのです。わたしたちはみんな自分が見たものを覚えていましたし、ロブはあの手に一度触ってもみたのです。それにセスは、何かが起きるたびに、その現象を詳しく調べる機会を何度も与えてくれました。ところがわたしたちは、自分の五感が記録した明白な証拠を受け入れることも、それをあえて否定することもできませんでした。この実験を行ったのは本の題材を得るためだったのですが、交霊会というものは常軌を逸していて、どこかうさんくさいところがあると考えていました。ですからセスには関わってほしくなかったし、ロブには、セスに出てきてくれるようにとは頼まないように、特に気をつけていたのです。

この実験があまりにうまくいったので、かえってわたしの知的な懐疑心が頭を持ち上げてきました。わたしたちは、暗示のせいであんなことが起きたのではないか、といろいろと議論を交えましたが、それでは実際に起きたことの半分しか説明できないことがわかりました。鏡に映った奇妙な姿は暗示のせいだと納得することもできるでしょうが、ロブがわたしの手を触って感じたでこぼこした感触や、現れたもう5本の指のことはとても説明することはできません。

実のところ、わたしたちは生まれて初めて自分で説明することのできない出来事を経験し、自分の五感が与えてくれた明白な証拠を疑うことになってしまったのです――まったく誰にとっても、不愉快な成り行きといわざるを得ません。この出来事から受けたショックがあまりにも大きかったので、その後3年間、そうした交霊会じみたものをやってみる気にはなりませんでした（しかしあとでおわかりの通り、セッション68でセスは幽霊のような形で現れてきます）。それ以来、セッションのときは明かりをつけたままにしておくことにしました。どんな現象が起こっても、すぐに観察できるようにするためです。

その後の経験で、霊的な現象というものは、私たちが現れてほしいと思ったからといって起こるものでもないし、暗示だけの働きで発生するのではないことを確信することができました。たとえばのちにＥＳＰクラスで起きたような現象は、まったく明るいところで発現したのです。セスのイメージが現れたのも完全に明るい部屋でした。わたしはまたそれ以来、批判的な態度など無きに等しい、非常に暗示にかかりやすい人たちが、あらゆる種類の霊的な出来事の発現を期待して集団で暗い部屋に集まったところ、結局何も起こらなかったという例をいくつも耳にしています。

ロブとわたしは、いきなりいろいろなことが起こって、まだ受け入れる準備のできていない事柄に直面させられたので、きっと腹を立てたのだと思います。すべてがあまりに速く進んでいました。

ウィージャボードをやり始めてからひと月しか経っていないのに、2人が予想していたこととはまったくあべこべの現象が起こったのですから。そして、わたしたちはもう1回だけセッションを開いて、セスがあの出来事について何と言うか、尋ねてみることにしました。そしてまたしても、本を書くか書かないかに関係なく、実験をやめることを考えました。しかしセスを責めることはできません。なにしろそもそも交霊会を開こうと決めたのは、わたしたちだったからです。わたしは本の始めのほうの章に、交霊会の結果を書くことになっていたのですが、どこから始めていいのか見当もつきませんでした。

次の日の夜、もうこれが最後になるかもしれない、と思いつつセッションを開いたのですが、その後、わたしたちはもう抜けられないということがわかりました。そしてそのセッションこそ、前置きが終わり、「セス・マテリアル」の本当の始まりとなったのです。

セスは初めて、笑ったり、ジョークを飛ばしながら、本当の意味で明確な別人格としてやって来ました。ロブもわたしと話をしているとはとても信じられなかったようです。しかしそのこと以上に、現実（リアリティ）の本質に関する、セスの長い独白がわたしたちを虜にし、魅了してしまったのです。セスの話が実は、当時のわたしたちの理解のレベルに合わせて巧妙に仕組まれた、現実（リアリティ）の本質に対する非常に単純化された説明だということにはまったく気がつきませんでした。たとえそうであっても、わたしたちの受けた印象は、筆舌に尽くしがたいほど強いものでした。

わたしは3時間近くもセスとなってしゃべりました。部屋の中を行ったり来たりし、冗談を言い、ロブのメモが追いつくよう時折中断しながら、自分のものとはまったく異なった身振りや顔の表情、言語表現や声の抑揚でこの独白を続けていったのです。

堅苦しい哲学的な内容を、快活なジョークを交えながら解きほぐし、ちょうど少人数のセミナーで講義する大学教授のように、わたしは落ち着いて着実に、そしてためらうことなく話していました。このセッションでわたしたちは、知的にも直感的にもひどく好奇心を刺激されたので、もうすべてやめてしまおうなどという思いは、跡形もなく消え去ってしまいました。

「幾本ものワイヤが、果てしなく迷路のように絡み合って張り巡らされた、網の目を思い浮かべてごらん。間を透かして見ても、どこが始まりでどこで終わっているのか、わからないほど入り組んでいる。きみたちの次元は、さしずめ4本のとても細いワイヤに囲まれた小さな隙間で、私のいる次元は、反対側の隣接するワイヤの中にある隙間に喩えることができるだろう。われわれはつながっている同じワイヤの反対側にいるだけでなく、同時に、見方によってはお互いに相手の上や下にいるのだ。そしてワイヤによっていくつもの立方体が作られていると考えれば――ジョゼフ、これはイメージの好きなきみのための喩えだが――立方体はそこに住まう住人達をこれっぽっちも煩わせることなく、別の立方体の中に収まることも可能だろう。そしてそれらの立方体もまたさらに別の立方体の内部にある。今私が話しているのは、私ときみたちの次元が占めるごく微小な空間のことだ。

もう一度、細長いワイヤに仕切られたきみたちの次元と、その反対側にある私の次元の観点から考えてくれたまえ。これらの次元は、さっき述べたように、境目がなく連結していて奥行きがあるが、ある次元から見れば、別の次元は透明で見透かせるのだ。きみたちには自分の次元を越えた先を見通すことはできないが、2つの次元は絶えずお互いの中を通り抜けているのだ。今話したことがわかってくれればいいのだが。ここで述べているのは運動の観念だ。透明ということの本当の意味は、見通せるということではなく、通り抜けることができるということなのだ。

これこそ私が5次元という言葉で意味したものだ。さて、次にワイヤと立方体からなる構造を取り去ってしまおう。事物はワイヤや立方体があるかのように振る舞うが、こうしたものは、私の次元に住む者たちにとっても必要ではあるが、単なる構造物にすぎない……われわれは自分がたまたま持っている感覚器官に適合したイメージをつくりあげるのだ。つまり単に想像上の線を引き、その上を歩んでいくということだ。

きみたちの部屋にある壁という構造物があまりにもリアルなので、壁がなくてはきみたちは冬には凍えてしまうだろう。だが、実際には部屋も壁も存在しない。したがって同様に、われわれがつくり上げたワイヤもリアルだが、本当にはないのだ。きみたちの部屋の壁も私には透明だ。かといって、親愛なるジョゼフとルバートよ、パーティー用の余興をやろうとは思わない。

壁もワイヤも同じように透明なのだが、われわれは現実的な理由から、2つとも実際にそこにあるかのように振る舞わなければならない……もう一度ワイヤの迷路の喩えに戻ろう。ありとあらゆるもののなかに、この迷路が張り巡らされているところを思い浮かべてほしい。きみたちの次元と私の次元は、どこかの巨大な木が織りなす複雑なワイヤの枝葉の中に作られた、2つの小さな鳥の巣のようなものだ……。

これらのワイヤは動き回ることができ、絶えず震動している。そして宇宙の構成要素を運んでいるばかりでなく、それ自身も同じ要素が具体化したものなのだ。さあ、これを説明するのがどんなに難しいことかわかってもらえるだろうか。きみたちが飽きてきたとしても当然だ。この奇妙な構造物を想像してもらったところで、今度はばらばらにして取り去ってほしい。というのも、実のところ、それは空想上の百万匹の蜂の羽音と同じように、見ることも触ることもできないものなのだ」

週に2回セッションを開いたらどうかとセスが提案したのは、このセッションのときです。行き当たりばったりにセッションを開くより、スケジュールを決めるほうがはるかに好ましいというのです。続けてセスはこう言いました。

「私の次元に住むものは誰でも、いつか、こうしたレッスンを授けることになっている。だが、そのためには教師と生徒の間に霊的な絆がなければならない。ということはきみたちの次元に生きる人格が、レッスンを始められる程度に十分な進歩を遂げるまで、待たなければいけないということになる。機が熟せば、われわれと霊的に強く結びついた者たちとの間でレッスンが行われるのだ。

きみたちが感情とか気持ちと呼ぶものが、われわれとの間を取り持つ連結器の役割を果たしている。そして、感情や気持ちこそ、どんな状況でも、またあらゆる次元においても、生命力というものを最も明確に表しているのだ。きみたちの世界と私の世界をつくりあげている材質も、すべて感情によって紡ぎ出されているのである」

上記の口述が終わったあとも、打ち解けた社交の時間も大切だといわんばかりに、セスはしばらく留まっていました。身振り手振りを交えながら質問があれば喜んで受け付けると言い、ロブの正面で立ち止まって、わたしの（でもジェーンらしくない）目でじっと彼を見据えました。

「きみたちが自分で好きな実験を試してみることにはなんの問題もないし、おそらくは得られるものが多くあるだろう。それは宿題ということにしておこう。おそらくは満点をつけてあげることになるだろう。それにきみたちのことだ、いい採点ばかりでなく、本来は生徒が教師にあげる御機嫌取りのリンゴまで、私から欲しがるのではないかな……」

それから、わたしたちがまだセッションの始まりと終わりに使っていたウィージャボードについて、ユーモアのこもった強い調子でこう言ったのです。

「ボードは一種の儀式のようなもので、毎回お馴染みのやり方で新たに交信するきっかけとなるだろう。それに私はいつも形式張ったことがわりあい好きなのだ。それからボードは一息つく間を与えてくれる。こんばんはと言ったり、さよならと言ったり、帽子をちょっと傾けたりする挨拶と同じことなのだ。私はまた、ちょっとした儀式は、心の中のデータを強調してくれると思う。立派な食器によって味のいい食膳がさらに引き立つように、心の中で考えていることが明確になるだろう……セッションの終わりに軽くボードに手を触れてくれれば、大変ありがたい。きみたちに正装してくれと頼まないだけでも、運が良いと思ってくれたまえ」

これを聞いたロブは笑みを浮かべ、あとで口述記録を読んでもらったわたしも笑ってしまいました。わたしたちは5次元についての口述に特に興味をそそられましたが、実際にはその部分はここに引用したのよりずっと長かったのです。セスの人柄にとても強い印象を受けたロブは、少なくともセスが完全に独立した人格であることは納得したようでした。当然のことですが、ロブはわたしがどんな気分のときにどんな性格を見せるか、ほとんど熟知しています。したがってわたしとセスの人格の違いや共通点を判断するには、非常に都合の良い立場にいるのです。

ロブにセッションの経過を説明してもらい、また自分で記録を読んだあとにわたしが感じたのは、ただ純粋な驚きでした。ロブにもわたしにも形式張ったところはほとんどありませんし、友達も同様です。たとえば男性の友人たちは、スーツを着て帽子をかぶることなどなく、ジーンズやシャツ、セーターなどを好んで着ます。ですから、セスが誰であろうと、あるいは何であろうととても愉快な気がしました。帽子を傾けて挨拶すると言ったり、食事のことを「味のいい食膳」と呼んだりする昔風の知り合いはほかに誰かいたでしょうか？　とにもかくにも、セスにはぎょっとさせるようなところはありませんでしたし、5次元に関する話は本当に刺激的でした。

その頃わたしはすでに自分の心の動きを調べ始めていました。そしてセスが独立した存在かどうかという疑問が、ますます強くなっていったのです。どのようにしてかはわかりませんが、わたしは自身がセスとなってしまうので、ロブやクラスの生徒たちが見ることができるようには、わたしはセスとなっている自分を見ることはできません。わたしにわかっているのは、セスがみんなにはっきりとした印象を与えているということです。セスは誰か？　それとも何なのか？　わたしは絶えずロブに尋ねました。セスとなっているときのわたしはどんなふうに見えるのか？　ロブはどうしてわたしではないほかの誰かがしゃべっているのがわかるのか？　セスがわたし自身の潜在意識の分離した部分ではない、とロブに納得させたのはセスのどんなところなのか？

機会があるごとにセスの出現を待ち望むどころか、自分にあるかぎりの固い決意をもって、わたしは精神の健全さを守ろうとしました。でもそのうちにそんなことはばかげていると感じたのです。というのも、セスにはわたしの日常生活を「侵略」しようとすることなど、まったくなかったからです。さらにセスは思いやりがあるけど、面白がっているという感じがしたので、わたしの努力は基本的に不必要なものであっても、心の平安を維持するためにはなくてはならないと思うようになりました。

その後も新たな発展があったのですが、自分でもびっくりしてしまうほど、それらが実際に自然な形で現れるまでは、予感のようなものはまったくありませんでした。セスが今度もこれまでの数回のセッションと同じようにやって来るならば、学ぶべきものはたくさんあると、わたしたちは考えました。そして次のセッションでは、今まで以上に力のこもったセス独特の声が突如として響きわたったのです。

フランク・ウィザーズが現れた最初のセッションは1963年12月2日のことでした。1月8日の14回目のセッションで、わたしは男らしい声の調子やその他のセスらしさを伴って話すようになっていました。1カ月とちょっとの間に、かなりの進展があったわけです。この30数日間こそ、間違いなくわたしたちの人生で最も強烈な、精神的な活動と興奮、思索に明け暮れた日々だったといえるでしょう。しかし、わたしたちが何が起きたのかをやっと理解し始めるようになったのは、さらに3年が経ち、わたしの本が出版されてからのことです。

第4章

「セスの声」

こうしたことが起きている間、午後は地元のアート・ギャラリーで働き、午前中は実験の結果をまとめて、ＥＳＰについての本を書くことに費やしました。わたしたちはまだ、自分たちのしていることをビル以外の誰にも話していませんでした。実際、本が出版されるまで、わたしたちが何をしているのか知っていた友人はごくわずかだったのです。今になって思えば、なぜそんなにも秘密にしていたのかという気もしますが、そのときはまわりの世界と、世界が抱える問題すべてから遠ざかっていたほうが、ずっと都合がいいように思えたのです。それに自分たちには考えるべき疑問が山ほどありました。

もはやウィージャボードにしばられることがなくなったので、セスの人格ははるかに自由に自らを表現するようになっていました。14回目のセッションで驚くべきことが起こってからは、特にそうでした。ロブもそのセッションのことは決して忘れることはないと思います。わたしたちは今でも、セッションが開かれるということ自体に驚嘆の念を禁じ得ません。その14回目のセッションが始まる前、わたしは果たしてセスがやって来るかどうか案じて、緊張していました。トランス状態に入って口を開いても何も起こらないのではないか、さらに悪いことにちんぷんかんぷんの言葉が飛び出してきたらどうしよう、と当時のわたしはいつも不安に思っていたのです。それに、わたしはセスの準備ができたことを、自分がどうやって知るのかということさえわかりませんでした。セッションは午後9時に始まりました。9時5分前になるとあの感覚がまたよみがえってきました。高い飛び込み台から、深いプールに向かってジャンプしようとしている感じです。しかも自分が泳げるかどうかもはっきりとはわからないのです。

そのときのセッションはいつもと同じように始まり、そのあとで起きた声の変化を暗示させるようなものは、何もありませんでした。ここでひと言述べておきたいのですが、そのときまでにわたしたちはESPに関する本を何冊か読んでいましたが、声によるコミュニケーションについて書かれた本はまだ1冊も見たことがありませんでした。ペイシャンス・ワース(*1)のケースについても読みました。この例では、キューレン婦人がウィージャボードと自動書記で、小説や詩を生み出したのですが、誰かが別の人格に代わって話をするという例は、わたしたちにとってまったく未知のものだったのです。2人のうちどちらも、わたしの声が何らかの形で変化することがあるなどとは思ってもみませんでした。

この14回目のセッションで、わたしは50分間休みをとらずにセスに代わって話し続けました。それはその時点では最長の記録です。セスはまず、わたしたちにもっとバランスのとれた社会生活を送るように、つまり、霊的な体験という強烈な精神的活動を相殺するために、もっと外出して人と付き合うようにというアドバイスから始めました。それから「内なる感覚」の最初の説明へと乗り出していったのです。それはわたしたちにとってはまったく新しい例で、のちにさらに詳しく解説が加えられることになりました。

「きみたちの次元にあるものすべては、きみたちの次元とは独立して存在している何かが物質化したものだ。したがって、きみたちの感覚の内側には、内なる世界を知覚するための別の感覚が備わっている。通常の五感は、外なる世界を知覚する。お馴染みの感覚の内側にある別の感覚は、内なる世界を知覚し創造するものだ……いったんある特定の次元に存在するようになると、その次元に適応することが不可欠となり、数多くあるほかの知覚を締め出してしまうのだ。それは一種の心霊的焦点であり、ある方向に沿って気づきの領域を集中させることだといえるだろう。環境を処理する能力が成長してくると、きみたちにはまわりを見渡す余裕が生まれてきて、〝内なる感覚〟を使って、自分の活動範囲を拡げることができるようになる。これはまったく自然なことだ。ある特定の次元における生存は、その次元の中にどれだけ集中できるかどうかにかかっているからだ。注意力を駆使することによって生存がある程度保証されれば、別の現実(リアリティ)を知覚する余裕が出てくるのだ」

実際にはこの口述は数ページにわたって続きました。いつものように、ロブはセスの言葉のスピードについていくために、できるかぎりの速さで書き留めていました。

休憩が終わってセッションが2時間目に入ると、わたしの声はだんだんとしわがれていき、セッションそのものが始まって以来初めて負担になっている様子がわかりました。「内なる感覚」の最初の説明が終わると、セスは「ジョゼフ、今夜きみをこんなにこき使うつもりはなかった。ルバートの口述と同じ速さで書いているなら、さぞかし疲れていることだろう。休憩をとりたいかね？　それともセッションを終わりにしようか？　私はいつでもきみたちの便宜を図っているつもりだ。少なくとも、きみたちの教育に関わっていないときにはね」と言って微笑みを浮かべました。

ロブは休憩を求め、それから声が出なくなってしまわないうちに、セッションを終えるように強い調子で勧めました。わたしのことを気にかけてくれているのはわかったのですが、同時にセスの話の内容にすごく興味をひかれていることも、わたしにはわかっていました。その上、セスとなったわたしは非常に活発に動き回り、何ページにもわたるまじめな独白のところどころに、面白おかしい発言を差し挟んでいました。別の独立した人格がいる、という感覚がかつてないほどに強かったので、わたしはセッションを続けることにしました。そのときまでに時刻は午後10時半をまわっていました。ロブは話の途中で時間の意味について疑問を投げかけたのですが、セッションが再開されると、セスはその質問に関して話し始めました。

「時間は障壁がなくては意味を持たない。言い換えれば、ほかの行為（アクション）に反して働く必要性がなくては意味がないのだ。私に言わせれば、これは実に素晴らしい説明なのだが、残念なことにきみたちにはまだ理解することはできないだろう。そのためには時間がかかる！　きみたちの無知を埋め合わせようとして、言わずにはいられなかったのだ。今のは思いやりから出た言葉だ。というのも時間とは何であるかを、それを理解するのに時間がかかる人に説明するのに、どんな困難がつきまとうか、きみたちには想像することもできないだろうからね。

時間を研究すれば、5次元の性質についても多くのことを学ぶだろう。われわれの思い浮かべたワイヤは生命力が凝固したものなのだが、固まってはいても実は流動的なのだ。このことがわかってもらえるだろうか。固体性というのも1つの錯覚なのだから」

ここまできたとき、セスとなっていたわたしは力説するために机をたたき、突然さらに力強い声で話し始めました。同時にしわがれたような声音は消え去りました。ひと言ごとに声はさらに深みを帯びて、声量が増し、格式ばったものになっていきました。ロブはメモを取るために視線を落としていましたが、一種の声帯の変容が起こっていることに気づきました。ロブはできるかぎりの速さで書き続けながらも、時折目を上げては何が起きているのか見ようとしました。わたしはロブのほとんど真正面に立ち、ジェーンらしくない目を見開いて、言われたことを全部理解しているか見定めるようにロブを見つめていました。

「私はまた、この生命力という感情――この生命力という言葉は非常に気に入っているのだが――は動いており、それ自身が宇宙の生きた構成要素の一部となっていると話した。さてワイヤが1つの次元から別の次元へと通り抜けようとするときは、それらのワイヤが実際に各次元の境界線を形成し、その次元に固有の法則に従わなければならなくなる。そのため、きみたちの3次元の世界では時間の支配を受けるようになるのだ」

この最後の一節を話している間に、声はますます大きくなり、広大な講演会場のすみずみまで声を届けようとしているかのようでした。当然のことながら、わたしは今、この章を書きながら、そのときのセッションの記録を読んでいるのですが、ちょうどロブがこの一節と次の一節の間に書き留めたメモを見つけました。そこにはロブがどう感じたかがはっきりと見て取れます。

ジェーンのいつもの女性的な声をよく知っているので、今、彼女を見ていると、この別人のような新しい声がこんなにも大音量で、しかもまったく無理なく彼女の口から出ていることを理解するのは難しく、あらためて考え直さなければならないほどだった。ジェーンがこの声にまったく煩わされていないことにびっくりしたが、それに劣らず、この声がとてもはっきりとした、深みのある男性的なトーンを帯びていることにも驚いてしまった。

口述が休みなく続いていったので、ロブにはそれ以上のメモを書き残す時間はありませんでした。

「一見、固体化しているように見える生命力の運動が、時間という錯覚を生み出す。この場合、反作用となるものは、生命力自体の核心部にある反作用だが、それは以前話したメンタルな囲い込み(＊2)

と同じように働く……行為(アクション)とそれに対する反作用が時間を生み出す引きがねとなる。各運動が同時に起こり、時間など存在しない次元がほかにいくつかある。私にとっては、きみたちの時間は操作可能なもので、時間は私がきみたちの気づきの領域に入るためにあるいくつかの媒体の1つなのだ……。

さて、私の善意の証としてセッションはこれでお開きとしよう。きみたちの肉体的限界という問題さえなければ、まだまだ続けたいのだが。今夜は大変順調にやって来ることができた。そんなときは機に乗じていきたいところだが、そう思ったとしても私を咎めないでくれたまえ……とにかくお休みと言おう。私もまた社交的な会話のひとときを楽しむのだ、ということを覚えていてほしい。さもなければ、こんなに長くきみたちを引き止めたりはしないだろう。メモを取ることで、ジョゼフを非常に忙しい目に合わせてしまい、残念に思う。それではお休み、親愛なる友よ」

こう言い終わると、わたしの声はすぐに元に戻りました。しわがれたような声音はかなり前から消えていました。こうなってくると、セッションを終えることはほとんど不可能な気がしてきました。わたしたちの好奇心がとても激しく刺激されていたのです。セスが別れの言葉を述べたにもかかわらず、わたしは彼がまだ近くに入るのがわかり、同時にとてつもない生命力と親しみの気持ちが感じられました。わたしの口から出た驚くほどの音量の、重々しい男性的な声についてロブが話してくれました。そして並々ならぬエネルギーと、卓越したユーモアの感覚に取り巻かれているように感じ、まるでセスが目に見えないままにそこに座り、微笑みながら楽しいおしゃべりが始まるのを待っているかのようでした。

セッションを続けようと決めたとたん、あの深みのある声がまたしてもわたしの口から響きわたり、セスとなったわたしは部屋の中を歩き回り始め、ロブに直接話しかけるために立ち止まったり、窓の外に目をやったりしました。わたしは本当に誰か別人が自分の体の中で身を落ち着けて、体を動かすことに慣れ親しみ、うまくいった満足感に興奮しているのを感じました。

「しばらくの間、きみたちといわゆる、ふつうの会話とでも呼べる話をして楽しみたいと思う。友人というものは、いつも難しい、深刻な問題ばかりを話し合うわけではないからね……今まではほかの話題に気を取られて、気持ちのこもったやり取りをする時間がなかった。ルバートの声は、この過渡期にかなり陰気くさく聞こえるだろうが、私自身はとても陽気な、浮かれているといってもいい気分なのだ。知りたいことがあれば、どんな質問でもぜひとも訊いてくれたまえ」

セスとなっているわたしは立ち止まり、微笑みながらロブの目をまっすぐ見つめました。ロブは再び響き始めた深みのある声にあらためて驚き、質問を思いつくまでにしばらく時間がかかってしまいました。それに加えて、わたしのものとは似ても似つかぬ、セスの愉快な物腰やユーモアたっぷりの身振り、声の抑揚に笑いを抑えることができなかったのです。

「えーと、あなたの次元では、わたしたちのこの世界と同じように、交友関係というものがあるんですか?」

「もちろん、私にも友人はいる。われわれがきみたちの次元と接触を保とうと、そんなにも心をそそられるのは、われわれの中にまだ一種の感情的なつながりを持った者がいるからであり、たいていはうまくいかないのだが、昔の友人たちと連絡をとろうと試みるからだ。ちょうどきみたちが見知らぬ国にいる友人に手紙を書いて、彼らのことを忘れないように、われわれも忘れることはない」

ロブはほかにもいくつか質問し、ロブとセスの2人は45分にわたっておしゃべりを続けました。声の変化について、セスは次のように言いました。

「ルバートの声は1つの実験だ。もし私の人格のより大きな部分がこちらに届くことができれば、われわれのセッションの迫真性が高まるだろう。私は何時間も楽しく——きみたちなら能天気に、というかもしれないが——話し続けることができるのだが、そうするつもりはない。私はどこかの時代遅れの頑固者とは違うのだ。時折、フランク・ウィザーズおじさんがやって来るかもしれないが、それは単に彼が私の最も最近に物質化した一部であり、何事も自分で引き受けることに慣れているからにすぎない。私はまだ彼を完全には同化していないのだが、見ていたまえ、必ず同化するつもりだ」

ここでロブはまた笑い出してしまいました。セスはフランク・ウィザーズについて陽気に話していましたが、悪意があったわけではないのです。声の調子と大らかな微笑みによって、実際に話された言葉はかなり柔らかく聞こえました。ロブがセスの態度についてひと言感想を述べると、こう言って応えました。

「残念だが、まだ私は謙遜というものを学んでいないようだ。一方きみは私がフランク・ウィザーズを知る前から、私のことを知っていたのだ。そしてその頃私の虚栄心は大変なものだった。きみ自身もかなりうぬぼれていたが、こと虚栄心に関して言えば、女性だったきみは、今の奥さんがどんなに頑張っても、とても太刀打ちできないほどだった」

セスが話しているのは、当然のことですが、しばらく前に教えてくれた前世での関係のことです。最終的には、セスとロブとわたしの3人は、1つの古い根源的自己（エンティティ）の一部であることがわかりました。これについては14章と15章で述べるつもりです。またセスはのちに、わたしたちの通信が可能になったのは、この過去の関係があったからだとも言っています。

ロブとセスの間のやり取りが続いているうちに、ロブは声に慣れてきて、心から会話を楽しむようになりました。そしてセスはセスであり、わたしとはまったく違った独立した人格であるということについて、ロブの心の中には、疑う気持ちは少しもなくなっていったのです。

セスとなったわたしの声を聞き、身振りや物腰を見ていたロブが受けた印象は、セスがおそらく60歳ぐらいの、活気にあふれ、教養のある「昔風の」の紳士で、とてつもなく高い知性を持ちながら自分の欠点もよく承知している、時代遅れではあるが、非常に優れたユーモアのセンスを持った男性であるというものでした。セスはベゴニア（わたしのお気に入りの植物の1つ）に触れると言いました。

「ジェーンの植物は気に入っている。緑の植物は、きみたちの地球における存在の質を確かめるリトマス試験紙のようなものだ。以前私はきみたちの〝惑星〟と言わずに、〝次元〟という言葉を使ったのに気がついたことだろう。それは地球はきみたち人類だけのものではないからだ……。ジェーンの声は、男性のものとしてはかなり味気なく聞こえるのではないかと思う。私は決して天使の声を持っているわけではないが、かといって性別のない宦官のような声をしているわけでもない。だが今夜はルバートにそんな声を出させることしかできなかったようだ……ルバート、タバコがほしいなら取ってきなさい。もう10分間もマッチを手に部屋の中を歩き回っている」

わたしはこうしたことはまったく覚えていないのですが、ロブによると、わたしはその後タバコを1本手に取り、ワインをひと口すすったそうです。

「私もきみと一緒にワインを1杯楽しめるなら、そうしたいところだ。メモを取らずに数分間話がしたいなら、ぜひそうしたまえ。私はルバートがもつかぎり、いやそれよりはるかに長い時間大丈夫だ。話をしている最中に、奥さんの容貌が変わるようなことがあったら、セッションが終わるまでは彼女に内緒にしておくのがいいだろう」

セスは午前0時を過ぎるまで話し続けました。わたしの容貌の変化についての発言も当然、メモに書いてありましたが、そのことはしばらく忘れられてしまい、1年後に無理やり思い出させられることになりました。このセッションが終わったとき、わたし自身の声はまだ澄んでいて元気があり、しばらく前のかすれたような声音の痕跡はみじんもありませんでした。しかも疲労さえ感じなかったのです。

口述記録を読んで、わたしたちはまたしてもその内容に魅了されました。セスが「内なる感覚」

をもっと詳しく説明して、その使い方も教えてくれるつもりだと語っていたのでなおさらです。そして彼はその約束を守りました。皆さんもまもなくおわかりになる通り、セスはわたしたちに内なる感覚の使用法を伝授してくれ、それにしたがったわたしたちは、あらゆる種類の新しい経験をするようになったのです。でも、この情報がわたしたちの理解の程度に合わせて調節されたものであり、その後続いたさらに念の入った説明と比べると、とても単純なものであったことには気づきませんでした。

さらに、わたしたちが「セス・マテリアル」を受け取り、セスの人格が自らを表現するために必要な心霊的な枠組みが、セスの声の出現によって完結したのだということも、そのときにはわからなかったのです。これ以降、セッションのときには必ず何らかの声の変化が起こりましたが、深みのある、響きわたるような調子は、しばらくの間はたまにしか起こりませんでした。ときに声の背後には本当に莫大なエネルギーが潜んでいるのだ、という感覚がすることがありますが、そんなときでも、わたし自身の声がかすれてしまうということは決してありません。ずっとあとになって、こうした霊的エネルギーはそんなふうに音に変換されることもあれば、ほかの目的のために使うこともできるのだ、とセスが教えてくれました。たとえば、セスが透視的な情報を与えてくれるときには、声が大きくなることはほとんどありません。代わりにエネルギーはデータを集めるために利用されるのです（本書のあとのほうでわかりますが、このエネルギーはほかの次元へ入り込むときの跳躍台の役目をすることもあります）。

声が深みを帯びて響きわたるように大きくなると、わたしは自分が小さくなって、とてつもないエネルギーに取り巻かれているように感じます。わたしたちがこれまでに学んだことから考えると、声は、利用できるエネルギーの量を教えてくれる一種の指標のようなもので、セスの人格を表現するのに役立ったばかりでなく、ほかにも多くの目的のために使われていたのです。

今、振り返ってみると、セスの声が現れてくるようになって、セッションの枠組みが確かに完成されたように思われます。ちょうど建物の基礎をのせるブロックのように、「セス・マテリアル」の基本的な原理が、非常に単純化された形で送られてきていたというわけです。

まったく霊的能力の大爆発といったところでしょうか。ウィージャボードを使った初めてのセッションは、1963年12月2日に開かれました。翌年の1月末までには20回のセッションを消化し、タイプして230ページあまりの原稿を受け取ったのです。当然のことながら、声の変化には大きな意味があることはわかりましたが、当時は、その背後にあるエネルギーのほうが重要であることには気づきませんでした。またセッションにはある種の秩序がありましたが、それが何を意味するのかは、わたしたちの理解を超えていました。実際、その枠組みによってセッションが安定して続いていくことが可能になったのですが、その枠組みはまた、当時のわたしたちがまったく気づいていなかった、潜在的な能力の発展の可能性を育むことができるほど柔軟なものでした。その中で、ミディアムとしてのわたしの訓練が安全に進んでいくことになったのです。

この時点で、わたしたちにはいくつかの異なった道を進むことが可能になりました。何が起きているのかを誰にも言わないままでいるか、スピリチュアリストのグループに連絡をとるか、あるいは超心理学者に知らせるということもできたわけです。少なくとも当分の間は、友人や親戚には誰にも絶対に打ち明けないことにしました。当時わたしが宗教全般に対して抱いていた考え方のせいで、スピリチュアリストのグループに接触するという道は、いずれにせよ選択肢からはずされました。しかし、わたしたちの読んだＥＳＰに関する本はすべて、こうした現象を経験したら、資格のある心理学者か超心理学者に連絡をとるようにとアドバイスをしていたのです。

セスの指示にしたがった結果、わたしたち2人は、自分たちの力だけで、透視能力が関わっていると思われる体験をするようになり、そのため誰かわたしたちよりそのような問題について詳しい人に手紙を書くべきだと考えました。それに加えて、「セスはわたしの潜在意識の一部なのか？心理学者ならわかるだろうか？」というどうしても答えを知りたい疑問がありました。そこでＥＳＰと心理学に詳しい超心理学者にコンタクトをとることに決めたのです。

もう一度やりなおすとしても、おそらくは同じ道を選んだのではないかと思います。でも確信はありません。

続くいくつかの章では、セスのＥＳＰ能力を「試験」するにあたって、「科学的に信頼のおける」ものにしようと努力した様子を述べようと思います。すべての面にわたって明確な結論に達したというわけではないのですが、わたしは単にこうしたことすべてを知的に、そして学問的にも正当化したい欲求に駆られていたのではないかと思います。もちろんすべて理にかなったことだったのですが、わたしにはまだ学ぶべきことが山ほどあったのです。

＊1　20世紀初頭、アメリカ人のパール・レノア・キューレン夫人を通して、自動書記で小説や詩などを執筆したとされる英国人の霊。

＊2　「メンタルな囲い込み」とは意識存在及びその精神エネルギーが、物質界に顕現する際に通り抜ける、あるいはその前に一時的にとどまるメンタルな領域のこと。メンタルな囲い込みの一端に物質界に至る道筋があり、その反対側に内なる現実(リアリティ)への道筋がある。次元を超えたコミュニケーションに欠かせない要素。ここでは「以前に話した」とあるが、本書に引用されたセッションの記述には出てきていない。オリジナルの初期のセッションに言及したものと思われる。

第5章

わたしを不安に陥れた心理学者からの手紙

――セスの励まし

2月初旬、ロブはイアン・スティーヴンスン博士に手紙を書きました。スティーヴンスン博士はバージニア大学の神経学・心理学部門と協力関係にあり、生まれ変わりに関心を持っていました。わたしたちは博士の仕事についての本をちょうど読んだばかりだったのです。ロブはセッション2、3回分のコピーとわたしたち自身の前世について、セスが教えてくれた情報を博士に送りました。それによると、わたしたちはかなり遠い過去に数回の人生を送ったのですが、そのうちの1つは3世紀前のデンマークで、そのときには、ロブとわたしは父と息子の関係にあり、セスは共通の友人だったということです。また最も最近の前世で過ごしていたのは、19世紀のボストンだったそうです。

わたしは生まれ変わりに関する部分には素直に喜べませんでした。というのも生まれ変わりという考えはとにかく突飛すぎて、まだ受け入れたくなかったからです。生まれ変わりの情報をもっとくれるように、あるいはすでに話してくれたことをさらに詳しく説明してもらうように、セスに頼んでほしい、とロブをけしかけることはあえてしませんでした。しかし、生まれ変わりのアイデアは資料（マテリアル）の一部であり、それを否定することはできません。

スティーヴンスン博士は手紙を送ってくれましたが、それは、当時のわたしたちと同じ立場におかれた誰かに、たぶん今のわたし自身が書こうと思う内容と同じようなものでした。資料（マテリアル）はその流暢さからして、おそらく潜在意識に端を発するものだと、博士は考えているようでしたが、今の段階では、はっきりしたことは言えないことを強調していました。さらに、素人がミディアムのまねごとをすると、ある種の状況では、精神異常の症状を引き起こすことがある、とも書いてありました。

「まあ、たいそうなこと」とわたしはロブに言いました。「わたしの行動、いつもと変わってきたかしら?」。わたしの振る舞いにはまったく変化はないと、ロブはまじめな顔で請け合ってくれました。実際、ロブも、そしてわたし自身も、そうした徴候が現れないか気をつけていたのです。それまでも霊的能力に関する本の中で、同じような警告を読んだことがあったのですが、スティーヴンスン博士の善意のこもった言葉に、わたしは幾分戸惑ってしまいました。

ある意味では、スティーヴンスン博士の手紙は都合の悪いときに届いた、といえます。セッションのことを完全に秘密にしておくことが、不可能になっていたのです。結局友人の誰かが月曜か水曜の夜訪ねてくると、ドアの奥から響いてくる変わった声を聞いてしまうということになります。

フィリップもそんなふうにして、わたしたちがスティーヴンスン博士に手紙を書く直前にやって来て、その結果、時折セッションに加わるようになりました。フィルの家族は、彼の心霊現象への関心を理解してくれないので、ここではセスが教えてくれた彼の根源的自己（エンティティ）の名前を使っていますが、こうしたフィルのような状況は、そのあとも一度ならず経験しています。フィルはほかの州に住んでいますが、6週間おきぐらいに仕事でエルマイラにやって来るのです。

スティーヴンスン博士からの手紙を受け取る数日前、わたしたちはフィルも加えて、予定にはなかったセッションを開きました。フィルには紙とペンを渡し、質問があったら何でも書き留めることができるようにしましたが、結局ひと言も書き留めることのないまま終わってしまいました。フィルの話では、心の中に質問を思い浮かべるたびに、セスが次々と答えてしまったということです。フィルは、それが事実であることを宣誓する書面を書いて署名してくれました。

これはセッションの間に起きた、テレパシーもしくは透視を示唆する初めての出来事でした。フィルは本当にびっくりしてしまったのですが、それはわたしも同じです。

わたしはフィルの言葉を信じましたが、偶然の一致によって説明できるのではないか、とも考えました。いずれにせよ、わたしの気分は高まりました。しかし、それから数日後、スティーヴンスン博士からの手紙が届いて、わたしはスランプに陥ってしまったのです。「手紙について、セスが何か言うことがあるかどうか様子を見てみよう」とロブが言いました。わたしも同感でしたが、緊張してしまい、セッションを開くことができるほどリラックスするのが難しくなっていました。そのため、予定していたセッションを1回とばすことになったのです。そして次の月曜日には、何とか気持ちの安定を回復することができました。

セスは言いたいことが山ほどありました！

「かなり苛立っているようだが、今晩の御機嫌はいかがなものだろう」こう言ってセスは話し始めました。「ルバートが憤慨しているのは、友人のフィリップを交えたセッションで、私が何とかルバートに与えることに成功した自信を、きみたちの善良なる心理学者がほとんど台無しにしてしまったためだ。私はルバートの自信を強めようとしたのだが、どこかの第三者がばらばらにしてしまったわけだ。彼のねらいはまったく善良なものだ。しかし、今となっては、セッションを開くことに関連した精神的、感情的安定性と、そうした安定性を崩す危険性について、述べておかなければならないと思っている。

ルバートに関するかぎり、危険はまったくない。まず1つには、私は感情的で幾分短気ではあるが、自制心が強く分別のある紳士だということがある。私からのコミュニケーションが精神的安定性を蝕むようなことはない。あえて言わせてもらえば、私はきみやルバートやあの立派な心理学者の誰よりも、ずっと精神的にバランスがとれているのだ。

私は、きみたちに対して、そしてわれわれのコミュニケーションに由来するあらゆる結果に対して、強い責任感を感じている。たとえば、私が2人に与えた個人的なアドバイスは、きみたちの精神的、感情的バランスをさらに高め、外的な世界との関係をより密接なものにするだろう……ルバートが進んで意識を分離してくれるからこそ、私は意志を伝えることができるのだ。ルバートがセッションの間に、周囲に気づいていないことがあるのは確かだ。それは彼が同意した結果の現象であり、いつでも自分の物質的な環境に意識的な注意を戻すことができる。

人格の分離がルバートを襲い、暗く得体のしれない、ぞっとする怪物のようにつかみかかり、ヒステリーや精神分裂、狂気といった冥界へと、彼を連れ去ってしまうような危険はまったくない。私はこれまでも常に、世界全般との接触を大事にするようにとアドバイスしてきたし、外的な世界での課題に直面するべく、自分たちの能力を使うように2人に話してきたつもりだ。世界から逃れるための隠れ場所として、分離状態へ引きこもるのは危険な結果を招くことがあり、そのような窮地に陥ってしまった人も数多くいる。だがルバートの場合、そのような心配はない。

1つには、ルバートの自我（エゴ）は非常に強い、ということがある。そして彼の直感は、ほかの方法ではほぐすことのできない、頑固で暴君のような自我（エゴ）をリラックスさせるための手段なのだ」

これを聞いたロブは顔を上げると笑ってしまいました。

「しかし、直感的な性質は勝手気ままなものではなく、ルバートの人格はうまくバランスがとれている」

セスは続けてトランス状態での人格の分離の説明を始め、セッションのとき、わたしはいつでも、自分のまわりの状況にある程度は気づいていると言いました。

「分離状態が必要だというのは本当だ。しかしきみがドアを開けるのだから、それを閉じることができないということはないし、同時に2つのドアを開けられないということもない。それこそ私が言いたいことなのだが、きみは同時に2つのドアを開けることができ、同時に2つのチャンネルを聞くことができるのだ。2つ目のチャンネルに注意力を合わせることを学ぶまでは、最初のチャンネルのボリュームを下げなければならないだろうが……。この過程をきみたちは分離と呼んでいるのだ」

セスが間をとったとき、ロブが尋ねました。「こうしたことはすべて、ジェーンの潜在意識のせいかもしれない、というスティーヴンスン博士の考えについてはどう思いますか?」

「われわれは以前にもそのことについて触れたし、これからも何度となく話すことになるのは間違いないと思う。もし私の存在が、ルバートとは別の人格であることをきみに納得させることに成功したら、私はとてつもなくうまくやったといえるだろう。私からの通信が、ルバートの潜在意識を通して伝達されるのは、見ての通り明らかなはずだ。しかし魚は水の中を泳いでいるからといって、水ではないのと同じように、私もルバートの潜在意識ではないのだ。

きみたちにテレパシーの証拠をわずかながら見せたのも、目的があってのことだ。きみにはテレパシーが実際に存在することを示したかったし、ルバートには、彼が自分で知っている潜在意識以上のものが関わっていることをわかってほしかったのだ。……ルバートはある方法で私を組み立てる、あるいは私が自分を組み立てられるようにしてくれるのだが、その方法はきみにもわかるようになるだろう。しかし、こうしたことには関係なく、私は独立して存在するのだ」

この発言についてはのちにさらに詳しい説明が加えられ、それによってセスとわたしが接触するためには、どんな内的なプロセスが進行しているのか、かなりわかるようになりました。これには「心理的橋渡し」が必要となるのですが、それは本書のあとのほうで説明します。このときまでにわたしは、約40分間セスとなって話していましたが、セスは次のように言って、休憩をとるように勧めました。

「ルバートの疑いを鎮めるにはあと25年はかかりそうだが、とりあえず、今までの何回かのセッションで取り組もうと試みてきた、別の問題へと話を移したいと思う。だが、とりあえずは休みをとることだ。2人ともね」

わたしはこれまで、セッションに対するロブの立場がうらやましいと思っていました。ロブはわたしがセスとなって話すのを見たり聞いたりできますが、わたしはできないからです。そこで休憩になると、わたしはまたロブに質問しました。セッションの間に何が起きたかを、ほかの人に話してもらわなければならない、というのは嫌だったのですが、1つ学んだことがあります。つまりわたしは、同時にジェーンとセスの2人でいることはできないということです。セスがわたしを通して話せるようになるには、そのようなことをいちいち考えるのを、少なくとも一時的には止めなければなりませんでした。

休憩のあとセスが言いました。

「繰り返すが、ルバートの潜在意識を通して話をするからといって、私はルバートの潜在意識ではない。彼の潜在意識は、それを通って私がきみたちのところにやってくることのできる、媒体のようなものだ。たとえば、空気は鳥がその中を飛ぶ媒体であるのと同じようにね……そこでは私自身を再構成することが必要になる。それは部分的には私によって、また一方ではきみとルバート2人の潜在意識が力を合わせることによって行われるのだ。今のところはこんな説明で満足してもらえるだろうか?」

「もちろんです、セス」ロブが答えます。

「正直に言ってほしい。この問題が頭のどこかに引っ掛かっているのは好ましくないからね」とセス。それから根源的自己(エンティティ)とそれを構成するさまざまな人格について話し始めました。ロブは特に根源的自己(エンティティ)と人格の違いに興味をそそられました。

「個人的人生、つまり現在生きている個人の人生は、根源的自己(エンティティ)の見る夢に喩えることができるだろう。個人はこの世で与えられた時間を楽しむわけだが、その時間は根源的自己(エンティティ)にとっては一瞬の出来事にすぎない。根源的自己(エンティティ)とこの世の時間との間の関係は、きみたちときみたちの夢との関わりに似ていないこともない。きみたちが自らの夢に内なる目的と秩序を与えるように、そして夢は人生のほんの一部をなしているにもかかわらず、そこから洞察や満足感を得るように、根源的自己(エンティティ)もある程度までは、自分から分かれたいくつもの人格たちを導き、彼らに目的と秩序を与えるのだ。

人格には、無限の多様性と機会が根源的自己(エンティティ)によって与えられている……きみたちの夢は自らの断片だが、さらに大きな視野から見れば、きみたち自身も根源的自己(エンティティ)の断片なのだ」

セスはまたこう述べました。一人一人の人格の内なる一部は、根源的自己(エンティティ)との関係を知っている、そしてその部分こそわたしたちに代わって呼吸をしたり、わたしたちが不随意だと考えているさまざまな肉体の機能をコントロールしているのだ、と。

セッションは午後11時半まで続きました。わたしにはトランス状態の意識の分離をうまく処理する能力がある、とセスが言ってくれたことと、彼の責任感のある態度によって、ロブはほっとしたようです。わたしも安心しましたが、それでも、スティーヴンスン博士の手紙にあった言葉のことを考えずにはいられませんでした。「もちろんセスは、何もかも大丈夫だと保証してくれたわ。でも、何か問題があるなんて言うはずないんじゃないかしら?」

しばらくの間、わたしは一方でセスを精神分析し、またもう一方では自分自身を分析していたのだと思います。用心することは大切ですが、ときに心配しすぎていたのです。わたしの強い自我は、わたしの人格全体のバランスをとり、自分の能力を利用したり開発するために必要な、心理的な強さを与えてくれるので、行き過ぎることがなければ、わたしたちの仕事にとってなくてはならない要素だと、それでもセスは語ってくれました。

その当時、些細ではありますが、興味深いある出来事が起こりました。それはセッションが始まって数カ月の、まだ初期の頃のわたしの気持ちをよく表しています。わたしたちは広々とした、すてきなアパートに住んでいますが、キッチンは押し入れほどの大きさしかありません。今のアパートに引っ越してきたとき、キッチンにはコンロと小さな冷蔵庫があったのですが、食料品をすべてしまうことができなくなってきました。そこで、毎日使うことのない予備の食料をしまっておくために、大きな冷蔵庫を買い、この2台目の冷蔵庫をだだっ広いバスルームに置くことにしました。バスルームは昔風の素晴らしいタイルが張り巡らされていて、キッチンのゆうに5倍の広さがあったのです。そんなところに冷蔵庫を置くのは常軌を逸しているとは思いましたが、しばらくすると気にならなくなりました。

春になってまもなく、ロブは歯茎に何カ所かできた、たちの悪い歯肉膿瘍に悩まされたので、どうすれば治るかセスに尋ねたのです。セスはただちに、バスルームに置かれた冷蔵庫の非衛生的な状況について、かなり愉快な議論を展開し始めました。わたしたちにもそんなことはわかっているはずだと釘を刺しながらも、心のこもった言葉を述べたあと、冷蔵庫はキッチンに移し、食料品はすべてその中で管理すべきだと忠告しました。そうすればロブの歯茎の腫れはひくだろうと断言したのです。

「支配霊だか何だか知らないけど、家事のことに口出ししてほしくないわ」とわたしは言いました。「これはわたしたちが本で読んだ、怪しい兆候の1つよ。支配霊がだんだんと押し付けがましくなっていって、ミディアムの日常的な人格を支配しようとするんだわ。スティーヴンスン博士が言ってたこと覚えてる？　それにキッチンには大型の冷蔵庫を置く場所なんかないわよ」

「好きなようすればいいさ」とロブが答えました。「ぼくの歯茎は腫れてるけど、だからどうだって言うんだい？　我慢して生きていけるさ」

「そうだけど……」

「それに、セスはきみに何かするように命令したわけじゃない。ぼくが質問をしてそれに答えただけだよ」

わたしが何かに感情的に反応していて、ロブが理にかなった答えを返してくれるときには、いつも自分を押し通すことができなくなってしまいます。そこでセスの提案に従うことにしました。

次の日、わたしたちは大きいほうの冷蔵庫を移動しました。でもプライドが傷つくのが嫌だったのだと思いますが、小型の冷蔵庫はバスルームに置き、タオルを入れるタンス代わりにしました。大きい冷蔵庫は今でもキッチンにありますが、小さいほうはかなり前に処分してしまいました。ところで、ロブの歯茎の腫れはその後2日でおさまり、決して再発することはありませんでした。

言い方を変えると、わたしはセスのことを、特にはじめの1年ほどの間は、鷹のように鋭い目で監視していたのです。しかしセスはいつでも威厳とユーモアを兼ね備えた、聡明な人のように振舞いました。セスの行動と、わたしたちへの影響をもとに判断するようになるとすぐに、セスをそんなふうに見る習慣は止めました。セスはわたしの信頼を勝ち取ったのです。そしてセスは、わたしたちに素晴らしい、心理的に的を射たアドバイスをしてくれましたが、決して命令することはありませんでした。

そこでわたしたちは時折セスの説くところに従い、その助言を役立てることができました。でも別の折には、わたしたちの側にわけがあって、セスの助言に従わないこともありました。たとえば1964年に、わたしたちは家を探しに行ったのですが、セスはある家を買うようにと勧めたのです。わたしたちもその家が気に入りましたが、かなりひどい状態でした。セスは正しいかもしれない、その家を買えば、わたしたちももっと満足できるかもしれない、と思いました。でもそんな危険を冒す気にはなれなかったのです。

また、およそ1年半ほど前、アート・ギャラリーでの仕事を辞めて、霊的な能力に関するクラスを始めてはどうかと、セスがわたしに提案しました。セスはクラスを始めて3カ月後に集まる生徒の数までも教えてくれました。この地域には、そんな事柄に興味を示す人はあまりいないのではないか、と思いましたが、彼の言う通りにしてみることにしました。そしてセスはやはり正しかったのです。わたしはクラスを大いに楽しみ、そこから多くのことを学び、結果として自分には可能だとはとても思えなかった方法で、自らの能力を大きく伸ばすことができたのです。

また、セッションが始まって6カ月くらいの間、飼っていた猫のウィリーの行動がとても攻撃的になってきて、セッションの前になるとかなり苛立って、うなり声を上げ始めることが何度かありました。ある晩、わたしたちはウィリーの振る舞いに、本当にぎょっとしてしまいました。ちょうどセッションを始める準備をしていたのですが、ウィリーは寝室の押し入れで寝ていました。すると突然、押し入れから背中の毛を逆立てて飛び出してくると、居間を駆け抜けてカーテンの裏に隠れたのです。あるときなど、わたしがセスとなって話していると足首に噛みついたので、わたしはトランス状態のまま、スラックスの裾にしがみついているウィリーをぶら下げて、居間を半分ほど引きずって歩いたこともありました。そのときはロブがアトリエにウィリーを閉じ込めなければなりませんでした。

ようやくロブは、何が問題なのかセスに尋ねてみました。セスの答えによると、セッションの直前になると、ウィリーのとても敏感な知覚力がセスの存在を感知するからだ、ということです。セスはまた、ウィリーが状況に慣れてくれれば、行動に変化が起きてくるはずだ、とも言ってくれました。1カ月ほどすると、ウィリーはまたふつうに戻り、今ではセッションにはまったく我関せずといったふうで、ときにはトランス状態で話しているわたしのひざの上に、跳び乗ってくることもあります。

この時期、以前よりずっと軽いものではありましたが、ロブの背中の痛みが再発していました。セスはいくつかの長いセッションを費やしてロブの状態を分析し、その症状の背後にある理由について語りました。症状はやがて薬を使うことなく消えましたが、このときのセッションでロブが得た知識が役に立ったのだと、わたしたちは考えています。それよりしばらく前に、ロブの背中のことを考えて揺り椅子を買っておきました。ロブはそれに座ってセッションのメモを取っていましたが、しばらくの間、ロブが痛みを感じずに座ることができたのはその椅子だけでした。背中が治ってロブにはその椅子が必要ではなくなると、今度はわたしがそれを使うようになりました。ずっとあとになって、セッション中に腰を下ろすことにわたしがやっと同意すると、その椅子はわたしのお気に入りの「セス用」の椅子となったのです。

まもなくわたしたちは、身体的な症状というものは、心の内の不均衡が外部へと物質化したものだ、とセスが見なしていることを知りました。セスは暗示の重要性と、自己憐憫に浸ることの危険を特に強く訴えました。また、わたしたち2人のうちのどちらかが病気になったときには、もう一方は、病気の相手をあまりいたわりすぎてはいけないとも言いました。そうすることによって、病気であるという観念を強化してしまうからです。のちのセッションで、セスは健康維持に関して素晴らしい資料(マテリアル)を伝えてくれましたが、それについては第13章で扱います。

わたしはかなりの時間とスペースを割いて、初期のセッションを紹介してきましたが、それは「セス・マテリアル」をわたしたちが受け取ったままの形で、読者の皆さんに馴染んでいただきたいと思ったからです。その一部は、今のわたしたちにはあまりにも未熟で初歩的なものに思えるので、当時わたしたちが感じた驚嘆の念を思い出すのが困難なほどです。わたしたちがセッションを続け、最終的にわたし自身の疑念を晴らしたのは、セッションが次々と与えてくれる新たな発見の感覚と、知的な好奇心だったのです。

その後の数カ月の間には、とてもたくさんの進展があり、それらをすべて紹介することはとてもできません。わたしたちは2人とも、初めての体外離脱体験、あるいは「幽体離脱(アストラル・プロジェクション)」と呼ばれるものを経験することになりました。またセスが「心理的時間」(サイコロジカル・タイム)と呼ぶ実験によって、自分たちの心霊的な能力を伸ばすことができました。

「セス・マテリアル」の内容とそれが扱う話題の範囲はますます広がり、超心理学の分野で働くほかの人たちとも知り合うことにもなりました。そしてセスには本当に透視能力があり、わたしの心霊的な架け橋としてのトレーニングは、まだ始まったばかりだということわかったのも、それからまもなくのことだったのです。

第6章

セス、心理学者と会う

わたしが書いたＥＳＰに関する本の最初の8章を読んで、編集者は驚いたのですが、それでも控えめな表現だと言わざるを得ません。彼は以前にもわたしの本を扱ったことがあり、わたしのことをよく知っていたので、個人的にも興味を持ってくれていました。そして非常に好意的な手紙を書いてきましたが、同時にそのままの形で出版することには不安を感じているようでした。わたしが経験したことを考えると、わたしは自分でも気づかずに、最初からミディアムとしての素質があったのだ、と彼は言いました。そしてこのことが、そもそも本を書くこととなった前提、つまり、本の中に紹介されている実験は、これまでに霊的な経験をしたことのあるなしにかかわらず、誰にでもある程度は実行できるものである、という前提を台なしにしてしまうというのです。

「でも、実験をしたからこそ、わたしの能力が目覚めたのよ」とわたしはロブに反論しました。「だからわたしたちの言いたかったことは、それで証明されるんじゃない？　それまで心霊現象を経験したことなんてなかったんだし――」

「僕に言わないで、出版社に言ったらどうだい。セスが現れたからこそずっといい本になったはずなのに、なぜそうじゃないというのかまったくわからないよ」とロブは答えました。

結局、出版社を戸惑わせたのは、セスについて述べた箇所であることがわかったのです。もしわたしがもう少しセスの重要性を控えめに表現し、ほかのうまくいった実験のいくつかについて詳しく書いていたら、出版できる可能性はずっと高かっただろうと、編集者は言ってくれました。ほかの実験の中には、日常的な出来事を予言したり、夢を思い出すことなどが含まれていましたが、夢を思い出すというわたしたちの試みは、すでに予知夢というものが存在することを示していたのです。

ロブとわたしは、日常のできことを予言する練習と訓練をしていましたが、それには毎日数分間あれば十分でした。まず心を現実的な思考から解放し、その日に起こる出来事を予想して、頭に浮かんでくることを何でも書き留めるのです。合理的に分析しようとせずに、自分の直感的自己を自由に働かせることがコツです。結果は驚くべきもので、人はほとんど誰でも、自分が思っているよりはるかによく、未来のことを知っているのだ、とわたしたちは確信するようになりました。とりわけわたしたちは、2人のそれぞれが、1つの出来事の異なった面を予知することがよくあることに気づきました。

ふつう人は、確かにある種の出来事が起こる前に反応することがあると思いますが、それについては本書の後半でさらに詳しく述べたいと思います。こうした実験すべてにおいて、セスは、わたしたちがどのようにして超感覚的な情報を知覚するかについて、実際的なアドバイスや説明をして手伝ってくれていたので、ただＥＳＰについての本を出版するという目的のためだけに、セスの重要性を軽視することなどとてもできませんでした。わたしたち2人にとっては、セスと「セス・マテリアル」がほかのすべてのことを可能にしてくれていたからです。

結局、編集者は本に好意を持ってくれたのですが、出版社に断られてしまいました。わたしは本を売ることができなくなってしまい、本当にがっかりしました。その結果、セスのアイデアがどこからきたのか本当のことは隠して、自分自身のものとして出版したらどうかしら、とも考えました。でもこれはあまりに不誠実なので、実行することはあきらめました。それにセッションを開いているという事実そのものが心理学的に興味深いことであり、セッションで湧いてきた疑問は、資料(マテリアル)の中でこそ答えが見つかるのだと感じたのです。そこで、すでに書き上げた8章は別の出版社に送って、残りを書くのは1年近く止め、仕事の時間は短編小説を書くことに専念しました。そして、それらの小説はさまざまな雑誌に掲載されることになりました。

そうこうしているうちに、ほかの専門家にも手紙を書いてみようと思い立ちました。アメリカ心霊協会のカーリス・オシス博士です。オシス博士なら、わたしたちのような事例を扱った経験があるのでは、と考えたのです。１９６４年３月、わたしたちは博士に手紙を書きました。博士はすぐに返事をくれ、サンプルとしていくつかのセッションを送るように、そしてニューヨークにある自分のオフィスを、セスが透視能力を使って描写することはできないだろうか、と言ってきました。オシス博士がどんなことをしてくれるのかはわかりませんが、セスにそんなことができるかどうかを確かめる気持ちの準備ができていなかったのは確かでした。セスは実験をやってみると申し出ましたが、わたしはためらいました。セスが実際にやり遂げられるかどうかのほうが心配だったのかは、今でもわかりません。「のるかそるか、結局そういうことになりそうね」。私は涙ぐんでロブに言いました。「これがうまくいくなら、あなたかセスが壁を通り抜けられるか見てみたいわ」

「でもセスはやるって言ってるじゃないか」。まったくもっともなロブの言葉です。

しかしロブに対しても、自分の本当の不安を打ち明けることはできませんでした。もしセスがやりそこなったら？　そうしたらほかのすべてのことも、潜在意識の作り出したまやかし、ということになってしまうんじゃないかしら？　セスが誰であろうと、わたしが死ぬほど怯えているのを知っていながらなぜ同意したのかしら？

「きみは確かめてみるのが怖いんだね。今の段階では仕方がないかもしれない。無理にしなくてもいいんだよ」とロブ。

「わたしがミスを犯してもそれはいいのよ」。自分の気持ちを説明しようとしてわたしは言いました。

「でも、もしセスが間違っていたら？　もし期待されていることをやろうとして失敗したら？」

「セスは全能じゃなきゃいけないのかい？」。ロブがにやりとしながら尋ねます。

「もちろんそんなことはないわ。でも全能だったらとても助けになるわ」。とにかく、わたしがまたスランプに陥ったのは確かです。人格が肉体の死後も生き残ることを自分が信じているのか、まだわたしには確信がありませんでした。もし生き残ることがないのなら、わたしが受け取っているメッセージはいったい誰から来るのでしょうか？　わたし自身の潜在意識なのでしょうか？　この解釈を便利な言い逃れとして使うことはときにはあっても、本当にそう思っていたわけではないのです。別の人格を装うことなどしなくても、わたしの潜在意識は短編小説や詩を通して十分表現のはけ口を持っていたはずです。二重人格？　たぶん。でもセスの人格もわたし自身の人格も、これまで読んできた二重人格の症例には当てはまりませんでした。

わたしが実験を試してみることに難色を示している間に、ロブはさらに多くの資料（マテリアル）をオシス博士に送りました。博士は、自分の専門である経験的心理学の分野で扱う問題ではないので、資料（マテリアル）自体には関心はない、と手紙に書いてきました。ＥＳＰの証拠を示す報告がないのなら、これ以上資料（マテリアル）を送ってこないようにと、言ってきたのです。博士は、セスにＥＳＰ能力があるかどうかをテストすることには関心があり、透視実験を試してみるように、と提案しましたが、わたしはその手紙に興ざめしてしまいました。わたしはすねてこう思いました――わたしが素晴らしい内容だと思っている資料（マテリアル）に関心が無いんなら、誰かほかの人を見つけて、自分の部屋を透視させればいいんだわ！

さて、これは1964年の3月のことです。セッションは前の年の12月に始まったばかりで、セッションの中で見られたESPは、わたしを魅了したと同時に怖がらせもした、あの、手が変化した物質的効果を除いてはほとんどなかったのです。

どんな種類のものであれ、セスや自分自身をテストにかけることには、まだ準備ができていなかったのだと思います。自分には透視能力があるというセスの主張も、潜在意識——セスのものであれ、わたし自身のものであれ——のはったりではないかと思い悩み、そのはったりをあばいて手の内をさらけ出させる勇気が、自分にあるかどうかもわかりませんでした。そしてもしはったりではなかったら？　その結果を正面から受け入れる用意もなかったのです。わたしはただ、自分の経験をまだ消化することができなかった、ということなのでしょう。妥協の余地のない、厳格な方法でセスをテストすることも考えてみました。そうすれば、セスが正しいのか、間違っているのかはっきりさせることができます。ＥＳＰ研究における当たり外れがどんなものなのか知りませんでしたし、ミディアムになることに関わる、心の中の仕組みもほとんどわかっていませんでした。わたしのそうした気持ちのせいで、当時ＥＳＰのテストをやったとしても、一貫してよい成績を生み出すことは当然無理だったでしょう。

超能力の証拠や奇蹟を求めるオシス博士の態度に、わたしは腹を立てました（もちろんこれは、博士の手紙をわたしがそう解釈したからですが）。しかしそうは言っても、セスや自分自身をテストするという試練に向かう度胸がすわったときには、自分でもセスや自分に対して、博士と同じような要求を押し付けるに違いないということはわかっていました。

そうしているうちに、わたしのトランス状態に変化が起こり始めました。最初の1年間は、セスとなって話しているとき、わたしは絶えず部屋の中を行ったり来たりしていました。わたしの眼は開いたままで、瞳孔は拡大し、ふだんより濃さを増します。ところが1964年12月の116回目のセッションで、わたしは初めて腰を下ろし眼を閉じたのです。ロブは賢明にも、セッションが終わるまで、それについてひと言も触れませんでした。これは実験的な試みで、わたしが完全に同意しないかぎり、長く続くことはない、とセスは語りました。

わたしが眼を閉じるようになり、あちこち歩き回るのを止めるまで116回ものセッションが必要だったというのは、今から思うと滑稽な感じがします。トランス状態での、この初めての変化が起きるまでに、すでにわたしは最初の体外離脱体験を経験し、毎日の訓練の時間には、セスの指示にしたがって透視能力を発揮するようになっていました。しかしこれについては、自分の意志で行っているという自覚がありました。一方セッションはセスが取り仕切っていました。わたしにとってこれは重要なことです。わたしはトランス状態での、この新しい取り決めを承諾しましたが、たまにではなく、毎回のセッションでそうなるまでには、まだしばらく時間がかかりました。それでもトランス状態はさらに深いものになり、内容はもっと複雑な話題へと入り込んでいきました。話し始める前に、セスがわたしのメガネを外すようになったのも、このころです（トランス状態でのわたしの行動に次に変化が起きたのは、1966年1月のことです。セッションで目を閉じるようになって1年後、わたしは突然、また目を開けるようになったのですが、トランス状態はますます深くなっていきました。筋肉の動きや顔つきにはっきりとした違いが認められ、人格が全体的に変化したのです。目の表情もジェーンらしくないばかりでなく、明らかにセスのものだとわかるようになりました。あらゆる点からいって、わたしの身体の中にセスが心地よく身を落ち着けるようになったのです。この状態は現在も続いており、そうすることによって、セスはかなり自由に自らを表現できるらしいのです。たとえば、セスはよくロブをはじめ、話しかけている相手をじっと見据えます)。

しかし1964年に、わたしたちがオシス博士に手紙を出した頃には、トランス状態がこれほどの深さに達することはなく、わたしはただセッションで座ることに慣れてきただけでした。1965年、「セス・マテリアル」は週2回のセッションを通じて着実に増え続けていました。その年の初め、フレデリック・フェルという出版社とESPについての本の契約が成立し、わたしは締め切りを目指して書くことになったのです。

ESPの実験を行うという考えは、まだわたしにとって不安の種でしたが、避けて通ることはできないものだとも感じました。

オシス博士に手紙を出してからおよそ1年後の1965年春、ニューヨーク州北部の州立大学で研究していたインストリム博士（仮名）に、ロブが手紙を書きました。インストリム博士は若い頃、アメリカを代表する心理学者として名を馳せ、過去にもミディアムを何人も調査したことがありました。もしセスが二次的な人格だったら、インストリム博士ならわかるはずだと思ったのです。わたしたちは再び、手紙とともにセッションのコピーを数回分同封して送りました。インストリム博士は関心を示し、１９６５年７月に開催される全国催眠シンポジウムに出席してみないか、と招待してくれました。

これまでにも、催眠術を使って、年齢退行や生まれ変わりに関する実験はやってみたことがありました。その際にはわたしが催眠術者で、ロブが被験者となりました。しかしセスのセッションで、トランス状態を誘導するために催眠術を使ったことは一度もなく、セッションが始まった頃は催眠術の経験などまったくなかったのです。インストリム博士はわたしを催眠術にかける気かしら？

その考えに同意する気はありませんでした。有名なミディアムである、アイリーン・ギャレット夫人が受けた、催眠術の実験について読んだ今となっては、自分も同じようなテストに堪えられるとはとても思えません（自己催眠はまったく別のものです。それなら、健康増進の暗示を自分に与えるためにやっています）。

インストリム博士に会えるという期待に、わたしたちはワクワクしましたが、旅行やシンポジウムに参加する費用を用立てるためには、休日用に取っておいたお金を使わなければなりませんでした。その上、ロブは午前中、地元の挨拶状制作会社の美術部門で働き、午後に絵を描くようになっていました。ということは、博士に会いに旅行するためには、休暇をとらなければならない、ということになります。

結局これは、わたしたちが今まで過ごした中で最も無茶で、問題の多い休暇になったのです。わたしたちが最初に出席したシンポジウムの講義で、講演者は催眠術の実演をして見せました。わたしたちと数人の学生を除いて、シンポジウムに出席していたほかの人たちは、心理学者や医者、歯科医でした。講演者は、催眠術の研究で有名な心理学者だったのですが、低い声で、皆さんは職業で催眠術を使う方がほとんどなので、催眠術をかけられるとどんな感じがするのか御存じでしょう、といって話を始めました。わたしを挟んで、ロブとインストリム博士が両側に座りました。わたしは催眠術にはかからないわ、と心に決め、目立たないように目を伏せていました。出席者はほとんど、そうするのが義務だ、と言わんばかりに催眠術にかかっているのがはっきりわかりました。それに気づいたわたしは、なぜか羽をきちんとたたんだハトの群れを思い浮かべました。インストリム博士がどうしているかを見ようと、慎重に目を上げると、博士もわたしを見返し、ロブはわたしたち2人を眺めながらにやりとしています。

インストリム博士は御機嫌です。その後ニューヨーク州のオスウェゴにあるレストラン、ハワード・ジョンソンで話し合っていると、セスが近くにいるのを感じました。家の外でセッションを開いたことは一度もありません。ドキドキしながらロブに目配せしようとしました。一度、ロブの脚を蹴って気を引こうとしましたが、間違って博士の足を蹴ってしまったのではないか、とひやひやしました。やっとロブは視線をこちらに向けると、わたしの言いたいことがわかってひょうきんに肩をすくめました。

「何て言いましょうか、セスにお会いになりたいんでしたら、実はここに来ているんです」

レストランの中でセッションを開く気は、まったくありませんでした。それはインストリム博士も同じです。博士はわたしたちを自分のオフィスに連れて行くと、ドアを閉めました。セスのセッションが始まり、わたしとセスが実にすばやく入れ替わってトランス状態から出たり入ったりしたので、2人ともその場の会話に加わることができました。こんなセッションは初めてのことでした。

インストリム博士に挨拶すると、セスはこう話し始めました。

「私の専門は教育で、人格が持つこうした（見たところ超常的な）能力を理解し、調査してもらうことに特に関心がある。というのも、そのような能力は不自然なものではなく、誰にでも本来備わっているものだからだ……。それに関して今後出会うことになる数々の困難は、十分わかっているつもりだ。

これまでも何度も言ってきたことだが——私は真夜中に出くわすような類いの、どんよりした目の幽霊とは違う。単に、もはやあなたたちの物理的法則に縛られることのなくなった、知的な人格存在なのだ……」

引き続きセスは、インストリム博士が以前に提案したＥＳＰテストについて語りました。

「ときにルバート自身の頑固な態度に手を焼いているのだが、それも受け入れていかなくてはならないだろう……状況が許すかぎり、私にできることはまじめに取り組んでいこうと思う。喜んで協力するつもりだ。一朝一夕にできることではないことは言うまでもないが、とにかく取りかかってみよう。どうすればいいかについては、いつものセッションで話していこう。できることはいろいろあるし、また、できないことも数多くあるだろう。だがわれわれは可能性と限界をともに理解しているので、状況を最大限に利用することができると思う」

会話のやり方に何らかの決まりができてしまったかのようでした。まずわたしが何か言うと次にインストリム博士、それからセス、そしてロブというように交互にやり取りが始まったのです。セスは博士をファースト・ネームで呼び、2人は古くからの親友のような口ぶりです。わたしは少しあっけにとられてしまいました。何といってもインストリム博士は、年配の著名な学者なのですから。ロブは猛烈な勢いでペンを動かし、できる限りのメモを取ろうとしていました。

セスはこう言いました。

「自然に起こるがままに任せることが不可欠だ。そうすればあなたが望んでいるような証拠が手に入るだろう。結果を得ようとあまりに頑張りすぎると、自然な流れが失われてしまう。自我（エゴ）が入り込み、もうそれでおしまいだ」

「まったくその通りです」とインストリム博士。「何が何でもという気持ちを捨てて、注意深く進めていかなければならない……でも、私に理解できないことがあります。セス、自然に任せることは重要ですが――」

「それこそわれわれをつなぐ道筋だ。証拠が得られるとすれば、その道筋を通ってやって来るだろう」

「そうです。しかし私たち人間には限界があります……こちらの世界では科学的な方法というのが重要なのです。私たちの得たものをほかの人たちにも認めてほしいときには特に」

「いつものセッションでこの問題を考えていこう。そうした限界の範囲内で何ができるのかを見極めていくのだ。あなたたちが受け入れているからこそ、こうした限界が存在するのだということを、あなたもほかの人たちも理解すれば、大いにためになるだろう」

「わかります」

「人格にはそもそも限界などというものはない。これまでにも何度も言ってきたことだが、目が覚めている状態はそれ自体、一種のトランス状態だ。セッションでは単にチャンネルを変えて、別の方向へ注意力を集中させるだけなのだ。どんな気づきの状態も、すべてトランス状態だと考えてみればいい。意識とは自己が目を向ける方向のことだ……。

あなたとわたしには共通の関心事が数多くあるようだ。人格は常に、基本的には、行為（アクション）を促すさまざまなパターンだと見なさなければならない。その中のいくつかのレベルをいじくろうとすれば、それらを変えてしまうことになる。中に何があるのか見ようとして卵を割ったら、その卵はもう台なしになってしまうのと同じことだ。だがやり方はほかにもいろいろある。卵の殻を割るのに金槌は必要ない……私は卵のような頭（エッグヘッド）（高い知性）を持っているが、中身をさらけ出すのに金槌はいらない」

セスはこう言うとあけっぴろげな微笑みを浮かべました。

「それについては少し理解しておく必要があります」。インストリム博士が答えます。「わたしは人間ですし、学ばなければなりません。わたしたちにははっきりとした証拠が必要なのです」

「あなたの心積もりによっては何らかの証拠が得られるだろう。だが心を閉ざしている者には、満足できる証拠は何も手にはいらない」

「わたしたちが手にしている証拠には、もはや疑う余地のないものもあります。しかしそれでも厳密な方法で調査しなければならないのです」

「われわれが交霊会のような雰囲気を避けてきたのも、超常現象を見せびらかすようなことをしなかったのも、1つにはそうした理由があるからだ」

「またしてもわたしの理解を超えたことです。わたしたちに何ができるか、そしてあなたが何を考えているのかはっきりさせるのには時間が必要です」

「ルバートがそうした方向へ進んでいくことを受け入れられるように、自信をつけさせるためにも少し時間がかかるかもしれない。だが、何か問題が起きるとは思わない」。セスはこう締めくくりました。

インストリム博士はセスに敬意をもって、それも大変な敬意をもって接しましたが、わたしはこのことに幾分不信を抱かずにはいられませんでした。セスが誰、あるいは何であるかについて自分でも自信がなかったので、博士の態度は、わたしの信用を得るための装いではないか――心理学者が患者の妄想を本当だと認めている、と患者に納得させるための見せかけではないのか――という思いが一度ならず心をよぎりました。

セスには「計りしれないほどの知性」があり、二次的な人格とはとても思えない、わたしたちが暇を告げる前に、インストリム博士は内々にそう語ってくれました。そして感情的にも心理学的に見ても、わたし自身も申し分なく健康そうだ、と言って励ましてくれたのです。

面倒なことに、わたしたちはシンポジウムでもう1人の心理学者と話をしました。講演のあとの非公式の集まりで知り合ったのですが、わたしと同じ年代の人です。わたしたちが医療関係者ではないことを知ると、どうしてシンポジウムに関心を持ったのか訊いてきました。そこで自分たちのことを話し、話題が次々と進んで結局セスの話になったのです。のちにロブは部屋でセッションのメモを見せました。

1時間も話をしないうちに、その心理学者は、わたしには精神分裂病の傾向があり、セッションを利用して夫のロブを支配しようとしているのだ、と断言したのです。一度など机からメモをつかみ取ると、激怒した神のようにわたしのほうへ近づき、顔の前でメモを振りながらこう詰め寄ってきました。「こういうふうに全部記録しないといられないんでしょう?」

「わたしたちには必要なことです。ロブがメモを取るんです」。わたしはやっとのことで口を開きました。

「やっぱりね」。彼は大声で言いました――そう、まさに怒鳴ったのです。「それが症状ですよ!」

「でも、メモを取るのはロブなんですよ」

無駄でした。わたしが何かを言おうとすると勝ち誇ったように叫ぶのです。「ほら、ほらね。自分を弁護しようという衝動に駆られているじゃないですか」

これが起きたのはインストリム博士との二度目のインタビューの前です。その後わたしたち2人は、ひと気のなくなった学生の街をドライブし、のどを潤すために小さなバーに立ち寄りました。自分がこれほど信じられなくなったことは、今まで一度もありませんでした。その心理学者は、わたし自身の内面の不安を最大限に誇張して口に出したのです。

「30分かそこらしか話してないのに、何てことを言うんだろう」とロブ。

「でも仮にあの人が正しかったら？ わたしにはわからないんだわ——それが一番恐ろしいところよ。わたしたち2人のどちらも気がつかないし、認めたいとも思っていないのよ」

「でも精神分裂になるほど感情が乱れていたら、日常生活でも症状が出るんじゃないかい」

「セッションがそうなのよ」。わたしは泣きながら言いました。「あんなにいろんなことを教えてくれるセッション……物事の本質について目を開かせてくれる資料（マテリアル）。それがみんなただ精神病の症状にすぎないとしたら？」

わたしたちは風格のある大学の建物の間を走りすぎました。何て秩序があってきちんと並んでいるんだろう。人生もこんなふうにすっきりとしていればいいのに、とわたしは思いました。インストリム博士のオフィスに着く頃になっても、ロブはまだわたしを慰めようとしていました。わたしは本当に、夫を思いどおりにするためならどんな策略をもいとわない、おしゃべりで支配的な女性の1人なのでしょうか？　わたしはロブに目をやりました。物静かに、でも自信に満ちてそこに立っています。「感情的な」わたしに対して「クール」な面持ちです――それこそわたしのお気に入りの男性像なのですが。いつもはわたしがよくしゃべりますが、今は口を閉ざして、おしゃべりはロブに任せよう、少なくともそう努めようと思いました。

あの心理学者の行動は、超心理学者を苛立たせる類いの反応の一例だ、とインストリム博士は語りました。さらに付け加えて、わたしには精神分裂の気などまったく見られない、ともう一度請け合ってくれたのです。

「あの人は心理学の実際的な経験などしたことがないんでしょう。ただ教科書に出てくる、あれやこれやの症例を勉強しただけなんですよ」。続けて、心理学者との出会いは残念な結果になったけれども、早い時期に起きてくれてかえってよかったのではないか、と言ってくれました。正統的な心理学者というのは、ミディアムに対してあまり好意的な見方をしないものだと言うのです。心理学者の言葉など本気にせずに、軽く受け流してしまえばいいのでしょう。笑い飛ばしてこんなふうに言ってやればよかったのかもしれません。「霊能者のことを知りたければ、自分でそういう能力を身につけることですわ」

しかしその出来事でわたしが悩んでしまったのは事実です。再び自分自身と自分の気持ちを完全に信頼できるようになるまでに、かなりの時間がかかりました。さらにこれ以上先に延ばすことはできないとも感じました。セスに何ができて何ができないのか、はっきりさせなくてはならなくなったのです。

インストリム博士は、ＥＳＰを検証するということに対する、超心理学者の見解について説明してくれ、博士が意識を集中している物を、セスが透視能力を使って知覚する実験を提案しました。月曜と水曜に開いているセッションで毎回行うこととし、午後10時に博士が自宅の書斎で何かある物に意識を集中すると、同じ時間にセスが受けた印象を述べ、わたしたちは毎週セスの答えを博士に郵送するというものです。今度はセスもわたしもこれに同意しました。

その後家に帰る途中、ロブは別のアイデアを思いつきました。自分たちだけで同じような実験をやってみてはどうかというのです。そして、博士の提案したテストと平行して、二重の封筒に入っている物をセスに当ててもらう実験を始めることになりました。

わたしは、セスが自分にできると言っていることを本当にできるかどうか、確かめたかったのです。そしてインストリム博士は、透視能力が存在するという科学的な証拠を求めていました。わたしたちは３人とも、その証拠を提供することができると希望を持ちました。つまりそれぞれに目標を掲げたわけです。１９６５年の８月から１９６６年の10月にかけての月日はあまりに多くの成功と失望に彩られ、わたしは頭がクラクラする思いでした。次の章では、その興奮と戸惑いの１年について語りたいと思います。

第7章

体外離脱体験
——体は自宅でくつろいでいる間に、意識はタクシーの中へ

インストリム博士のテストと、わたしたち自身の封筒実験を始めたのは1965年8月のことです。10月にはわたしの最初の本が出版されることになり、エルマイラのスター・ガゼット新聞の記者、ペグ・ギャラガーがインタビューにやってきました。ペグとは以前から顔見知りでしたが、これをきっかけに、わたしたち2人とペグ、そしてペグの夫のビルは親友になりました。ビルはスター・ガゼット新聞社の宣伝広告部門の次長を務めており、まもなく2人は、プエルトリコに休暇を過ごしに出かけることになっていました。そこでわたしたちは実験を計画したのです。

通常の方法で連絡をとる代わりに、休暇中のギャラガー夫妻の動向をセスに「探って」もらおうというのです。ペグとビルが旅行をしている間は、封筒に入れた物を当ててもらう代わりに、この実験を行うことにしました。2人がプエルトリコの首都サンファンに行こうとしていることは知っ

ていましたが、それ以外には何の情報もありませんでした。それに、ロブもわたしもプエルトリコに行ったことは一度もありません。

あるセス・セッションの真最中に、セスはギャラガー夫妻の旅行に関して感じた印象を語り始めました。わたしはお気に入りの揺り椅子に腰掛けて、セスとなって話していたのですが、突然、自分がタクシーの後部座席にいるのに気がつきました。次の瞬間、タクシーはいきなり右に鋭くハンドルを切ったので、わたしは席の反対側の隅まで押し飛ばされてしまいました。一瞬の間ですが、恐怖を感じました。なにしろ居間で心地よく座っていたはずなのに、次に気づいたときには、疾走するタクシーの後部座席に移動していたんですから！

運転手の首を後ろから見るのがやっとでした。太くがっしりとした首で、顔は見えませんでした。こうしたことが起きている間、居間に残してきた体とは完全に切り離されていました。わたしが主観的に感じたのは、気持ちが悪くなるほどの勢いで車が向きを変えたために、突然体のバランスを失った人が感じるのと、ちょうど同じような感覚でした。そうしている間にも、わたしの肉体は揺り椅子に背筋を伸ばして座り、セスとなって話し続けていたのです。

「タクシーに乗っている。猫好き（猫が嫌いなペグにセスがつけたあだ名）の我が友人は笑っている。料金は3ドルだが、高すぎると思っているようだ。がっしりとした首の、あまり若くない運転手。目的地は角を1つ曲がったあと、右側にある」

ペグとビルが戻ったとき、こうした印象がまったく正しかったことがわかりました。2人は空港からモーテルまでタクシーに乗り、3ドルの料金を払ったのです。2年前に同じ距離を乗ったときには料金が2ドルもしなかったので、ペグはかなり頭にきていました。タクシーは確かに急角度で右に曲がりました。ペグもビルもそのことをはっきりと覚えていましたが、それは単に曲がり方が乱暴だったからだけではなく、その直前に、運転手は赤信号を無視して交差点を走り抜けたからです。そのときの右折はあまりに急だったので、2人ともひどく腹が立ちました。しかし、運転手が「あまり若くない」というのは正しくありませんでした。首の皮膚が荒れていて、後ろから見ると歳を取っているように見えた、とペグが言いました。興味深いことに、まだらのようになっていたからです。首が太く、がっしりとしていたのは確かです。

すべてが事実と合致したときには、本当にほっとしました。わたしが見たのは、実際にそのタクシーに乗っていたら見えたはずのことだったのです。ペグとビルは、わたしがそこにいることにはまったく気づきませんでした。

この出来事にはいくつかの興味をそそる点が含まれています。実際に「外に」出て行ったのは、わたしであることに間違いはありませんが、セスはわたしが見たことを描写しました。わたしの意識が別のところに——かなり遠く離れた場所にいる間に、セスの声と人格がわたしの肉体をコントロールしていたのです。何が起きているのかをセスに伝える必要はありませんでした。セスはわたしが見たことをただちに口に出して述べたからです。

しかし、わたしがタクシーの座席の端まで押しやられたときの感覚については、セスはひと言も言いませんでした。セスはそれを感じなかったからなのでしょうか？　それともわたしが自分ではっきりと覚えていたので、その必要がなかったからなのでしょうか？　それに次のことは不可解です。つまり、わたしの意識がエルマイラからサンファンまで飛んでいったのはいいとしても、時間はどうなのでしょう？　あのときのセッションは1965年10月25日月曜日に開かれました。でもギャラガー夫妻がタクシーに乗ったのは、それより1週間前の10月18日月曜日だったのです。ところがわたしは、その瞬間にプエルトリコで起きているかのように鮮明に、あの体験をしたのです（セスはほかにも、同じ旅行中の出来事をいくつか正しく言い当てました）。

次のエピソードにはセスは直接は関わっていませんでした。わたしはただ、「内なる感覚」を使うことについてのセスの指示に従っただけです。わたしは、ギャラガー夫妻の旅行について、わたし自身でどんな情報が得られるか、試してみようと思ったのです。そこで同じ週のある朝、横になって目を閉じ、ペグとビルを見つけようという暗示を自分自身に与えました。

突然、何の前触れもなく、わたしは低い手すりに囲われた、長細いベランダに向かって、空中から着地しようとしていました。体はまだベッドに横たわっているとわかっていましたが、その感覚はまったくなくなっていました。体がどこにあろうと、わたし自身はまったく別の場所にいたのです。辺りを見渡すと、奇妙な構造をした、2階建てのモーテルのベランダに立っているのがわかりました。

建物は、通常とは異なった風に地面から持ち上げられていました。手すり越しにそれほど大きくはない水場が見え、その向こうにはさらに大きく広がっている水面、つまり海がある、という印象でした。ここがプエルトリコなのでしょうか？　はっきりとしたことは何もわかりませんでした。

モーテルの全長に渡って、いくつものドアがベランダに向かって開いていました。ここがギャラガー夫妻が滞在しているところなのかしら？　すぐにそうだということが、そして中央のドアが2人の部屋に繋がっている、ということがわかりました。でも、ペグとビルはどこにも見当たりません。午前11時に、実験を始める前に、11時半にセットしておいた目覚まし時計が鳴りだしました。

意識があまりに素早く体に戻ったので、頭がクラクラして、困惑して起き上がりました——もっと情報を得ることはできないかしら。標識か何か、あの場所がどこなのか、もっとはっきりとわかるものが見えないかしら。

うまくいくかどうかわかりませんが、30分後に目覚まし時計をセットし直して横になると、同じ場所に戻ろうと自分に言い聞かせました。短い時間でしたが、はっきりと移動しているという感覚があり、山や空が通り過ぎて行きました。そして同じモーテルの上空に浮かんでいるのに気づきました。

上空の高いところにいて、細かな様子が見えなかったので、もっと近くに降りていくように意識しました。難なく位置を変えて下降しましたが、地面まではまだ距離がありました。下のほう、少し前方に1人の男性が見えます。ビジネススーツを着込み、帽子をかぶってブリーフケースを抱えています。見ていると、アスファルトで舗装された道を歩いて反対側の歩道に渡り、モーテルの向かい側の大きなビルへと入って行きました。リゾートエリアのような場所でビジネススーツを着ているなんて変だわ、と思ったのを覚えています。ほんの一瞬しか経っていないように感じましたが、再び目覚まし時計が鳴り、わたしは一気に体へと引き戻されました。

ワクワクしたのは言うまでもありません。すぐにモーテルとその周辺の概略図を描きました。ギャラガー夫妻が戻ってきて、このことについてわたしが見たこと、そしてセスの印象が正しかったのか、確かめるのが待ち遠しくてなりませんでした。ペグに頼んで、モーテルと近辺の図を描いてもらいましたが、それはわたしの絵とぴったりと一致しました。2人の部屋へ続く中央部のドアを含め、モーテルについてわたしが述べたことは、正しかったのです。モーテルはプエルトリコ近くのセント・トマス島にありました。ペグとビルは、わたしがこの実験を行った日とその翌日、島に滞在していたのです。

それればかりでなく、わたしが見た男性はビジネスーツを着ていたことが目立って、ビルも2日とも、朝に彼を見かけたことを覚えていました。その男性はプエルトリコ人でしたが、それはビルが彼に気がついたもう1つの理由です。わたしは後ろから見たので、それはわかりませんでした。彼が入っていった建物は郵便局でした。

わたしは大いに興味をそそられました。知りたいことは山ほどありました。セス・セッションのときのタクシーでの出来事では、わたしが目撃しているときに、セスがすべてを説明しました。しかし今回は、わたしが起きたことを書き留め、図を描くには、自分の体に戻ってくるまで待たなければならなかったのです。

わたしに関するかぎり、どちらの出来事も、実際に起きたことだと納得するに足る、十分な証拠が揃っていると思いました。これがきっかけで、自分自身の体外離脱実験を始めることになり、今でもこうした現象が提起する、多くの疑問に対する回答を見つけようとしています。のちにセスは指示を与えてくれました。実際、本書を執筆しながら、ロブとわたしは、セスが手ほどきしてくれた一連の意識投影実験を開始したところです。これらの最初の出来事は、セスと自分の能力に対する自信を大いに強めてくれました。

こうしたことは、同じ頃行っていたインストリム博士の実験に比べると、どんなに楽しかったことでしょう。これに比べたら、封筒の中身を当てる実験でさえ、単調で味気ないものでした。ギャラガー夫妻との実験の資料は、インストリム博士に送付しました。わたしは一連の出来事すべてにとても興奮していたので、博士のコメントを首を長くして待ちました。わたしたちが科学的な証拠を手にしたわけではない、と博士が考えることは当然だと思いました。しかし、わたしの描いたモーテル周辺の図と、ペグの絵はほとんど一致していましたし、わたしの受け取った印象は正しかったのです。「博士は、十分に科学的だとは思わないかもしれないわ」とロブに言いました。「でも少なくとも、透視が起きたことを認めないわけにはいかないでしょう」

１９６５年８月から１９６６年９月の間に、インストリム博士の実験を75回、封筒の実験を83回行いました。超心理的な経験のない多くの人と同様に、わたしはすべては疑問の余地なく、単純に進んでいくと思っていました。もしセスが自分で名乗っている通りの者だとしたら、わたしたちが部屋の中の物を見ることができるのと同じように簡単に、時空の中を見通し、封をした封筒の中身を覗くことができるはずです。どれだけのことがわたし自身のトランス状態の深さと、セスが自由にすることをわたしが許せるかにかかっている、ということがわかっていなかったのです。わたしは、伝わってきた情報を遮断しないように学ばなければなりませんでした。またわたしは、超感覚的な知覚はおろか、正常な知覚についてもよくわかってはいないということ、そして100パーセント正確なミディアムはいないのだ、ということも知らなかったのです。超感覚的な印象は、わたしという人間を通して知覚されなければならず、古い言い回しにあるように、過ちを犯すのはいつも人間の側なのです。

それでもセスは、こうした実験を利用して自分の透視能力を実証し、わたしの教育をさらに推し進め、関わっている一連のプロセスについて、私たちを指導することもやってのけました。わたしがさまざまな意識の状態を体験できるように、トランス状態の深さを変えたり、ある種のデータを得るために、自分の個人的な連想力をセスが利用できるようにするにはどうすればいいか、示してくれました。セスはこうした実験を使ってESPを立証したばかりでなく、関わっている原理をすべて説明しながら、わたしが自分の主観的な焦点を変える練習をする機会を、絶えず与えてくれていたのです。

通常セッションに参加するのはロブとわたしの2人だけですが、それはとても科学的な状況とはいえません。しかし、私たちは、封筒実験で科学者や心理学者に何かを納得してもらおうとしていたのではありません。セッションから何が得られ、何が得られないのかを見極めようとしていたのです。すぐに自分たちで確認できる何かを求めていたのです。特にわたしは自分たちの成果を知りたいと思っていました。

ロブはセッションの直前に封筒を準備することもあれば、ずっと前から用意しておくこともありました。実験のターゲットとしてあらゆる物を利用しました。最近または過去にわたしが目にしたことのある物もあれば、まったく見たことのない物もありました。たとえば、前日に送られてきて、わたしがすでに目を通した手紙、数年前の請求書、ロブが以前から手に入れていて、わたしが一度も見たことがない物、あるいは友人が用意した封筒などです。その場合には中に何が入っているか、ロブでさえ知りませんでした。ロブが道で拾った紙片、木の葉、コースター、一房の髪の毛、写真、スケッチ、紙幣――こうしたものすべてがターゲットになりました。ロブは特に感情的に思い入れのある物を選んだり、意図的に中立な物を利用することもありました。ある種のターゲットでは、ほかの物よりセスの成功率がより高くなるのかどうか、知りたかったのです。

ターゲットとなる物は封筒に入れて封印し、2枚の光を通さないボール紙の間に挟んで、さらに全体をもう1枚の封筒に入れて封をしました。わたしはいつ実験をするのかということも、セッションの前に封筒を目にすることもありませんでした。セッションの最中に、ロブがわたしに封筒を手渡すことになっていたのです。その間、わたしはずっとトランス状態に入っていて、たいていいわたしの目は閉じたままでした（いずれにせよ、ターゲットは2枚のボール紙と2枚の封筒の間に挟んであり、透かして見ることはできません）。わたしはときどき、ターゲットの印象を口に出して述べる間、封筒を額にあてがいました。結果は、セッションが終わってから確認しました（具体的な例は次章で紹介します）。

わたしはまるでシーソーに乗っているかのような気分でした。セスの出来が良かったときには、何日間も心がうきうきしました。でも満足できるような結果が得られないときには、まるで体重が200キロを超えて、さらに1時間に500グラムずつ増えているような気分でした。完璧とはいえない結果は、セスが独立した人格であるという前提に、疑問を投げかけることになると考えていたからです。

実験は全体として、わたしの能力を伸ばす訓練や自信を高める手段としてばかりでなく、のちのセス・セッションで起こるようになった、ほかの体外離脱体験に備えるという意味でも、かけがえのないほど貴重なものであることがわかりました。

実験とそれに対するセスのコメントはまた、私たちに内的な知覚の性質についての洞察を与えてくれましたが、それはほかのどんな方法によっても得られることはなかったでしょう。

セスがトランス状態の深さを変化させたので、わたしはセスと自分の2つの意識の道筋に気づくようになり、またわたし自身の個人的な連想が、いつ役に立っていて、いつ邪魔をしているのか、多少なりともわかるようになってきました。非常に深いトランス状態においては、ミディアム自身も、それに関わる内的なプロセスを知ることはできません。多くのミディアムは、あまりに機械的にトランス状態に入り込むので、そうした霊的な探求に関わる心理的な行為について、学ぶことはほとんどできないのです。その点において、私たちは有利に進んでいける状況にあるとセスは断言してくれました。

受け取った情報の中で、セスは自分の印象と、それに紛れ込んだわたしの印象を区別し、わたしの印象が個人的な連想過程のどこに由来したものかを明らかにして、それらが正しく伝達されているかどうかを教えてくれました。わたしは「眠ってしまった」と感じるほど、完全に意識が飛んでしまうことは滅多にありません。起きたばかりのことを、ほぼ瞬時に忘れてしまうことはありますが、通常は何が起きているのかわかっています。ときにセスとわたしが代わる代わるしゃべることがあり、数秒のうちにトランス状態に入ったり、トランス状態から抜け出ることができます。自分がセスと1つになるように思われるときもあり、セスの感情や反応が直接感じられます。そのようなときには、ジェーンとしての自己は、はるか後ろの背景にとどまり、まどろみの中でぼんやりとした意識を保っています。非常に稀ではありますが、わたしが表面に近いところにいて、何を言うべきかについてセスが助言を与えてくれることもあります。

私たち2人で実験をすることで、わたしとセスの成績を評価する尺度となる基準が手に入り、答えの正確さをただちにチェックすることができるようになると同時に、わたしが主観的な焦点を全体から詳細へと合わせる訓練にもなりました。こうした訓練は、「セス・マテリアル」自体をわたしが受け取ることに関しては重要なものでした。セスはよく、こうしたコミュニケーションに起こらざるを得ない必然的な誤解について語っていましたが、この資料(マテリアル)が誤解によって歪められることができるだけないように、とても気を配っていました。これについてはあとのセッションで詳しく触れることになります。

わたしが実験を始めたのは１９６５年の秋ですが、特に、この章の初めに述べた２つの体外離脱体験のおかげで、当初は大きな期待感を抱いていました。そして、インストリム博士がこれらの体外離脱体験について何と言うか、待つことにしました。博士との合同実験の範疇には入りませんでしたが、博士自身も、見込みがありそうだと認めてくれるに違いないと思ったのです。その結果については博士との一連の実験をすでに始めており、毎週結果を博士に送っていました。私たちは博士から何の連絡もありませんでしたが、わたしは博士との実験でも、どんな成績が出ているのか知りたい、と待ちわびていました。体外離脱で得たデータの半分の出来でも、順調な出だしを切ったのではと思ったのです。

そうしている間、わたしはギャラリーでの仕事を辞め、執筆に専念しました。また、国内で最も人気があり、掲載料の高い雑誌の1つに売り込みを始めました。編集者はわたしが送りつけた小説を次から次へと退けましたが、次のはきっとものになるよ、と請け合ってくれました。この編集者からの出版受諾の知らせか、インストリム博士からの報告を待ちながら、郵便受けを気にしながらの生活となりました。

そして、自称「したたかな心理学者」にテレパシーや透視の存在を証明しようとしたり、国内で一流の雑誌に小説を売り込もうとしたり、さらにはセスのセッションで自分たちの実験を行ったりする、いささかやり過ぎの感がある1年だったことに気づきました。

第8章

実験に明け暮れた1年

――セス、封筒の中身を〝覗き込み〟、ロブに絵のレッスンを授ける

次の11カ月間、セス・セッションは主に何らかの実験に関わるものになりました。午後9時に始まる、いつもどおりのセスの理論的な資料(マテリアル)のセッションに、私たちはますます興味をそそられました。午後10時に、セスはインストリム博士のターゲットに対する印象を語り、そのあと封筒実験が計画されているときには、わたしはロブから封筒を受け取りました。封筒実験を行った夜は、セッションが終わってもその場に残って結果を検証しました。その頃にはたいてい午前0時を過ぎていて、私たち2人はいつも疲れきっていました。

あの2つの体外離脱経験でわたしの自信は高められましたが、実験するためのセッションがあるたびに、セスと自分の能力が試されることに不安を感じるようになっていました。わたしは、前もって封筒実験が行われるかどうかは知りませんでした。封筒実験を行った結果が的外れになること

を恐れて、セッションを開くこと自体が気がかりになることもよくありました（余談ですが、結果がまったくはずれたことは一度もありません。しかし私たちの得た印象が、いつも望んでいたとおりに具体的というわけにはいきませんでした）。実際には、わたしは封筒に何が入っているかには関心がなかったのです――わたしが知りたかったのは、セスが封筒の中身を私たちに語ることができるかどうかということでした。そして毎回１００パーセント当たってほしいと思っていました。このわたしの態度が結果に影響を与えたのは言うまでもありません。今になって思えば、当時セスがわたしを使って何かできたこと自体が不思議に思えます。でも実際にセスは、ほとんどいつもうまくやってのけたのです。

ロブが、テレパシーではなく透視を証明しようと実験したことがあります。ほかの多くの実験と同様に、ここでも驚くべき結果が得られました。実験のターゲットを選ぶためにロブがとった手順を明記したメモが残っています。

僕のスタジオには古新聞の束があった。そのほとんどはニューヨーク・タイムズだが、日刊紙と日曜版をとっておいた。(＊1) セッションの始まるしばらく前に、そこから地方版のページを2、3枚取り出した。セッションの直前にその束のところに後ろ向きになって戻り、見ないようにしながら、取り出しておいた新聞紙の1枚を抜きとって、ページの一部を破りとった。破りとったその新聞紙の切れ端を、後ろ向きのままボール紙に挟んで、二重になっている封筒に入る大きさになるまで折りたたんだ。

そのまま見ないようにしながら、封筒の中に入れて封をした。それから目を閉じたまま、その切れ端を破りとった残りの新聞のページを手に取って、床から天井まで届く本棚のところまで手探りで進み、どこに置いたか目に入ることのないように本棚の高いところにのせておいた。

この手順を踏むことにより、僕がターゲットとして選んだ記事について知っていることはたった1つ、それがニューヨーク・タイムズの一部だ、ということだけになる。日付はわからない。その日の実験が終わったあと、ジェーンはターゲットの記事が入った封筒を開き、僕はスタジオに戻ってページを破りとった残りの新聞紙を取り出した。それは1966年11月6日、ニューヨーク・タイムズ日曜版11、12ページだった。

このターゲットについて、セスは39の印象を語りました。そのほとんどがターゲットに直接関係のある事柄でした。ここにそのいくつかを、関連するものごとにまとめて紹介しましょう。

「すべすべではなく、粗い手ざわりの紙でできたもの」(ターゲットは新聞紙の切れ端で、雑誌のようなコーティングした紙ではなく、粗めの新聞印刷用紙。)

「灰色の絵、または写真」(切れ端の両面にはイラストの一部がある。すべてモノクロ印刷。)

「Liberal [寛大な] giving [施し]」(ターゲットに liberal [大幅な] discounts [割引] という言葉がある。)

「電話機または電話での通話に関係があるもの」(ターゲットの新聞紙の片面に「郵便、または電話による注文はお受けできません」とある。また裏面には「郵便、または電話による注文は締め切りました」という表記があり、続いて問い合わせ用の電話番号が並んでいる。）

「別の何かと同一のもの……同じ2つのもの、または同種のものが2つ」（セール中の毛布に関して、「対になっている」という言葉が書かれている。しかしわたしは、これは封筒の中のターゲットがそれと似たものの一部であることを指しているのではないか、と強く感じました。）

右記の印象はターゲットそのものに関するものですが、今度はターゲットを破りとったあとの残りのページに関するものです。セスは続いて次のように言いました。

「ものを処分する1つの方法……何か地元に関する言葉……Gubatorial」（わたしは「Gubernatorial」[＊2]と言おうとしたのですが、ロブは、トランス状態でわたしがしゃべったとおりの発音で書き取りました。）

結果を調べていたとき、この印象には2人とも少しの間戸惑ってしまいました。それからロブが新聞紙面全体に目をやりました。

そして、2人ともすぐに気がつきました。「わぁ、ものを処分する1つの方法ってセールのことに違いないわ！　でも何て型破りな言い方なんでしょう」

「それにこれを見てごらん」。ターゲットの新聞紙を片手に、残りのページを反対の手でかざしながらロブが言いました。

「両面のページのトップに『投票日セール』とか『価格』っていう見出しがあるよ。それに『gubatorial』か『gubarnatorial』っていうのは、11月9日のニューヨーク州知事『governor』の選挙のことを言ってるんじゃないかな。『投票日セール』という言い方は確かに地元のことを表す言葉だからね」

本書のxページに、このとき破りとったターゲットの紙片と元の新聞紙面の写真が載っています。ターゲットの新聞紙の両面には、投票日に行われたセールの広告の一部が載っていました。しかし、「投票日」という言葉は、そこには書かれていません。その言葉は、破りとったあとの残りのページにだけ印刷されており、その紙面はロブのスタジオにある本棚の棚の上に、ずっと置いたままになっていたのです。

「でも、なぜセスははっきり『セール』と言わなかったのかしら?」。わたしは苛立っていました。「いいかい」とロブが笑いながら言いました。「ぼくたちは印象が送られてくるやり方を受け入れて、そこから学ぼうとしなければいけないんだ。きみはよくやったよ……」

今思えば、これは超感覚的知覚が、ときにどのようにして情報をもたらすかを示す格好の例ではないでしょうか。セールは確かにものを処分する1つの方法ですが、その2つを言語的に結びつける最後の鍵は、期待しているほどわかりやすいものではありません。そのような答えには、ただわかりやすいということだけではなく、何か異なったこと、予想外に違ったことが関わっていて、わたしたちが古いものや古いアイデアを、今までの受け取り方と同じくらい正当な、新しい方法で考えるようにさせるのです。この点については、本章のあとのほうでさらに述べることになります。

この実験にはほかにもいくつもの驚きがありました。セスはターゲットを割り出すのに役立つ、こうした印象深い情報を手にしたばかりでなく、ターゲットの記事を破りとったあとの、残りのページ全体についての印象も語ってくれたのです。そのページには、セールの広告のほかに4つの記事が載っていました。封筒に入っていたターゲットには含まれていなかったにもかかわらず、セスはこのうちの3つの記事について描写しました。

「予期せぬ結末を引き起こす使命……1943……イリア（Illia）、おそらくFとRの文字がある……何度も繰り返して行われる何か、記念式典のような……牧草地のような、何か緑に関したもの……1人の子ども……ヤヌアリアス」

これはすべて1943年にポルトガルのアルデイア・ノヴァに設立された、聖ドミニコ会神学校に関連した記事に言及したものだったのです。「イリア（Illia）」は「アルデイア（Aldeia）」と言おうとしたものでしょう。年号は当たっていました。記事は若い司祭、フェルナンデス神父（Father Fernandes／FとRがあります――Father の省略形もFr.）について書かれており、彼は神学校を近代化するための資金を得る使命を持ち、国中を旅していました。また、神学校から16キロしか離れていないファティマで開かれる、50周年記念式典を祝う巡礼の旅を計画している、と書かれていました。また記事によると、神学校には農園を始め、ぶどう畑、菜園や果樹園、そのほかの施設が付随しているとあります。「牧草地のような、何か緑に関したもの」という印象はそれらに言及したものと思われます。「ヤヌアリアス」とのつながりははっきりしませんが、その言葉は、わたしにとって強い宗教的な趣があるので、非常に重要なものです。小学校のとき、大好きだった先生にシスター・ヤヌアリアスという尼僧がいたのです。(*3) セスは1人の子どもと言いましたが、記事はファティマで幻影を見た3人の子どもについて述べています。(*4)

「ボルトガルの囚人数　減少」という見出しの別の記事に関する印象もありました。この記事は「設備が非常に貧困で、老朽化して時代遅れとなった大規模な刑務所」を近代化する必要性を具体的に述べたもので、ポルトガルの犯罪率についていくつかの見解を紹介していました。さらにポルトガルは、当時国民1人当たりの所得がヨーロッパで最も低いことも指摘していました。この記事に対するセスの印象はかなり明白です――「巨大な建物のように、とてつもなく大きく醜い何か……騒乱……決意と不便……不十分な出来ばえ」

セスはまた、これらの記事に関するものとは別に、ターゲットとなる部分を破りとったあとの紙面の印象も語ってくれました。「上部にある日付……ボタン……何人かの人影と、頭蓋骨の形とわずかながら関係のあるもの……青と紫と緑……ほかに円形のものがいくつか」

当然のことながら、新聞の日付は紙面の上部にあります。売りに出されている衣服の写真には、たくさんのボタンがはっきりと見えます。また同じ写真に写っているモデルがセスの言う何人かの人影に当たるでしょう。そしてその写真から見てとれるように、髪を後ろに束ねている女性たちの顔は、どことなく頭蓋骨っぽい印象を与えます。セスが言及した色は、広告の記事に載っていて、紫というのは「Orchid mist」(植物の液体肥料)のことではないかと思います。

しかし、この実験ではいくつかの疑問点が浮かび上がってきます。新聞紙面のごく一部だけしか封筒の中に入っていなかったのに、どのようにして、セスは紙面全体に関する情報を拾い上げたのでしょうか。わたしが気づかずに行ったスタジオの本棚に向かっての意識の投影のようなことが関わっていたのでしょうか。セスは最初に、封筒の中のターゲットそのものの印象をすべて述べたのではなく、途中で何の戸惑いもなく紙面全体の情報を語り、まるで両者を同時に目にしているかのように、行ったり来たりしたのです。セスはなぜ封筒の中身だけに限定して話さなかったのでしょうか。

わたしたちはのちのセッションで、これらの点についてセスに尋ねてみましたが、非常に興味深い答えが得られました。

「部分というものは、いつもそれが一部である全体と結びついている。それで、破られた紙面からページ全体が私にはわかるのだ。全体を構成する部分から全体を読み取ることができる、というわけだ。必要なだけの自由が与えられ、また訓練をすることで、ルバートは私に代わって話をする間に、破られた紙面の切れ端から、ニューヨーク・タイムズの1日分全体の内容をきみたちに伝えることもできるだろう。

これには意識の投影は関わっていない。

ルバート自身の特性と関連するほかの問題があった。一般的に言って、感情的な性質の題材は強い活力を帯びていて、知覚するのがたやすいというのは本当である。しかし、(微笑みながら)ルバートには細部を解明したいという熱意はないのだ。ただいつも細部を手がかりとして利用して、それがどのような情報に導いてくれるのか知ろうとする。

彼は小さな紙片に書かれた、詳細な情報を当てるだけでは満足しないだろう。これはルバートの精神活動におのずと現れる傾向だ。われわれはセッションにおいて、それをほかにもさまざまなやり方で使っているのだが、うまく役立っているといいと思う……しかし実験においては、この性質を無視するわけにはいかなかったので、その恩恵にあずかろうとしたのだ。私自身の能力はもちろんだが、ルバートの能力こそ私が利用しなければならないものだからだ。そこでわれわれは実験で、この傾向を生かして写真を拡大し、細部にわたる情報を織り込んだので、かなり説得力のあるデータが手に入ったというわけだ……ある意味では、こうしたことはルバートにとってごく自然な成り行きだったといえるだろう」

実験全般について、セスはこうも言いました。

「私はルバートに手ほどきしながら、彼本来の興味や気性を歪めることなく、その向かうところについていったのだ。ルバートが感じてきた実験に対する抵抗心は、自分が試されるというアイデアそのものではなく、詳細な情報を得るという目的のためだけに、細部に注意を向けることに対する反感だったのである。実際、反感を感じたのは、そうした細部に関わる実験のときだけだった。超感覚的知覚においては――いわゆる通常の知覚と同様に――その人本来の気質によって、取得可能な幅広いデータの中から、見つけようとする情報の種類が決まってくるのだ。

ある人にとって、関心のない知識の分野というものは数多くある。その人は自分の関心のない知識を得るために、通常の知覚さえ利用しようとはしないだろう。私はルバートが幅広い無数の分野に集中できるようにしている。知覚を別方向に転じ、内側に向けるために使うエネルギーを変える手助けをして、情報が手に入りやすいようにしているのだ。その後は、彼が自分の基本的な性質に応じて、その情報を利用するのだ」

右記の実験は透視に重点が置かれていました。それより前の実験は、超感覚的知覚とは、そもそも広い領域を全体的に眺めるように、物事の概要を伝えるものだということをわたしたちに確信させたという意味で、極めて啓発的だったといえるでしょう。細部に焦点を合わせるには、どこかの時点で、範囲を絞り込むというプロセスがなくてはならないのです。

この実験には実は滑稽な面がありました。当初セスは見事に的を射た印象を語っていました。それからわたしにすべてを託したのですが、わたしは危うく期待はずれの結果に終わってしまうところだったからです。そのとき封筒に入っていたターゲットは、1966年7月15日付のロブの請求書でした。この実験のセッションが開かれたのは8月1日です。ロブがその請求書を貰ったとき、わたしは一緒に材木屋にいました（xiページ参照）。

ロブは4フィート×8フィート（1・2メートル×2・4メートル）のメゾナイト板を2枚と、塗料用の皿を1枚買ったのですが、相手をしてくれた販売員は、ロブが絵を描くためにメゾナイト板を使うと知ると口数が多くなり、第二次世界大戦中に兵士だった頃、ヨーロッパのアーティストが自分の肖像画を描いてくれた、と話してくれました。少しおどけながら、実際には自分の顔は左右が不釣り合いで片目に障害があったにもかかわらず、そのアーティストは左右対称でまったく欠点のない顔にしてくれたと言うのです。その販売員はメガネもかけていました。

このターゲットに対するセスの印象はこうです。

「4つの正方形、または4つで四角になる」（これは素晴らしい表現だとわたしたちは思いました。ロブは車に乗せられるように、メゾナイト板2枚をそれぞれ半分に切ってもらったのです。つまり、一辺4フィート（1・2メートル）の板を4枚手にしたことになります。）

「左側下の隅に、手書きの、または印刷された文字がある。とても小さい字で、板を水平に持つと見える。裏側にも何かある」（これはどちらも当たっていました。ただ非常に小さな活字は左隅だけではなく、左の側面にもありました。）

「1966年、ただし1967年に影響が及ぶ何か」（請求書には1966年の日付が書かれ、その下に『支払い先送り』とあります。）

「写真、もしくは写真に似たもの」（これはまさしく肖像画のことだと思われます。）

「楕円形、または目のような形、つまり長方形か三角形の中にあるこのような目」（ロブのメモによると、このときわたしは自分の閉じた目の片方を指差していました。先に述べたように、販売員は肖像画とメガネのつながりで、自分の視力の弱い目についてはっきりと語っていました。）

「交通手段、そして水とつながりのあるもの」（ウェルズバーグ［Wellsburg］[＊5]までの車で10マイル（16キロ）の道に関する非常にユニークな言及です。その町の名前は請求書に書いてあります。ちなみに『carload』という単語も裏にあります。）

「mで始まる語、もう1つ大文字のMで始まる語、それは名前のイニシャル」（ロブはメゾナイト[Masonite]を買いましたが、これはブランド名です。販売員は請求書には［Presdwood］と記しました。大文字のMは請求書の見出し［Glenn M. Schuyler］にもあります。）

「たぶん濃い青だと思われる、暗い色の部分がある長方形の物」（請求書は長方形です。裏側は黒く印刷されています。）

セスは全部で24の印象を語りました。具体的な関連性の度合いには差がありますが、すべてが当てはまりました。たとえばセスの言葉、「黒に関連した、死を象徴するもの、そして象徴的な剣での戦いのような競技［tournament（トーナメント）(＊6)］に関わること」（これはわたしたちの相手をしてくれた販売員が肖像画を描いてもらったときの、第二次世界大戦のことを指しているのだと思います。）

そしてもう1つの例です。

「いくつかの数字……おそらく01913」。請求書には0で始まる数字がいくつか並んでいました（これは少し変だと思いました）が、順序はセスが言ったのとは違っていました。ある数字は019ではなく09で始まっていて、セスの言った数字の最後の2桁、1と3は請求書の初めのほうに別に書かれていました。

こうした印象は、その時点までは、わたしが関わることのできない方法で伝えられました。わたしは深いトランス状態に入っていたからです。それからセスが言いました。

「その物の上半分に何か覆い被さっている、圧迫するような、または張り出しているような、そして暗い感じがある」

セスとなってこのように話したとき、裂け目が開いたような感じがして、情報の解釈について疑念が湧いてきました。自分でこの情報の意味するところを絞り込むように、セスが求めているのがわかり、また、これはわたしのトレーニングの一部だ、ということも伝わってきました。

自分の上に、何か非常に重い物がせり出している感覚に捕われました。わたしの頭上に重い屋根のような物体があると解釈すべきなのか、それとも何かの感情に押しつぶされているという意味なのか、わかりませんでした――その時点で見極めることはできなかったのです。具体的なつながりも正しく結びつけられませんでした。セスはもう1つの印象を送ってきました。

「また何か明るくて小さい物がある。あの圧迫感のある、または張り出しているような部分の下に」

ここでも、自分の力で解決するように任されたのですが、わたしたちが望んでいたような具体的なデータに到達することは叶いませんでした。

それでもセスは「roofing（屋根葺き）」という言葉にわたしを導こうとしていたのです。その言葉は請求書の上部の見出しの中にありました。あの「その物の上半分に何か覆い被さっている、圧迫するような、または張り出しているような、そして暗い感じがある」という大雑把な印象がいかに正しくもあり、曖昧でもあることがわかるでしょう。

わたしが具体的に解き明かすはずだった第二の印象、「あの圧迫感のある、または張り出しているような部分の下に、何か明るくて小さい物がある」は、「塗料用皿」という語に導こうとしたものだったのですが、それも請求書の「roofing（屋根葺き）」の文字の下にありました。塗料用皿というのは小型で光沢がありピカピカしていて、その日ロブが買ったのは艶やかなアルミニウム製でした。

ここでのセスの印象はターゲットの特徴を文字通りつかんでおり、まるで請求書に書かれた単語が命を宿して、物を描写した言葉というより、物体そのものとして描写されている感があります。のちに、印象を具体的に仕上げることをセスがわたし任せにした際には、このときよりずっとうまくできるようになりましたが、この種のトレーニングはかけがえのないものでした。わたしがうまく印象を述べることができなかったときでさえ、わたしたちは知覚の本質について何かを学んだのです。そしてそれこそセスの意図するところでした。この実験によりわたしたちが気づいたのは、あらゆる印象は、超感覚的なものであろうとなかろうと、当初は非言語的、非視覚的であり、どちらかというと純粋な感触のようなもので、それがあとになって初めて五感で表現される形に解釈されるということでした。

封筒を使った実験ではあらゆる種類の物を利用しました。ニューヨーク・タイムズ紙の実験では、ターゲットとなった新聞紙面に何が書かれていたのか、ロブ自身も知りませんでした。そのときにかぎらず、ロブはいつもターゲットが何か知っていたわけではありませんし、実験が行われることさえ知らないこともあったのです。たとえば、友人が、ターゲットとなる封筒持参で、予告なしにセッションに参加したときなどです。そのようなときには、実験が行われるかどうかあらかじめ知らされることなく、セッションの途中で封筒が渡されました。そうした封筒は、ロブがその日のセッションですぐに利用することもあれば、後日のセッションのためにとっておくこともありました。ロブが封筒の中身を知っていてもいなくても、実験の結果には何の影響もなかったように思われます。ある晩、ノラ・スティーヴンス（仮名）が予告なくやって来ました。彼女は友人の友人で、以前に2回セッションに参加したことがありました。この時期、わたしたちは実験用の封筒持参でセッションに立ち寄ってくれるように働きかけていましたが、実際にやってきたのは数名でした（この実験の期間が始まる前と終わったあとには、セッションには訪問者を同席させないようにしました）。

わたしたちは、ノラが病院で薬品や備品の購入を処理する医療事務に携わっていたこと、そして患者やその記録、医学的な処置にはまったく関わっていなかったことは知っていました。わたしはその夜、彼女が封筒を持ってきたことは知りませんでした。ノラはセッションが始まったあと、封筒をロブにこっそりと渡しました。

セスはこう言いました。

「家族の記録に関連するもの、本から取った1ページのような……また、浮き沈みのある出来事、不快感にも関係がある……4つの数字が並んでいる、ほかにも数字がある、頭文字M、別の町との関連」

セッションが終わってから、封筒を開いてみました。中には患者のカルテが入っており、それは、ノラが病院の別の課のゴミ箱から拾ったカルテの綴りの1枚でした。下の隅には4つの数字が並んでいて、紙の一番上の、患者名マーガレット（Margaret）の脇には、別の番号もありました。彼女は別の町の出身で、その町の名前もまたMで始まっていました。入院生活は確かに不快なものですし、多くの場合、起伏があるものです。セスはまた、この女性の経歴に関するほかの印象も語りましたが、その真偽を確認することはできませんでした。

このように良い成績を収めたときでさえ、やる気がくじけてしまうことがありました。ある実験の際、わたしは当初、結果に途方もなく満足していました。それは1966年3月2日のセッション237で行った37回目の実験です。ターゲットは、その1週間前に、2人で手相占いに関する本を読んでいたとき、ロブが自分の手からとった手形です。セスの語った印象は、これ以上ないというほど簡潔明瞭なものでした。その後数日間、わたしはそのときの結果を考えると、微笑まずにいられない心地で家事をしていました。

ところが皿洗いをしていたとき、その結果を台なしにしかねない欠点に突然気づいたのです。そして、ロブのいる居間に、わたしはゆっくりと入っていきました。「インストリム博士は、きっとあの手形実験の結果を認めてはくれないわ。2人ともその1週間前に手相占いのことを調べていたんだから」

「そうかもしれない」とロブも認めました。「でも実際、あのときから何通も手紙を受け取っていたし、そのどれでもターゲットとして使うことができたんだ。それに筆跡分析もやってたから、そのときのサンプルを使ってもよかった。前にしたように、ずっと昔の何かを利用することもできた。何をターゲットに選んだとしても、セスは特定の物を描写しなければならなかったんだ。あのときの印象は大雑把なものではなかった。あの特定の手形にだけ当てはまるものだよ」

ロブの言うとおりだと思いました。しかしその後、ロブはターゲットとなる封筒を一度に数枚ずつ用意して混ぜ合わせ、セッションの直前にその中から1枚を選ぶようにしました。

インストリム博士の実験はどうなったのでしょうか。なによりも、インストリム博士がわたしの2回の体外離脱体験をどう思ったのか知りたいと思い、連絡をずっと待っていました。ところが博士はそれにはまったく触れることはなかったのです。これはわたしにとっては、ひどく気落ちさせる出来事でした。実験が科学的と見なされるかどうかは別としても、体外離脱体験で見たことは事実と照合できたのです。もしこれでも何か超感覚的なことが起きたことを博士が納得しないなら、どうやって納得してもらえるのだろうかと途方に暮れてしまいました。

わたしたちが考案した封筒実験の全般的な結果からして、セスは定期的に送っていたインストリム博士宛の印象でも、かなりいい成績を上げていたはずだ、と希望が持てるようになりました。わたしたちは、大いなる熱意と意気込みをもって、この実験を始めました。

1年間にわたって週に2回、セスはインストリム博士の動向について印象を語りましたが、それには人名、頭文字、日付、そして場所についての具体的な言及が含まれていました。こうした情報の一部は、簡単に事実と照合できるものです。しかしインストリム博士は、博士が居住している遠く離れた町で、そのとき自分が注意を集中している具体的な物の名称を、セスが当てることを求めていました。ところが実験によって明らかになったのは、感情的な要素が重要で、中立な物よりも、感情的な性質を帯びた活動のほうが、より明確に「伝わってくる」ということです。セスは物についての印象も語りましたが、インストリム博士の日常生活に関する、具体的な情報を与えてくれることのほうが多かったのです。

その年わたしたちが好んで話題にしたのは、インストリム博士はいつ連絡をくれるのだろうか、ということでした。数カ月が過ぎましたが、何も知らせがありません。たぶん、実験がすべて終わるまで何の報告もする気がないのだろう、とわたしたちは推測しました。もしそうなら、なぜそう言ってくれなかったのでしょう。この焦燥感に耐えられなくなっていたら、当たっていた印象があったのか、それともなかったのか、わたしのほうから連絡を取っていたでしょう。インストリム博士は、変わることなく関心を持ち続けている、といつもわたしたちに請け合ってくれましたし、実験を続けるように、そして「厳格な心理学者を納得させる」に足る強力な証拠は、まだ得られていないと言ったのです。でもそれだけでした。セッションで明らかになった数々の名前や日付、訪問者や手紙についてはひと言も語りませんでした。情報はすべて間違っていたのでしょうか？　一部だけでも正しかったのでしょうか？　わたしたちがそれを知ることはありませんでした。博士が教えてくれることはなかったからです。

セッションのたびに、インストリム博士が何かのターゲットに意識を集中していると思うと、大きなストレスを感じました。おそらくわたし自身の受け止め方のせいだったのでしょう。でも、今は毎週月曜日と水曜日の夜には、何が何でもセッションを開かなくては、と心から思っています。たいていセッションにはわたしたち2人しか出席しませんが、そのときでさえ、もはや内密のセッションとは思えなくなりました。目には見えなくても、インストリム博士という観客がいたからです。インストリム博士との実験が始まる前には、セッションをキャンセルすることは滅多にありませんでした。しかし今では、セッションは止めて街に出て、ビールを飲みたい、博士は古い花瓶かインクのシミか知らないけれど、その夜の実験のターゲットとして選んだ物を勝手に見つめていればいいんだわ、という強い反抗的な気持ちが湧いてきたのです。

初めの頃はこんなふうに感じることはなかったのですが、博士が実験の結果を知らせてくれなかったことに、本当に憤りを感じるようになりました。あんなに長い時間をかけてやったことが、無駄になってしまったように感じたからです。ある夜、連絡がないことに本当に腹が立って、わたしはロブを連れて近くのバーに出かけました——結局ぎりぎりになってセッションを開こうと急いで家に戻ることになったのですが。

自分たちの出来ばえがまったくわからず、わたしはついにインストリム博士が何に集中していようとどうでもいい、と感じるようになっていました。実験は時間がかかり、本来なら手にするはずの理論的な資料（マテリアル）も削られてしまいます。わたしはもう一度善良な博士に手紙を送り、データが間違っているなら、わたしの感情は気にせずに言ってほしいと頼みました。もしそうなら、わたしたちはお互いの時間を無駄にしていることになります。またしても博士の返事は、興味を持って見守っているので続けるように、というものでした。わたしたちの出来が良かったのか、そこそこだったのか、それとも満足できるものではなかったのかには触れようとせず、多くの具体的な情報の真偽についての報告はまったくありませんでした。

博士は何としても、テレパシーと透視の存在を証明する統計学的な証拠を求めていました。そしてわたしたちがそれを提供できることを望んでいたのです。当初、そのような重要な試みに参加できたことがとても心躍ることのように思われました。しかし、この分野で手に入るすべての本を読み続けているうちに、興奮は当惑へと変わっていきました。わたしたちの見たところ、テレパシーと透視の存在は、デューク大学のライン博士によって、繰り返し科学的に実証されてきましたし、オランダのユトレヒト大学のウィレム・テンハフ教授とともに実験を行った超能力者、クロイセット[*7]のような人たちによっても実演されてきました。ハロルド・シャーマン[*8]やそのほかの超能力者の業績も、何らかの間接的な証拠を提供したといえるでしょう。インストリム博士はこのような結果や、世界中の超心理学研究所で得られた数知れない証拠を、意味のないものとして捨て去ろうとしているのでしょうか。

どうもそのとおりのようでした。そしてわたしたちの結果は問題を引き起こしていたのです。博士は、統計的にどのように結果を評価すればいいのかわからない、と認めました。当たりが当たりとして認められるには、それを反証する可能性の数がわかっていなければなりませんが、セスの述べたある印象に対して、それを否定する確率を設定することは不可能に近かったのです。

たとえばセスは博士に、その年の終わりまでに中西部の大学に転勤するだろう、と告げました。事前に博士がそのことを知っていたかどうかはわかりませんが、実際にセスの言った時期に中西部の大学に移っていったのです。この種の正しい印象でさえ、いくつの印象が事実と照合できたのか、わたしたちが知ることは決してありませんでした。その数がある程度あれば、何か意味があるはずです。統計学的に意味があろうとなかろうと、具体的な名前や日付などの当たりの確率が十分に高ければ同様です。

わたしたちがＥＳＰ実験を開始したのは、友人のギャラガー夫妻が１９６５年の休暇旅行に出かける直前でした。その後夫妻は別の旅行に出たので、前回と同じような実験をまたやってみようと思いました。

今回、ペグとビルはバハマのナッソーに行きました。またしても、ロブもわたしも行ったことのない場所です。そして今度も、はがきや手紙をはじめ、どんな種類の通信手段でも連絡は取り合いませんでした。それでもセスは、ギャラガー夫妻がどこに滞在しているかを正確に知っていたので、嬉しくなりました。ある晩（１９６６年10月17日）語ったいくつかの印象の中で、セスは２人のホテルを正確に描写しました。

「一部が細長くなっている建物、屋根は複数の柱で支えられている。屋根もまた長く細い。砂のような色をした石またはセメントの床。2人の部屋の外にはベランダがあり、砂の詰まった大きなバケツがある。ベランダの下にはたくさんの岩、その先は海か湾になっている。前方の下、海辺はくりぬかれたような円形の入り江になっていて、岩のせいで潮の流れが速くなっている。その地点では入り江になっているので砂浜はないが、その左右には大きな砂浜がある」

すべての点が当たっていました。ギャラガー夫妻が戻ってきたとき、セスのコメントを確認したのです。でもそれだけではありませんでした。セスは2人が訪れたナイトクラブを正しく描写し、さらにそこで〝面倒なこと〟が起きたと語りました。ビルとペグはまったくそのとおりだと言いました。2人は声の大きいイギリス人の旅行者に、不快な思いをさせられたのですが、明らかにその場にいたほかの人たちも同じでした。そのイギリス人は、バンドに合わせて口笛を吹くのをやめなかったのです。セスはまた、ナイトクラブの前には18本の灌木が植えられていたと言いました。ビルは確かに建物の前に灌木が植えられていたのを覚えていましたが、数を数えようとは思いませんでした。

セスは、ペグとビルにとって、特に感情的な意味がある物事を拾い上げたようにみえました。たとえば、ほかの印象とともに、「殺人事件を記念した……彫像……」というのがありました。2人は、1943年に殺害され、マスコミで大きく取り上げられた、サー・ハリー・オウクス(＊9)を追悼して建てられた彫像の横を通ったことがわかりました。ペグはこの件に大変興味をそそられたので、タクシーの運転手に質問し、知っていることを聞き出そうとさえしたのです。

それから次の印象では、面白いことに、セスは2人が訪れた場所を非常に具体的に描写して、「階段が噴水に続いている、花に囲まれた円形の構造、通りの左側には道際に、古い、2階建ての建物が密集して並んでいる」と言いましたが、1つだけ言葉の使い方で取り違いがありました。噴水ではなく、給水塔だった点をのぞいて、すべて当たっていました。

ペグとビルがナッソーに滞在していた間に開かれた3回のセッションで、当たっていた印象が合計40ありました。実際には多くの印象には複数の要素が含まれていたので、それを数えれば当たりの数はもっと多かったでしょう。しかしこのような実験には大変な作業が関わっているのです。記憶は当てにならないものです。だからいつも関わった人たちには、すぐに体験したことを書き留めてもらっていたのです。そして、あとでたやすく、かつより正確に照合できるようにしていました。

いずれにせよ、あの「実験に明け暮れた1年」は、いつもギャラガー夫妻のプエルトリコへの旅で始まり、ナッソーへの旅で終わった、と考えています。わたしたちの目から見れば、セスは自分の能力を証明したのです。1年間携わったあと、わたしたちはインストリム博士に手紙を送り、理由を説明して実験を終わりにしました。封筒実験も、その後2、3回行ったあと止めました。

実のところ、実験にあれほどの時間を費やしたことを悔やんではいません。でもあのときに止めてよかったと思います。週に2回、自分を誰かから批判されるような状況に追い込むことは、わたしの性格には合わなかったのですが、あのときの自分の態度を考えると、まさにそのようにしていたということになります。わたしは感情的には実験を嫌がり、知的には必要なものだと考えていたのです。セスは実験をまったく意に介していないようでしたが、わたしはそれに合わせていくべきだと思ったので、自分にそう言い聞かせていました。事実は、わたしたちのセッションにおいて、最高のＥＳＰの事例が発生したということです。そしてそれは、何かを証明しようとした結果ではなく、自然に、または誰かの必要性に応じて起きたことなのです。インストリム博士から「信憑性証明書」のようなものが貰えなかったのは確かに残念でした。そうは言っても、わたしたちがそれを求めていたわけではありません。ただ結果に対するリポートが得られなかったことで、とても頭にきていたというのが実情でした。

それからは「セス・マテリアル」に集中することができました。実験という枠組みから解放されて、セッションはさらに広がりを見せる用意ができました。そして、多くの驚きが待ち受けていました。セスと自分自身の能力にもっと自信を持っていたら、面倒なことに煩わされることははるかに少なかったでしょう。実際、わたしたちがＥＳＰ実験を行っていた最中にも、いろいろな出来事が起こり始め、それはセッションの中だけには留まらなかったのです。

セッションを始めた直後、ロブは幻視（ヴィジョン）や心象を見るようになっていました。あるものは主観的でしたが、中にはほとんど3次元的な客観性を持ったものもありました。人物の場合もあり、ロブはそれを絵画のモデルとして利用し始めました。おかげで、わたしたちの居間は現在、わたしたちが「知らない」人たちのポートレートであふれています。セスによると、いくつかのポートレートは、わたしたち自身の過去生での姿を描いたものだということです。本書のxiiページにも掲載してある

1枚はセスのポートレートで、セス自身がロブに見せたいと思った姿に描かれています（それ以来、生徒の1人と友人の1人が、この絵に描かれている姿のセスを目撃したことがあります）。

ロブは視覚的記憶力に優れています。そのような心象をいったん目にすれば、長い間記憶にとどめておき、好きなときに呼び起こすことができるのです。それに比べてわたしは視力も弱く（奥行き視角はまったくありません）、視覚的記憶力は乏しいのです。ロブは熟練した芸術家で、また優れた製図技師であり、技術者でもあります。それでもセスはセッションで、芸術的な手法や哲学について素晴らしい助言や知識をロブに与えてくれました。わたし自身が遠近法をまったく利用できずにいたにもかかわらず、趣味で絵を描くことを考えると、これは滑稽な状況だとわたしたちは思いました。以前、ロブが遠近法を教えてくれようとしましたが、レッスンにはなりませんでした。わたしは美術を学んだことはなく、描く絵も原色だけを使った、かなり子どもっぽい出来ばえのものばかりです。セスは顔料の混ぜ方や使い方をロブに伝授し、ロブはそうした知識を自分のレパートリーに加えました。セスは自分にも芸術的な能力はないが、彼がいるのと同じ現実界（リアリティ）にやってきた芸術家たちから聞き出すのだと言っています。

あるセッションで、セスはいくつかの指針を授けてくれ、ロブはすぐにそれを利用して絵を描きした。その絵はロブの「人物シリーズ」――わたしたちの会ったことのない人たちの肖像画――の1枚で、わたしたちのお気に入りの1枚でもあります。この絵のインスピレーションはそのセッションの数日後、突然ロブにひらめき、セスから授かった手法を用いて描いたものです。

以下はそのときのセッションから抜粋したものです。「肖像画においては……」セスが語り始めました。

「以前に紹介した練習と同じことをすればいい。つまり、その人物があらゆる生命の中心にいると想像するのだ。そうすれば、その絵が完成したとき、その人が構成部分となっている宇宙全体が自然に浮かび上がってくる。ほかのものと切り離されて存在するものはない。これは過去の名人たちがよく知っていた秘密なのである。

絵画の名人たちは、些細な細部において、その細部が一部となっている精神的(スピリチュアル)な宇宙の現実(リアリティ)をそれとなく暗示させることができ、そして、宇宙のエネルギーがその細部を通して語りかけたのだ。

さて、油は地を意味している。その媒体を使って、物質界における永続性の外見をどんな物体の中にも表現させる、つまり絵画に描かれている人物の物質的連続性を表現させるのである。形あるものの中には決してとどまることのない、絶えず続いていくエネルギーの再生を、透明絵の具で描写させるということだ。

きみの描いた私の肖像画の持ち味の1つは、私が相手として話しかけていると思われる、目に見えない聴衆の存在を自然に暗示している点だ。レクチャーなどの聴衆のことではなく、目に見えない聞き手、つまり人類全般を象徴しているのだ。目に見えないものがそこにある。絵の中の人物は、人間の世界とそれを支える宇宙を、目に見える形ではどこにもないにもかかわらず、何とか表現することができるのだ。
この情報はある芸術家から得たものだが、彼は肌を表現する際に、いつも下地にシエナ色素を使い、非常に薄い紫色をそれとなく引き出していた。その後、透明絵の具の黄土色と、色合いを抑えたある種の緑色で巧妙に上描きした。その上に肌の表面のトーンを軽く乗せたので、風が吹いたら飛ばされるほどに感じられたのだ」

わたしがこのような知識を持っていたはずがない――「わたしがこんなふうに考えることはあり得ない」とロブがセッションのあとで言いました。肌の色を少しずつ上乗せしていくというこの特別な方法を、ロブはそれまでに試してみたことはありませんでした。このセッションの数日後、「突然ひらめいて」描いた絵に、この手法を使ってみたのです。しばらくしてセスは、この情報にさらに付け加えました。芸術や芸術哲学、そして絵画手法に関する資料（マテリアル）は、まだ終わっていないのです。

セスは、この情報を提供してくれた芸術家が誰だったのかについて、いくつかのヒントを残してくれました。これまでの話によると、その芸術家は14世紀のデンマーク人、またはノルウェー人で、国内の風景画や静物画で知られていたということです。彼の名前は、芸術に関するほかの情報とともに、将来のセッションで明らかになるだろうと言われました。

しかしセスは、ロブがその色彩構築法で描いたのは、その芸術家の肖像画だということは明かしてくれました（xiiiページ参照）。また、ロブはその芸術家と彼の環境を、おそらくはアトリエも含めて、いずれ描くことになるだろう、とも言いました。

わたしたちにわかるかぎりでは、ロブがこれまで描いた肖像画は、個人的に交友のあった人たちや過去生でつながりのあった人格を表したものでした。そのなかには素性が明らかになっていない人もいます。しかし肖像画の対象となる人たちの幅が次第に広がりを見せ、最近、1人の若い男性の絵を描きました（xiiiページ参照）。ロブにはそれが誰なのかまったくわかりませんでした。ところがしばらくして、わたしの生徒の1人ジョージが、その絵を見てベガという人格を描いたものだと言いました。ベガはジョージと自動書記で通信していたのです。セスはそのとおりだと確認し、ベガは別の次元の現実（リアリティ）にいる自分の生徒の1人だと述べました。

セッションはいつもどおりに続いていきましたが、ロブのヴィジョンのように、何らかの形で「セス・マテリアル」に由来する、そのほかの出来事も体験するようになっていました。そしてわたしたちの新たな解放感を強調して、わたしの自信をいっそう強め、さらなる訓練を施すぞと言わんばかりに、セスがニューヨーク、エルマイラにある、わたしたちのアパートの居間でセッション中にロブと語り合う間に、わたしはカリフォルニアへと送り出されることになったのです。封をした封筒の中身を当てようとするより、はるかに楽しいことです。今回はまったく見知らぬ人が関わり、次々と確実な裏付けを求める、見たところ果てしないわたしの探求心を本当に満足させる経験となったのです。

＊1　アメリカの新聞は、日曜日の朝刊は平日に比べてはるかにページ数が多く分厚い。

＊2　「知事の」を意味する形容詞。

＊3　ジェーン・ロバーツは幼少期の2年間、カトリックの孤児院で生活した。

＊4　ポルトガル中部の村ファティマで、1917年5月、付近の子ども3人が聖母マリアの幻影を目撃し、後にカトリック教会が正式に奇跡として認定した。以来、ファティマは毎年20万人近い信者が訪れる、有名な巡礼地となった。

＊5　Wellsburgの「well」には井戸、泉などの意味がある。

＊6　トーナメントは元来、中世の騎士が馬上で戦う競技を意味していた。

＊7　クロイセット（1909-1980）：ジェラール・クロワゼまたはジェラール・クロワゼットとも呼ばれる。オランダの精神感応能力者。1976年に来日した際には、少女の水死体を発見するのに一役買った。

＊8　ハロルド・シャーマン（1898-1987）：アメリカの心霊研究家。超感覚的知覚に関する実験を行い、多数の啓蒙書を執筆した。

＊9　サー・ハリー・オウクス：1874年、アメリカ生まれの英国系カナダ人。起業家、投資家、慈善家。カナダで富を築き、税金対策のためにバハマに移住するが、1943年7月何者かに殺害される。

第9章

セス、心理学者と「存在」について語り合う
――もう1つの体外離脱体験

わたしたちがまだ実験に明け暮れていたある日、ＡＰ通信の記事を見て目を丸くしてしまいました。当時ノースカロライナ州立大学の心理学者だったユージーン・バーナード博士が、幽体離脱を肯定する意見を公表したのです。自分の意識を体外に投影し、それには幻覚の要素はまったくなかったと述べていました。またその記事には、超心理学の分野における博士の学問的な研究についても詳しく書いてありました。

心理学者が自分自身で意識投影の実験をしていたと思うと、ワクワクしてきて早速手紙を書きました。しばらく手紙のやり取りをしたあと、１９６６年の11月にバーナード博士夫妻が訪ねてきました。わたしたちは意気投合しました。博士は、何かを証明しなくてはならない、という気分にわたしを追い込むようなことは決してしませんでしたが、実はそれは彼にとっては微妙な問題で、彼

は少々複雑な心境でした。というのも博士自身、セス・セッションは本物だと確信したかったからです。

ある晩行なった数時間に及ぶセッションは、興味深いものとなりました。セッションが終わるまで、博士が何を意図していたのかわかりませんでしたが、今から思えば、彼は善良な心理学者といえるのではないでしょうか。バーナード博士は「哲学的専門用語」とでもいえる言葉を使って、セスに質問を浴びせたのです。その間、わたしにはまったく馴染みのない、秘教的な東洋哲学理論に何度も言及しました。バーナード博士の専門は実験心理学で、英国のリーズ大学で博士号を得たあと、ケンブリッジ大学で教鞭をとっていましたが、東洋哲学や宗教にも造詣が深かったのです。それでもセスは挑戦を受けて立ったばかりか、わたしには今でも理解できない何らかの方法で、博士の専門用語を逆手に取って、優雅に機嫌よく博士をやり込めてしまったのです。

このときのセッションの記録はタイプすると14ページにわたり、首尾一貫したまとまりとなっているので、背景となる情報抜きに、そこから引用することには困難がつきまといます。ここで紹介するのはセッションの後半から抜粋したものです。それより少し前に、セスとバーナード博士は現実（リアリティ）について論じ合っていましたが、バーナード博士は、存在というのは「壮大で魅力的なジョークのようなものだ」と意見を述べました。これに対しセスは「『存在』はジョークどころではない。全体が自分自身を知るための手段なのだ」と答えました。

さらに続けて、「『ジョーク』という言葉は大いに関連性がある。もしあなたが、物質世界は錯覚だと完璧に自覚すれば、感覚器官がもたらすデータを知覚することはなくなるだろう」と言いました。

「わたしが自分で創り出した錯覚を経験することはできないのですか？」

「錯覚を経験することはできる。しかし錯覚を錯覚として捉えれば、もはやそれを直接的に〝経験〟しているとはいえない。あなたは自分自身を出し抜いて一歩先を進んでいるのだ」

「でも行くところはどこにもないのでは」とバーナード博士。

「あなたはそのことを知ってはいない。考えているだけだ。今いる場所にいることはないだろう」

「どこかほかにいるべき場所があるのですか？」

「イエスでもありノーでもある」とセスが答えます。

「錯覚ではない場所がほかにあるということですか？」

「あなたにはこう言っておこう。イエスだと」

「どのようにして違いがわかりますか？　私自身の心が創るものだ、という以外に、現実（リアリティ）と錯覚を区別する方法があるのですか？」

「今はあなたにはわからないだろう。それがわかるようになったら、望めば、どのような「現実（リアリティ）でもある錯覚」を自由に経験できるようになるはずだ。だが、そうした「現実（リアリティ）でもある錯覚」を経験する自己は、それを現実（リアリティ）だと理解する。その自己にはほかに行くところはない。それが唯一の現実（リアリティ）だからだ。そして自分自身の環境を創造するのだ」

「でもそれは今ここにいる私のことでしょう」

「あなたの観点からすれば」。セスが言います。

「あなたの観点からしても」

「あなたの観点からすれば」。セスが繰り返します。

「あなたの観点からしても」

「それなら最後に述べたことに注意深く目を向けてごらん」

「振り出しに戻ったようですね。私はどんなものであれ、自分が創造した現実（リアリティ）と一体です。ほかに行くところはありません」とバーナード博士は言いました。

「それでもあなたは、そうした無数のどのような錯覚も、それが錯覚だと知り、その性質を十分に把握した上で経験することができるに違いない。そして、それでも根本的な現実（リアリティ）というのは自分自身のことだとわかるのだ。行く場所がどこにもないというのは、そういう意味であなたがその場所だからであり――すべての場所だからだ。しかし［ジョーク］というのは適切な表現だ。今晩私が述べたことの中で最も重要なのは、ジョークという言葉には大いに意味があるということだろう。あなたは自分を自由に飛躍させて、あなたがたの世界の中にいる生き物一つ一つの性質と経験を、それが実は自分自身なのだと理解しながら探索しなければならない。それからあなたがたの世界から離れるのだ。こうしたことはじかに体験しなければならない」

「でも私は世界から離れることはできません。なぜなら私は同時にすべての世界にいるからです」

「私はあなたがたの物質的な観点から話しているのだ……だが、そういう観点からいっても、あなたはほかの世界と関わっている」

「ほかに選択の余地はないでしょうね」

「私は今、連続性という観点を利用して説明しているのだ。まず最初に、ある一定の時間の経過がなくてはならない。その間あなたはまるでほかの世界がまったく存在しないかのように、ある1つの世界に完全にのめり込む。それからその時期が過ぎ去っていく。つまり、価値の実現(*1)(Value fulfillment)は原則としてこうして達成されるのだ。だからといって、別のいくつもの世界に同時に存在していないというわけではない。錯覚のその深みまで探索の手を伸ばさなくてはいけない」

「錯覚には深みはありません」とバーナード博士が遮ります。

「あなたが深みを創り出すのだ」

「そうです。そしてそうしながら探りを入れるのです。でも探索するものは何もありません」

「探りを入れることは必要だ。ある種のゲームは必要であり、いつも意味がある」

「目的は、創造したり、探索したりすることではなく、ゲームをすることなのではないですか?」

「そういう観点で言えばあなた自身がゲームだ」

「ほかのすべての点においてもでもそうでしょう」

「あなたは自分自身の限界を創り出している」とセス。

「本当に別の視点というものがあるのですか?」

「ある。あなたは多様性があることを認めていない」

「私は同じものに、錯覚に基づいた、複数の現れがあることを認める用意があります……つまりあなたと私のことです。すべては1つの……」

「自己を偽ることがあってはならない」とセスが答えます。

「そうです。他人に対する背信もです」

「だが、本当の自己を偽るということは、歪曲に通じることがある」

「でもそうした歪曲はシヴァ(*2)が織りなすゲームの一部です」

「私なら思いやりのある企てと呼びたいところだ」

「そうですね。押しつぶされた赤ん坊の上に立っている、シヴァの古典的な像を思い浮かべれば――悲劇という錯覚への愛情にあふれた関与です。自己欺瞞という錯覚と言ってもいいでしょう」

「あなたは多くの階段がある道筋を自分のために創り出そうとしている」

「でも、階段など本当はないのでしょう?」

「今のあなたにとっては、階段は存在する」

「錯覚なのではないですか?」

「いかにも、そのとおり」とセス。

「もし階段が、私が歩む道筋に自分で創り出した障害ならば、それを取り除くこともできるはずです」

「理論的には、まったくそのとおりだ。だが実際には、足元に気をつけながら進んだほうが安全だ」

「そうですね。それはシッダルタに対する助言でした」

「われわれが寝かしつけなければならない、扱いにくい子どもたちのようなものだ。彼らが……（この部分の言葉が抜けています）でも、哀悼しなければならない。彼らの存在が牛の糞のごとく無意味だとしても、思いやりを持たなければならない」セスが答えました。

「彼らは私たち自身なのですから、愛さなければいけません」

「それ以下であってはならない、だが、それ以上のことができるわけでもない」

「そうするためには目を開いて、あと一歩踏み出すだけだと気づくことです」

「あなたはゲームをしている」とセスが戒めました。

「もちろんです。そしてあなたもです。私たちはシヴァがゲームをしていると言いますが、シヴァが私たち自身でなかったとしたら、誰なんでしょう？」

「あなたはまさに自分自身とゲームをしているのだが、それは重要ではない、というか的外れであるかもしれない。だが、ゲームをするなら畏敬の念を持ってまじめにしたほうがいい」

「誰に対しての畏敬の念ですか？」

「自己に対する畏敬の念だ」

「わかりました。それなら私たちの言っていることは食い違っていません」

「不敬には神聖なものと不謹慎なものがある。あなたはゲームをしているだけだ。それら2つは実は1つのものだ。しかし、このことをしっかりと知っておいたほうが身のためだ」

バーナード博士は親切にも手紙を書いて、自分の意見と、このときのセッション303のことを本書の出版社に伝えてくれました（その上、偽名で素性を隠すようなことはせず、わたしが彼の本名を使うことを承諾してくれたのです）。その手紙の中で次のように述べています。「セッションで私は、自分には非常に関心があり、セスにとっても、明らかにそこそこに興味があると思われる話題を選択しました。そのときまでには、それらの話題がジェーンにとっては、概して未知の領域であると確信していました。また……たとえ無意識的にであろうと、ジェーンがセスの知識ではなく、代わりに彼女自身の知識を使って私に一杯食わせる可能性は、少なくとも極めて少なくなるように、その話題をかなり洗練されたレベルで進めようとしたのです……。

あの夜の出来事をあなたに要約して伝えるために、私にできる最良の説明はこうです。……私は機知や知性、知識の量の点で自分をはるかに超えた人格、知的存在――あるいは何と呼んでも構いませんが――と快い会話を楽しむことができたということなのです。……西洋科学の伝統に与する心理学者が理解するいかなる意味においても、私はジェーン・ロバーツとセスが同一人物、同じ人格、あるいは同じ人格の異なった面であるとは信じられません……」

セッションが終わってからも、ロブとわたし、そしてバーナード博士夫妻は、体外離脱体験を話題にして、大いに楽しい時を過ごしました。

博士夫妻が訪れてからしばらくしたあと、わたしの『How To Develop Your ESP Power（ESPの能力をいかに伸ばすか）』という本が、やっと本屋の店頭に並ぶようになりました。読者から何通かの手紙を受け取りましたが、手紙が殺到するようなことはありませんでした。しかし、この時期に受け取った一通の手紙がきっかけとなり、あるセス・セッションで、わたしはもう1つの体外離脱旅行を体験することになったのです。

1967年5月3日、ペグとビルのギャラガー夫妻が月曜日の夜のセッションに訪れました。座っておしゃべりをしている間に、受け取ったばかりの、ある手紙のことを2人に話しました。その手紙を読んで、わたしは愉快な気分になったと同時に憤りを感じました。

「書留だったから、受け取るときサインしなければならなかったのよ」とわたしは2人に言いました。

「びっくりよね。カリフォルニアのどこかに住んでいる兄弟からで、セスが自分たちについて伝えたいことがあるなら、ぜひ聞きたいっていうの」

「返事は書くつもりなの？」とペグが尋ねます。

「短いメモを書いて、興味を持ってくれてありがとう、とか何とか言うわ。セスは自分のしたいことをするし、この件で何かするとは思えないわ」

ところが、セスのすることを予測しようとするとよくあることですが、わたしはまったく間違っていました。セッション339はまもなく始まりましたが、自分ではそうしているという感覚がないまま、ほとんど即座に肉体を離れました。明らかに南カリフォルニアのどこかと思われる、ある街並みを、空中に浮かんで見下ろしている自分に気づきました。居間では、セスがわたしの見ているものを説明していましたが、その声はかすかに耳に残る程度でした。わたしには、接続の悪い長距離電話の声よりもずっと不明瞭に聞こえていました。

セスはいつもと同じように話を続けていたので、自分が体を離脱していることをどうやってロブに伝えたらいいのか、途方に暮れました。セスが話している間に、わたしの体が生き生きと活気づくのがわかりました。一度は、思わず笑いながらこう思いました。「これじゃ、電報を送らなければならないわ」。そうしているうちに、わたしはかなりの高度を浮遊し、セスが描写している場所を見下ろしていました。そして辺りを動き回って、もっと眺めのいい位置に移動することができました。しかし、居間に座っている肉体とは、まったく何のつながりも感じませんでした。セスはこう言っていました。

「狭い裏庭があり、(手紙を送ってきた) 兄弟のためにレモンの木が植えられている。ピンク色のスタッコ塗り(＊3)の家で、後ろ側に2つの寝室がある。新築の家ではない。2人は台所でウィージャボードを使っていた。その区画(ブロック)の右の角に近い家で、海からも遠くない。背の高い草の生えた場所があり、木の杭があり、鉄線が張られている」

この時点で、話の内容が具体性を帯びてきたことから、意識の投影が関わっているのではないかとロブが感じ始め、「今、その場所にいるのですか」と尋ねました。

「少なからず。砂丘のようなものがある。そこで体の向きを変えたところだ。今は家のほうを向いている。わたしの位置が変わったので、方位もわずかながら変化した。ガレージのような建物がわたしの右側になり、その背後に海に向かって別の家屋がいくつかある。その先に砂丘と砂浜が広がっている。潮が満ちてきている」

ここで空中でのわたしの位置が変わってきました。わたしにわかるかぎりでは、その場所にいたのはセスではなく、わたし自身だったのです。

「今の時刻は?」とロブが尋ねます(エルマイラでは午後9時を過ぎたところでした)。

「宵のうちだ。木製のかなり細い杭が何本もあり、上端は丸くなく、長方形になっている。おそらく腰の高さだ」

セスはジェスチャーで、杭の長さと形をロブに示しました。このとき、わたしはその上を浮遊しながら、それらの杭が何のために使われるのかわからず、戸惑っていました。また杭の先端が長方形をしていることも不思議に思いました。

「左に向かって湾が大きく入り込んでいる。地形がこんなふうに、わかるかな、まっすぐではない。ここでカーブを描き、再び突き出しているのだ」

ここでもまた、セスは大きな身振りで海岸線の形を示してみせました。また、兄弟の家族は、名前こそ外国風ではないものの、外国と強いつながりがある、とも述べました。さらに家族構成や背景についても触れました。

ロブはこのセッションのコピーを2人の兄弟に送り、2人はこのとき得られた情報が正しかったかどうかを評価したテープを送り返してくれました。のちに印刷した書面に署名もしてくれましたが、それは今でも私たちのファイルに残っています。2人の住居についてセスが述べたことは、周辺の状況や海岸線の形を含め、あらゆる詳細に至るまで正しかったのです。

兄弟はカリフォルニア州のチュラ・ヴィスタに住んでいましたが、わたしが一度も訪れたことのない場所です。家はピンクのスタッコ塗りで、後部に2つの寝室がありました。2軒隔たった右側に、その区画の角がありました。家自体はサンディエゴ湾から800メートルのところに位置し、近隣には無数の砂丘があり、セスが描写したとおりに、木製の杭が砂丘に沿って点々と散らばっていました。

兄弟の家族はオーストラリア出身で、帰国したいと思っていました。ここでは述べませんでしたが、ほかに、いくつかの当たっていた印象と間違っていた印象がありました。たとえば、母親は死去している、とセスは言ったのですが、実はまだ元気で生存していました。ただし、兄弟の家族との精神的なつながりはまったくなく、同じ家に滞在することもほとんどありませんでした。

またしてもこの体験は、体外離脱体験におけるセスとわたしの関係について、多くの疑問を投げかけるものとなりました。おそらくは、わたしが体から抜けている間、セスはわたしの体にとどまるのだと思われますが、これは単純な説明にすぎません。わたしたちは今でも、セッションを通して、また、わたしたち自身の取り組みによって、このような疑問を解明する情報を集めようとしているところです。

このように、得られた印象と事実が合致したときはいつも、わたしは満面の笑みを浮かべないわけにはいきません。わたしは物事の本質について、他人の言葉を自分で納得できる以上に受け入れてしまうこともときにはありますが、文字通りに受け入れることは決してありません。いつも自分で明らかにしたいと思っているのです。実験する自由を十分に維持しながらも、わたしほど自分自身の経験について批判的になれた人はほかにいなかったでしょう。そんなわけで、この出来事のあと、気持ちに余裕が出てきました。わたしは再び肉体を離れ、またしてもそのとき見たことが事実と合致したのです。セスはわたしがそうするのに、どんな手助けをしてくれたのでしょうか？　わたしの意識が大陸の反対側にあったときに、そこで知覚したことを、どうやって知ることができたのでしょう？　わたしは言葉で言い表せないほどに、知的好奇心をそそられました。そして、1つわかったことがあります。セスが何を計画しているのか、あらかじめわたしが意識的に知らないうちに、わたしを「体の外へ」送り出すなんてかなり抜け目がないということです。そうしたほうが、わたしは試されていると感じることもなく、結果についてあれこれ心配することもないので、ずっと出来がいいのです（つまりセスは、優れた心理学者でもあるということです）。

のちに起きたそのほかの進展は、このときの体験と、新たに生まれたわたしの自信によって、初めて可能になったといえるでしょう。ほかにも何人か見知らぬ人が手紙を送ってきましたが、その中には、何らかの助けを早急に求めている人たちもいました。セスは、助けというものは内面から来るものだと何度も主張していましたが、それでも何人かの人たちに素晴らしいアドバイスを授け、透視能力を使って、その人たちの環境について正確な印象を語りました。そうすることによって、何よりもセスこそ、その仕事にふさわしい人物だと、わたしに知らせようとしたかのようでした。

セスが理論的な資料（マテリアル）を発展させていった、わたしたちの月曜日と水曜日のセッションは、時折訪問者がひょっこり立ち寄ることはあっても、引き続きわたしたち2人だけのプライベートなものでした。セスは時折、わたしのESPクラスの生徒たちのために、セッションを始めることがありましたが、その中では資料（マテリアル）の実践的な応用について論じました。

わたしたちのプライベート・セッションに、いくらかでも定期的に出席した人がいるとすれば、それはフィリップです。セスは彼に仕事上の取引に関する情報を語り、とりわけ株式の値動きを正確に予想したのですが、フィリップはセスの予想が「当たった」確率を記録し続けました。そうした予想のいくつかは、数年間にわたるものでしたが、セスはフィリップが確かめることのできた数多くの例で正しく言い当てていました。しかし、セスがセッションで習慣的にアドバイスを与えることはありませんでした。自分たち自身で決断しなければならない、というのがセスの主張です。

セッションで次に何が起きるか予想することは決してできません。ある晩、わたしたちはセスに不意をつかれてしまいました。その夜、フィルがいつものように予告なくやって来て、昇給した、と話してくれました。おどけて肩をすくめるだけで、どのくらいの額だったのかは教えてくれませんでした。セッションが始まるとすぐに、セスは満面の笑みを浮かべながら、正確に昇給額を当てたのです。それからフィルがセスに、地元のバーで聞こえた声について何かわからないか尋ねました。

「男性の声だったのではないかね?」とセス。

「そうです」。フィリップが答えます。

「それで、誰の声だかわからなかったというわけか? それなら教えるのは止めておこう。実際、そうするのがいいだろう」

「あなたの声だったんですか? 一瞬の出来事だったので、考える暇もなかったんです」とにやにやしながらフィルが言いました。セスとなったわたしは、面白がってうなずきました。

最初の休憩のときに、フィルが次のように説明してくれました。その1カ月ほど前、フィルはバーで若い女性に声をかけていました。そのとき、かなりの音量の男性の声が、はっきりと聞こえたのです。声は非常に断固とした調子で「ダメだ、ダメだ」と言いましたが、それはフィルの頭の中から聞こえてくるような気がしました。かつてこのようなことが起きたためしがなく、とても驚いたフィルは、思いつきの口実をその女性につぶやいて、バーを出て行ったのです。

セスは、フィルに声をかけたのは自分だと認めました。そして、休憩が終わるとこう言いました。

「その女性は、彼女と接触する人たちに破滅的な結果をもたらすようなやり方で、物事を自分が有利になるように進めようとしている」。さらに付け加えて「彼女はきみを、自分ともう1人の男性の間の軋轢を解消するために利用しただろう。そしてその交換条件として、きみの彼女に対するちょっとした関心をあおろうとしたのだ。その結果、不愉快な状況が生じていただろう。きみが私の声に従ったので、そうなっていたかもしれない蓋然性(プロバブル)の未来が変えられたというわけだ」

それから、背景となる、かなりの量の情報を提供し、その女性には子どもが1人いて、別の男性と交際していたと語りました。

「彼女と付き合っているその男性は、車の修理関連の仕事をしている」

また、その女性はカトリック教徒で、彼女の問題は、法的な手続きに関するものだと言いました。

このあとセスは、具体的な住所は明かさなかったものの、彼女がどこに住んでいるかをフィルに告げました。

「彼女は、町の北東部の地区の――きみたちが出会った場所からは西側になるが――ある行き止まりなっている通りの途中、3軒目か4軒目の家に住んでいる……」

こうしたことはすべて、彼女の名前と見かけの年齢以外、どこに住んでいるかさえまったく見当のつかなかったフィルにとって、非常に興味深い情報でした。次の日、町に出て行くことになっていたフィルは、バーを再び訪れ、聞き込みを始めました。バーテンダーから住所を聞き出し、車で問題の通りまで行ってみると、セスの話したことが当てずっぽうではなかったことがわかりました。彼女は町の北東部、バーの西に位置する、奥が行き止まりの通りの、端から3軒目の家に住んでいたのです。カトリック教徒で、子どもが1人あり、車の修理工ではなく、セールスをしている男の友人がいました。

フィルは、その後二度とそのバーに足を運ぶことはなくなりました。

ロブとわたしは、この出来事をどう捉えればいいのかわかりませんでした。確かに、セスが独立した人格であることの、何らかの証拠を提供しているように思われます。もっともフィルが幻聴でその声を聞き、セスがそれをうまく利用して自分の声であると主張した、ということであれば別ですが。たとえそうだとしても（それはあり得ないとわたしは思いますが）、セスが、その女性に関する、フィルが知らなかった情報や事情を知っていたのは確かです。

セスによると、未来を変えることは明らかに可能なのです。セスはフィルにこう語りました。

「いかなる場合にも、出来事があらかじめ決まっていることはない。一瞬ごとにきみが、そして一つ一つの行為（アクション）が、ほかのすべての行為（アクション）を変化させるのだ。私はきみたちとは違った視点から物事を見ることができる。それでも私に見えるのは蓋然性だけだ。あの夜私が見たのは、魅力的とはいえない蓋然性だった。きみと私とでそれを変えたというわけだ」

別の話ですが、友人の1人が奇妙な状況でセスを見たと言い出したことがあります。ある夜ベッドに横たわっていると、意図せずに体外離脱体験が起きました。その中で、わたしは混み合った部屋にいて、芸術家の友人であるビル・マクダネルに切迫した調子で話していました。わたしは彼の肩を、とても優しくとはいえないふうにゆすると、すぐに体に戻ってきました。ベッドに入ってからまだ10分と経っていませんでしたが、すぐにベッドから出て、起きたことを書き留め、ロブに話しました。

ちょうど1週間後、ビルが電話をかけてきましたが、その声はとても緊張しているように聞こえました。とても不可解なことが起きて、まだそのことで動揺しているので、わたしと話したいと思ったと言うのです。わたしはすぐに自分自身の体験を思い出し、ロブを呼ぶから少し待ってほしいとビルに告げました。ロブにそのときのメモを持ってきてもらい、ビルの話を聞きながら確認したかったのです。ビルが語ったところによると、ちょうど1週間前、夜中に突然目が覚めると、ベッドの脇にセスが立っていたというのです。セスはロブの描いた絵のとおりの姿で、完全に3次元的に見えたそうです。セスはビルの肩をゆすり、姿を消しました。ビルは次の日の朝、朝食のときに母親にこのことを話し、起きたことをわたしたちのためにすべて書き留めました。

この出来事にはビルの母親も動揺し、セスもわたしも家から出ないでいてくれればいいのに、という趣旨の、冗談まじりの感想を述べたそうですが、わたしには彼女が冗談で言ったとは思えません。ビルがもっと早く電話をかけてこなかったのは、彼の不安感のせいでしたが、わたしのほうもこちらから電話をして、自分が見たのは本当にセスだったのだと、ビルが思うように誘導するようなことはしたくありませんでした。

第一に、体外離脱体験では、わたしは人で混み合っている部屋にいたと思いましたが、ビルは明らかに自分の部屋に1人でいました。また、ビルはセスがタバコを吸っているのを見ましたが、わたしもタバコを吸います。ビルはセスの3次元的なイメージを幻覚で見たのでしょうか？　もしそうなら、彼が幻覚を見たのは、わたしが彼と一緒にいたと感じたのと同時ということになります。

そして、ビルはセスが自分の肩をゆするのを感じましたが、わたしの体験ではビルの肩をゆすったのはわたしです。

何人かが、自動書記を使ってセスが交信してきた、と私に言ったことがありますが、セスはそのような接触をしたことを否定し、「セス・マテリアル」の一貫性を保つためにも、わたしとの共同作業以外に、ほかの人とコミュニケーションをとることはない、と言っています。しかし、彼の言葉によれば、時折友人たちの様子を「覗きに行った」ことがあるということです。

ある日、ブライアン夫人に出会いました。病気のためにESPクラスから退いた以前の生徒ですが、地元の新聞に本書についての記事が載っていたのを読んだことがある、と話してくれました。その記事には「セス・マテリアル」からの抜粋と、ロブがセスを描いた絵が含まれていました。ブライアン夫人はそれを読んだとき、ひどい頭痛に悩まされていましたが、突然セスの存在を感じたのです。おそらくはセスのものと思われる、内面からの声が聞こえてきて、それまで自分は自己憐憫に浸ってきた、と言いました。そして健康についてあれこれ悩むのはただちに止め、起き上がって散歩に出かけなさい、そうすれば、体調はすぐに良くなるだろう、と言ったのです。

夫人は大変驚きましたが、言われたとおりのことをしました。すると頭痛はあっという間に消え去り、次の日までには、過去半年間感じたことがなかったほど、気分が良くなったのです。再び散歩に出かけると、若さを取り戻したように感じました。彼女がその話をしてくれたとき、わたしはうなずいて微笑むことしかできませんでした。実のところ、ほかにどうしていいのかわからなかったのです。

わたしたちはセスにこの出来事について尋ねてみました。この場合、ブライアン夫人は彼女自身の内なる自己、あるいは超意識の象徴としてセスを利用し、助言はもとより、治癒を促す援助を手に入れたのです。その体験は彼女が自分の能力を使う手助けとなり、セスのイメージによって、彼女の自己治癒力が活性化させられたのです。セスはわたしに、いろいろと気を遣わないようにと言いました。見たところセスは、そのような方法で人々にひらめきを与え、彼ら自身の創造的エネルギーの焦点となる役目を果たすことに、喜びを感じているようです。

セスは人々が、彼を精神的な支えとして利用することを絶対に許しませんでした――それはわたしにも当てはまります――そして「セス・マテリアル」自体が、誰もが自分自身をよりよく理解し、自分の創り出した現実を見直して変えるための手段を与えるのだ、と断言しています。特定の個人を助けるために時折セッションが開かれ、その中で超感覚的知覚の事例が起きたことは事実ですが、セッションの重点はあくまで資料（マテリアル）の伝達におかれています。そこにこそ、セッションの真の重要性があるのだと、わたしたちは感じています。

わたしたちはESPの証拠より、「セス・マテリアル」にはるかに関心がありますし、今までも常にそうでした。「セス・マテリアル」は、ESPに限らず、知覚というものがどのように働くのかについて、卓越した説明を提供するものだと思います。そしてわたしたちにとって、それがほかの何よりも重要なことなのです。また、セスの発言は、現実（リアリティ）の本質とその中における人類の位置に関する、意義深く、かけがえのない説明であると信じています。多次元的人格に関するセスの理論は、知的好奇心を刺激するばかりでなく、深い感動を呼び起こすものでもあります。わたしたち一人一人に、自己感覚（アイデンティティ）と目的意識を押し広げる機会を与えてくれるものなのです。

セッションでのESPの実演は、いつも目的を持って行われます。わたし自身の自信を強め、能力を伸ばすこと、資料（マテリアル）で述べられた論点を例証すること、あるいは困っている人たちに情報を提供することなどがそうです。以前、わたしが、セスは自分自身で能力を証明すべきだと感じていたことや、わたし自身も自分で「奇跡」を起こさねばと意地を張っていたこと、そしてときには、そのほうがどことなく科学的に振る舞っているように見える、という間違った観念から、自分自身の感覚が示した証拠を否定してしまったことさえ、今となっては思い起こすのが困難なほどです。わたしはいつも、「セス・マテリアル」は非常に意義深いものだと評価してきましたし、その中に含まれる概念の、スケールの大きさと果敢さを認めてきたといえるでしょう。

セッションが始まった頃、心霊的な分野の本はほとんど読んだことはなかったので、わたしたちにとっては、すべてが目新しい出来事でした。セスの述べた概念のあるものが、何千年も前の秘教的な文献に書かれていたのと同じだとわかったのは、かなりあとになってからです。しかしながら、わたしたちの知識が増えるにつれ、セスのアイデアは、スピリチュアルな、そしてメタフィジカルな文献にある一般的に受け入れられている考え方とは、ある重要な面で異なっていることに気づきました。

一例を挙げると、セスは歴史的なキリストの存在について独自の考えを持っています。もっとも、あとの章で明らかになるように、霊的な存在としてのキリストの正当性は認めていますが……。また、生まれ変わりを事実として受け入れている一方、それをまったく異なった時間背景の中で捉え、生まれ変わりを「同時に存在する」時間という考えとうまく一体化させています。おそらくさらに重要なのは、生まれ変わりは、わたしたちの成長全体に占める小さな一部でしかない、と説明している点でしょう。同様に重要なほかの在り方が、非物質的な別次元で起きているのです。

こうしたことすべてが、人格というものは、行為（アクション）から成り立っているというアイデアと結びついています。自己感覚（アイデンティティ）の基盤となっている、創造の三重のジレンマというセスの主張は、独創的であると同時に思考力を刺激するものです。彼の神の概念は、こうした理論の延長線上に自然と浮かび上がってくる、実に興味深いアイデアです。

少なくともわたしたちの知っているかぎりでは、時間反転理論と蓋然性の体系は、まったく「セス・マテリアル」独自のものです。苦痛の性質についてのセスのアイデアもまた、現代のメタフィジカルな思想とは一線を画すものだと思います。セスは、苦しみは単に意識に起因する1つの属性であり、成長力の徴候と見なしています。まだ死が終局だと恐れている自己感覚（アイデンティティ）の一部にとってのみ、憂慮すべき事態だと考えられるのです。

ここから先は、セスに自ら語らせることにしましょう。右記のテーマを扱っている箇所を抜粋しました。場合によっては、セスは自分の論点を伝えるために実演してみせることもありました。たとえば、健康に関する章では、特定の個人のためのリーディングからの抜粋を引用し、生まれ変わりに関するデータでも同様の手順を踏みました。物質的現実の本質についての理論を説明する際には、自分の言っていることが受け売りの知識ではないことを証明するために、セスが実演してみせたセッションからの抜粋を紹介します――もっとも居間に現れた幻影が、その目的を果たすための正当な証拠として通用するとしての話ですが。

本章を締めくくるにあたって、1967年3月に、友人である高校の教師と彼の生徒たちのために開かれた、セッション329からの抜粋を引用しましょう。ここではセスはティーンエイジャーに話しかけているのですが、そのメッセージは誰にとっても意義深いものです。

「きみたちは、自分の観念や期待に応じて現実を創造している。したがって、当然、自分の観念や期待を注意深く調べるべきである。自分の世界が気に入らなかったら、自分がどんなことを期待しているか調べてみることだ。あらゆる思いは、何らかの形できみたちによって物質的な経験へと変換されるのだ。

きみたちの世界は、自分の思いの忠実なレプリカとして創られている……われわれが根本的前提と呼ぶ、ある種のテレパシー的な条件が存在し、誰でも潜在意識ではそれに気づいている。それを利用して、物質的な環境を十分な凝集性を持ったものに作り上げるので、まわりにある物体とその位置や大きさについてのおおまかな同意が得られるのだ。ある意味において、それはすべて幻覚のようなものだ。だが、それはきみたちにとっての現実であり、その枠組みの中で取り扱っていかなればならない。きみたちの両親の暮らす世界は、初めは思いの中にあった。それはかつては夢の中に存在した。両親たちは自分の宇宙をそこから生み出し、さらに自分の世界を創り出したのだ。

きみたちは自分を過小評価すれば、こう言うだろう、『私は物質的な生命体で、空間と時間によって私に課せられた境界線の内部で生きている。私は自分の環境のなすがままになるしかない』。もし自分を過小評価することがなければ、こう言うだろう。『私は個性のある個人だ。私は自分の物質的環境を創造する。わたしは自分の世界を創り出し、変えていく。わたしは時間と空間に縛られることはない。わたしは〈すべてなるもの〉の一部だ。わたしの内部に創造性が働かない場所は存在しないのだ』と」

＊1　「Value fulfillment」とはセスの主張の根幹を成す概念の一つ。あらゆる意識的存在に内在する、自らの重要性（価値）を表現し、潜在的な可能性を実現させようとする衝動。物質界においては成長や進化として発現する。

＊2　世界の創造、維持、破壊／再生を司るヒンズー教の三主神の1人。

＊3　骨材、結合剤、水からなる化粧しっくい。外観をよくするために、コンクリート、レンガなどの表面に塗る。

第10章

物質的現実の本質

わたしたちが存在しているこの物質的宇宙とは何だと思いますか？　意識的に問いかけたことはないかもしれませんが、わたしたちの誰もが自分の見解を持っていて、気づく、気づかないにかかわらず、わたしたちの日常の行動を導いているのはその見解なのです。わたしがここで言う物質的宇宙とは、わたしたちが何らかの形で出合うあらゆるもの――星や椅子、出来事、石、花――、わたしたちの物質的経験のすべてを意味します。あなたがこれらの物事に対して抱いている観念が、あなたの行動の多くの原因となっています。現実に対するあなたの個人的な見方によって、安全だと感じたり、パニックになったり、楽しかったり、悲しかったり、安心したり、不安に思ったりするのです。

ハエ取り紙に貼りついたハエのように、あるいは砂地獄にはまってしまった獲物のように、わたしたちは物質的現実の中で動きがとれなくなっているのだ、と考えている人々がいます。その考えに従えば、わたしたちのどんな動きも、苦境をさらに悪化させるだけで、絶滅の時期を早めるだけだということになります。また、宇宙はある種の劇場のようなものだ、と見なしている人たちもいます。わたしたちは誕生時にその劇場に無理やり押し出され、死によって永久に退場するのです。どちらの考え方をしていても、新たな日が始まるたびに、心の片隅には拭うことのできない脅威を感じることになり、心の底から喜びに浸ることも難しくなります。なぜなら、必ずやってくる肉体の死によって、喜びも終わりを告げるからです。

わたしも以前そのように感じていました。ロブと恋に落ちたとき、わたしの喜びはその背後にある悲劇の感覚を倍増するように思われました。まるで、死が、わたしの人生を2倍貴重なものにすることで、いっそうわたしをあざ笑っているかのようでした。1日ごとに、とても想像することもできない完全な消滅に向かって近づいていると感じ、それに対する憤りもますます激しさを増していきました。

もちろん、死は新たな始まりだと感じている人たちも大勢います。しかし、わたしたちのほとんどはまだ、自分たちは肉体と環境によって形作られ、それに縛られていると考えています。死後の生を信じている人たちの多くも、目の前で繰り広げられる出来事は、見境なく押し付けられるものだと考え、良いことや悪いことというのは、褒美や罰として与えられるものだ、と信じている人たちもいます。いずれにせよ、わたしたちは概して、自分には制御することのできない出来事に翻弄されるままになっているのは、仕方がないと思っているのです。

わたしがこの物質的現実の本質という話題を最初に取り上げたのは、これがセスのどのアイデアを理解するにも、基礎となるものだからです。わたしたちは呼吸するのと同じように、自分で意識することなく、物質的宇宙を創り出すのだとセスは言っています。しかし宇宙を、いつか脱走することになる監獄であるとか、まったく脱走不可能な死刑執行室のように考えるべきではありません。そうではなく、わたしたちは3次元的現実界(リアリティ)で生き、自分の能力を伸ばして他人を援助するために**物質を形作る**のです。物質というものは、わたしたちが自分の願いに従って使い、形を整えるプラスチックのようなものであって、わたしたちの意識が注ぎ込まれるコンクリートの型のようなものではないのです。わたしたちは無意識のうちに自分の考えを外へと向かって投影し、物質的な現実を創り出しています。わたしたちの肉体は、わたしたちが思っている自分の姿が物質化したものです。ということは、わたしたちは皆、創造者であり、この世界はわたしたちの共同創作物ということになります。

今ご紹介したのは、セスのアイデアをわたしができるかぎり簡単に説明したものです。わたしたちは出来事に翻弄されているのではありません。わたしたちが出来事を創り出し、そのあとでそれに対して反応するのです。自分のこととして考えてみましょう。自分でそう信じ込まないかぎり、あなたは子ども時代の環境や背景の影響から自由になれない、ということはありません。あなたはただ、自分の両親と協力して子ども時代の環境を創っていたのです。

この単純なアイデアだけでも、ロブとわたしの日常生活をぎくしゃくさせていた、あらゆる種類の先入観から2人を解放してくれました。

わたしたちは今、自分の現実を形作っているばかりでなく、肉体の死後もそうし続けるのだとセスは言っています。したがって、わたしたちが思考と現実の間の関係を理解することが、最重要事項になります。

セスはまた、わたしたちがまさに、どのようにして思考を物質的現実に変換するのか説明してくれます。わたしたちの知るかぎりでは、このような説明は「セス・マテリアル」独自のものです。控えめにいっても、わたしたちが実際に物質を創造するという想定は、あらゆる種類の疑問を呼び起こします。ロブとわたしは折りにふれて、そうした疑問の多くに考えを巡らせてきました。わたしたちは出来事ばかりでなく、テーブルや椅子なども創り出すとセスは言っていたのでしょうか？　そして気分が悪いときには、自分自身の病気も創っているのでしょうか？　そもそも現実を創り出しているのなら、それを良い方向へ変えることはできるのでしょうか？

セスはこうした疑問ばかりでなく、わたしたちが思ってもみなかった疑問にも答えてくれました。セスが話し始めた頃、わたしはこうしたテーマ全体にとても興味をそそられましたが、わたしたちの居間の真ん中で、まさか実演が行われるとは予想していませんでした。１９６４年7月6日のセッション68では、まさにそのようなことが起こったのです。セスは期待と知覚――わたしたちが見たり、観察するもの――の間の密接なつながりを、ビル・マクダネルに説明していたのですが、そのときそれは起こりました。そのセッションは、わたしたちの誰にとっても決して忘れられないものとなりました。しかしその出来事の見せ場を紹介する前に、その直前の資料（マテリアル）からいくつか引用したものを読んでいただきましょう。

「きみたちが宇宙の内的な生命力を利用して、窓ガラスに息を吹きかけて模様を創り出すのと同じように、物質を創り出しているのだと私が言ったとしても、それはきみたちが宇宙の創造者だという意味ではない。私が言っているのは、きみたちはきみたちが知るところの物質世界の創造者だということだ」

「化学物質そのものが、意識や生命を生み出すことはない。意識が先行して、それ自身の形を進化させるという事実に、きみたちの科学者もいずれ直面しなければならなくなるだろう……体内のすべての細胞には個別の意識がある。あらゆる臓器を構成している細胞の間に、そして臓器自体の間にも意識的な協力関係がある……」

「分子、原子、そしてさらに小さな粒子も凝縮された意識を持っている。それらが細胞を形作り、個別の細胞意識を形成するのだ。こうした共同作業の結果、単独の原子や分子に可能なものをはるかに超えたことを経験し、成就することのできる意識が生み出される。これが際限なく続いて、肉体の仕組みが形成される。最小の粒子もそれ自身の個性を持ち続け、その能力は（この共同作業を通して）何百万倍にも増幅されるのである」

「物質は、精神的エネルギーを操作し、構成物要素として使用可能な状態へと変換するための媒体である……物質に凝縮したまとまりがあるのは、それを知覚する感覚器官に知覚可能な外観、あるいは相対的永続性を与えるためにすぎない。

物質は絶えず創造されているが、連続して存在し続ける特定の物体というものはない。たとえば、1つの物体が時間とともに劣化していくということはないのだ。代わりに、精神的エネルギーが絶えず変換されて物質的パターンが創造される。それが多少なりとも堅固な外見を保持するように見えるのである」

「ある特定の物体が1つの、分割不可能で堅牢な同一の物として、時間の経過とともに変化していくほど長期にわたって存在することはない。そのものの存在の背後にあるエネルギーが弱まってくるのだ。したがって、物質的パターンが不明瞭になってくる。そしてある点を過ぎると、再創造が行われるたびに、きみたちの観点からすると、その完成度が前回より落ちてくるのである。きみたちには知覚されないで起こる、そうした再創造が何度も行われたあとで、やがて違いがあることに気づくようになり、変化が起きたのだと思い込むというわけだ。その物体を構成していると思われる実際の材質は、何度も完全に消滅してしまっている。そしてパターンは再び新しい物質で満たされるのだ……」

「物質は、意識が3次元的現実(リアリティ)の中で機能することを可能にする。個別化したエネルギーがきみたちの現実界(リアリティ)に近づくと、その中で最大限能力を発揮して自らを表現しようとする。接近したエネルギーは、まずほとんど可塑性があるといえるような形に物質を創り出す。だが、創造は、一条の光線、もしくは終わることのない、連続した光線のように途切れることはなく、物質界から離れているうちは弱く、その後強まり、通り過ぎるにつれ再び弱まっていく。

しかしながら、黄色という色が成長したり年を取ったりすることがないのと同様に、物質それ自体は連続して存在し続けることはなく、成長したり、古くなることもない」


セッション68が開かれたのはとても暖かい夜で、窓は全部開け放たれていました。わたしたちはアイスコーヒーを飲みながらセッションを始め、わたしのグラスは木製のテーブルの上に置いてありました。その当時、わたしはセスとなって話している間、まだ部屋の中をゆっくりと歩き回っていましたが、わたしの瞳は黒さを増し、大きく見開かれていました。いつものとおり、セスは根源的自己（エンティティ）の名前でわたしたちに呼びかけました。わたしはルバート、ロブはジョゼフ、ビル・マクダネルのことはマークと呼びました（前に述べたように、こうした名前は、わたしたちの現在の自己がその一部にすぎない、全体的な人格を表しています）。

セッションが始まってまもなく、わたしは置いてあったグラスを取り上げ、ロブとビルに見せるように差し出しました。同時にセスの声が深みと音量を増し、男性的なトーンが認められるようになりました。その後、セスはそのグラスを例に挙げながら、自分の論点を組み立てていったのです。

「きみたちのうちの誰一人として、他人が見ているのと同じグラスを見ている人はいない……きみたち3人の一人一人が、自分自身の個人的な視点から自分自身のグラスを創り出しているのだ。したがって、ここには3つの異なった物質的なグラスがあり、それぞれがまったく違った空間連続体の中に存在するということになる」

ここでセスの声がまさに轟くように響き渡りました。ビルは部屋の中央部で揺り椅子に腰掛けていましたが、よく見えるように椅子を近くに移動させました。ロブはいつもどおり、一言一句を書き取りながら、可能なかぎり顔を上げて見逃すまいとしていました。

「さてマーク、きみはジョゼフのグラスを見ることはできないし、ジョゼフがきみのグラスを見ることはできない」とセスが言いました。「これは数学的に証明できることであり、科学者たちはすでにこの問題に取り組んでいるのだが、その背後にある原理を理解しているわけではない。マークの視点とルバートの視点が重なり合う極微のポイントがある。またしても理論上ではあるが、もしそのポイントを知覚することができれば、きみたちのそれぞれが実際にほかの2つのグラスを見ることも可能だ。

物理的な物体は、ある確定的な展望と空間連続体の中においてのみ存在することができる。だが、各個人が自分自身の空間連続体を創り出すのだ……これを、きみたちがある特定の物体において見ると思われる違いと結びつけて考えてみたい。各個人は、実際にまったく異なった物体を創り出し、それを自分の肉体的感覚器官で知覚する。今夜はここに上品で歓迎すべきゲストをお迎えしているので」とセスが微笑みながら言いました。「彼には私たちのモルモットになってもらい、ちょっとした物質の議論の観点から、共に彼を知覚してみることにしよう」

この時点では、セスの最後の発言を気にとめた人は誰もいませんでした。1つには、ロブがメモを取るのに忙しく、セスの言葉を正確に書き留めること以外には、何が話されているのかにあまり注意を向けてはいなかったことがあります。覚えているかぎりでは、わたしもこうした言葉を話していたことに、気づきさえしませんでした。

次に、ロブがセッションの直後に書いた追加のメモを引用しようと思います。

ジェーンが部屋をかなりの速さで歩き回る間、彼女の口述が途切れることはなかった。声は力強く、ふだんよりずっと深みがあったが、明らかに力んでいるという様子はなく話していた。浴室の入り口の右側にある書きもの用テーブルからは、やはり浴室の入り口に向かって僕たちの揺り椅子に座るビルを見るのは簡単だった……ジェーンが口述を続ける間に、ドアが開いている浴室の中を、ビルが一心に見つめているのに気がついたが、それ以上注意を払うことはしなかった。ビルをモルモットとして利用すると言ったセスの発言は、てっきりビルのことを会話の話題にするという意味だと思い込んだからだ。そうしている間にも、セッションは続いていた。

「ジョゼフ、きみはマークが椅子に座っているのを知覚している」とセスが続けます。「彼は彼自身の空間連続体と個人的展望の中で、自分が構築した椅子に座っているのだ。

きみとルバートはマークを知覚するが、きみたちのどちらも〝マークが創り出したマーク〟を見てはいない。マークは椅子に座りながら、自身の精神的エネルギーを使って、絶えず自分の物質的イメージを創り出し、肉体を構成するために特定の原子や分子を利用しているのだ。これまでのところ、彼自身によって創られた1人のマークしかいないが、今夜中にいったい何人のマークが現れるか、きみたちは驚嘆してしまうことだろう。

休憩をとってはどうだろう。そしてはっきりと言っておくが、マーク、きみは自分で知っている以上のものなのだ。ところで、このセッションには特に注意を払ってほしい。今夜の資料（マテリアル）は非常に価値があるからだ」

休憩に入るとすぐに、ビルは浴室の戸口のところに人影を見たと言った。セッションの間中見つめていたのは、その人影だったのだ。ビルは紙を1枚くれないかと頼むと、すぐに自分の見たもののスケッチに取りかかった。彼は教師であると同時に芸術家なのである。

ジェーンは、セッションを始めたころは気分が優れなかったが、今は良くなり、セスに「あっという間に意識を飛ばされた」と語った。ペットの猫、ウィリーが活発に動き出した。鳴きながら、アパート中を歩き回り始めたのだ。かなり気が立った様子で辺りを見渡していたが、彼をいらだたせるような虫もいなかったし、変わった音もしていなかった。

当然だが、ビルが人影を見たと言ったあとすぐに、ジェーンと僕は浴室の戸口の先を覗き込んだ。だが、

2人には何も見えなかった。人影は休憩中に消えてしまったとビルが語った。今、ジェーンは、前と同じように力強く、深みのある声で口述を始めていた。ビルはスケッチを描き続けていたが、出来が良くないので、もう1枚描いてみると言った。

セッションが再開された。

「その幻影についてはまもなく述べることになるだろう。まず、ルバートの声が幾分低くなったことに気づいてもらいたい。それではきみたちの承諾を得て、続けることとしよう。マークが自分の物質的なイメージを創造している間、きみたちにはそれが見えない。今現在この部屋には3人のまったく違ったマークがいる」

ここでセスとなったジェーンは、揺り椅子に座って2枚目のスケッチに取りかかっているビルを指差した。次に僕のほうに指を向けた。そうしている間にも、ビルは開いた戸口のほうをじっと見つめていたが、前と同様に、僕の位置からは何も見ることはできなかった。開いたドアが僕の視界を完全に邪魔していたのだ。セッションの記録を完全に残すために、メモを取り続けなければならなかったので、場所を移るというリスクを冒すことはしたくなかった。

「マークが創り出した、実際に物質的に構成されたマークがいる。もう一人、ジョゼフ、きみによって創られたマークがいる。あと2人の物質的なマークがいる、ルバートによって創られた1人と、きみたちの猫によって創られた1人だ。もし別の人がこの部屋に入ってきたとしたら、さらにもう1人別の物質的なマークがいることになるだろう。

したがって、この部屋には4人の物質的なルバート、4人の物質的なジョゼフ、そして4匹の物質的な猫がいることになる。実際には部屋も4つあるのだ」

アパートの裏側の僕のスタジオから、ウィリーの鳴き声が聞こえてきた。まだ歩き回っているようだ。

「話がそれるが、きみたちの友人マークは、別の次元から物質的領域へと出現する構成物を敏感に感じ取るという点で、優秀な目撃者だ。彼の注意力が持続する時間は短い。私は実際、ちょっとの間だが、戸口のところに立っていた、だが、もし私がそう言ったら……」

ここでジェーンはビルの脇で立ち止まり、彼が目撃した幻影の最初のスケッチを取り上げた。

「……私はここに描かれているよりもずっと陽気に見えるはずだが。きみはほお骨に沿った微妙な陰を見落としたようだな。今、その人影をじっくりと見てくれれば、もっと明確に見せることができるかもしれない」

ジェーンはスケッチをビルに返し、ビルは引き続き戸口の先にじっと目を凝らした。

「セッション中にこうした形で接近を試みたのは、これが初めてだ。私のことを知覚してもらって嬉しい。私も私自身の見晴らしのきく視点から、きみたちを見ているところだ。戸口のところに現れた人影は、まさに私自身の姿だ。もっとも、マークの知覚した私の姿には当然歪みがある。彼は内なる感覚を使って私を知覚するのだが、そうして得たデータを物理的に知覚しうる情報へと変換しようと試みるわけだ」

今、ジェーンはビルの後ろに立ち、彼の肩越しにスケッチを眺めている。

「唇に気取った様子が見えて、大変よろしい。とても気に入った。この構成物は私自身が創り出しているものだ。どのような構成物も、きみたちの次元内に出現するためには、きみたちが知覚するかどうかは別として、原子や分子でできていなければならない。

それは、通常の構成物とは動きやスピードが異なっている。今回のケースでは、私はルバートを通して話をすると同時に、その構成物の中に立ち、彼が話すのを見守っていたのだ。いずれ私自身の構成物から話しかけることができるようになるかもしれない」

ジェーンは2枚目のスケッチをビルの手から取り上げ、それをじっくり見ながら部屋の中を歩き回り、話を続けた。彼女がちょっとの間、その絵を僕のほうに向けて振ったので、ちらりと見ることができた。この間中、ビルはじっと戸口の先を覗き続けていた。

「きみたちの観点からして、私が決して美しさの化身ではないということはある程度本当だが、まんざら不細工なわけでもないことは、認めてもらわなければならないだろう。休憩をとってくれたまえ。マークには感謝したい。一緒に実演に参加するだろうと私が言ったのは、このことだったのだ」

セスとなったジェーンは、ビルに笑いかけて独白を終えた。ここで僕は本当に何が見えたのかビルに尋ねた。ビルの話では、ドアの開いた薄暗い戸口が霧に巻かれたように白くなり、その明るい背景に浮かび上がるようにセスの幻影が現れたということだ。その姿はほとんどシルエットのようなもので、はっきりとした詳細は見えなかったが、最初の独白のときに、顔をよく見ることができたと語った。その様子は、写真のネガを見ているような感じだったらしい。ビルはさらに、その幻影の顔は床からおよそ約1・8メートルのところに見えたと言った。ビルのスケッチはメモに含めておいた(xiiページを参照)。

メモを取るロブの手が疲れてきたので、休憩にしました。わたしは何となく当惑していました。

1時間近くも幻影を見たことを、ビルはしきりに強調していました。それはふつうの肉体のように中身は詰まっていませんでしたが、かといって、とても透明には見えなかったそうです。セスはそれについていくつものコメントを残しています。しかしわたしは何も見ていないのです。ロブも自分の椅子から移動することができなかったので、何も見ませんでした。部屋の明かりはずっとついたままでしたし、幻影が現れたなどということは、とても受け入れることはできませんでした。

「何も見えなかったんでしょう、ビル」とわたしは言いました。「わたしたちも何か見たと認めてほしかっただけで、わたしたちが同意したあとで笑い飛ばして、実は作り話だったんだ、なんて言うつもりじゃやなかったの?」

「よくもそんなことが言えるなぁ」とビルが怒ったように言いました。わたしもすぐに前言を取り消したいと思いました。

「あなたの想像だったのかしら?」と弱々しく尋ねました。

「ぼくも人並みの想像力は持っているつもりだけど、ふだん、こんなものを見るなんてことはまずないし——」

「きみもビルの言葉を信じてあげればいいんじゃないか」とロブが遮ります。

「いいわ」わたしは突然おふざけ気分になって、戸口のところまで踊るように進むと、笑いながら言いました。「さあビル、正確に言うと、戸口のどこで男の幻を見たの?」とわたしはおどけながら開いた戸口の辺りを歩きました。「ここだったの?　それともここかしら?」

突然、ビルとロブの表情が変わったのがわかりました。2人は部屋の中央に立ち、笑いながらわたしを見ていたのですが、今、ロブの顔は青ざめていました。ビルは口を開いてぽかんとしています。

「どうしたっていうの?」

「とにかく動いちゃダメだよ」。ロブがとても静かな声で言いました。体がチクチクするような感じがしましたが、何も見えませんでした。ビルとロブの反応から、なにかわたしに奇妙なことが起きているのはわかったので、笑うのを止めて、言われたとおりにその場で立ち止まりました。

再び、ロブのメモを引用することにしましょう。

ビルと僕は、ジェーンの生き生きとした顔つきが変わっていくのに同時に気がついた。ぼくたちに話しかけているうちに、長い黒髪を背景にして、ジェーンの顎が、角張った輪郭を見せ始めたのだ。鼻も大きくなっていた。話しながら動く唇は、ふだんより厚く幅広くなり、重そうに見えた。首も太くなってきた。2人ともジェーンの目や額には何の変化も見なかった。

僕たちが頼んだとおり、ジェーンはその場に立ったままでいた。僕たちの見たものに疑いの余地はなかった。変化はおそらく1分か2分続いたと思う。部屋は明るく照明が灯っていた。ジェーンの顔つきの変化は、実際の物質的な顔より約2・5センチほど前方の平面で起きているように見えた。新たな顔立ちが、透明なスクリーンのようなものの上に浮かんでいるようだった。それを見ている間も、その背後に、あるいはそのスクリーンのようなものを通して、僕がよく知っているジェーンの本当の顔つきが見えた、というか感覚的に捉えたという感じだった。

このあとロブはわたしに、数センチ前に進むように言いました。わたしがそうすると変化が弱まり、まもなく消え去りました。

わたしたちは、頭が疑問でいっぱいになってセッションを再開しました。ビルはまだ最初の幻影を、ときにかなりはっきりと感じると言いました。すでに2枚のスケッチを描きましたが、引き続きそれに修正を加えていました。セッションは午後9時に始まり、午後12時まで続いたので、ここですべてを紹介することはできません。深みのある男性的な声は、セッションの間中おとろえることはなく、時間が経つにつれてますますセスらしくなっていきました。

セッション再開時、セスとなったわたしは、ビルの2枚目のスケッチを拾い上げて言いました。

「この絵は、マークが内なる感覚を使って感知した素材の、正確なレプリカを構成しようと試みた際に、エネルギーが外側に向かって変換したものを表している。つまり、私自身を再構成したものと言えるだろう。

私のものであるさまざまな能力が、物質界と密接に関わった際にとる外観を表しているのだ。これは必ずしも、すべての次元において私が同じ姿に見えるという意味ではない。これはそんなふうに私が描写された最初のものだが、私は大いに気に入っている。

このような実演において、暗示が果たすかもしれない役割について、きみたちが疑問を抱いたとしても私にとっては意外ではない。……実のところ、一般的に言って、きみたちが満足げに暗示と呼ぶものがなくては、いかなる物体が構成されることも、いかなる行為が起きることもあり得ない。内部での同意と積極的な意欲なしに、行為や物体が知覚されることはないのである。つまり、あらゆる行為や構成物の背後には、まさに暗示があるということなのだ。

暗示とは、ある特定の行為が起こることを容認する、内的な意欲と同意以外の何ものでもない。そしてこの同意が、きみたちが内的なデータを物質的な現実に構成することを可能にする、潜在意識的メカニズムを作動させる引き金となるのだ。

暗示が原因となって、浴室の戸口のところに私の姿が現れたというのと、この部屋とその中のすべてのものは暗示によって創り出されたものだというのは、実はまったく同様に正しいのである……1つの物質的宇宙という観点から物事を考えるのは間違っていると、やがてきみたちも理解するようになるだろう。今この瞬間にも、きみたちは4つの異なった宇宙に存在するのだから……」

そうは言っても、幻影の外見はビル自身の考えによって歪められていた、とセスは説明を続けました。たとえば、広い額は、優れた知性に対するビルの解釈を表していました。ビルは利用可能なデータを自分自身のやり方で解釈しました。つまり、幻影はあくまでビルの見たセスであり、セス自身の姿とは無関係だったのです。

セスは続けて、ビルが次の週に行くことになっていた、休暇旅行に関する「先取りした情報」を、愉快な調子で語りました。ビルが旅行中に出会う人々や出来事を描写したのですが、それらはビルが戻ってきたときに見事に当たっていたことがわかりました。

当時ロブとわたしは、先に述べた家を買うことを考えていました。ちょうどその日、もう一度家を見に行ってきましたが、裏のドアが開いたままになっていたことにびっくりしてしまいました。セスが言うには、私たち自身が心霊的エネルギーを使ってドアを開けたそうで、これは心が物質に影響を及ぼす一例にすぎないということです。

わたしはどう考えたらいいのかわかりませんでした。説明を終えたセスは、ロブとビルを相手に冗談を言い始め、あまりにも上機嫌で活力に満ちていたので、ロブは笑い転げてメモを取ることが困難になるほどでした。

このセッションにはただ驚くばかりです。尋ねたい質問があまりにたくさんあって、どこから始めたらいいのか途方に暮れました。わたしたちは実際にどのようにして、精神的（メンタル）なエネルギーから出来事を創り出すのでしょうか？　物体はどのようにして創り出すのでしょうか？　自分が見たものについて、わたしたちはどうやって合意に至るのでしょうか？

次にご紹介するのは、わたしたちが、どのようにして自分の思いを出来事や物体へと投影するのかを説明した、のちのセッションからの抜粋です。それに際して、テレパシーが絶えず作用しており、感覚器官から得たあらゆるデータを裏付けるための、内的な伝達手段を提供しているのだ、とセスが述べていることを指摘しておきたいと思います。

《1966年11月21日、セッション302（抜粋）》

「客観的な世界は、内的な行為(アクション)の最終結果である。実際に内側から客観的世界を操作することができる。これこそが真の操作の手段であり、定義なのだ……」

「思考やイメージは物質的現実の中へと形成され、物質的な事実となる。思考やイメージを押し出す原動力は化学的なものだ。思考はエネルギーであり、思い描かれた瞬間にそれ自身を物質的に生成し始める」

「精神的酵素(メンタルエンザイム)（＊）は松果腺とつながっている。きみたちも知ってのとおり、肉体の化合物は物質的なものだが、この思考エネルギーの推進材であり、どのような思考、もしくはイメージをも物質的実在へと変換するために必要な、コード化されたあらゆるデータを含んでいる。化学物質は体が内的なイメージの複製を創る原因となる、いわば、変換の口火を切る火花のようなものなのである」

「化学物質は皮膚と細孔系を通して、目には見えないが、明らかに疑似物質的な構造をもって放出される。思考やイメージが、どれだけ即座に物質化されるかを決定するのは、主にその思考やイメージの強烈さである。きみたちの周りにある物体は、すべてきみたちが創り出したのであり、きみたちの肉体的容姿には、きみたち自身が創り出したものではないものは1つもないのだ。思考やイメージはその初期の段階では、（以前のセッションで説明したように）メンタルな囲い込みの中に組み込まれている。それはまだ物質にはなっていない。その後、精神的酵素(メンタルエンザイム)に誘発されて物質化への道を進んでいくのである。

これが一般的な物質化の過程だ。しかし、そうしたイメージや思考のすべてが、きみたちの目から見て完全に物質化されるわけではない。強烈さが足りないことがある。化学的反応がある種の電荷を引き起こすのだが、そのあるものは皮膚の層の内部で発生する。つまり、高度にコード化された指示や情報を含んだ放射物が、皮膚を通して外界へと放出されるわけだ。

したがって物質的環境は、きみたちの肉体と同様に、きみたちの一部だということができる。きみたちは、自分の指先を創り出すのと同じように環境を創り出すので、環境に対してかなりの支配力を持っている……物体も、きみたち自身の肉体的イメージから外へと向かって放射されるのと同じ疑似物質で構成されており、集合体としての強度に差があるにすぎない。十分な強度に達すると、物体として認識されるが、集合力の強度が弱いと、きみたちには見ることができないのだ。

肉体の内部のあらゆる神経や繊維には、目には見えない内的な目的が備わっており、それが内なる自己と物質的現実を結びつけ、内なる自己が物質的現実を創造することを可能にする役目を果たしている。ある意味で、肉体と物質的な物体は、全体自己の内なる中心部から外へと向かって、四方八方に「飛び出している」のだといえるだろう」

この資料(マテリアル)は、わたしたちがまだインストリム博士の実験を行っていた頃に語られたものです。その後実験が終わってからは、セスがわたしたちの質問に答える時間が増えました。ロブは、もしあるとすれば、体のほかのどの部分が、この物質の創造に関わっているのか知りたいと思いました。わたしたちが受け取ったその答えの一部は、次のとおりです。

「神経インパルスが、体の内部を通るときと同じように、神経の通り道に沿って体から外部へと伝わっていく。その経路は、どんな自己からも外へ向かって発せられる、テレパシー的な思考、衝動、願望を運ぶ役目を果たし、見たところ客観的な出来事を変化させていくのだ」

さらに次の抜粋はかなり重要だと考えます。

「非常に現実的に言って、出来事や物体とは、実は強い思いの込められた精神的衝動（サイキック）が、物質的に知覚しうる何かへと変換される焦点となるもの、つまり物質への飛躍的顕現なのである。いくつもの、そうした強い思いの込められた精神的衝動（サイキック）が交差したり、同時に発生したりしたときに物質が構成されるのである。そのような物質へのほとばしりの背後にある現実（リアリティ）は、物質そのものとは独立したものである。物質化発現のために適切な条件が存在すれば、まったく同等の、あるいは非常によく似たパターンは〝どんなときでも〟繰り返し再出現することがある」

何世紀にもわたって、多くの人々が心と物質の関連性を認めてきましたが、「セス・マテリアル」は、心がわたしたちの知る現実へと変換されていく手段や方法を、具体的に説明してくれます。たとえば、最小の物質単位の裏にはどんな力が潜んでいるのでしょうか？　物質への顕現はどのように起きるのでしょうか？　この疑問に正確に答えるために、付録であらためて説明したいと思います。

そして、こうしたことすべてにはどんな意味があるのでしょうか？　セスはこう言っています。

「きみたちの現実界（リアリティ）において、きみたちは精神的（メンタル）エネルギーとは何か、そしてそれをどのように使うのかを学んでいる。自分の思考や感情を、絶えず物質的な形に変換することによって、それを行っているのである。外部の環境を知覚することにより、自分の内なる発展がどうなっているのかをはっきり理解することが求められている。知覚として知られていること、つまり、自分とは独立した客観的で実体がある出来事は、実はきみたち自身の内的な感情、エネルギー、精神的（メンタル）環境が物質化したものなのだ」

しかし、あとでおわかりのように、わたしたちが物質的現実を創り出すのは、現在や死後に限らず、エネルギーや思いを経験へと変換することを学びながら、少なくとも数回の人生を通して行われるのです。わたしたちは今、自分の環境を創り出しているばかりでなく、自分の両親や環境を生まれる前にあらかじめ選択するのです。次の2つの章をお読みになれば、断固として生まれ変わりを認めていなかったわたしが、なぜ最終的に受け入れるようになったか、理解していただけることと思います。

＊「mental enzyme（メンタル・エンザイム）」とは内なる生命力を、偽装（カムフラージュ）現実界（リアリティ）において肉体的感覚器官を使って知覚できる形態へと変換する際に触媒となる要素。それ自体は物質ではないため、われわれには知覚できないが、内なる生命力の物質化に関わる化学反応により、光、色、クロロフィルなどとして知覚されるようになる。

第11章

生まれ変わり

あなたは以前にも生きていたことがあり、そして、再び生まれてくるのでしょうか。セスによれば、わたしたちは皆生まれ変わりを経験し、地球上での一連の人生を終えると、別の現実界（リアリティ）で生存し続けるのです。それぞれの人生において、わたしたちはあらかじめ選択した状況や、自分の必要性に合った、そして自分の能力を伸ばすためにおあつらえ向きの境遇や課題を経験します。

少し考えてみましょう。わたしたちの中には生まれつき聡明であったり、精神的に病んでいたり、敏捷で優雅な体を持っていたりする人がいるかと思えば、重要な臓器を欠いていたり、もしくは手足のないまま生まれてくる人たちもいます。生まれながらに富に恵まれ、多くの人が想像もできないような世界で生活する人もいれば、暗い貧困の中で歳を取り、死んでいく人たちもいるということは理解しがたいことです。なぜなのでしょうか？　こうした見たところ矛盾するさまざまな状況について、筋が通った形で説明できるのは、生まれ変わりしかありません。セスは、このような境遇は、わたしたちに押し付けられたものではなく、わたしたちが選択したものだと言っています。

どんな人であれ、なぜ病気を患う人生や貧困の人生を選ぶのでしょうか？ そして幼くして死んでいく子どもたちや戦争で殺される兵士たちはどうなのでしょう。セスが生まれ変わりについて話し始めたとき、こうした疑問がすべてわたしたちの頭に浮かんできました。前に述べたとおり、セスのセッションが始まった当初は、わたしは何回も死を経験することはおろか、たった1回でさえ死を超えて生きのびるとは信じていませんでした。もしわたしたちが以前にも生きていたことがあり、しかもそれを覚えていないのは、いったい何のためだろう、とわたしは思いました。「それに」とわたしはロブに言いました。「わたしたちは〝広がりのある現在〟に生きていて、そこでは現在も過去も未来もないとセスは言ってるけど、それならどうして、1つの人生の前に別の人生を生きるなんてことができるのかしら」

こうした疑問に対する答えのいくつかは、セスが何人かの人たちのために個別に行ったリーディングの中で明らかになりました。わたしは公にリーディングを行ったり、セッションを開いたりすることはありません（相談料を請求したり、寄付を受け取ることもありません）。したがって、生まれ変わりに関するリーディングは、学生や友人、そして特に悲劇的な問題を抱えて援助を求めてきた人たちのために行ったものです。この点について言えば、セスもそのときどきに取り上げている話題に関連している場合を除いて、そうしたリーディングを行うことはありません。

特に素晴らしい才能に恵まれ、献身的な両親を持つ子どもたちが、なぜ幼くして死んでしまうことがあるのでしょうか？　この疑問に対してたった1つの答えや、すべてのケースに当てはまる説明があるとは思えません。しかしわたしたちは、そのような子どもに関わるリーディングを2回行ったことがあります。そこで、これら2つの個別の例で得られた説明を紹介しようと思います。

最初の事例は、わたしが仮にジムとアンと呼ぶ、リンデン夫婦に関わるものです。ある朝、まったく見ず知らずのアンが電話をかけてきました。直接つながったので、長距離電話のようではありませんでした(*)。それに、アンがエルマイラに親戚がいると言ったので、きっと市内からかけてきたのだと考えたのです。彼女は息子のピーターが、数カ月前に3歳で亡くなったと語りました。アンと夫は悲しみに打ちひしがれましたが、2人の友人でもあった、ニューヨークにいる超心理学者のレイ・ヴァン・オーヴァーが、わたしに電話をかけてはどうかと提案したというのです。

「レイとは一度会ったことがあるだけです」とわたしは言いました。「レイから聞いたと思いますが、わたしはプライベートな仕事とセスのセッションに専念していて、リーディングはやっていないんですよ」

「はい、そう聞いています」とアン。「でも例外を認めてくれるのではないかって言われたんです。私たちのような場合には、リーディングをしたことがあるって聞いたんですが」彼女は言葉を切りました。

わたしはどうすべきか考えながら、かなり長く間をおきました。「今夜はセッションを開く予定になっているので、もしおいでになりたければ……」

「伺います」と素早くアンが言いました。「夫は今日、ニューヨークに行ってますが、夕方までには帰ってくることになっています」

「それでは、お疲れになるんじゃないですか」

シャワーを浴びて手早く夕食を済ませれば、夫は元気を取り戻すと彼女は主張し、わたしたちは、2人に午後8時頃アパートに来てもらうということで同意しました。

ロブに伝えたところ、ロブは、どうするかはわたし次第だと言ったものの、あまり喜んではくれませんでした。「この前、誰かの亡くなった親戚とコンタクトをとろうとしたときのこと、覚えているだろう?」と言いました。「とにかく、セスに任せることにしよう」

わたしは、ロブが言及した出来事をありありと思い出しながらうなずきました。そのときのことは、わたしが電話でアンと話している間中も、ずっと心の片隅に引っかかっていました。

「もう二度とあんなことが起きてほしくないだろう?」。ロブが訊きました。

「そうよ」。答えながら、そのときの詳細がまたしても意識の中になだれ込んできました。それは数カ月前の、ある晴れた明るい土曜の午後でした。わたしはジーンズをはいて部屋の掃除をしていましたが、そのとき生徒の1人が電話をかけてきたのです。彼女はとりわけ複雑な問題を抱えていて、亡くなった義理の母親とコンタクトをとってほしい、と頼んできました。彼女は過去に数回クラスに参加したことがあるだけでしたし、彼女の義理の母はフロリダで暮らして、そこで亡くなったので、わたしは彼女の家族のことはまったく知りませんでした。

彼女に家に来るように告げ、彼女が来ると、ロブがメモを取るためにスタジオから出てきました。そのときのリーディングの間、わたしは自分が彼女の亡くなった母親になりきったように感じ、過去に夫との間に起きた口論を再び体験することになりました。その女性となったわたしは拳を振り上げ、テーブルを激しく叩いたので、手の骨が折れるのではないか、とロブが心配するほどでした。口論は凄まじいもので、母親の人格がほぼ完全に私にとって代わり、ロブはわたしに身の危険が及ぶのではないかと危惧しました。結局手首を痛めることも、骨を傷つけることもなく、何とか「抜け出す」ことができましたが、その女性は明らかにわたしよりずっと体格がよく、強靭な体をしていたようです。いずれにせよそれ以来、ロブもわたしも慎重になっていました。

それでもわたしはそのときのことを思い出して、微笑んでしまいました。ロブの話では、わたしが最初に拳でテーブルを叩いたとき、クレンザーの缶がジャンプし、肘のそばにあった掃除用具が吹っ飛んでいったそうです。出窓の外では太陽が明るく輝き、とてもオカルト現象が起こるような状況ではなかったのですが……。生徒は、わたしを通して自分の義理の母親が自らを表現している、と確信を持ったようでした。というのも、わたしは、大げさな演説口調の口癖を含めて、その母親独特の身振りと言葉遣いで話したからです。

ロブはわたしの顔を見ながら言いました。「あのときはそんなにおかしいとは思わなかっただろう?」

そのとおりだと認めないわけにはいきませんでした。それでもあの日わたしが語った、いくつかの名前や日付が当たっていることがわかり、特に、当時その生徒も知らなかったある点については、あとで親戚によって正しいと裏付けられたのです。

「あのときセスは近くにいなかったのよ」とわたしは説明しました。「もしいたら、たぶんあの情報をわたしに伝えてくれたはずだわ。そうしたら、わたしはあんな目に会わなくて済んだんだわ」

「それとも、きみは自分の力でやってみたかったんじゃないのかな」。ロブが言いました。

わたしは少し後ろめたさを感じてにやりとしました。それについてはわたしも疑問に思っていたのです。わたしは、自分1人で死後の生存の証拠を得るために、自分の力を試そうと思ったのでしょうか？

もしわたしの潜在意識が母親の役を演じていたのだとしたら、素晴らしい出来だったと言わざるを得ません。テレパシーが関わっていたとしても、上出来だったといえるでしょう。なにしろその生徒は、いくつかの事実の裏付けをとるために、ほかの人に確かめなければならなかったのですから。でもあの出来事はわたしの望んでいたことではありませんし、あんなことは二度と起きてほしくありません。生きている人であろうと死者であろうと、わたしは家に招き入れる人にはこだわるのです。あのような人が我が家で歓迎されることは二度とないでしょう。

「そうは言っても、行き過ぎた反応はしたくないわ。リンデン夫妻は子どものことを知りたいだけよ。それにいざとなったらセスに任せるわよ。どっちみち、今夜はセッションを開くことになってるんだから」

しかし、ロブが正しいということはわかっていました。わたしが何らかの自己防衛策をとることは必要です。義理の母親事件のほかにも、わたしが死後も生存している人たちから感情的な状況を「拾い取って」しまった、不穏な出来事がほかにも数回あったのです。いずれにせよ、わたしはセスからとても素晴らしい情報を得られるのですから、そのようにするのが、わたしが一番にすべきことのように思われました。あの夜ジムとアンがやって来たとき、わたしの心の奥にはこうした感情が漂っていました。

そしてまたしても、驚くべきことが待ち受けていたのです。午後6時頃、車で1時間以上離れているニューヨーク州ビンガムトンにいると、アンが電話をかけてきました。彼女はエルマイラがブルックリンからそんなにも遠いとは思ってもみなかったのです。

「ブルックリンですって?」。わたしは危うく電話機を落とすところでした。「ご主人は今日ニューヨークにお出かけで、お二人はエルマイラにお住まいだと思っていましたけど――」

「いいえ、そうではないんです」とアンが答えます。「夫は午後早く帰って来たんですが、2、3時間あればエルマイラに行けると思っていたんです」

「まぁ」わたしがそう言うと、ロブが読んでいた夕刊から目を上げました。「たった1回のセッションのために、ここまでいらっしゃろうとしているんですか? ニューヨークには才能のあるミディアムがたくさんいますよ」

「あなたはとても優秀だと聞いているんです。約束の時間に遅れそうなのでお電話しました。ご迷惑だと思いますが、私たちが着くまで待ってもらえますか?」

わたしは唖然としながらも、「はい」と答えて電話を切りました。ロブは心配していました。リンデン夫妻が1回のセッションのために、そんなにも長距離を運転して来て、その夜のうちにまた引き返す、ということがわかって、わたしにプレッシャーがかかるのではないかと思ったのです。アンにはセッションで何が起こるかについては、何も約束することはできないと説明しておきました。宵のうち、わたしは意識的にこの問題のことは考えるのを止めて、テレビを見て過ごしました。さらに面倒なことに、午後8時頃、今夜はエルマイラにいるからセッションに参加したいといって、フィルが突然やって来たのです。

ジムとアンは午後10時頃到着しましたが、ロブとわたしは、会ったとたんに2人のことが気に入ってしまいました。2人は20代後半で、知的で、わたしたちと同じように堅苦しいところがありません。ワインをすすりながら、息子のことを語ってくれました。「とてつもなく頭がいいんです」とジムが始めます。「夢のように素晴らしい子どもでした。自分たちの子どもだから、こんなふうに言っているのではありません。初めから並外れていて、私たちに対する反応も素早くて、ちょっと怖くなるほどでした。そして突然、一晩のうちに再生不良性貧血で死んでしまったんです。何が原因だったのか、誰にもわかりません」

そのような状況でいったい何と言えばいいのでしょうか? 助けてあげたいと思いました。2人の必死な気持ちを感じましたが、同時に死後の生存を証明することなど、ほとんど不可能であることもわかっていました。もしその子と接触できたら、あるいは接触できたとわたしが思ったら？　それでどんな助けになるでしょうか？　子どもがいなくなったという事実に向き合うことを促す代わりに、状況を単に悪化させるのではないでしょうか？　それにわたし自身の不安がこみ上げてきました。つまり、もしわたしの潜在意識が演技をしているのだったら……。

　ロブがわたしの思いを察したようです。「さぁ、気を楽にして」とロブはわたしに言いました。わたしがリンデン夫妻に気持ちを伝えると、アンが微笑みながら応えました。「あなたは自分が知っている中で一番客観的なミディアムだって、レイが言っていました」

「客観的すぎるんです、たぶん。おかげでときどき自分の能力をフルに発揮できないことがあるんですよ」

　それが、わたしが自分として言った最後の言葉だと記憶しています。次の瞬間、セスの深みのある、響き渡るような声がわたしを通ってほとばしりました。

「その子は、その子自身の理由があって、あなたたちと短い間しか一緒にいなかったのだ。彼はあなたたちを教え導くことになっていた。そしてそのとおりにしたのだ。あなたたちは過去生で彼を知っていた。ある人生では、彼は現在の父親の叔父だった。

　彼は物質界に長くとどまるつもりはなかった。あなたたちに何が可能かを示し、２人に内的な現実（リアリティ）を理解してもらうためにだけやって来たのだ。彼が自分の病気を選択したのであって、外部から押し付けられたのではない。十分な血液を作り出そうとはしなかった。自分が割り当てた時間を超えて、物質界にいたいとは思わなかったからだ。

あなたたちに弾みを与えたかったのだが、その効果は彼が長く生きた場合に比べて、ずっと強いものだった。そしてそのことを知っていた。青年期まで生きることを極端に避けていた。というのも若い女性に出会い、恋に落ちて、もう一度物質的な人生を過ごしたいとは思わなかったからだ。

彼はあなたたちにとって光だったが、その光が消えてしまったわけではない。その光は、ほかの方法では知ることはなかった知識へとあなたたちを導いてくれるだろう。彼が早くこの世を去らなかったら、あなたたちはそうした知識を、それほど積極的に探し求めようとはしなかっただろう。彼はこのことにはっきりと気づいていた。そしてあなたたちに巡礼の旅に出てほしかったのだ。だが、その巡礼の旅は、あなたたちが自分の内部で行うことなのだ」

今やセスは、わたしの開かれた目を通してじっと見つめていました。わたしの身振りはセスの身振りに取って代わられました。話しながらジムの顔を正面から見据えました。アンとロブは2人ともメモを取り、フィルはただ座って聞いていました。

「彼（ピーター）はアトランティスとエジプトで科学的な探求に関わっていたが、今はそうした活動を続ける気はなくなっていた。その必要性をはるかに超えた地点に達していたのだ。あなた（ジム）も2回の過去生で、今と同じ父と子という関係で彼と関わっていた。そして2人とも、司祭として宇宙の内的な働きに関心を持っていた」

ジムは過去に学んだことを忘れて、いくつかの点で挫折してしまった、とセスは続けました。

「彼は、あなたに無理やり思い出させることはしなかったが、軽く押したりつついたりして注意を促すことはできた、そして今回の生ではまさにそうしたわけだ。

今やあなたたちにとって、どこかの木の上にぶら下がっている真理を、行き当たりばったりに探し求める時は過ぎ去った。真理はあなたたちの内側にあるのだ。あなたたちの息子はもはや3歳の子どもではない。彼はあなたたちよりずっと古い根源的自己（エンティティ）だ、そしてあなたたちに道を示そうとした……人生で約束されていたことが達成される前に、この世から連れ去られてしまった子どもではなく、自分自身の生まれ変わりの人生を卒業して、あなたたちのところから去っていった人格なのだ。もうこの世に戻ってくることはないだろう。今、自分の能力をより有効に生かせる、別の現実界（リアリティ）へと移っていこうとしているのである」

セスによると、ピーターの生まれ変わりの人生のサイクルは、実は今回生まれてくる前に完了していたということです。ジムとアンが今まさにしているような質問をすることを、余儀なくさせるために戻って来て、若くして死んだのです。

途中でセスは、満面に笑みを浮かべながら言いました。

「さて、私も何度も生まれて何度も死んできたが、私の生命力を感じることができるはずだ。その子の生命力も生き生きと存在していることを請け合おう。彼がこの世に長くとどまることは、彼にとってはほとんど苦行を課することに値しただろう。あなたはある過去生において、一度彼の〝魂を救った〟ことがある。そして今回彼はその恩に報いたのだ。あるとき彼は自分の能力を使って権力を得、そのために司祭職を利用する誘惑に駆られた。そのときあなたが彼を引き止めたのだ」

続けてセスは、過去生の出来事との関連においてジムの現在の人格を分析して、将来についてのアドバイスを与えました。先にジムは、ディスクジョッキーをしていたことがある、とわたしたちに語っていました。今度は、セスはこう言いました。

「誰もどの道を進むべきか、あなたに教えることはできない。答えは自分の中にあるのだ。すでに決まっているかのように、答えを押し付けてくる人たちに気をつけなさい。私は蓋然性の観点から話しているのだ。なぜなら、未来はどのようにも変化しうるからだ」

セスはジムに、芝居や俳優の仕事には関わらないほうがいいと勧告しました。ジムの場合、自分の自己感覚（アイデンティティ）に関して混乱をきたすというのです。通信関連の仕事にとどまるようにアドバイスし、ラジオの仕事を続ければ、別のラジオ関係の仕事が生まれ、やがては別の分野の仕事に出合うようになると言いました。

セスはさらに、関係する人たち全員の過去生についての情報を与え、次のように付け加えました。

「私が最も重要だと信じる情報を、あなたたちに伝えているのだが、その真偽を確かめることができるかどうかは別の話だ……あなたたちの内なる自己は、私の述べたことを受け入れるだろうが、それは、あなたたちが真偽を確かめることのできない、10ページにわたるメモや日付などよりも重要なことだ。なにしろそうした過去生はずっと昔のことなのだから」

また、ピーターの病が象徴するものに関しても付け加え、ジムとアンの過去生での関係について語り、ジムには使われていない数学的な能力があると述べました。

「その能力は、２人が惑星の運動に関する計算に深く関わっていた、司祭としての２度の過去生に由来するものだ」

セスは最後にこう言って締めくくりました。

「あなたのような状況にあっては、他人に助けを求めてくるのは自然なことだ。私のやり方で助けることができたらといいと思う。しかし、何かを言われることと、それを理解することの間には違いがある。そして理解は内部からやってくるものだ。あなたが理解しているときには、誰かに言ってもらう必要はない。そうした理解を自分で手に入れることは可能なのである。私は喜んで、あなたがそうした理解に到達する手助けをしたいと思うが、誰もあなたの代わりにそれを見つけてあげることはできないのだ」

休憩になると、わたしたちは座ってクラッカーをかじりながら、ワインをすすりました。すると突然、いくつもの印象がわたしの心に中に浮かんできました。それらの多くは、その場ですぐに真偽が確かめられました。たとえば、私はアンに、彼女の兄弟はいくつかの名前を使っていて、カツラを着けていると言ったのですが、それは当たっていましたし、そのほかに述べた多くの事柄も同様でした。同時に、アンの子どもの症状に関する印象も次々と得られました。

このようなことが起きるときには、わたしはただリラックスして、心に浮かんだことを口にします。「つま先のツメと、靴が小さすぎることについての出来事がありましたね」とわたしは言いました。「これによって右足の親指に圧力がかかり、右脚の動脈に悪影響が及びました。そのような場合には、どんな小さな傷であっても必ず機能を損なうことがあるのです」

さらに印象が浮かんできましたが、その多くはその場で立証できました。こうした情報は生まれ変わりとは関係ありませんでしたが、わたしたちには肉体の感覚によるもの以外にも、知識を受け取ることのできる能力がある、ということをジムとアンに示すことにおいては、大いに意味があったのです。わたしが「拾い上げた」出来事は些細なものでしたが、ほとんどがリンデン夫妻にとっては感情を動かされた、意味のあることでした。

このような情報には、ピーターを死に追いやった病気の起源に関するものも含まれていました。その病因自体は未知のもので、わたしがそのとき述べた説明をここで詳しく書く必要はないでしょう。しかし、わたしが述べた病気の特徴的な症状は、ピーターの状態を正確に伝えていました。夫妻はそれまでこの点については、わたしたちに何も話していませんでした――おそらく話題にするのは耐えられないと感じたのでしょう。症状についての情報が正しかったので、病気の原因に関する印象も、未知のものであるとはいえ、間違っていたと考える理由はありません。同様に、生まれ変わりについての説明も、長い年月が経っていて確かめることはできませんが、病因についての情報より正確さに欠けていた、と判断する理由はないのです（生まれ変わりに関するデータのあるものは、それほど古いものではなく、関わった人たちが時間と努力を惜しまずそうしたいと望めば、確かめることは可能です。これまでのところ、過去生で司祭だった人とは数人しか出会ったことはなく、ほかにアトランティスに生きていたことのある人には、1人も出会っていません）。セスはセッションの最後の時間をフィルのために充て、終わったときには午前1時を大きく回っていました。ジムとアンは、自分たちの息子の人生と死には意味があったこと、自分たちの人生にも意義と目的があったこと、そしてこの見たところ悲劇と思われる出来事も、大義のために起きたことだったのだ、と確信して帰っていきました。

この件がすべて終わったとき、わたしは謙虚な気持ちになりました。ジムとアンはほとんど人が変わったようになっていましたし、セッション前にはわたしも疑う気持ちが強くて、ためらっていたのです（重要なのは、わたしが意識的にそのように制約のある考え方をしているときには、直感力のある内なる自己が浮上してきて、自我（エゴ）よりもずっと多くのことが関わっているのだということを示してくれることです。実際わたしは、こうした能力は、風が木の枝の間を吹き抜けていくように、わたしたちを通り抜けて流れていくのだと思っています）。まもなくして、アンが手紙を送ってきて、彼女もジムも、もはやそれまで2人を苦しめていた途方もない悲しみを感じることはなくなった、と言ってくれました。

それ以来、生まれ変わりが、そうした見たところ無意味な悲劇に、どのようにして意味を与え、無秩序で不公平に見える状況に心底納得できる観念の枠組みをもたらしてくれるのか、ということがますますわかるようになってきました。わたしはアンとジムの役に立つことができ、またあのときのようなセッションが、当初自分が受け入れられなかった概念の価値をわたしに示すことによって、自分自身のためにもなったことをとても嬉しく思いました。セスについても同じことが言えます。他人を助ける彼の才覚、心理的な理解力、駆使できる数々の能力、そしてセッションでの専心にはただ驚嘆するばかりです。

わたしのクラスに数回出席したことのある女性の子どもが亡くなったという、同じような例がもう1つあります。彼女の15歳になる養子の息子が、数カ月前に溺死したのです。その少年は過去生で数回船乗りだったことがあり、陸上で死ぬより、まだ水死するほうが好ましいと考えていた、とセスはあるセッションで語りました。彼はある人生で養母と血縁関係にあったことがあり、彼女が必要としていた内面的な成長を遂げるのを手助けするために、戻ってきたというのです。若くして死んだのは、それにより彼女が問いかけ、答えを探し求めることを促すためだったのです。母親はミディアムからミディアムへと渡り歩き、少年とコンタクトをとろうとしてきました。きっぱりとした口調で、セスは彼女にそのようなことをするのは止めて、精神的な成長に取り組むようにと言いました。

セスによると、わたしたちは自分の病気や、誕生と死の状況を選択するのです。これは、事故による骨折から潰瘍まで、ありとあらゆる病気に当てはまります。といっても、わたしたちがふだんしているように腰を下ろして「じゃあ、今日の午後3時にランズ・ドラッグの前で脚を骨折することにしよう」などと、意識的に決断するという意味ではありません。わたしたちの中のある部分が取り乱し、その内的な状況を表現する1つの手段として病気や事故を選択するのです。これについては、健康についての章で解説することになります。また、そこで健康と元気を維持することに関するセスの指示も一緒に紹介します。

しかし深刻な病気はどうなのでしょう——そのような場合には、生まれ変わりはどう関わっているのでしょうか？ 第一に、セスは「罰」という言葉は使いません。わたしたちは、過去生での「堕落」に対して罰せられるということはないのです。また、病気自体をある人生での境遇として選ぶこともありません。ただし、より大きな展望の一角として、ある重要な真理を自分自身に教える方法として、あるいは何らかの能力を伸ばすための手段として、そのような病気を利用することがあるのです。

このようなプロセスが、どのように実現するかを示す具体的な例を紹介しましょう。またしても、それは1本の電話から始まりました。今度は仮にジョンと呼ぶ男性で、2年前、わたしの最初の本が出版されたすぐあとに、別の州から電話をかけてきました。ジョンと彼の妻は20代前半で、妻のことはサリーと呼ぶことにします。多発性硬化症を発病したサリーは、医者に余命1年と宣告され、ジョンは妻のために何かできることはないか、セスに訊きたいと思ったのです。

今回も何とかしてあげたい、という強い感情を感じましたが、またもやわたしの心は猜疑心で満たされました。仮に——本当に仮定としてですが——セスがセッションを開いて、治療法か薬を薦めて、そのせいでサリーの状態が悪化してしまったら……。わたしはジェーン・ロバーツであって、エドガー・ケイシーではないのです。どこかの見知らぬ人が、セスとわたしの能力にそんなにも信頼を寄せているのに、わたしが疑いの気持ちでいっぱいになっている、というのはどういうことなのでしょうか。

「きっとセスは助けてくれます」とジョンが言いました。「あなたの本を読んですぐそう確信したんです。たとえサリーの病気が治らなくても、セスはたぶん、彼女の病気にどんな意味があるのか、わかるように説明してくれると思います。なぜ、サリーがこんなことにならなくてはならないのでしょう？　彼女は人を傷つけたことは一度もありません」

何としても助けてあげたいと思ったせいでしょうが、もはやノーとは言えない状況に追い込まれたと感じました。その反面、内なるわたしは、ジェーンとしてのわたしよりずっと強いのだということ、そしてセスは、そのどちらのわたしより、はるかに多くのことを知っているのだということを、もう一度何とか思い出すことができました。そこでわたしは同意しました。

２年間にわたり、わたしたちはジョンとサリーのために数回のセッションを開きました。ところがその最初のセッションで、セスは、突然病気になった際に、誰にでも役に立つ優れたアドバイスを与えてくれたのです。今回の例では、生まれ変わりに関する背景が重要だったのですが、それについて語る前に、セスは暗示とテレパシーが病室において果たす大切な役割を力説しました。それは一般的にも非常に幅広く応用できるものなので、その一部を抜粋してここに紹介することにしましょう。

「関わっている人たち全員の心構えを、もっと楽観的なものに変えなければならない。その女性は、回復は不可能だと信じている人たちの、否定的な思いを拾い上げて反応しているのだ」

「病気を物理的に逆転させることはできない。身体面での改善はスピリチュアルな変化の結果として起こるものだ。彼女の周りにいる人たちは、誰もが絶望の気持ちや否定的な暗示をほのめかすことも、口に出すことも控えなければならない……それだけでも、ある程度彼女が快方に向かうことが可能になるだろう。

夫は日に3回次のような方法を試してみるといいだろう。宇宙のエネルギーと活力が、彼女の体を健康で満たしていくことを想像するのだ。これは願望思考のようなものではいけない。彼女の体がこの宇宙のエネルギーで構成されていることを理解しようとする、具体的な努力でなければならない。こうすることで、彼女がそのエネルギーをうまく利用する手助けになる。可能なら、この方法を行う際、彼女の体に触れているのがいいだろう。これを朝、午後、夜と3回行うのだ」

「中身のない、偽りの約束を考え出すようなことは止めて、あなたの妻の姿形を構成している物質が宇宙エネルギーで満たされ、形作られていることを、誠実に、絶え間なく、自分自身に思い出させることだ。彼女がこのエネルギーを使って通常の効き目を享受することを妨げている障害がある。あなた自身の心構えと私が教えた方法によって、部分的にだが、この障害の影響を軽減することができる。そうするだけでも彼女に一息つく機会を与え、病気のさらなる進行が抑えられるだろう。

私の指示に忠実に従えば、まもなく何らかの改善が見えるようになるはずだ。もし、彼女の精神的環境に好ましい変化をもたらす指示が守られないと、ほかのどんなアドバイスも薬も助けとなることはないだろう……」

セスはまた、サリー自身の期待を変えるためのプログラムの概要を教えると言い、正式な資格を持つ催眠術師の治療を受けて、彼女の生きる意志を喚起する積極的な暗示を吹き込むように、と提案しました。

サリーの手足をピーナッツ油でこすり、食事には鉄分を加えることも薦めました。別の部屋に移動したほうが彼女の気分が良くなると強調し、こう言いました。

「小さめの、日当りのいい居間があると思う。その部屋には彼女のためになる雰囲気がある。彼女をそこへ移すことだ」

続けて、サリーの今生での出来事をいくつか述べましたが、そのいくつかについて、ジョンはのちに手紙で裏付けてくれました。その中には、セスが述べるまでジョンも知らなかったことがありました。たとえば、サリーは女友達と雑貨店で働いたことがあり、その友達が来てくれれば助けになると言ったのです。ジョンはサリーがそのような場所で働いたことがあるとは知りませんでしたが、彼女の母親は覚えていました。

セスがこうした話題について述べたのは、アドバイスを与えたあとだということ、そしてそれはサリー自身のためというよりは、夫と彼女を世話していた人たちのためだった、ということに注目してください。最初のセッションの締めくくりにセスはこう言いました。

「いくつかの前世とのつながりが作用している。だが今は、それらについて知ることより、私が説明した措置をとることのほうが重要だ」

次のセッションまでの間に、いくらかの改善が見られたこと、そしてセスの指示に従っていることを、ジョンは手紙で知らせてきました。また、セスが述べたような部屋が実際にあり、サリーはそこに移ったとも書いてありました。

ジョンのために開いた2度目のセッションは、生まれ変わりの影響に関する話題に終始し、生まれ変わりが健康の変化のパターンにどのように影響することがあるかを示す、絶好の例となりました。またこのセッションには、どのような場合にも役に立つアドバイスと、過去生と今生での健康の間にある関係についての、具体的な疑問に対する答えが含まれていました。

セスの最初の言葉は、カルマには罰は関わっていない、というものでした。

「カルマは成長のための機会を提供する。個人が経験を通して理解の幅を広げ、無知による隙間を埋めて、なすべきことをするのを可能にするものだ。常に自由意志が働いている」

サリーの過去生の話は好奇心をそそるものです。これは今生に最も近い過去生ではなく、さらに前の過去生のことで、そこでの問題が今回の人生まで「棚上げ」されていた、ということに注目してください。

「当時はその女性は男性で、イタリア人だった。そして、丘の上にある村に住んでいた。妻を亡くし、極端に神経症的で手足の不自由な娘と2人きりになり、長年彼女の面倒を見ていた。男性だったサリーの名前はニコロ・ヴァンガルディ（ロブが音を頼りに推測した綴り）、娘はロザリーナという名前だった。彼は娘のことを腹立たしく思い、世話をしたものの、優しく接することはなかった。

彼は再婚したかったが、娘がいるせいで相手が見つからなかった。娘はいつもたいてい反抗的だった。彼女は顔立ちの美しい若い女性で、手足は不自由だったが、奇形ではなかった。30代になっても、畑で働かざるを得なかった彼女より若い多くの女性に比べて、ずっと若々しく見えた。2人は小さな農場を持っていて、移動労働者の手伝いに頼っていた。妻を亡くし、子どものいない1人の男が、近隣の村から農場の手伝いにやって来た。彼は娘と恋に落ち、彼女の身体的状態にもかかわらず、彼女を自分の村へと連れて帰った。

父親（過去生のサリー）は嫌悪感の虜となった。娘が出て行くのが遅すぎたのだ。彼は歳を取りすぎて再婚相手はいなくなり、今や話しかける相手さえいないという有様だった。彼はさらに娘を恨み、面倒を見てやったのに、歳を取った自分を見捨てたと罵った」

セスは続けて、サリーは次の人生では、同じくイタリアで芸術的な才能に恵まれた女性として生まれ、非常に達成感のある一生を送ったと語りました。彼女には2人の息子がいました。

「このとき、彼女は前世に住んでいた場所から、80キロしか離れていないところに生まれて、裕福な地主の妻となり、（前世の）小さな家が農場とともにまだ建っていた土地を、しばしば車で通った。それは第二次大戦中に激しい爆撃を受けた町だった」

　しかし、その人生のあと、サリーの人格は、成長のためにまだ解決していない問題に取り込むことを決意したのです。

「今生では、その人格は人の世話をするのではなく、自分が面倒を見てもらうという、肉体的に他人に依存する立場になった。前の人生で、その人格は手足の不自由な娘の境遇や立場を理解しようともせず、またしようにもできなかった。その人格は、一瞬たりとも、内面的な現実（リアリティ）を個人的な観点から直視することに耐えられなかったのだ。

　今生でサリーはその役を演じ、完全に没頭している。ジョンは過去生で、娘と家を出た男だった。今、サリーは彼を愛しており、彼の人格の優れた点を理解することを学んでいる。

　役割を変えることで、サリーは今、過去の過ちについての洞察を得ている。そして同時に現在の夫がより思慮深くなり、今の状態がなかったら、考えてもみなかった疑問に対する答えを求める手助けをしているのだ。彼女は彼の成長に力を貸し、かつ自分自身の人格の中にあった深刻な欠点を見直そうとしているのだ」

　さらに、過去生のイタリアの町は〝ヴェンチュラ〟のような響きの名前で、イタリアの南東部に位置し、１９４０年代の初めに、その地域で悲劇的な列車事故が起きたと述べました。

「サリーの病気のような状況は、その人格が選んだものだが、それをどのように解決するかは、常にその個人に任されている。完全な治癒、病、あるいは若年での死などは、根源的自己（エンティティ）（または全体的自己）の側からあらかじめ定められているわけではない。深い内面での関わり合いへの応答として、おおまかな状況が設定されるのだ。

困難な状況というのは、根源的自己（エンティティ）が自身に属するいくつもの人格のいずれかのために設定した課題なのだが、それをどう解決するかは関わっている人格次第だ。この人格にとっては、今生での状況は最後の主要な障害だった……病気そのものが一生涯にわたる境遇として選択されることはない。今回の例では、その人格が自分の過去の活動を明確に見極めるためには、完璧に依存する立場をとらなければならない、と感じたのだ」

たとえそのように一見すると悲劇的な状況においても、その人格が見捨てられたわけではない、とセスは続けて述べました。

「内なる自己は、もっと容易に接触できる潜在意識とは区別されるものだが、そうした状況に気づいており、達成感が思い出され、再体験されるような内なるコミュニケーションを頻繁に図り、解放の道を探るのである。夢見の状態は極めて生々しいものとなるだろう。そうした体験が人格に、自らのより大きな本質を確信させるからだ。そうした人格は、自分が一時の間、そうなろうと選んだ自己以上のものであることを知っているである」

しかしサリーは、視力を失い、自発的にはしゃべることも動くこともできないほど、ひどい状態にありました。なぜ、もっとダメージの少ない状況を選ぶことができなかったのだろうか、とジョンは手紙の中で問いかけました。今度の人生で、そんなにも破滅的な病気に襲われる代わりに、たとえば、病弱な状態で3回の人生を過ごすようなことが、なぜできなかったのでしょうか？

セスの答えはこうです。

「これがその根源的自己（エンティティ）の特徴なのだ。焦燥感にかられていながら大胆であること、状況がそのような挑戦を象徴していた。すべての弱点が強調される状況、したがって肉体的に深刻な境遇となったのだ。根源的自己（エンティティ）は小さな問題が長続きするより、こちらのほうを好んだのだ。このような状況で、ジョンは忍耐と我慢を学ぶことに、いわば、彼が薬だと考えるものを1回で飲み干すことに、潜在意識のレベルで同意したというわけだ」

すぐ直前の過去生では、サリーは問題に直面することから休憩をとり、素晴らしい環境を楽しんで、創造的能力をフルに伸ばしたということを、セスは強調して述べました。

「サリーのような境遇は、その人格が必要とする経験に徹底的に取り組んで1回の人生でこなし、ふつうなら数回の人生をかけて解決する問題に、一気に直面することができるようにするのだ。このようなことを試みるのは大胆で、勇気のある人格だけだ」

それから2年以上たった今、サリーはまだ生存していますが、状態は悪化しています。彼女は自分に課した課題を解決してしまった、とセスは言いました。しかし、そうする過程で肉体をひどく傷つけてしまったので、それを脱ぎ去る決心をしたというのです。本書を書いている今現在、彼女は昏睡状態にあります。このような状態で彼女に何が起きているのか、ジョンは知りたがりました。

「彼女は本当に別のどこかで意識があるのでしょうか？　それともただ夢を見ているだけなのですか？　そして死後には何が起きるのですか？」」。最近のセッションで、セスはこれらの疑問に答えました。答えの多くは、死という問題全般に当てはまるので、次章でそのセッションからの抜粋を紹介しようと思います。また、生まれ変わりに関するセスのアイデアをさらに徹底して見ていくことにしましょう。

＊　当時、長距離電話は、オペレーター（交換手）を経てつながるようになっていた。

第12章

生まれ変わりについてのさらなる説明
――死後、そして人生と人生の狭間

ジョンが次に連絡してきたのは先週のことです。サリーは、短時間ですが心臓が停止する発作を起こして入院していました。ジョンはサリーの回復を祈る気持ちと、死によって解放されることを望む気持ちに、引き裂かれるような思いでした。そして、そのことについてセッションを開いてもらえないかと頼んできたのです。

わたしたちは今生での一生を終えるとき、実は物質界を離れたいという願いが強くなるものだ、とセスは何度も語っていました。肉体が摩耗してしまったら、それを脱ぎ去りたいと思うものなのです。生存本能が実にうまく機能しています。というのも、内なる自己は肉体の死後も生き残ることを知っているからです。それは理論的にはもっともなことに聞こえますが、それでも、そんなことを電話でジョンに伝えるのは嫌でした。ジョンがサリーに生き続けてほしいと思っているのは、当然のことながらわかっていましたし、何らかの奇跡――少なくとも、部分的な回復か、一時的な症状の改善を望んでいることが感じられたからです。

ジョンのためにセス・セッションを開くことを約束しましたが、あとでそうしてよかったと思うことになりました。そのセッションはジョンにとって役立ったばかりでなく、わたしたちが昏睡状態に陥って意識がなくなっていると考えられるときに、どんなことが起こりうるのか、そして死の直前と直後には、どんな経験をするのかについて、素晴らしい情報が盛り込まれていたのです。

今回も、セッションが開かれたとき、サリーは深い昏睡状態にあり、もう1年以上も話すことができなくなっていました。まずセスは、約1ページにわたる印象や名前、頭文字、出来事などを語りましたが、それらは「この女性の意識の、ある部分から得られた、分断された記憶、思考や観念」だということです。

「全体としての彼女の現実（リアリティ）ははるかに大きなものだ。そして彼女は、新しい家に家具を配置するように、これらの記憶をきちんと整理しようと努力している。きみたちの考える時間は、彼女にとってほとんど意味を持たなくなっている。その2つの時間体験をこのように比較してみることができるだろう。つまり、きみたちの次元では、きみたちが思い出す過去の出来事はいくつもの家具のようなもので、すべて1つの部屋に、ある順序に従って並べて置かれている。その部屋に暮らしているきみたちは、さまざまな家具の間をたやすく行き来することができる。

それから、より大きな、異なった種類の部屋へ移動する。ここでは家具はどのようにも、気の済むまで動かしたり、配置し直したりしても構わない。異なった組み合わせで並べてもいいし、異なった目的のために使用してもいい。同じように、サリーも彼女の心の家具の位置を並べ替えているのだ。そしてきみたちが新しい住居を訪れ、そこを正式に自分の住処と決める前に、いくつかの所有物を持ち込むことがあるように、サリーは新しい環境を吟味している。自分自身を新たな場所へと移動させている最中なのだ。

彼女を援助する案内役がいる。彼女はあまりに居心地よく感じるので、完全に新たな環境に移り住んだということには気づかないだろう。彼女の場合、子ども時代の、病気にかかる前の日々の記憶のイメージを作り出し、その中に入り込んでいるのだ。過去に起きたと思われる出来事も、再創造することができるということを学んでいるところだ。

そうは言っても、彼女が自分を子どもだと思っているという意味ではない。彼女は出来事を再体験する自由を楽しんでいるのだ。彼女の場合、それは一種のスピリチュアルなセラピーであり、病気との一体化を解消し、病気を持ち運ぶことのないようにするためなのである。

まもなく、訓練期間が始まるだろう。今度は彼女が他人を助け、彼らに力を与える番になる。彼女はすでに新しい人生を始めている（当然ですが、セスが言っているのはこの世界での物質的な人生ではありません）。だが、今のところ彼女の経験は、ある程度案内役の監督下におかれている。

彼女は自分が、従来の聖書に登場する人物たちによって、宗教的な意味で支えられていると思っている。そうした人格存在は、現実（リアリティ）の本質を彼女にとって意味をなす言葉で説明することになるだろう。もう一度言うが、彼女は自らが課した課題を解決し、夫の中に思いやりと理解を呼び起こしたのだが、それは彼自身の成長に大いに貢献する資質だ。

私は非常に柔和な使徒ヨハネとして彼女の前に現れ、話をした。これは策略ではなく、彼女が受け入れることのできる形での援助方法なのだ。援助を与えようとするものが、そのように相手にとって励みになる姿や外見を装うことは珍しいことではない」(この最後の発言は、宗教的な人物の幻影が目撃されるケースに関して、非常に興味深い意味がある、とあとでわたしたちは考えました。セスが将来、この点についてさらに徹底的に述べてくれるといいと思います。)

休憩の間に、ロブはいくつかの質問を口にしましたが、それはジョンがセッションの記録を読めば思いつくだろうと思われる質問や、答えを求めているだろうとロブが考えた質問でした。その1つは、サリーが死後も自由に使える体についてでした。セスはこう言いました。

「その新しい体というのは、実際にはまったく新しくない、ただ単にきみたちの観点からして物質的ではない体、きみたちが幽体離脱する際に使う体、きみたちの知る肉体に生命力と強さを与える体のことだ。

きみたちの肉体は今も、その体の中に組み込まれているのだ。肉体を離れるとき、その別の体はきみたちにとって、とてもリアルなものとなり、物質でできているように見えるだろうが、肉体より自由になる点がはるかに多い……サリーは、病んだ物質的な体と比べてずっと自由なこの体に、今、大いに満足している。きみたちの観点からして、死んだものであろうと生きたものであろうと、彼女は自分の肉体との一体感をすべて捨て去ろうとしているのだ。

ジョンは彼女に、離れていくのは自由だと、そして自分は喜んで彼女が自由を行使することを許す、と告げなければいけない。そうすることで、死んでからもジョンのそばにいなければならないと彼女が感じることはなくなるだろう。彼女は2人が再会するとわかっている……そして、ジョンがそのことに、まだ彼女と同じようには気づいていないこともわかっているのだ」

このセッションの数日後、わたしたちは引退した牧師夫婦の訪問を受けました。ここではロウ牧師と呼びますが、キリスト教の霊的な面を論じる全国規模の会報を出版している人です。数年にわたって手紙のやり取りをしてきましたが、まだ会ったことはありませんでした。彼にジョンのセッションのことを話すと、サリーの昏睡状態での経験についてセスが何と言うか、非常に関心を持ちました。

ロウ牧師夫妻は、クラスセッションの開かれる夜にやって来たので、言うまでもなく、わたしは参加するように誘いました。日頃から、わたしたちはクラスはできるだけ打ち解けた雰囲気で進めるように努めています。皆、ファーストネームで呼び合う仲で、着るものも各人の心地よさと好みに任せています。ビジネススーツに身を包んだ男性がヒッピースタイルの人たちと同席し、望む人にはワインが用意されています。わたしはロウ牧師がどう思うかしら、お祈り集会のようなものを期待しているのでなければいいのだけれど……と考えずにはいられませんでした。わたしたちも自分たちのやり方で祈りを捧げますが、それは非常に創造的で、形式張らない、型破りなものです。

たとえば、わたしが詩を読む間、ロックンロールを流すこともありますが、わたしはそれを祈りと考えています。

その夜、セスがやって来るかどうかはまったくわかりませんでした。最初に、ロウ牧師とクラスの皆の気持ちを和らげるために、冗談まじりに彼をロックバンドのドラマーだと紹介しましたが、誰もあまりしゃべらなくなってしまったので、牧師さんがいることでみんな静かになってしまった、と誰かがコメントしました。

すると突然セスが現れ、こう言いました。

「きみたちの行儀がいいのは、わたしが来たからだと思ったのだが。私も尊敬すべきロックドラマー師になることを学んで、きみたちの調子に合わせることにしよう」

このあとセスは数人のクラスメンバーに話しかけ、それから何でも思い浮かんだ質問をしても構わない、とロウ牧師を誘いました。

「私たちは体を離れるとどこに行くのですか?」と牧師が尋ねました。ほかのメンバーはワインをすすりながら座って聞いていました。

「行きたいところにいくのだ」とセス。「睡眠状態で、あなたたちの通常の覚醒している意識的な心が一時的に休止すると、別の次元を旅することになる。つまり、すでにほかの次元に存在するという経験をしているわけだ。自分の進むべき道の準備をしているのだ。死が訪れると、自分で準備した、そうしたさまざまな道を辿っていくのだが、訓練のための期間はさまざまで、個人個人で異なっている。

現実（リアリティ）の中で巧みに対処できるようになるには、まず現実（リアリティ）の有様を理解しなくてはならない。物質的な現実界（リアリティ）において、あなたたちは、自分の思いは実在し、自分の知覚する現実（リアリティ）は自分で創り出しているのだ、ということを学んでいる。そして、この次元を去るときには、自分が物質界で積み上げた知識を当てにするようになるのだ。自分にとっての現実（リアリティ）を創り出しているのは自分自身だ、ということにまだ気づかなければ、物質界に戻って来て、再び現実（リアリティ）を操作することを学ぶ。そして何度も繰り返して、自分の内なる現実（リアリティ）が客観化したものと出会い、その結果を目の当たりにするのである。あなたたちは、学び終えるまで自分自身に教訓を与え、そうすることによって、自らのものである意識を、賢明に、巧みに扱うにはどうすればいいかを理解し始める。そうして他人の役に立つように模範となる心象を形成して、彼らを導き、案内することができるようになる。つまり、自分の理解の領域を絶えず押し広げているのだ」

「次の生まれ変わりまでの時間は、どのようにして決まるのですか?」と牧師が尋ねます。

「あなたが決めるのだ。もしひどく疲れてしまったら、休憩をとる。もしあなたが賢明なら、時間をかけて物質的な現実界（リアリティ）で得られた知識を消化し、作家が次に書く本の構想を練るように、次の人生の計画を立てるだろう。もし物質界との結びつきが多すぎたり、あまりにもせっかちであったり、あるいはまだ十分に学んでいなかったりした場合には、時期尚早に現実界（リアリティ）に戻って来てしまうかもしれない。それは常にその個人の選択なのだ。あらかじめ決まっているということはない。答えは今も、そして死後においても自分自身の中にある」

ロウ牧師は、ほかにもいくつか質問をしましたが、生まれ変わりに関連するものはこれだけでした。牧師とセスはとても気が合ったように見えました。その後の休憩のときに、ロウ夫人の過去生の印象がいくつか心に浮かんできました。皆の話し合いが続いている間に、わたしは14世紀のフランスで、乗馬学校の近くにいる彼女を目にしました。それからギリシャで双子として生きていた夫人と牧師も見えました。そのとき牧師は雄弁家で、夫人は兵士でした。ほかにもいくつか詳細な印象がありましたが、興味深いことに、あとでロウ夫人は、本当に馬が好きでたまらないと、そして興味がある国と言ったら、ギリシャとフランスしかないと述べたのです。

個人の今生での全体的な成長に直接結びついていないかぎり、セスが生まれ変わりに関する情報を明らかにすることは滅多にないのです。そしてたとえば、そうした情報に含まれている教訓を生かさないだろう、と彼が判断した人たちには、過去生の出来事を教えようとはしません。ところが奇妙なことに、あるときクラスで、3人の女子大生にそうした情報を提供したことがあるのです。3人とも明らかに、生まれ変わりを信じていなかったにもかかわらず、です。彼女たちはクラスに参加し始めたばかりで、ESPに関心を持っていましたが、このときのセッションが開かれるまでは、生まれ変わりという考えを受け入れる用意はほとんどありませんでした。

彼女たちは皆知的で頭がよく、機敏で、しかも用心深いところがあり、ばかげた作り話に騙されるようには見えませんでした。その一方、セスの方法に従えば、薬物を使わずに安全に意識を拡大することができる、というアイデアに強く惹かれていました。3人のうちの1人、リディアは、生まれ変わりに対する反対意見を最も強く口にしていました。

「信じていようといまいと、きみが生まれ変わることに変わりはない」とセスが微笑みながら話し始めました。「きみの理論が現実と一致すればずっと都合がいいだろうが、一致しなくても、それで生まれ変わりの実態が、わずかでも変わるわけではない」。続けて、1832年にメイン州のバンガー近辺で、リディアが男性として生きた過去生について、かなり詳細にわたって描写しました。これはリディアにとっては初めてのセス・セッションで、セスがこの過去生についての名前や日付、具体的な出来事を語る間、彼女は椅子にかけたまま、緊張して体をもじもじさせていました。

セスが話し終わると、リディアが口を開きました。「ええっと、なんて言っていいのか、でもこれだけは言えます。信じられないんですが、私は幼少期をメイン州のバンガーで過ごしたんです。そしてニューヨーク州に引っ越してからは、なじめなくて。いつも自分の故郷はメイン州だと感じていました。そして……」。間をおいてメモに目をやり、それから意気込んで言いました。「セスはその過去生で、私のフランス系の血筋の家系出身のミランダ・シャルボーが、ボストンのフランクリン・ベイコンの家に嫁いだと言いました。またしても本当に信じられないことなんですが、今生での私の家族は、ボストン出身のロジャー・ベイコン家とつながりがあるんです」

セスは次に、3人の中で一番霊感の強いジーンに話しかけ始めたので、それ以上この点について話し合う時間はなくなりました。

「彼女は、ミネアポリスがまだ別の名前で呼ばれていた頃、そこに住んでいた。彼女の場合、何回もの人生にわたって、能力が示されながらも無視され、誤用されるという、自分の人格や能力を十分にコントロールできない、霊的に才能のある多くの人格が辿る〝進歩〟の、古典的な例となっている。

中国とエジプト。さまざまな宗教的地位に就くが、必要とされる責任感を欠いた無数の人生。残念なことに、時代を通じて、支配階級が利用するために用意されていた富を悪用する結果になった。そのため、能力が成果をもたらすことはなかった。今生になって初めて、ついにいくらかの理解と責任感が生まれてきた。過去においては、霊的な能力は間違った目的のために使われていた。したがって、十分に発達せず、人格の成長が止まっていたのだ」

「火によって死んだことが2回ある」。セスはこう述べたあと、ジーンの1524年のアイルランドでの人生について、詳細を明かしました。それから次に語った情報は、わたしたちは非常に興味深く感じました。セスが語ったとおりに紹介しますが、何の脈絡もなくこの話に飛び込んだので、出だしは少しわかりにくいところがあります。

「シャーテラス――できるだけ正確に捉えようとしているのだが。シャーテラスかシャーテリス（シャルトルか?·）――から25キロ離れた小さな町。そのときの名字はマニュペルト（Manupelt）、マン・オーポート（Man Aupault）あるいはA・キュリア。われわれが出会った最初の歴史的人物になるが、ジャンヌ・ダルクの遠い親戚、父方のいとこの孫。その名前はおおよそのものだが…

…古い大聖堂の記録に残っている。名字、町の名前、そして大聖堂の名前はすべて同じだ」

セスが話し終えたあとしばらくの間、ジーンはひと言も発しませんでした。それから文字通り顔を赤らめると、いつも火を恐れていたこと、そして高校時代のあだ名がジャンヌ・ダルクや魔女だった、と話してくれました。

しかし、セスはまだ終わりませんでした。もう1人の学生、コニーのために生まれ変わりに関する資料（マテリアル）を伝え、とりわけ、少年のときにジフテリアで死亡した、デンマークでの彼女の人生に言及したのです。そしてこれは本当に皆を唖然とさせました。コニーは幼少時からジフテリアにかかることを恐れていて、それがなぜなのかまったくわからなかったと言って、特にほかの2人の学生を驚かせたのです。

「今どき、ジフテリアについて心配する人なんていないわよね」と彼女は言いました。

「癌にかかることを恐れるならわかるけど」とリディアが答えました。

「まさにそのとおりよ」とコニー。「今までどうしてなのか全然わからなかったわ。ジフテリアで死んだ人なんて家族に誰もいなかったし」

生まれ変わりの履歴とともに、セスは女子学生の一人一人に、非常に示唆に富んだ核心的な情報を伝えましたが、それはそれが向けられた本人以外、部屋にいる誰にもわからないことでした。そしてこのわずかな情報が、これまで女子学生たちが自分たちにも説明がつかない、と思っていた自分のちょっとした態度を、見事に浮き彫りにしてくれたのでした。突然彼女たちは生まれ変わりに興味を持つようになり、彼女たちの心はいつもどおり敏感に反応して、今やあらゆる事柄を一度に知りたいと思うようになっていました。

「しばらく前に、すべての時間は同時に存在している、とセスは言いました。そうだとしたら、どうして生まれ変わりの1つの人生が、別の人生の前にあるような言い方をするのでしょうか？　この2つのアイデアは両立するようには思えません」とジーンが口を開きました。

　ほとんど間をおかずにセスがやって来て、彼女の質問に答えます。

「時間に関するきみたちの考えは間違っている。きみたちが経験する時間は、肉体的な感覚器官によって創られた錯覚なのだ。肉体的感覚器官があるために、きみたちは行為（アクション）をある特定の観点から知覚せざるを得なくなるのだが、知覚されるのは行為（アクション）の本質ではない。肉体的感覚器官は、現実（リアリティ）を一度に少しずつ知覚することができるにすぎない。そのため、きみたちにはある一瞬が存在して、永遠に消え去り、次の瞬間がやって来て、それもまた、その前の瞬間のように消滅してしまうように見えるわけだ。

　だが、宇宙にあるあらゆるものは一度に、同時に存在している。宇宙の始まりに発せられた言葉は、今でも宇宙の中を響き渡り、きみたちの観点からすると最後に述べられる言葉も、すでに発せられているのだ。それは、始まりというものは存在しないからだ。始まりと終わりで限られているのは、きみたちの知覚だけなのである。

　過去も、現在も、未来も存在しない。そうした区別は、3次元の中で生きるものにとってのみ、存在しているように見えるだけだ。私はもはや3次元にはいないので、私にはきみたちが知覚しないものを知覚することができる。きみたちの中にも、物質的現実に縛られていない部分があり、その部分は、存在するのは永遠の今だけだ、ということを知っている。それを知っているきみたちの一部が全体自己なのだ。

たとえば、きみたちは1836年に生きていた、と私が言うのは、それが今のきみたちにとって意味をなす言い方だからだ。きみたちは、すべての生まれ変わりの人生を同時に生きているのだが、3次元的現実（リアリティ）の観念の枠組みの中では、それを理解するのは困難だと思うだろう。

自分がいくつかの夢を見ていると、そして夢を見ていることに気づいていると想像してごらん。それぞれの夢の中で、100年が過ぎ去ったとしよう。だが夢を見ているきみたちにとっては、時間はまったく過ぎ去っていない。なぜなら、きみたちは時間が存在する次元に束縛されていないからだ。夢の中――あるいはそれぞれの人生――で過ごしたと感じる時間は、錯覚でしかない。そして内なる自己にとっては、時間は少しも経過していない。というのも時間は存在しないからだ」

実際には、セスはいくつかの喩えを使って生まれ変わりの人生を説明しました。セッション記録の3600ページ目には次のように書かれています。

「さまざまな生まれ変わりの自己は、一見したところ、クロスワードパズルの一片と見なすことができる。それぞれが全体の一部でありながら、別々に存在することが可能だからだ」

セッション256ではこう述べています。

「きみたちは過去、現在、未来という考えに心を奪われているので、生まれ変わりを、1つの人生が別の人生の前にあるというように、ひとつづきにつながっているもの、と考えざるを得なくなっている。きみたちがそうした連続する時間という概念に慣れているために、ここでも過去生という言い方で話しているのだ。実際に起きているのは、どこかしら『イブの三つの顔』(*)に語られている状況に似たものだ。支配的な自我(エゴ)があり、どの自我(エゴ)もすべて内なる自己感覚(アイデンティティ)の一部でありながら、それぞれがさまざまな人生で優位な位置を占めている。しかし、そうした別々の人生は同時に存在しているのだ。別個の人生に関わっている自我(エゴ)だけが、時間に区切りを付けているのである。紀元前145年も紀元後145年も、きみたちから見て1000年前も1000年先の未来も、すべては今存在しているのだ」

実際セスは、3、4回のセッションで、生まれ変わりの自己を、分裂した人格の例に喩えて説明しました。そして最後に、こう言って締めくくりました。

「『イブの三つの顔』に描かれている人格はすべて同時に存在しているのだが、入れ替わり現れ、そのときどきにはそのうちの1つの人格だけが優勢になる、というのは興味深い。同じように、いわゆる過去生の人格も、今のきみたちの中に存在するのだが、支配的ではないのである」

わたしたちの知るかぎりでは、生まれ変わりと、同時に存在する時間という2つの概念を融合したのはセスが初めてです。生まれ変わりに関するほかの理論は、たいてい時間が連続するのは当たり前だと見なしています。でも、それでは因果関係はどうなのでしょうか? これは、セスが生まれ変わりの同時性を説明したとき、ロブとわたしに最初に思い浮かんだ疑問の1つです。原因と結果に対するセスの考えは、のちに「時間」の本質を説明するときに明らかになりますが、ロブが最初にこの質問をしたときには、セスはこう答えました。

「実際にはすべての出来事は同時に起きているので、過去の出来事が現在の出来事を引き起こした、ということにはあまり意味はない。過去の経験が現在の経験をもたらすことはないのだ。きみたちは過去、現在、未来を同時に創り出している。きみたちには出来事が順番に起きるように見えるので、これを説明することは難しい。

過去生からの何らかの特性が、現在の行動パターンに影響を与えたり、それを引き起こしていると言うとき――私自身そのような言い方をしたことがあるが――、そのような発言はある論点を明確にするために、非常に単純化したものなのである。

全体自己は、それに属するすべての自我(エゴ)の経験をことごとく把握しており、1つの自己感覚(アイデンティティ)がそれらの自我を形成したので、互いに類似点があり、同じ特性を共有しているのは当然といえるだろう。私がきみたちに語った生まれ変わりに関する情報は、確かな根拠のあるものであり、現実に応用する際には特に有効だ。しかし、それは実際に起きていることを単純化して説明したものなのだ」

そういうわけで、セスはよく、今生での問題は過去生のトラブルの結果だと説明しますが、ちょうど3つの人格が、1つの体に一度に存在できるのと同じように、実際にはいくつもの人生は同時に存在することを、理解できる人たちにははっきりと伝えているのです。しかし、すべての問題が、そうした「過去生」から影響を受けた結果として引き起こされるのではありません。これから話すある友人のボーイフレンドの問題は、過去生から持ち越されたものであったのに対して、その友人自身の今生での悩みは、まさに今回生まれてから始まったものでした。

友人のドリスはありとあらゆる問題を抱えていました。1つには、彼女は、どうしても結婚したがらない男性と本気で恋に落ちてしまう、ということを繰り返していたのです。そうした男性との関係では、積極的だったのはドリスでした。相手の男性は、デートをしたことがなかったり、親への依存心が非常に強かったりと、何らかの理由で女性との正常な関係を持ったことのない人たちでした。ドリスはこのことを見抜くほど賢かったのですが、新しい男性と知り合うたびに、その男性がより自分にふさわしいと、あるいは少なくとも自分の誘いを受けてくれそうだ、と思い込んでしまうのです。そして、相手が受け入れてくれるまでの間は、凄まじい寂しさに駆られました。〝ふつうの〟男性は、新しく見つけたアイドルに比べるとあまりに見劣りがして、デートをする気もしなかったからです。

そのような関係の1つが終わりを告げたあと、やっと彼女はセス・セッションを求めてきました。わたしたちは2人とも彼女のことをよく知っていたので、セッションの前の彼女のいつもと違う様子に唖然としてしまいました。彼女があまりにも緊張していたので、わたしはトランスに入っていくのは難しいと感じました。彼女は顔面蒼白で、ただそこに座っていて微笑むこともなく、とても怯えているように見えました。

セスは優しく語りかけ始めました。

「私に対するきみの感じ方は、きみの内部に深く根付いている、ほかの物事の見方と結びついている。きみは幼い頃から父親を恐れてきた。今、きみは私のことを、子どもの頃、父親に対して感じていたのと同じように、歳を取っているが賢く、非常に力強い、大人の男性だと考えている。この態度が、きみが親しくなる男性との関係に影を落としているのだ。

きみは、子どもの頃に触発された観点から男性を見ている。父親が神のような資質を持っていると感じ、それをきみが出会う男性たちに投影しようとしているのだ。だからこそ、きみは彼らに失望するのだが、これはまたきみの要求を満たす役目を果たしている。なぜなら、きみは男性を神のような存在と見ている一方で、罰を与える、理不尽で無慈悲な者と見なしているからだ。そこできみは、男性の言いなりになることを、男性の支配力に屈することを恐れている。過去生では何度も男性だったことがあるがために、このことをいっそう腹立たしく感じている。

だからこそ、女性的な特徴を持っていると見える男性を絶えず選び続け、そうした穏やかな性質が、きみが誇張してきた、恐ろしい男性的な特徴から自分を守ってくれることを望んでいるのだ」

ロブがあとで語ったところによると、ドリスは顔を赤らめ、恥ずかしそうに座っていたそうです。テープレコーダーのスイッチは入っていました。セスは続けて、ロブとわたしの知らないドリスの若い頃から、いくつかの例を引き合いに出しました。このときのセッションは、タイプすると9ページに及び、セスはその中でドリスの態度や性格を分析して、それまでは彼女しか知らなかった具体的な出来事を、例として取り上げて説明し、いくつかの素晴らしい助言を与えて締めくくりました。

ドリスは、男性に出会うたびに、そうした男性に対するイメージを投影して、その男性本人ではなく、自分が投影したイメージに対して反応していたのだと、セスは語りました。そして、この偽りのイメージを解消する手助けとなるように計算された、精神的訓練法をいくつか伝えたのですが、ここでドリスは涙を抑えることができなくなりました。セスは微笑みながらこう言いました。

「さあ、すすり泣くのは止めて。私はきみに算数を教えている父親ではない。私はきみの助けとなるように骨を折っているのだが、そのお返しが涙とは。私がこんなふうに人に影響を与えることはあまりないのだが」

それに答えるように、ドリスはかろうじて笑顔を見せました。

「何でも質問して構わないんですよ」とロブが言いました。

「それなら、フランク（仮名）はどうしてデートをして、女性とふつうの関係を持たないんでしょうか？　十分男らしいと思いますけど」とドリスが尋ねます。それから少し反抗の気持ちを込めるかのように、付け加えました。「彼には女々しいところなんかありません」。この場合、彼の一番の問題は過去生でのトラブルにあったのです。

「彼は女性だった。彼の現在の両親は、アメリカ独立革命時代、今と同じ地域で彼の兄弟だった。

2人の兄弟はスパイとして戦いに関わっていた。きみの友達のフランクは2人の妹だったが、古い宿屋の地下室にあった隠れ家を、敵に明かしてしまったのだ。彼女は食料を買い出た際に捕らえられ、隠れ家の場所をしゃべったが、兄弟に警告することができなかった。彼女は2人を見捨てて、裏切ってしまったと感じたのだ」

今生ではフランクは、夫婦となっているその2人の兄弟の息子として戻ってくることを選んだ、とセスは続けて言いました。

「今、彼は家を出たくないという、自分の願望を勝手な理屈をつけて正当化している。2人の兄弟は、フランクに落ち度があったと責めたことは一度もない……あのとき少女であったフランクが、恐怖に駆られて、裏切る意図などなくしゃべってしまったのだとわかっているのだ。ここにはいかなる罰も関わっていない。フランクは今生で2人の役に立ち、他人を助けることを選択した。〝とても無口だった〟という彼の秘密主義は、こうした過去生での経験の結果なのだ。かつてしゃべりすぎ、秘密をばらしすぎたと感じているのだ。今、彼は、自分が重要だと考える事柄については、口を閉ざすようになっている」

セスは、フランクが自分なりのわけがあって結婚したくなかったのだ、ということを強調し、ドリスに、彼女がフランクを選んだのは、決してあるがままの彼を見ることはなく、自分が彼に投影したイメージだけを見ていたからだ、と言って締めくくりました。ところでセスは、過去生でのフランクの名前はアクマンだと語ったのですが、ずっとあとになってドリスは、彼の現在の家族に、アクマンという親戚がいることを知りました。

さらに心理学的洞察に富んだアドバイスが続き、このときのセッションは大いにドリスの役に立ちました——それ以来、ドリスはもはやセスに怯えることはなくなっています。しかし、現在抱えている問題が、すべて過去生での障害の結果だと言ってしまっては、過度に単純化したことになります。問題が今生に由来するものであろうと、別の人生から持ち越されたものであろうと、わたしたちはその所為で「動きがとれなくなる」ということも、問題を引きずる必要もないのです。問題は解決することができます。生まれ変わりの影響は確かに作用していますが、それがすべてを決定するのではありません。健康についての次章では、心的、霊的、そして肉体的な成長と展望を維持するために、セスが薦めるいくつかの方法が紹介されるでしょう。

わたしが思うに、過去生での経験をうまく利用できる人たちがいる一方で、1回ごとの人生経験の中に自らを隔離し、そうした過去生からの影響をできるだけ受けないように、閉じこもってしまう人たちもいるようです。たとえば、ある人たちの現在の人生は、「それ以前の」人生で何が起きたかを知らないかぎり、まったく意味をなさないように見えることがあります。わたしたちの50年、60年、あるいは70年にわたる一生は、うまく構想が練られ、表現された小説のようなものだといえるでしょう。

それでも、生まれ変わりの影響を知ることとは、人格というものの本質の解明にかけがえのない手がかりを与え、わたしたちがある展望を持って、現在の人生を理解する手助けになるということに疑いの余地はありません。次に紹介する生まれ変わりに関するリーディングからの抜粋では、わたしたちが今自分と呼ぶタペストリーを織りなす、さまざまな自己の連続性と相互関係が示されます。

ニューヨークから、マット（仮名）という編集者が訪れてきました。手紙の交換はしていましたが、実際に会うのは初めてでした。マットは私の原稿を読んだことがあり、セスのことは知っていました。このときは主に仕事上の話し合いだったのですが、わたしたちは会うとすぐに意気投合しました。そしてその後、マットは何らかの形で、わたしに「能力を示す」ことを求めてくるだろうという気がして、わたしはプレッシャーをかけられたくはないと思いました。そのときまでに、ミディアムや霊能者について、とても奇妙な先入観を持っている人たちがいる、とわかっていました。そのことに初めて気づいたときには、あらゆることをして、何とか自分がふつうの人と変わらないことを証明しようとしました。そうすると、相手はとても失望した様子で、わたしはわたしで、自分が抑え込まれているような気になったのです。今はもう、そのような感情にとらわれることはありません。わたしはほかの誰とも同じように、ふつうでもあり、変わったところもあるのです。

実際のところ、それは少し滑稽な状況でした。マットは、わたしが能力を証明する必要がないことを示そうと躍起になっていたからです。というわけで、わたしたちの会話はしばらくの間、かなり活気のある、慌ただしいものとなりました。

セスは以前に、マットと彼が勤める出版社、そして同僚たちについての情報を語ったことがありました。次の日の夜、わたしたちが互いに打ち解けた気分になったとき、セスが現れて見事なセッションが始まりました。

その後マットとは親友になりましたが、その時点では、わたしたちはマットのことはほとんど何も知りませんでした。ここでセスが見せた心理学的洞察には目を見張るものがあり、最も熟練した心理学者でも、この若者の性格や才能、課題をセスほど的確に言い当てることはできなかっただろうと思います。

セッションの間、わたしの目はほとんど開いたままでした――もちろん肉体的な目のことですが、そんなときには、その奥にわたしとは異なった人格が映し出されているのです。

「虚空を埋めなければならないという感覚がある」とセスが話し始めました。「自己感覚(アイデンティティ)が漏れ出てしまう、外へと向かって逃げ去ってしまうという不安だ。僕のカップはあふれている。だから自分であるところのものがすべてなくなってしまう――そんな感じだがわかるだろうか？　一方で、この人格にとっては、気楽に、生き生きと外へと向かうことは常にごく自然なことでもあった。

というわけで、他人を育むことに捧げられた2つの人生がある。だが、そのどちらの人生においても、この人格の内面は恐怖感に満ち、自分が助けた人たちに対して、多少なりとも腹立たしさを感じていた。もし自分が他人を助けることに奔走したら、誰が店番をしてくれるのか？　彼は自分の在庫が底をついてしまうことを恐れていた。

別の2回の人生は、その代わりに、ほかのことは犠牲にして、いわば窓を締め切り、扉にかんぬきをかけて、内面的な能力の成長に充てられた。彼は自分の外を見ようとせず、誰も彼の内面にあえて入ってくることはなかった。魂の窓から外に向かって、恐ろしいしかめっ面をして、他人を追い払ったのだ。しかしこうしたことすべてを通して、内面的な能力は確かに成長を遂げた。彼は〝自分の在庫を増やした〟のだ。

今、彼はこのような内面的な状況と、外面的な状況を統合し始めたところだ。内なる自己はそれほどかたくなに守る必要はなく、自己感覚（アイデンティティ）は、鎖を解かれた犬のように自分から逃げ去ったりはしないということに気づいたのだ……私が長い鎖に繋がれた年老いた犬のように、実に人なつこい奴だってことがわかっただろうか――」

これに対して、ロブもマットも吹き出してしまいました。それからセスは、マットの現在の関心事を過去生での活動と結びつけながら、いくつかの情報に言及しました。数回の過去生について語りましたが、ある1回の人生が特に重要だと強調しました。

「きみはさまざまな植物の種を集めて分類する、ある修道僧の一団のメンバーだった。そのグループは公式には写本を研究していたが、ここにいるわれわれの友とほかの数名の僧たちは、自然に関する疑問は自然を調べることによって答えることができる、という当時受け入れられていた理論を信じず、慣習を無視して種子を探していた。

彼らはさまざまな思想や民間伝承を調査し、植物学と種子の繁殖に関する知識の公的な所有者だった。そして修道院の裏で、彼ら自身の秘密の庭を作り始めた。植物における遺伝の秘密を解き明かそうとしていたのだ。

これはフランスのボルドーの近くの出来事だ。その教団は聖ヨハネと関係があった。その教団、もしくはわれわれの友人の家族に属する紋章があった。背景に城か修道院があり、前景の柄の上部はヘビを伴った四つ叉のフォークになっている。

その修道僧たちは……教団から追放された……1400年代のことだ。教団にいた僧の名前は〝Aerofranz Marie（エアロフランツ・マリー）〟（ロブが音を聞いて推測した綴り）だと思われる」

「私はどのようにして死んだのですか？」とマットが尋ねた。

「3人の村人が修道院の敷地内で狩りをしていた。きみは不法侵入していることを告げようと彼らに大声で叫んだのだが、石につまずいた。気を失って倒れ、村人たちは逃げ去った。きみは夜になって意識を取り戻し、野原をさまよい歩いて修道院の反対側の池のところまで来た。ひざまずいて祈り始めたが、バランスをくずした。上から垂れ下がっていた枝をつかんだが、枝は折れ、きみは水の中に落ちて溺れ死んだのだ」

この時点で、セスが話す間、わたしは彼が描写している場所を見下ろしているような気がしました。その僧が後方のどこからか下ってきて、修道院を離れてさまよい歩き、野原の中を通って行くのが見えました。セスは引き続き、その僧の実験は、のちに別の僧が同じ分野で成し遂げた成果に貢献したと語りました。

セスはまた、きっとほかの多くの人たちの役に立つと思われる、素晴らしいアドバイスを残しました。

「きみの知性を、きらびやかな垂れ幕のように、窓から振り回すようなことはしてはいけない。きみは知性を自分の所有物である、派手な遊び道具のように扱っている。よくできた玩具のようにネジを巻いているが、それをどの方向に向かって走らせればいいか、気をつけなければいけない。きみの知性は素晴らしいものだが、きみはその輝くような資質に魅了されてしまって、1つの道具として完全に使いこなしてはいないのだ」

わたしがここで紹介しているのは、個人的なリーディングの中から、生まれ変わりを扱った部分を抜粋したものです。ふつうリーディングには、それ以外の多くの事柄――健康に関する提言、性格分析、そのほかの問題についてのアドバイスなど――が含まれます。そしてこれまでのところ、そうしたセッションはどれもが、当事者にとってはとても意義のあるものとなっています。

たとえばマットは、まさに的を射た性格分析に舌を巻いてしまいました。さらに、セスの述べた紋章は、彼が電話中や暇なときに、何気なく描くいたずら書きにそっくりだったのです。もう1つ興味深いことがありました。セッションの数年前、マットは2つの戯曲を書いたのですが、その1つは、ボルドー近くの海辺で暮らしていた僧を主人公にしたもので、もう一つはやはり13世紀のフランスを舞台にしたものでした。当然ですが、わたしたちは、セッションで明かされるまで、この事実を知りませんでした。

しかし、わたしたちは彼が植物学に興味を持っていたことは知っていました。そしてセスは過去生での種子を使った実験と結びつけて説明してくれたのです。

リーディングの抜粋を紹介することで、セスの生まれ変わりについての考えが、個人的にどのように当てはまるかを示しました。しかし、まだ十分に考慮していない重要な疑問がいくつかあります。たとえば、わたしたちは人生を何回生きるのでしょうか？　その回数には限度があるのでしょうか？　この疑問に対する簡単な答えは、自分の能力を伸ばし、別の次元の現実界（リアリティ）へと進むべく準備をするために、わたしたちが生きなければいけない、と感じるだけの回数の物質的人生を生きるのだ、というものです。この問題は、のちに、人格の本質を扱った章で詳細に取り上げることになります。

しかしながら、この成長の枠組みの中において、最低限満たさなければならない条件があるのです。セスはこう述べています。

「それぞれの根源的自己（エンティティ）は、父親、母親、そして子どもという、3つの役割を経験するように生まれてくる。この3つの役割を生きるには、2回の人生で十分だろう。けれども、ある場合には大人になるまで生き残らないこともある。いずれにせよ、最も重要なのは、潜在能力をフルに発揮させることなのだ」

セスはまた、物質的環境においてはうまく成長せず、別の現実界（リアリティ）で自らの完全な成長を遂げる人格存在がいる、とわたしたちに語りました。つまり、「最後の」生まれ変わりが終わりではないのです。別次元の現実界（リアリティ）がいくつも存在し、そこでは生命と意識を維持する上で、わたしたちは、この物質界においてよりもさらに大きな役を演じているのです。これらの次元やその中でのわたしたちの役割については、神の概念、蓋然性、そして時間といったテーマとともにのちに詳しく説明されますが、次に紹介するセッション233からの抜粋では、生まれ変わりに関するセスの重要な論点が、歴史的かつ個人的な観点から示されています。

「無数の生まれ変わりの人生を通して人格が物質化する中で、新しい性質を身につけるのは、自我(エゴ)と個人的な潜在意識を成す階層だけだ。自己のほかの階層には過去の経験、自己感覚(アイデンティティ)や知識が保たれている。

実際、自我(エゴ)が〝比較的〟安定性を得られるのは、ほとんどこうした潜在意識的な蓄積のおかげである。過去生での経験が、自己のより深い階層に存在しなかったら、自我(エゴ)がほかの人間たちと関わることは、総じて不可能になってしまい、社会の統合性も崩れてしまうだろう。

学習したことはある程度、遺伝子を通じて生化学的に伝達されるのだが、これは過去生で獲得し、維持してきた内面的な知識が、肉体の中で物質化されるということだ……人間は誕生時に噴き出るように突然存在し始め、経験を積み重ねるための初めての試みに、苦労しながら取りかかるわけではないのだ。もしそうだとしたら、きみたちはまだ石器時代から少しも進歩していないだろう。

エネルギーの波の動きが無数にあるように、生まれ変わりパターンの波も数多くある。というのも、きみたちの惑星上には、これまでいくつもの石器時代があり、そこで新たに生まれた、自己存在(アイデンティティ)たちが、〝初めての〟物質的現実での経験を開始し、彼らが成長するに連れて地球上の有様を変えてきたからだ。

彼らは、きみたちのやり方ではなく、彼ら自身のやり方で地球を変えてきたのだが、それを話すのは、ずっと先のことになるだろう。だが、これらのことすべては、実際には瞬きをする間の出来事だ。すべては目的と意味を伴って、達成感と責任感に基づいて起こるのだ。自己の各部分は、ある程度の自立を保ちながらも、同じ自己のほかのあらゆる部分に対する責任を負っている。そして各全体自己（根源的自己（エンティティ））は、何を行い、何を決断するかについては概ね主体的である一方、ほかのすべての全体自己に対する責任があるのだ。

それは、数多くの自己の階層が全体自己（根源的自己（エンティティ））を構成しているように、無数の根源的自己が一体となって統一的全体構造（ゲシュタルト）を作り上げているからなのだが、これについては、きみたちはほとんど無知であり、私もまだきみたちに教える準備ができていない」（この最後の発言は、ずっとあとになって、神の概念を説明する一連のセッションを先取りしたものです。）

わたしたちはまだ、生まれ変わりに関するセッションを開いています。そして質問が湧いてくるたびにセスに投げかけています。こうすることによって、当然生まれ変わりについての資料（マテリアル）は増えていくのですが、生まれ変わりは、わたしたちの現実の一側面にすぎず、セッション全体の構成にからすると、比較的些細な役割を果たしているだけなのです。

あなたが自分の生まれ変わりの背景を理解し、受け入れるかどうかは別として、今のこの人生において、分別のある、バランスのとれた生活を送ることはとても重要です。わたしたちは自分の日常の現実を形作っています。過去生を作り出し、今の人生も作り上げています。そして、今、問題を解決することによって、わたしたちの「過去」や「未来」の自己にとって、物事が非常にたやすく運ぶようになるのです。

＊『イブの三つの顔——一つの肉体に宿る三人の女性』（C・H・セグペン、H・M・クレックレイ著、川口正吉訳、白揚社、1958年刊）：解離性同一性障害に悩む主婦の症例を記録した本。のちに同名の映画にもなった。

第13章 健康

健康を維持するためにはどうしたらいいのでしょうか？　かかってしまった病気を振り払うにはどうすればいいのでしょうか？　心の状態と健康にはいったいどんな関係があるのでしょうか？　健康に関するセスの教えは、ロブとわたしにとって、そしてそれを知ったすべての人にとって、大変価値のあるものになりました。わたしたち2人はセスのアイデアを生活の中で応用しましたが、思考や感情と健康の密接な関係を理解する前まで、どうやってそれを知らずに通常の生活を送ることができていたのか、ときに不思議に思うこともありました。

数週間前、以前、隣人だったジョーンが亡くなったことを聞きました。彼女は、わたしたちが住んでいる借家の、ホールを隔てた反対側に1年ほど住んでいました。赤毛の痩せた女性で気性の激しい人でしたが、わたしの知っている中でも、最も機知に富んだ人でした。そして大変物まねのうまい人でもありました。しかし彼女は、自分の機知を剣のように使っていました。無慈悲なユーモアで、その矛先を自分自身に向けることもよくあり、そういうときでさえ、辛辣さは少しも変わりませんでした。

年齢は30代の初めで、いい仕事についていましたが、同僚の従業員皆を見下していました。結婚もしましたが、ここに引っ越してくる前に離婚し、いつも再婚すると言いふらしていた一方、ひどい男性不信に陥っていました。彼女は本当に男性を嫌っていたのではないかと思います。それでいて、女性を高く評価していたわけでもありませんが、ときに大変な思いやりを持って人に接することもありました。どういうわけか、ロブとわたしに好意を持ち、よくわたしと2人で、今、本書を執筆している、この同じテーブルを前にして腰掛け、おしゃべりをしたものです。

会話はいつも、知り合いの誰かについての、途方もなくおかしな皮肉を込めた発言で始まりました。彼女には、他人の弱点を感じ取り、それをネタにからかう、という不思議な能力があったのです。それにもかかわらず、気分がいいときには活力にあふれ、熱意があり、生まれつきの抜け目なさが見られました。わたしたち2人は、いわばゲームをしていたのです。わたしは彼女に好意を抱いていましたが、たとえそれがどんなに機知に富んだ言い方だとしても、1時間にもわたって否定的な意見や、悲観的な考え方の集中砲火の矢面に立たされる気はありませんでした。そして彼女もそのことを知っていました。さらに悪いことに、彼女は本当に滑稽で、笑うべきではないとわかっているときでも、彼女の話に笑わずにいるのは、とてつもなく大変だったのです。そして彼女はそのこともわかっていました。そこで彼女は、わたしがたまりかねて話を遮り、彼女が抱えている問題の主な原因は、他人に対する彼女の態度にある、とちょっとした説教を垂れる前に、どこまで他人に対する否定的なジョークや皮肉を自分が言えるか、試してみようとするのです。

そんな彼女が抱えていた問題は病気でした。その種類の多さと激しさといったら、1年間にかかった病気のことを、一つ一つ語るのは彼女自身にも不可能だったのではないか、と思えるほどです。なかには深刻な病気もあり、数回手術を受けたこともあります。流行の感染症にはすべてかかり、流行っていないものにもたくさん感染しました。医者から医者へとわたり歩き、いつも明確な身体症状を伴った不快感に悩まされていました。食べられるものが大きく制限され、病気はますます深刻になっていったのです。

感情的にも、過度の高揚感と意気消沈の間を行きつ戻りつし、年齢のことをひどく思い悩んでいて「40歳になるまでには人生は終わってしまう」と固く信じていたのです。そして数年間の誤差はあったものの、彼女にとってそれは真実となりました。それでもわたしたちは皆、彼女の死を聞いて驚きました。わたしたちは、彼女が文字通り、自分で自分を病気にしていることがわかっていましたが、死んでしまうほどの状態だとは思っていなかったのです。

しばらく前にわたしが書いたことを思い出してください。わたしたちは、内面で考えているとおりに物質的な現実を創り出すのです。これが「セス・マテリアル」の主要な前提です。ジョーンは数人を例外として、文字通り誰のことも嫌っていました。その上、自分は人に好かれていないし、好かれることもないと確信していました。自分は迫害されている、きっと人は自分のうわさ話をしているに違いないと思い込み、自分のほうから人に背を向けていたのです。日常生活には、彼女にとってあらゆる種類の脅威が潜んでいました。そして彼女は、常にストレスにさらされていたのです。体の免疫力は低下しました。絶え間ない戦いに疲れ果てていましたが、その戦いは、ほとんどが自分から仕掛けた一方的なもので、根拠のないものであることに決して気づきませんでした。現実についての自分の考えを外へと向かって投影し、それらの考えが文字通り彼女を破滅へと追い込んだのです。

さらに彼女は警告を受けていました。死の2年前、毎週開かれていたセス・セッションに参加したいと頼んできましたが、セスはいつものように陽気ではなく、かなり厳粛な様子でした。そのときわたしは、セスは彼女に対してずいぶん手厳しいと思いました。今思えば、自分の態度や反応を変える必要性を、彼女に強く印象づけようとしていたのだ、ということがわかります。セスは健康に関する考えを、可能な限り明確かつストレートに述べ、それを実際に活用する方法を説明しました。セッション前に、ジョーンが脚を組んで座っていた姿が、今でも目に浮かびます。もし彼女がセスのアドバイスに従っていたら、今も元気で生きていたに違いないと思います。また、セスの健康に関する教えを理解して実行すれば、読者の皆さんも健康状態が大いに改善すると確信しています。

「自分の想像によって描く絵を、注意深く観察しなければならない」とセスが語り始めました。

「なぜなら、あなたは想像力に大きな支配力を与えすぎているからだ。もし初期の資料（マテリアル）を読めば、あなたの環境や人生の状況は、いつも、あなた自身の内面的な期待がそのまま形をとったものだ、ということがわかるだろう。心の中のそうした現実を、あなたが物質化しているのだ。

もしあなたが悲惨な状況や病気、どうしようもない寂しさを思い描けば、それは自動的に物質化されるだろう。そうした思考自体が、それらの思考を物質的に現実化させる条件をもたらすからだ。健康を望むなら、不安に駆られてその正反対のことを想像したときと同じように、生き生きと健康であることを思い描かなければならない。

自分にとっての困難を創り出すのも自分自身だ。これはわれわれ一人一人にとっての真実だ。内面の心理的な状態が外へ向かって投影され、物質的な現実性（リアリティ）を帯びる。これは心理的状態の性質が異なっても変わらない……すべての人に当てはまるルールなのだ。自分自身の状況がどんなものかがわかれば、このルールを自分の利益のために利用して、その状況を変えることができる。

あなたは、自分自身のものの考え方から逃れることはできない、あなたの態度によって、あなたが見る物事の性質が形作られるからだ。まったく文字通りに、あなたは自分が見たいと思っているものを見ているのであり、自分の思考と感情的な態度が物質的な形へと変換されたものを見ているのだ。もし変化が起こるとすれば、それは心的（メンタル）な、そして精神的（サイキック）な変化でなければならない。こうした変化は、あなたの環境の中で映し出されるだろう。誰であろうと他人に対して否定的であったり、不信感に満ちていたり、不安に駆られたり、あるいは見下すような態度をとることは、自分の脚を引っ張ることになるのだ」

ジョーンは、不安そうに、足を指で叩きながら座っていました。気の利いた言葉は聞けませんでした。当時彼女は、飲み過ぎる癖のある男性と付き合っていたのですが、「彼の飲み過ぎのせいでイライラして頭にくるんです」と彼女は口を開きました。「彼が私の問題です。私を不安にさせるのは彼なんです」

ロブが笑いました。彼女の言葉があまりにとって付けたようで、何がなんでも、自分以外のどこかに責任転嫁をしようとしているように聞こえたからです。

「ほかにも理解しなければいけないことがある」とセスは言いました。「テレパシーが絶え間なく作用している。誰かが、ある特定の仕方で行動することを絶えず期待していると、あなたは休みなくテレパシーによる暗示を送っていることになり、やがてその人はそのとおりに行動するだろう。人は誰でも暗示に反応する。そのときどきに存在する特定の状況に応じて、その人はある程度、自分が受け取る集合的暗示に応えて振る舞うのだ。

こうした集合的暗示には、言葉やテレパシーによって他人から受け取る暗示ばかりでなく、その人自身が、覚醒状態や夢見の状態において、自分に与える暗示も含まれている。もし誰かが挫折感にとらわれているとしたら、それはすでに自分や他人の否定的な暗示の餌食になってしまっているからにほかならない。もし今、あなたがその人を見て、惨めな人だ、と思えば」――ここでセスは鋭い視線をジョーンに送りました――「あるいは、立ち直れないほどの飲んだくれだ、と思うと、あなたがひと言も発していなくても、そうした暗示は彼の潜在意識によって拾い上げられ、すでに弱まっている彼の状況の中で受け入れられて、彼はその影響に基づいて行動するようになるのだ。

反対に、もし同じ状況で、あなたが自分を抑えて、自分自身に『これから彼の気分は良くなっていくだろう』、もしくは『彼の飲酒癖は一時的なものだ、治る希望がある』と静かに語りかければ、あなたは彼に援助の手を差し伸べたことになる。その暗示は少なくとも、挫折感の攻撃を跳ね返すのにわずかながらも役立つ、テレパシー的な防御手段を表現したものだからだ。

あなたが自分自身の状況を創り出す手段、そして自分や他人の否定的な暗示から自らを守る手段は、明らかに存在する。否定的な思考やイメージを、その正反対のものと置き換えることによって、消し去ってしまうことを学ばなければならない。

もし『私は頭が痛い』と思い、この暗示を健康的な暗示と取り替えなければ、あなたは結果として、頭痛が続いていく状況を肉体が生じさせるように、自動的に暗示を与えていることになる。頭痛を短時間で治すエキセドリン(＊1)より効き目のある薬のコマーシャルを紹介しよう。私が教えるのは、頭痛をまったく経験しなくてすむ方法だ」

誰か特定の個人のために開かれるセッションでは、セスはふつう、その人の気分を和らげるために、おどけたコメントをいくつか織り交ぜようとします。ところが今回のセッションでは、セスのこの発言が、多少なりともユーモアを感じさせる唯一の言葉でした。

ここで短い休憩をとりましたが、ジョーンは友人の飲酒癖に関して文句を言い続け、おかげで自分のイライラがひどくなるばかりだ、とこぼしました。この問題と闘わなくてすめば、健康を取り戻すことができる、と確信していました。そして、かなり激しい口調で、自分が抱える問題のほとんどは、この友達のせいだと非難し始めました。セスは戻ってくると、今まで以上に厳粛な様子で話を続けました。

「あなたは根本的な問題から目をそらそうとしている。紙でできた龍を飛ばして、それに穴をあけようとしているが、それは本物の龍ではない。内なる自己の声に耳を傾けることを学ばなければならない。恐れることは何もない。あなたは自我（エゴ）が偽の自己になることを許し、その言葉を真実だと受け止めたのだ。というのも、自我（エゴ）の内側にある、ささやくような声を聞こうとしないからだ。

　あなたは自分自身ではなく、他人を詳細に観察してきた。他人の中に目にするのは、あなたが自分だと思っているものが物質化し投影されたものであって、必ずしも、あなた自身が投影されたものではない。たとえば、もし他人が不誠実に思えたら、それはあなたが自分自身を騙しているからであり、その気持ちを、外部の他人へと向かって投影したからだ。

　これから話すことも投影の例だ。もし、ある人にとって、物質界に悪と荒廃しか見えなかったら、それはその人が悪と荒廃に心を奪われていて、それを外部へと投影し、ほかのすべてのことに目を閉ざしているからにほかならない。もし、あなたが自分が自分のことをどう思っているか知りたければ、自分が他人のことをどう思っているのか自分に尋ねてみることだ。そうすれば答えが見つかるだろう。

もう1つの例がある。非常に勤勉なある人が、大多数の人は怠惰で何の役にも立たない、と考えているとしよう。誰も彼のことを怠惰であるとか、役に立たない奴だなどと言おうとは思いもしないだろう。しかしそれこそが、彼が自分自身に対して潜在意識的に抱いているイメージかもしれず、そしてそれに対して、絶えず自らを対立させているのである。そして自分が自分に対して抱いている基本的な概念に気づくことなく、また自分が恐れている弱点を外部の他人へ投影している、ということを認めることなく、こうしたことすべてを行っているのだ。

健康や活力を維持するには、真の自己認識が不可欠なのである。自己に関しての真実を認識するということは、簡単に言えば、自分自身について潜在意識的にどう思っているか、まず見極めなければならないということだ。もし自分についてのイメージが好ましいものであるなら、さらにそれを積み上げていけばいい。もしそれが貧弱なものなら、それが究極の状態ではなく、自分に対して抱いている意見にすぎない、と認めることだ」

ほかのすべてのトラブルに加えて、ジョーンは頻繁に激しい頭痛に悩まされていました。セスは最後に、ジョーンにアドバイスを与えましたが、それは誰にとっても役立つものです。

「何度も自分自身に言い聞かせるといい。『私は建設的な暗示だけを受け入れる』と。そうすることで、自分自身や他人の否定的な思考からある程度守られることになるのだ。否定的な思考は、消し去らずにいると、その強さに応じて、ほとんど必ずと言っていいほど、一時的な意気消沈、頭痛などの否定的な状況を引き起こすことになる。

さて、もし頭痛がしてきたら、ただちにこう言うといいだろう。『それはもう過去のことだ。今この新たな瞬間、この新しい現在においては、もう気分が良くなり始めている』。それからすぐに肉体的な状況から注意力をそらす。なにか楽しいことに集中するか、別のことを始めるのだ。

こうすることで、頭痛という状態を再現するように、という暗示を肉体に与えるのを止めることになる。このエクササイズは何度も繰り返して行っても構わない」

不安や怒り、憤慨などの否定的な思いを抑圧するのは、好ましくありません。別のセッションで、そうした思考について、その存在を認めてやり、それに直面し、それから別の思考と入れ替えるべきだと、セスははっきりと述べています。

抑圧はわたし自身にとっても1つの癖となっていました。否定的な思考がどんなに破壊的になり得るか、ということを学んだあとは特にそうです。最初わたしは抑圧しようと躍起になり、やりすぎたところがありました。自分が特定の人や状況について憤慨していることに気づいたときは、身をよじるように尻込みして、「なんてひどいことを考えているんだろう」と自分に対して言うことがよくありました。

「誰かに攻撃的な考えを向けたら、その人を傷つけることになるかもしれないわ」とわたしはロブに言いました。「もしそれを封じ込めたら、あとで何らかの肉体的な症状になって現れて、傷つくことになるかもしれないし。だからお願い、セスがどんなアドバイスをくれるか、次のセッションで訊いてみて」。このときのセッションで、セスは抑圧と正しい対処法の違いを説明してくれました。

「ルバートは、憤りを感じたときには、それを認めることを忘れないようにしなければならない。それから、憤慨の気持ちは解消できることを理解する必要がある。しかし最初に、憤慨していることを認識することが不可欠だ。それからその感情を根こそぎ引き抜いて、前向きな感情と入れ替えることを想像するように、とルバートに言いなさい。だが、その際、感情を引き抜く過程を思い浮かべなければならない。

これが抑圧と積極的な行為との違いだ。抑圧では、憤りは下へと押し込まれ、無視されてしまう。われわれの方法では、それは認識され、好ましくないものとして想像力を使って引き抜かれ、安らぎの思いと、建設的なエネルギーに置き換えられるのだ」(セスはわたしに、攻撃的な思いを恐れるあまり、抑圧することのないようにと、何度も警告してくれていました。わたしを通して話しているセスが、こんなふうに、わたしに課題を与えるのは相当滑稽なことだ、とロブは言います――少なくとも彼にとっては……。しかし、セスのアドバイスはいつも的を射たものでした。)

のちにセスは、次のような重要な点を指摘しました。

「もし健康を強く望む気持ちがありながら、逆にそのために、克服しなければならない病の症状が気になって仕方がない、というようなことになるのであれば、健康や病気について考えるのは一切止めて、意識をほかの方向、たとえば仕事などに向けるのがいいだろう。症状に意識を向けることは、邪魔になっている障害物に注意を集中することになり、否定的な状況がさらに強固なものになっていくだろう」

生命は豊かさ、活力、そして力強さに基づいている、とセスはいつも言っています。わたしたちの誰もが、否定的な暗示から自分を守る力を持っており、自分自身の免疫力を信頼しなければなりません。わたしたちが否定的な暗示に反応してしまうのは、自分の心の持ち方が否定的になっているときだけです。そうすると、わたしたちは、健康を維持するのに必要な建設的なエネルギーから自分を遮蔽してしまうのです。

繰り返しますが、セスは感情を抑圧することを勧めているのではありません。なによりもまず、あるがままでいることが重要です。もしわたしたちが本当に自然のままでいれば、前向きな暗示のことなど考える必要はない、とセスは言います。そうすれば、おのずと健康が保たれるからです。

生徒の1人であるビジネスマンは、セスが自然のままでいることについて話すと、いつも不安を感じます。彼は、自然のままでいることは、規律が欠如していることと同じだと考えているのです。セスは好意を込めて、ユーモラスにこの男性を「ディーン」(*2)と呼びます。なぜなら、彼はわたしの一番出来のいい生徒であり、誰もが彼の心霊的(サイキック)冒険談に、大きな関心を持って聞き入るからです。しかし彼はまた、コミュニティーの中で生きる男でもあり、「自然のままでいる」という言葉は、少なくとも彼に関するかぎり、闘牛の前で赤い布を振るようなものなのです。そして、わたしたちの多くは、内面の感情はあまりに激しくて処理することができないのではないか、と感じていることは認めねばなりません。

ある夜、クラスでこの話題について話していると、突然セスが現れ、こう言いました。

「感情は嵐雲や青空のように、きみたちの中を通り過ぎていく。だからきみたちはそれに対して心を開いて反応することが重要だ。きみたちはきみたちの感情ではない。感情はきみたちを通って流れていき、きみたちはそれを感じる。そして感情は消えてしまう。感情を押しとどめようとすると、山のように積み重ねることになる。私はディーンに、あるがままでいることには、それ自身の規律がある、と言ったところだ。きみたちの神経系はどう反応すればいいのか知っている。きみたちが許せば、神経は自然のままに反応する。感情が危険なものになるのは、自分の感情を否定しようとするときだけなのだ」

その夜、新しい生徒が来ていました。そして誰かが、セスはとても厳格になることがある、と言いました。するとセスは、冗談っぽく話し始めました。

「私は今夜ひどい悪口を言われているようだ。だから本当は陽気な奴だということを、われわれの新しい友人に示すためにこうしてやって来たところだ。少なくと、それが私の当初の意図だった。だが、それは今、変更になった。もう一度きみたちに念を押さなくてはならないからだ。内なる自己は、自然のままに働けば、きみたちにはまだ理解することのできない規律を示すものだ、ということを」

セスは私の目を通して、部屋をじっと見渡しました。誰かがわたしのメガネを拾い上げて、コーヒーテーブルの上にのせておいてくれました（前にも述べたとおり、セスがわたしを通して話すときはメガネを外し、床の絨毯の上にかなり仰々しく放り投げるのです）。いつものように、明かりはついていました。セスはグループを前にして、力強く語りました。

「きみたちはきみたちの肉体ではないし、きみたちの感情でもない。きみたちが感情を持っているのだ。きみたちは思考を持っているが、それは朝食に食べる卵を持っているのと同じことだ、だが、きみたちが卵でないように、きみたちは感情でもない。きみたちが卵やベーコンとは別の存在であるように、思考や感情からも独立した存在だ。きみたちは肉体を構成する際に卵やベーコンを利用する。そして心的（メンタル）な構成要素として思考や感情を利用するのだ。自分が一切れのベーコンだと思うことは、間違いなくないだろう。それなら同様に、思考や感情を自分だと思わないようにすることだ。きみたちが柵や扉を立てると、自分の中に感情を閉じ込めてしまうことになる……まるで大量のベーコンを冷蔵庫の中にため込むように。そうしておいて、なぜほかのものを入れるスペースがなくなったのだろうか、と不思議がるのだ」

セスは「ディーン」に話しかけました。「自由が何であるかをきみが学ぶことが、なぜそんなにも難しいのだろうか？」

「全体的に見ると、自由とはほとんど無責任のように思えるからです」

「それはまったくきみ自身の解釈だ」とセスが応じます。「きみがいろいろと条件を要求するとそうなるのだ。さてきみに尋ねることにしよう。もし一輪の花が、朝になって空のほうに顔を向けて、こう言ったとすると、どこまで思いどおりにいくと思うかね？『わたしは太陽を求める。さて今度は雨が必要だ。だから雨を求める。そしてミツバチがやって来て、私の花粉を運んでいくことを要求する。それゆえ、私は太陽が一定時間輝き、雨が一定時間降り注ぎ……そしてミツバチのA、B、C、D、Eがやって来ることを要求する。別のミツバチを受け入れる気はない。私は規律が作用し、土が私の指令に従うことを求める。だが、土が自然のままに振る舞うことは一切許さない。それに太陽があるがままに輝くことも許さない。太陽が自分で何をしているかわかっているとは思わない。私はこれらすべてのものが、私の規律の考え方に従うことを要求する』。

もう一度訊くが、いったい誰がそんなことを聞き入れるだろうか？　太陽の奇跡的ともいえる自然のままの有様の中には、きみの理解がまったく及ばない、そしてわたしたちが規律として知っていることを超えた規律がある。花から花へと飛び回るミツバチの、あるがままの動きの中には、きみたちの知るものを越えた規律があり、それ自身の知識にしたがって働く法則があり、そして、指令などによって強制されることのない喜びがあるのだ。なぜかと言えば、真の規律は、自然のままでいることの中においてのみ見つかるからだ。自然のままでいることは、それ自身の秩序を知っているのだ」

もう一度、セスは「ディーン」を見つめましたが、今度はグループのほかのメンバーに話しかけました。

「きみたちの神経系の自然のままの機能の中に、何が見つかるだろうか？　ここに〝ディーン〟の頭があり、それは彼の肩の上に乗っている。そして規律を要求する知性がある。だが、これらすべては内なる自己の、そして知性がほとんど知らない、神経系の自然のままの働きの上に成り立っているのだ。その自然のままの規律がなくては、肩の上に乗っかって規律を要求する自我（エゴ）も存在しないことになるだろう……さて、こうして私は、どんなに陽気になれるかを証明したのだから、みんなで休憩をとってはどうだろうか」

みんなが笑って休憩になりました。休憩時間のあと、ほかの質問に答えるためにセスが戻って来ましたが、最後に「ディーン」に向かって微笑みかけて話を締めくくりました。

「きみたちの惑星上では、過去何十世紀にわたってそうであったように、季節は毎年巡ってくる。そして季節は壮大な自発性とともに、世界に向かってほとばしるような創造性とともにやって来る。だがそれでも季節は高度に儀式化された、規律のある方法で来るのだ。これは春が12月に来ることがないことからもわかるだろう。そしてそこには、目にするのも本当に驚嘆すべき、自発性と規律の融合があるのだ。だがきみたちは、季節の到来を恐れたりすることはない。

きみたちの一人一人が自分のやり方で寄与しているのだ。物質としての地球そのものときみたちの知るあらゆるもの、木々や季節や空は、ある程度まで、きみたち自身が一翼を担ったものと考えることができる、つまり自然のままでいることと規律が一体となって、地球に豊かな実りをもたらしたのである」

自然はすべて、あるがままに機能しています。わたしたちの体も、わたしたちが誤った考えを押し付けなければ、自動的に健康を維持するのです。

しかし当然ですが、ここで述べたほど単純ではないことも事実です。クラスのセッションでは、セスは参加者に直接話しかけ、できるだけ簡明に、誰もが理解できるように説明しようとします。しかし、わたしたちだけのセッションでは、こうしたテーマをさらに深く掘り下げていくのです。次に紹介するプライベート・セッションからの抜粋では、セスは痛みと意識に関する、生物学的、及び精神的（サイキック）要素を説明し、さらに病気自体が、ときには目的を持った活動である場合があると述べています。

この抜粋を読みながら、あなたがこれまでにかかったさまざまな病を思い出し、このことがどう当てはまるのか考えてみてください。ここでセスは、表面的な人格との関わりにおいてばかりでなく、わたしたちの最も深部の、生物学的枠組みとの関係における病気の問題を論じています。以前にセスは、サリー（ジョンの妻）が、「病んでいる」自己感覚（アイデンティティ）から自分自身を切り離す必要があることについて語りましたが、ここで、この問題をさらに詳しく論じます。

「すべての病気は、人格存在によって自己の一部として一時的に受け入れられるのだが、ここに危険が潜んでいる。病気は単に象徴的な意味において受け入れられるわけではない。そして私も今、象徴的な言葉で話しているのではない。病気のような阻害的な行為は、まったく文字通りに人格構造の中に取り込まれ、いったんそうなると確執が発生する。自己というものは、それ自身の一部が、たとえ苦痛をもたらし、不都合なものであっても、失いたがらないものなのだ。これには多くの理由がある。

まず、苦痛は不快ではあるが、加速された意識の最先端に対して、自己をなじませる方法でもあるということなのだ。強められた刺激は、心地よいものもそうでないものも、ある程度まで意識を興奮させる効果を持っている。たとえ刺激が屈辱的なほど不快な場合でも、心理的構造の一部分は、それが1つの感覚、鮮やかな感覚であるが故に、それを無差別に受け入れてしまうのである」

ここでセスは、彼の理論の中でも非常に重要な、次の点にたどり着きます。

「苦痛を伴う刺激をも受け入れてしまうこの黙認は、意識に本来基本的に備わった性質なのだ。行為（アクション）は、心地よい刺激、痛みを伴った刺激、あるいは喜びにあふれた刺激を区別することはない。そうした区別は、もっとあとになって、別のレベルで行われることだ」（ここでセスは、人格をエネルギー、もしくは行為（アクション）によって構成されたものと考えています。）

行為（アクション）はあらゆる刺激を肯定的に受け入れる。いわば、高度に区分けされた意識において、行為（アクション）に仕切りが設けられたときにはじめて、刺激の微細な分化が起きるのだ。自己意識があまり高くない生命体において、不快な刺激が不快だと感じられなくなり、それに対する拒否反応が起きなくなる、と言っているのではない。そうした意識の低い生命体は、自らの自動的な反応にも喜びを感じるだろう、という意味だ。なぜなら、どのような刺激と反応も感覚を表すものであり、感覚は意識が自らを知る方法だからだ。

肉体的仕組みを伴った複雑な人間的人格存在は、ほかのさまざまな構造とともに、高度に特化した〝自〟意識（つまり自我（エゴ））を発達させてきたが、自己感覚（アイデンティティ）の見かけの境界線を守ろうとするのが自我（エゴ）の本質なのである。そうするために、自我（エゴ）は無数の行為（アクション）の中から選択して回る。しかし、この洗練された性質の背後には、もっと素朴なその存在の基盤があり、まさにすべての刺激を受け入れるということなくしては、自己感覚（アイデンティティ）の存在そのものが不可能になるのだ。

　苦痛を伴う刺激でさえも黙認して受け入れなければ、肉体的な構造が自らを維持していくことは絶対にないだろう。というのも、それを構成している原子や分子は、そうした刺激を絶えず受け入れており、喜んで自らの破滅にさえ甘んじるからだ。原子や分子は、すべての行為（アクション）の内部に自らの自己感覚（アイデンティティ）があることに気づいており、複雑な〝自分〟という構造を持たないので、破滅を恐れる理由はないのだ。原子や分子は、自分たちが行為（アクション）の一部であることに気づいているのだ。

　なぜ人格存在は、病気のような阻害的な行為を、苦痛に対する自我（エゴ）の抵抗があるのにもかかわらず受け入れてしまうかを理解していれば、こうしたことは自明の知識だ」

　セスは続けて、病気は常に人格的な問題を含んではいるが、「健康的な」反応である場合もある、と述べました。

「病気は構造全体にとっては苦難であり、……本来の人格にとっては本質的なものではない、ということを、人格存在は理解しなければならない。

　人格存在の重点全体が、主要なエネルギーを、建設的な領域から、阻害的な行為（アクション）、もしくは病気の領域に集中させる方向へと転換することがある。そのような場合には、病気は実は新たな統合秩序を表しているのだ。さて、もし人格存在の古い統合秩序が破綻しているなら、新しい、建設的な統合的原理が以前のものに取って代わるまで、病気がその場しのぎの、一時的な、緊急の手段としての役割を果たして、人格存在の調和を無傷のまま維持するということもある。

　統合的原理とは、行為（アクション）の集まりのことであり、ある任意の時点で、人格存在は自分自身をその周囲に形成するのだ。こうした原理は、行為（アクション）が阻害されずに自由に進行しているときには、ふつう比較的スムーズに変化していく。（セスが自然のままでいることの意義と、抑圧によって起こされる問題に関して、学生に与えたアドバイスと一致していることに注目してください。）つまり、阻害（病気）はときに心理的秩序全体の調和を保護し、内面の精神的（サイキック）な問題の存在を教えてくれることがあるのだ。病気は人格存在を構成している行為（アクション）の一部であり、したがって目的を持っており、外部から人格存在に侵略してくる、まったく異質の力だと見なしてはならない……。

　病気は、その目的が達成されたあとも長く持続することがなければ、阻害的な行為（アクション）と呼ぶことはできない。そのように長く続く場合でさえ、すべての事実を知らずに判断することは不可能だ……なぜなら、そのときでも、病気は、万が一新たな統合秩序がうまく機能しない場合には、常時存在する緊急の仕組みとしていつでも利用できる状態に保たれ、人格存在に安心感をもたらす、という役目を果たすことがあるからだ。

　言い換えれば、どのような人格存在についてであろうと、それを構成するに至ったさまざまな行為（アクション）を完全に知ることなく、ある1つの行為（アクション）が阻害的であると判断することはできない、ということだ。これは極めて重要なポイントだ。これを見逃すと、より深刻な病気を選択せざるを得なくなる危険がある。

行為（アクション）が自由に進行していくことが許されれば、神経症的な拒否反応が起こることはないだろう。そして不必要な病気を引き起こすのは、神経症的な拒否反応なのだ。

すべての病気は、ほとんど常に、別の行為（アクション）が最後まで実行されなかった結果として起こる。当初の行為（アクション）に至る糸が解き放たれ、道筋が開かれると病気は消失する。しかしながら、挫折した行為（アクション）は、悲惨な結果をもたらすことがあり、病気がそれを防いでいるのかもしれないのである。人格存在にはそれ自身の論理があるのだ」

肉体的な症状は、内なる自己からのメッセージであり、わたしたちが心の中で何らかの過ちを犯している証拠だと、セスは何度も語っています。あるセッションでは、肉体を「決して完成することのない」彫刻に例え、こう述べています。

「試験的な素材であるその彫刻は、内なる自己がさまざまな手法を試すために使われているのである。結果は必ずしも最高の出来とはいえないが、彫刻家は、彼の作品からは独立した存在であり、今後もいくつもの作品が作られることを知っているのだ」

セスはまた、さまざまな症状が、その背後にある内面的な問題とどう関わっているかについて、いくつかの興味をそそるコメントを残しています。

「きみたちが内なる自己の一部であることを忘れてはならない。だが、内なる自己はきみたちを利用しているのではない。きみたちは内なる自己の一部分として、物質的現実を経験しているのだ。

重篤ではないが目につく肉体的疾患——たとえば、手足や臓器の喪失を伴わないもの——はたいてい解決されかけている問題、つまり〝公の場にさらけ出された〟問題を象徴しているのである。そのような病気は、発見の過程の最終結果なのだ。内面的な問題に直面し、それを認識して克服できるように、文字通り明るみに持ち出され、症状が進歩の程度を測る尺度として使われているのである。試行錯誤による解決法が関わっているが、内面的な過程がかなり素早く肉体的状況として表出する」

セスが別のセッションで明確に述べているように、そのような場合には、症状自体が治癒過程の一部となっているのです。したがって、わたしたちがやらなければならないのは、自分の心構えを変え、症状が示している問題を求めて内面を探索し、症状の改善を見ながら進歩の度合いを測ることです。

「潰瘍のように、症状自体が体内にある場合には、それは人格存在がまだ問題に直面しようという気になっていないことを示しており、正しく、象徴的にいえば、症状が物理的な視覚に入らないように守られているのだ。したがって、症状が観察できるかどうかは、自分の問題に対する人格存在の態度を知る手がかりになるといえる。

決して物質化することのない問題は数多くある。それらは精神の中の空白の場所、未開の、非生産的な領域として残り、そこではいかなる経験も許されていないために、まったく問題のない場所なのだ……つまり、心理的（メンタル）な、精神的（サイキック）な、あるいは感情的な認識の欠如と、完全な封じ込めがあるのである。そうした経験の否定は、その領域で自分をまったく表現することができないという無力さが人格存在の側にあるために、具体的な問題よりはるかに有害なものなのだ」

ロブの父親は動脈硬化を発症し、老人ホームに入っていますが、わたしたちが誰なのかわからなくなっています。わたしたちが訪問すると、多かれ少なかれ、ロブの父親と同じ状態のお年寄りが集まってきます。それでわたしたちは、高齢者の問題について気遣うようになりました。

セスによると、老化による認知症は人によってさまざまですが、おおまかにいうと、人格存在が意識の主要な部分を次の存在の領域へと移してしまい、そこで完全な気づきの状態を持って機能している、ということなのです。人格存在の心的な焦点が、次第にこの人生を離れて、別の次元で活動し始めます。動脈硬化のような肉体的な病は、人格存在が新しい物質的刺激を徐々に拒否し、したがって物質的経験を（意図的であろうと、過ちによってであろうと）避けることによって引き起こされるのです。肉体の死をひどく恐れている人は、この道を辿ることがあります。そういう人たちにとっては肉体の死が起きるとき、意識はすでに新たな環境に馴染んでおり、有機体の死による影響をあまり受けることがなくなるからです。いずれにせよ、その人の内面的な決断が肉体的な症状を引き起こすのであり、その逆ではないのです。

死後にも、ある症状を引きずっていってしまうこともあります。たとえば、同じアパートに住んでいたミス・Cは、動脈硬化で亡くなりました。ある夜、わたしは肉体を離れ、ある奇妙な家の中にいるのに気づきました。なぜ奇妙かというと、その家は極端に古風でありながら、どういうわけか新築に見えたからです。わたしがそこに着くと、ミス・Cはちょうどドアから出て行こうとしていました。彼女はとても気が散っている様子でした。突然、わたしはその家は彼女が創り出した幻覚、彼女の子ども時代の家の複製であることがわかりました。そして彼女は死んだことに気づいていない、ということもわかったのです。

同時に、彼女に事実を説明するのが自分の役目だ、と思いました。彼女のあとを追い、優しく家の中に導き入れると、こう言いました。「ミス・C、もう死ぬことを心配しなくてもいいんですよ。死はもう起きたんです。今、あなたの心は完全に澄みきっています。だから大丈夫です」。彼女は理解したように見えました。そしてわたしが話し終えると、わたしのあとを引き継ぐために、別の誰かがやって来たのです。

以前に、このような事例について読んだことがありましたが、こうして自分でミス・Cを導くことになるまでは、とても想像力に富んだお話だと思っていました。重要なのは、彼女がとても死を恐れていたので、死が終わったことに気づかなかったという点です。肉体はなくなってしまったので、彼女はアストラル体の中にいました。それでも、まだ動脈硬化に悩まされているかのように、彼女の心は明瞭さを欠き、動作は混乱しているように見えました。

セスによると、わたしたちが何回も生まれ変わって生きるのは、思考や感情を外へと向かって投影し、現実を創造していることに気づくためです。たとえば、不健康は、歪んだ考えを肉体に向かって投影したものであることに気づけば、内面的な問題を解消することに取りかかればいいのです。

こうした気づきによって、過去生に関わる病気でさえも癒すことができます。セスが言うように、わたしたちは実際には、複数の過去生を同時に生きているのですから、そのような「並行」自己は、今、私たちの中にいるのであり、セラピーを通して通じ合うことができるのです。

わたしたちの友人が、見込みのない男性と恋に落ちるのを止められなかったことを思い出してください。彼女は最後にはますます気難しくなり、何度も自殺を試みました。ある夜、彼女がいないまま、彼女のためにセッションを開きました。セスがそこで述べたアドバイスには、一般にも当てはまる重要な教訓が込められています。

「きみは、人生によって与えられた条件にしたがって、人生を受け入れていない」とセスが語り始めました。「きみは、人生がある特定の方向に動いて行き、自分が意識的に決めた進路を辿っていくことを要求している。自分の内部にある、人生それ自身の理由や目的が示すところに従って、喜んで受け入れることを拒否しているのだ。

自分を愛してくれる男性を見つけなくてはならないという考えは、人生を人生が決めた条件で受け入れることに対する、内部にある拒絶を隠す覆いにほかならない……『現実の在り方が私の条件に合わないなら、私は生存するのを止めよう』。きみはこう言っている。だが、自分自身の持って生まれた生命力に対して、そのように異議を唱える権利は誰にもないのだ。

いったん人生を、人生が決めた条件のままに心の底から受け入れれば、きみが求めているものが本当に手に入るかもしれない。しかし、生き続けるためには、自分が求めるものが絶対手に入らなければ嫌だと固執する間は、それは無理だ……自分が人生に押しつけている条件を手放したときに、きみの本来の生きる目的が日々の人生に喜びをもたらすのだ。きみは自分が本当に所有しているもの——健康と活力——を忘れている。きみは自分の知性と直感を忘れている。自分にどんな天の恵みが備わっているかを忘れているのだ。

その恩恵を、きみが存在の条件として設定した目的に適うように無理強いすることは、その本来の存在意義を踏みにじる行為だ。自分には目的があり、その目的はやがて成就されることになる、そして今も成就されつつあるということを信じて生きていかなければならない。自分はそのような目的と意味を持っているのだ、ということを信じて生きていかなければならない。きみの存在に意味も目的もなければ、きみは今ここにはいないだろう。

きみ自身の人格存在としての独自性は、大事にしなければいけない。きみの現在の人格が持つ特定の目的は、現在の状況においてのみ、総合的にみて最善の方法で成就することができるのだ。克服しなければならない課題は、別のとき、別の人生で取り組むことができる、というのは正しい。しかし、きみが今助けることのできる人たち、きみが今できる善意の行為は、別の人生でまったく同じように成されることは決してないのだ……。

きみの100分の1ほども恵まれておらず、もう1日生き延びる理由などきみの3分の1もない男女が、夕べや暁を喜びにあふれながら讃え、体の中で心臓が脈打つ音に祝福と歓喜の気持ちで聞き入ってきた。そして彼らは自らの目的を果たし、他人に喜びをもたらしたのだ。彼らは、人生をそれ自身の条件で受け入れ、そうすることによって天の恵みに満たされた……それは自分が持てるものすべてを、人生に与えることからくる恵みなのだ」

でも、厳密に言って、健康とは何なのでしょうか？　最近のクラスセッションで我らが友「ディーン」がセスにそう尋ねました。

「きみは健康を望むべきだ。なぜなら、それはきみの存在の自然な状態だからだ。きみは、自分の存在に生まれながらに備わる知性を信頼しなければならない。健康とは自然な状態のことだ。きみの肉体像を通して、宇宙のエネルギーがそれ自身を表現するのだ。1人の個人として、1つの個である意識存在として、きみはその一部であり、もし健康に恵まれていなかったら、自分自身を十分に表現することも、1つの自己感覚（アイデンティティ）として自分の目的を達成することもできないだろう。肉体の影響は心の中で感じ取られ、心の影響は肉体の中で感じ取られるものだからだ」

「ディーン」は眉をひそめてこう尋ねました。「もし私が健康だったら、スピリチュアルな意味でも健全だということなのですか？」

「もしきみの体調が優れなくても、きみが悪人だという意味ではない。この点ははっきりとさせておこう。それは特定の領域に障害物があり、そこではきみはエネルギーを建設的に利用することができない、という意味だ……理論的には、きみが本来のやり方でエネルギーを使っているなら、良好な健康状態にあり、豊かさにあふれているはずだ。しかしながら、さまざまな種類の不足が、多くの方法で現れてくることがある。

健康、もしくはステータスの高さが、自動的にスピリチュアルな豊かさを示すものだという態度を、きみに身につけてほしくはない……きみたちの何人かは、ある分野で秀でているが、別の分野ではハンディを背負っている。理想は、自分の能力すべてを使うことだ。そうすることで他人を、きみたちが自動的にその一部となっている人類を、助けることになるだろう」

わたしたちに厄介事をもたらす内面の問題を明らかにする方法として、セスは自己催眠と、浅いトランス状態を利用することを勧めています。また単純に、内なる自己に頼んで、答えを意識的に得られるようにしてもらうことも勧めています。もし内面の問題が見つからなければ、ただ単に1つのものから、別のものへと、症状が変わるだけになってしまうでしょう。こうした状況や、そのほかの状況でとるべき具体的な手段は、多くのセッションに散りばめられています。夢は、問題を見いだす上でも、それに対する解決策をもたらす上でも、とても重要です。実際、次の章のはじめに、夢をセラピーとして利用することに関する、セスのアドバイスを紹介しようと思います。セスの指示はわかりやすく、誰もが利用できるものです。

＊1　欧米ではタイラノールと並び、最も一般的な解熱鎮痛剤。
＊2　「dean」には大学などの学部長という意味がある。

ジェーン・ロバーツ（撮影：リッチ・コンズ）

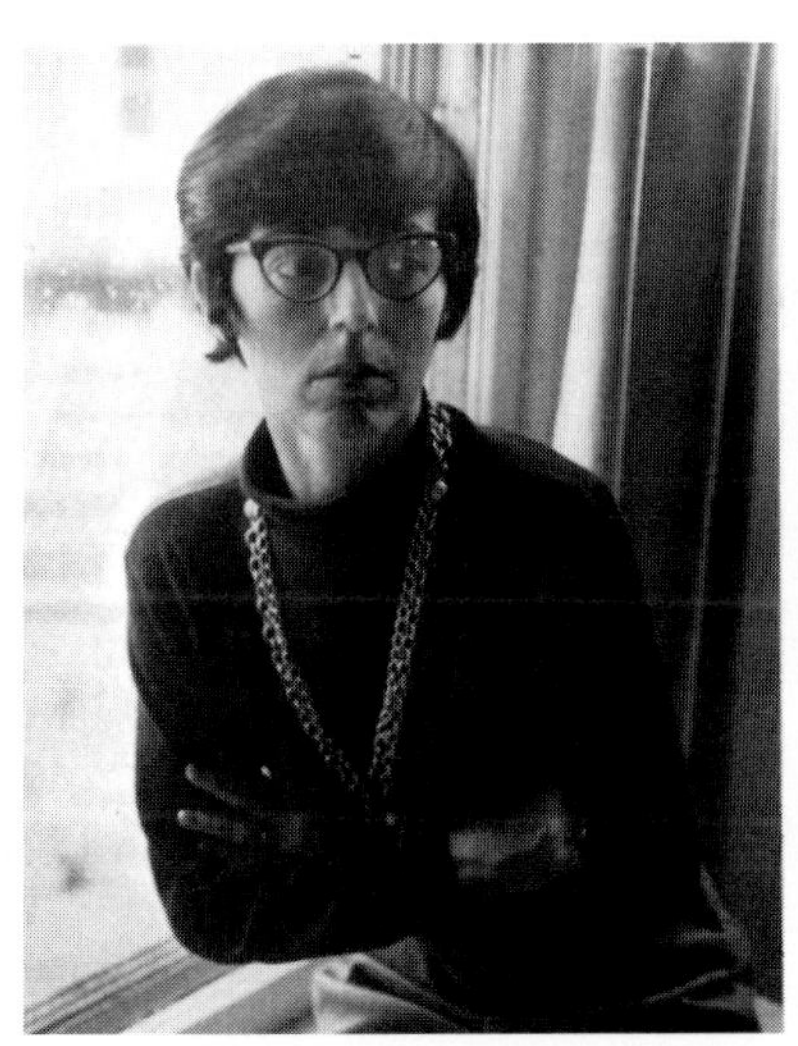

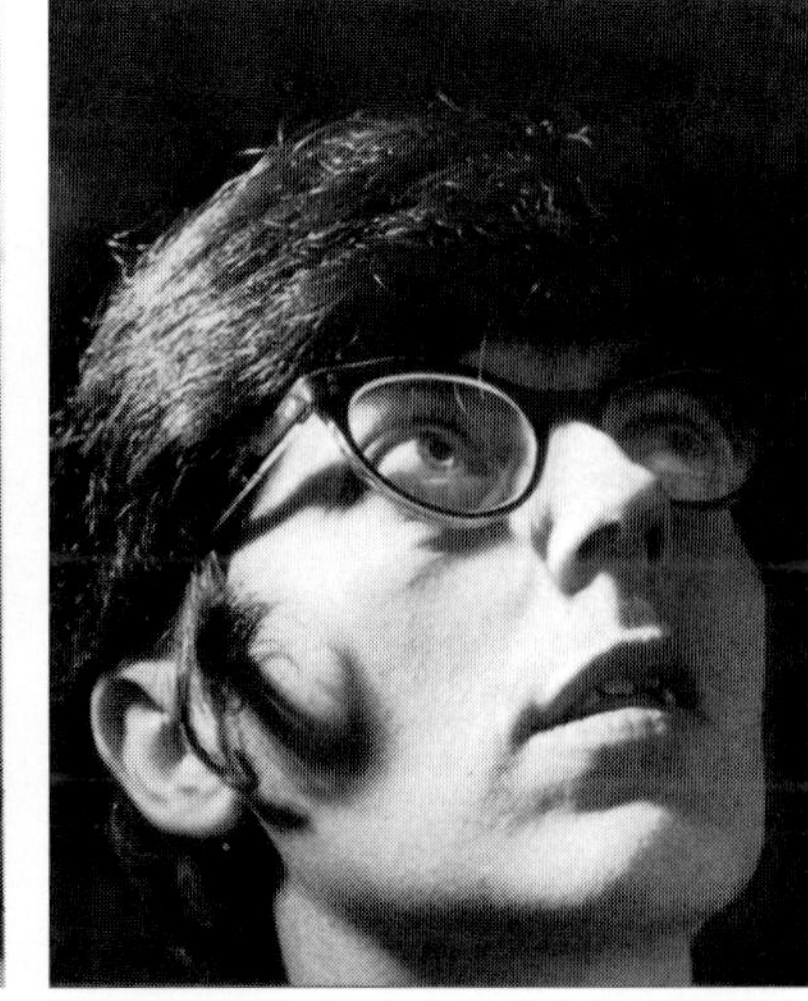

セス・セッションは、バッツ家の居間で照明をつけたまま開かれる。ジェーンの夫であるロブが、自分で開発した速記法を使って、セスの言葉を逐一書き取る。上の写真では、ジェーンがトランス状態に入る際に、セスとなってメガネを外し、ソファの上に放り投げたところである。
(撮影：リッチ・コンズ)

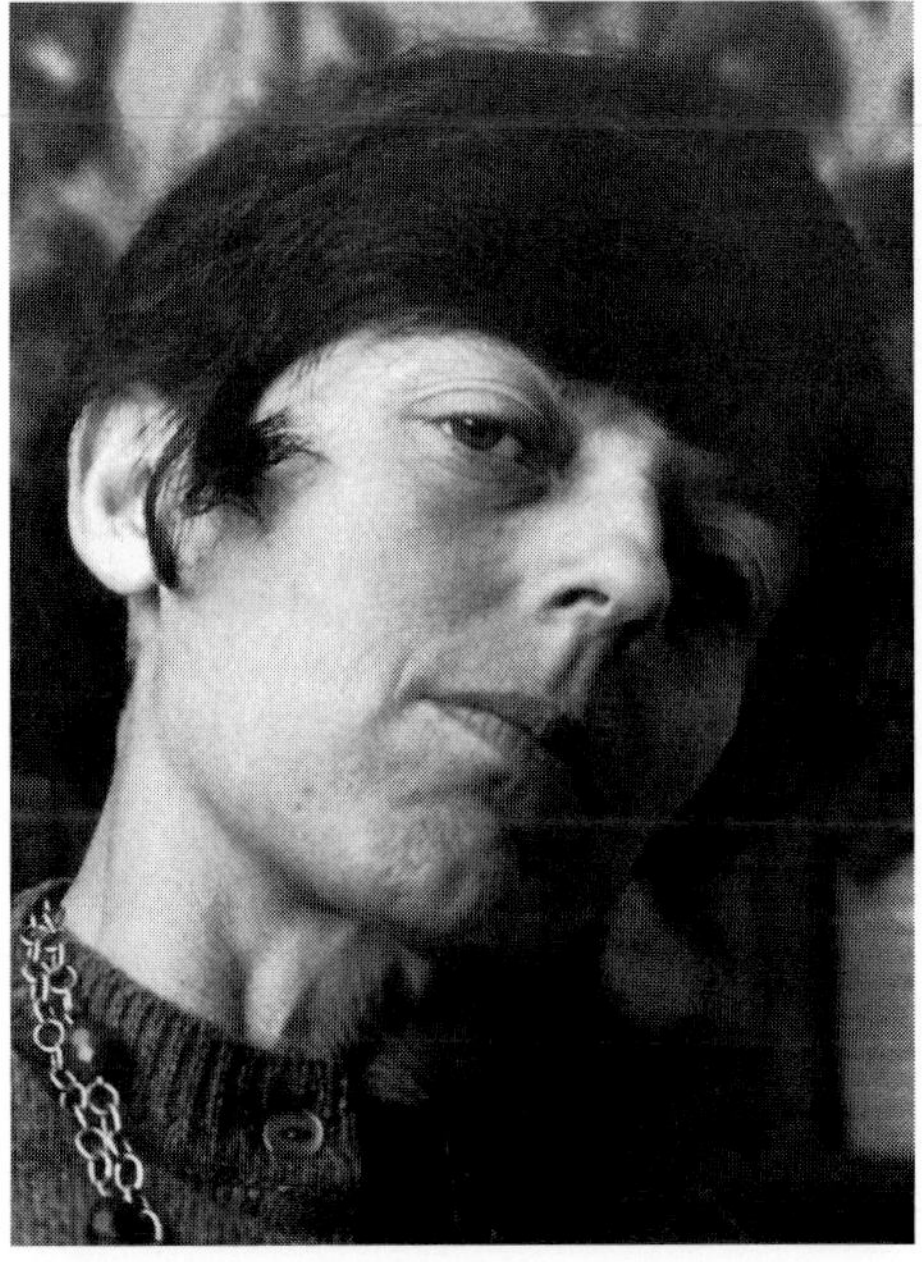

このページと次ページの写真では、ジェーンのトランス状態での表情と身振りが劇的に変化して、セスに取って代わるのが見てとれる。

「繰り返すが、ルバートの潜在意識を通して話をするからといって、私はルバートの潜在意識ではない。彼の潜在意識は、それを通って私がきみたちのところにやってくることのできる媒体のようなものだ。たとえば、空気は鳥がその中を飛ぶ媒体であるのと同じように」

「人間は誕生時に噴き出るように突然存在し始め、経験を積むために、初めての試みに苦労して取りかかるわけではないのだ。もしそうだとしたら、きみたちはまだ石器時代から少しも進歩していないだろう」

「ユングは死の直前になって、自らの概念のいくつかを見直して発展させた。それ以来、彼は多くの概念に変更を加えた」

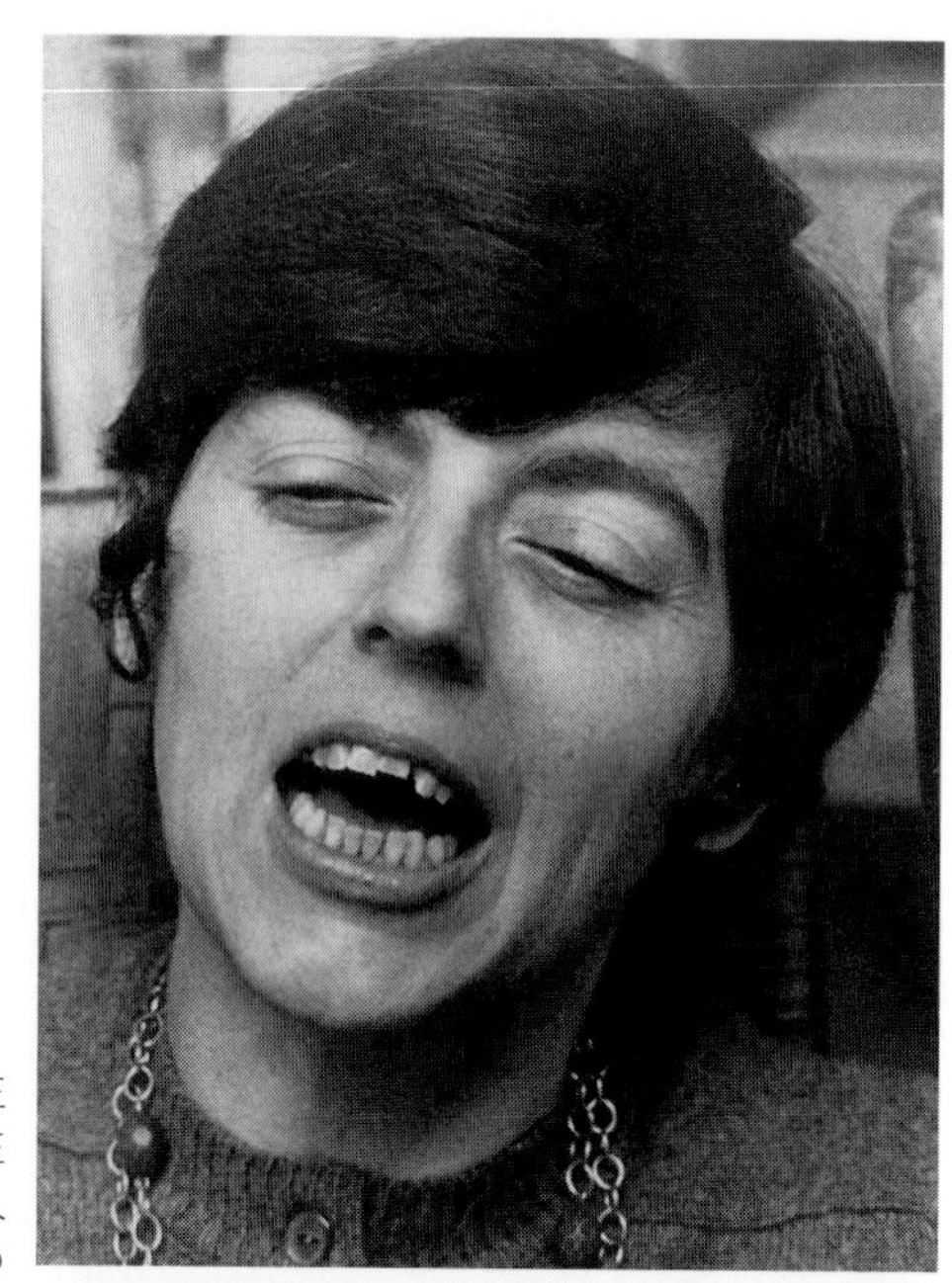

「暴力に対しては、いかなる正当化もあり得ない。憎しみを正当化することはできない。殺人を正当化することもできないのだ。たとえどんな理由にせよ、暴力にふけるものは、彼ら自身が廃れ、彼らの目的の純粋さが穢されるのだ」

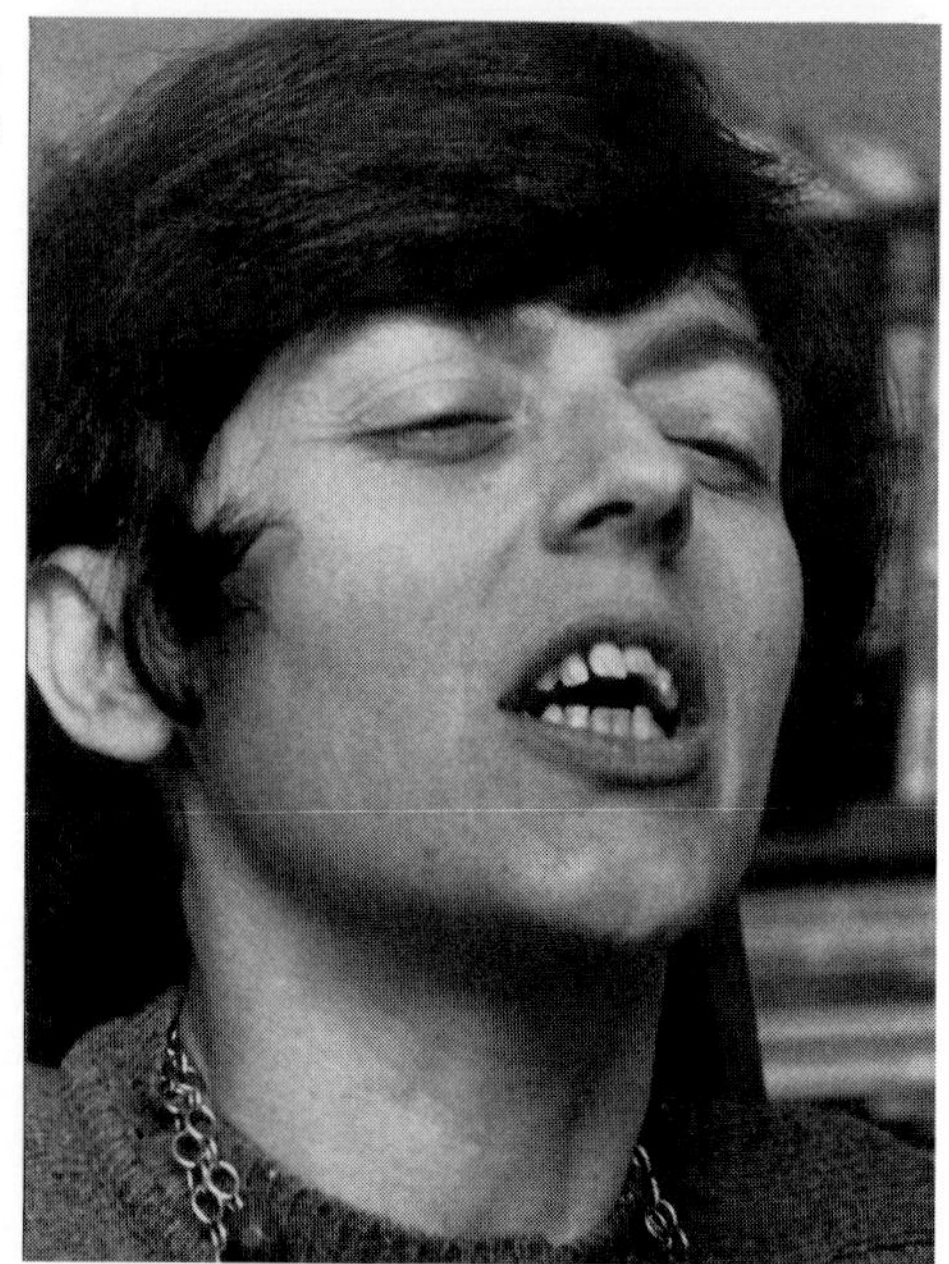

「自分が生まれ変わると信じていようがいまいが、きみたちは生まれ変わるのだ。理論が現実と一致すれば都合がいいだろうが、たとえ一致しなくても、生まれ変わるという現実を、いささかも変えることはないのである」

「カルマは成長のための機会を提供する。個人が経験を通して理解の幅を広げ、無知による隙間を埋めて、なすべきことをするのを可能にするものだ。常に自由意志が働いている」

「たとえば、私がきみたちは1836年に生きていた、と言うのは、それが今のきみたちにとって意味をなす言い方だからだ。きみたちはすべての生まれ変わりの人生を同時に生きているのだが、それを理解するのは困難だと思うだろう」

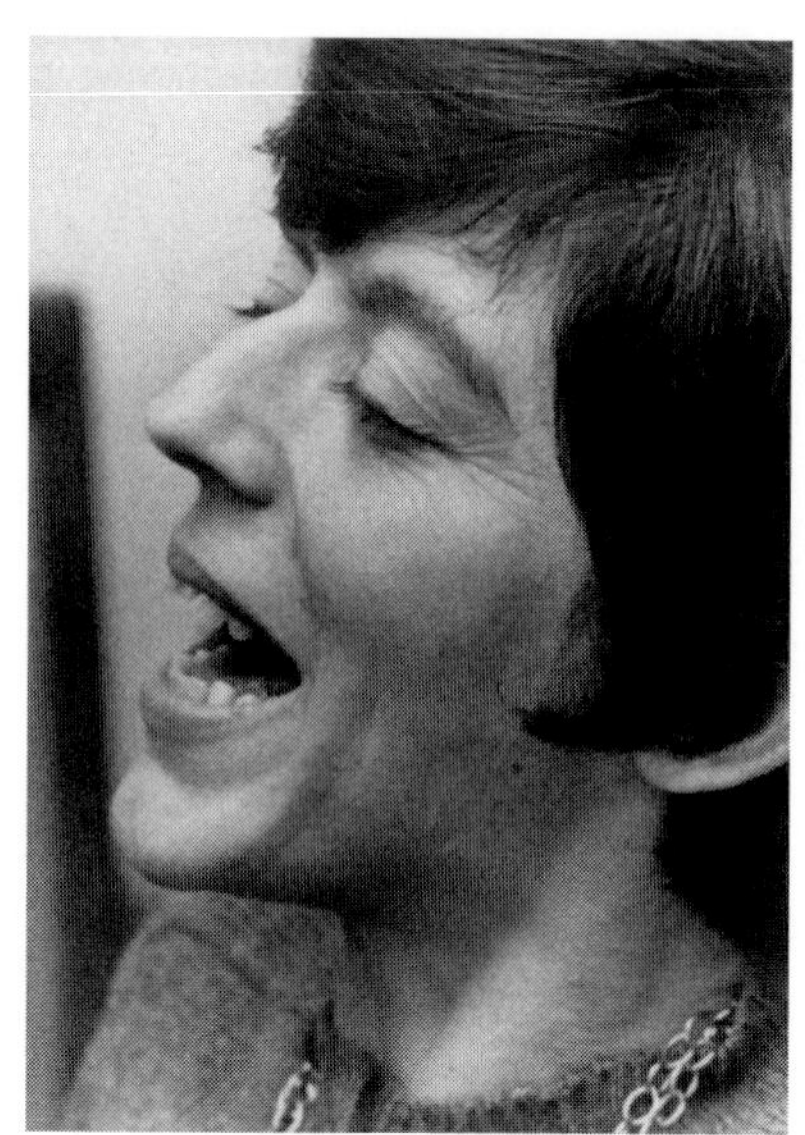

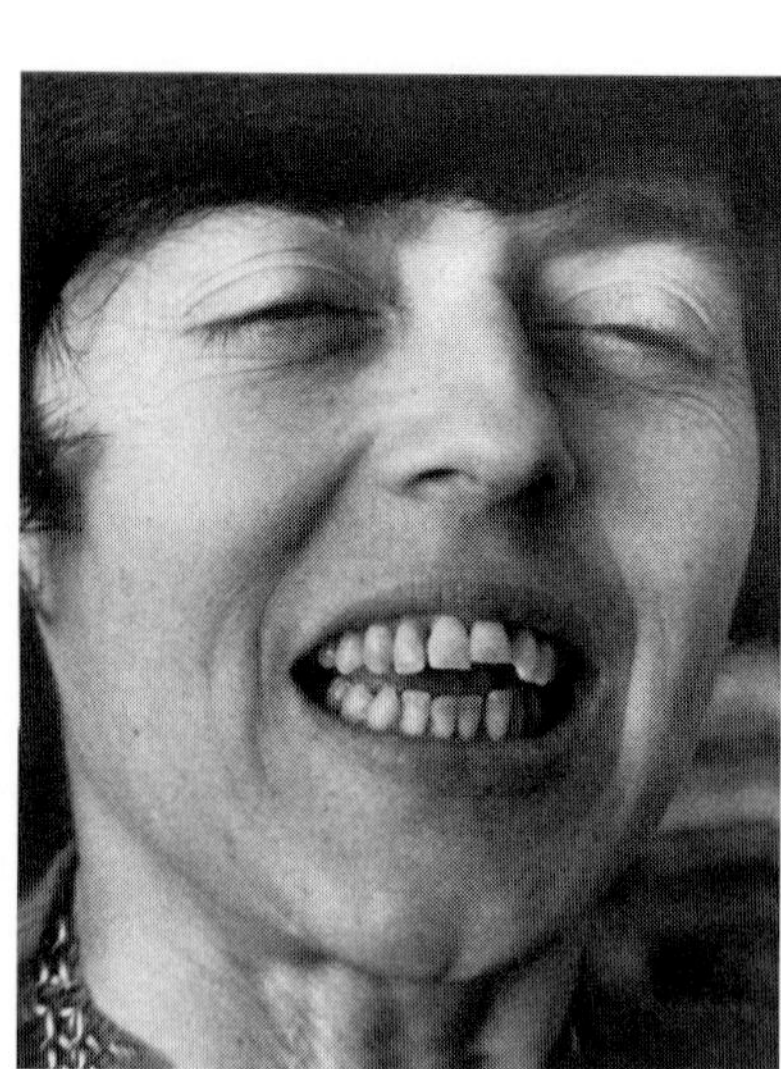

「きみたちは、内なる感覚を利用して物質を創り出しているのだ、と私が言ったとしても、それはきみたちが宇宙の創造者だという意味ではない。私が言っているのは、きみたちは、きみたちが知る物質世界の創造者だということだ」

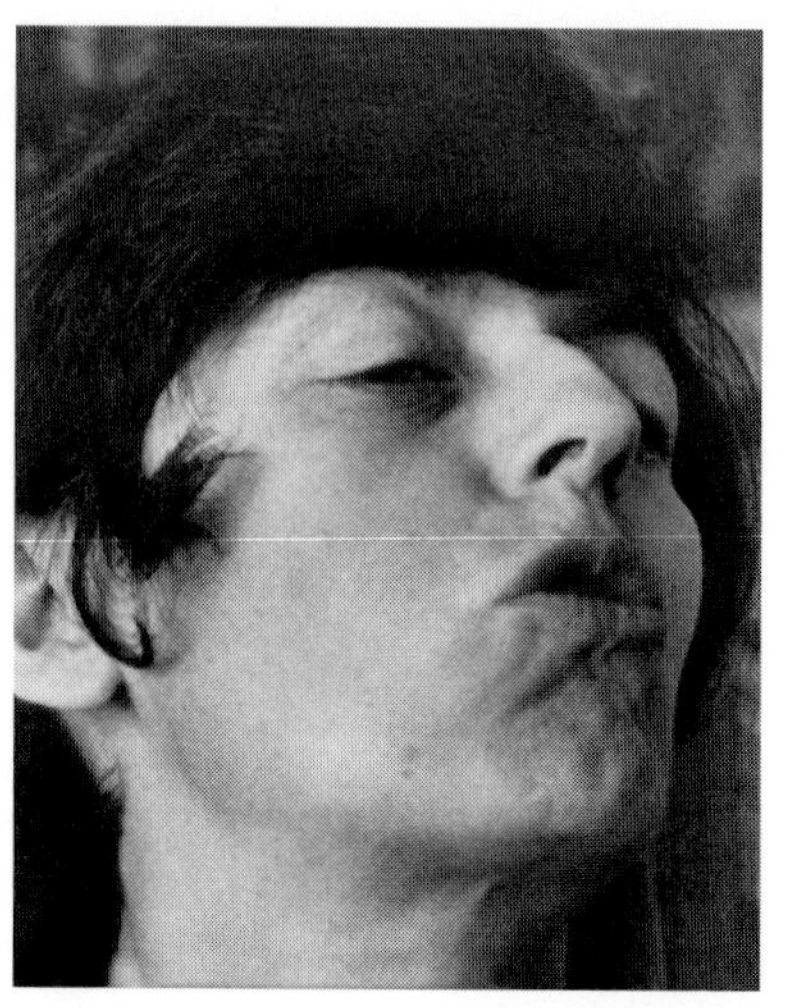

「さて、私は、我が友ルバートにかなりの時間静かに座ってもらっているので、親切心からそろそろセッションを終わりにしようと思う。だが、時折一言口を挟むことはあるかもしれない」

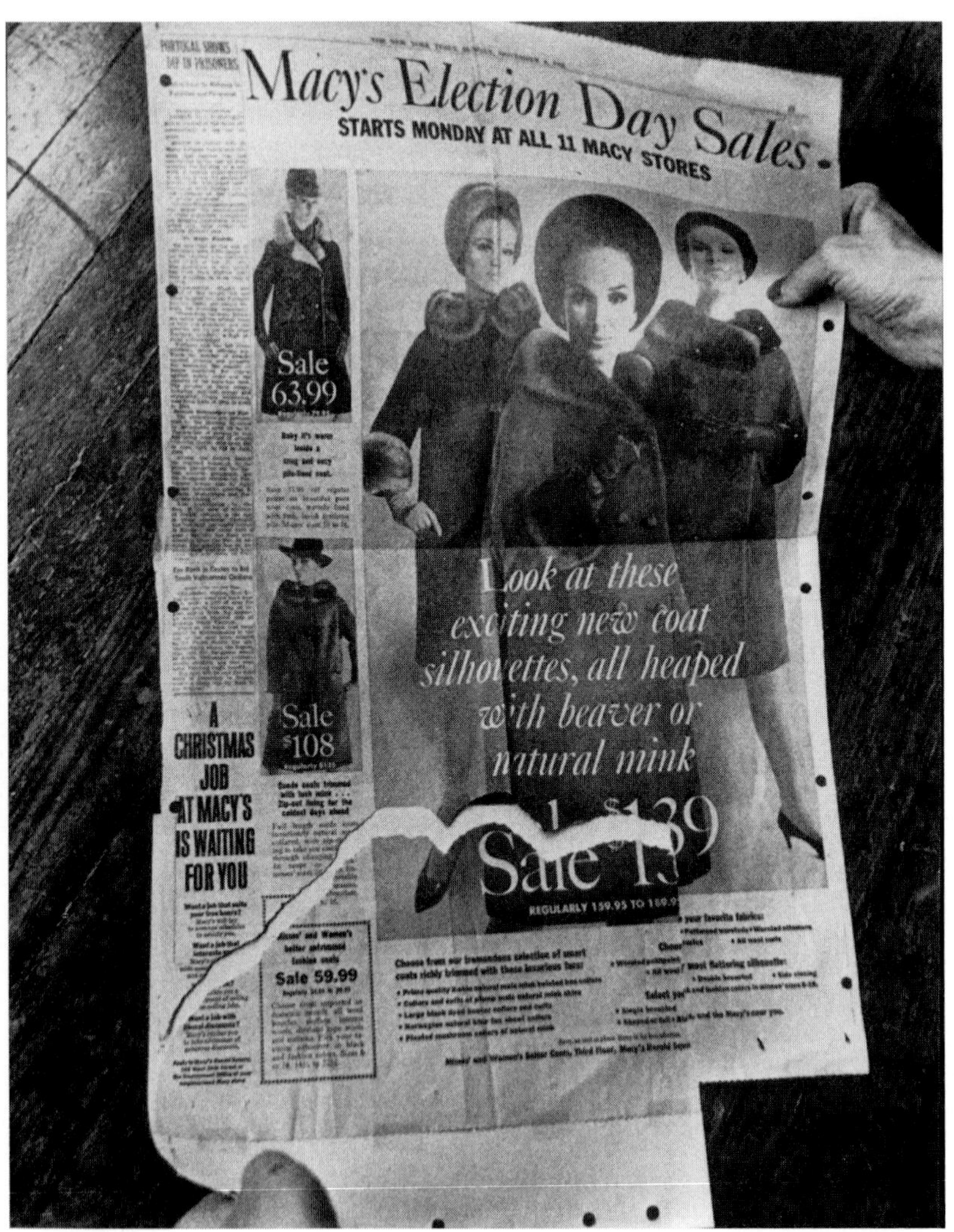

セッション300の封筒実験（第8章で紹介）では、ターゲットに1966年11月7日のニューヨーク・タイムズから破りとったページを使った。「投票日（Election Day)」という言葉と、ページの大部分を占めるモデルに注目していただきたい。セスは、紙面の印象を語る際に、その2つにそれとなく触れた。（撮影：リッチ・コンズ）

Amount of Transaction　Sale Number　Date

GLENN M. SCHUYLER
ROOFING, LIME, PLASTER, CEMENT, SHINGLES
WIRE FENCING, LUMBER, PLUMBING, HEATING
PHONE ELMIRA, REgent 4-6644

Wellsburg, N. Y. July 15 19 66

Sold To　P84409
INTEREST CHARGED ON ACCOUNTS OVER 30 DAYS

ACCOUNT FORWARDED

ECONOMY RATION

2	4x8 - 1/8	6/6	3 84
1			1 25
			5 09
		Tax	20
			5 29
	Paid by cash		5 29

13

Your account stated to date. If error is found return at once.

セッション276の実験では、封筒にこの請求書が入っていた。「張り出している」という言葉と、「Glenn M. Schuyler」という名前に注目。詳細は第8章を参照のこと。
（撮影：リッチ・コンズ）

THANK YOU

We appreciate your patronage, and if there is anything about this bill, or the goods that is not correct, please report the same to us and we will gladly make it right. This is our way of doing business and we want to have you continue as one of our customers.

GLENN M. SCHUYLER

150 CARLOAD STORAGE AT YOUR SERVICE, AND MODERN MACHINERY TO MANUFACTURE AND MIX FEEDS TO YOUR ORDER

MOORE BUSINESS FORMS INC. E

ウィリアム・キャメロン・マクダネルが目撃しスケッチした、セス・セッションで現れた「幻影」。原画は青いボールペンで２枚の別々の紙に描かれていたが、ここではその２枚を重ね合わせ、容易に模写できるように黒のインクでトレースした。左上のものが最初の絵で、後でスケッチした右下の絵では、描き直され、追加された部分がある。

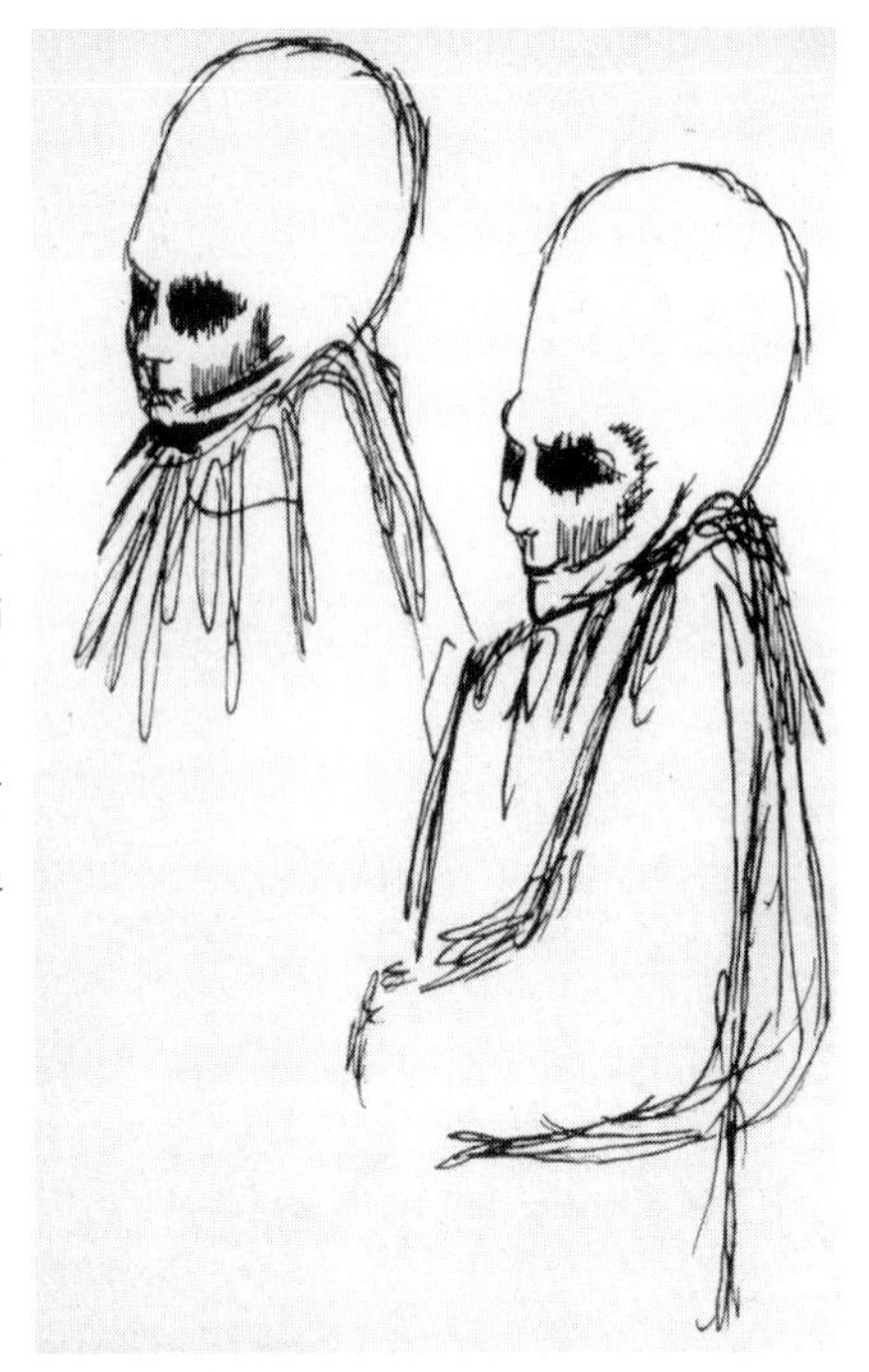

ロバート・バッツが描いたセスのポートレート。ジェーンの２人の生徒にもセスはこの姿で現れた。
（絵：ロバート・バッツ）

ロブの“ヴィジョン”に基づくもう1枚のポートレート。これはベガのもの。ジェーンの生徒の1人を通して、自動書記で交信する。（絵：ロバート・バッツ）

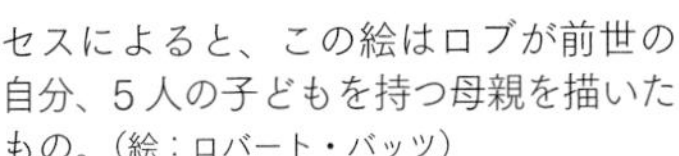

セスによると、この絵はロブが前世の自分、5人の子どもを持つ母親を描いたもの。（絵：ロバート・バッツ）

セスが描画技法についてのアドバイスを得た14世紀の画家をロブが描いたもの。

上：ルバートとジョゼフの２人を描いたロブのポートレート。ジェーンとロブの全体自己、つまり生まれ変わってきた、いくつもの人格の総体を表している。（絵：ロバート・バッツ）／下：比較のために、ジェーンとロブがポートレートの前で同じポーズをとった。（撮影：リッチ・コンズ）

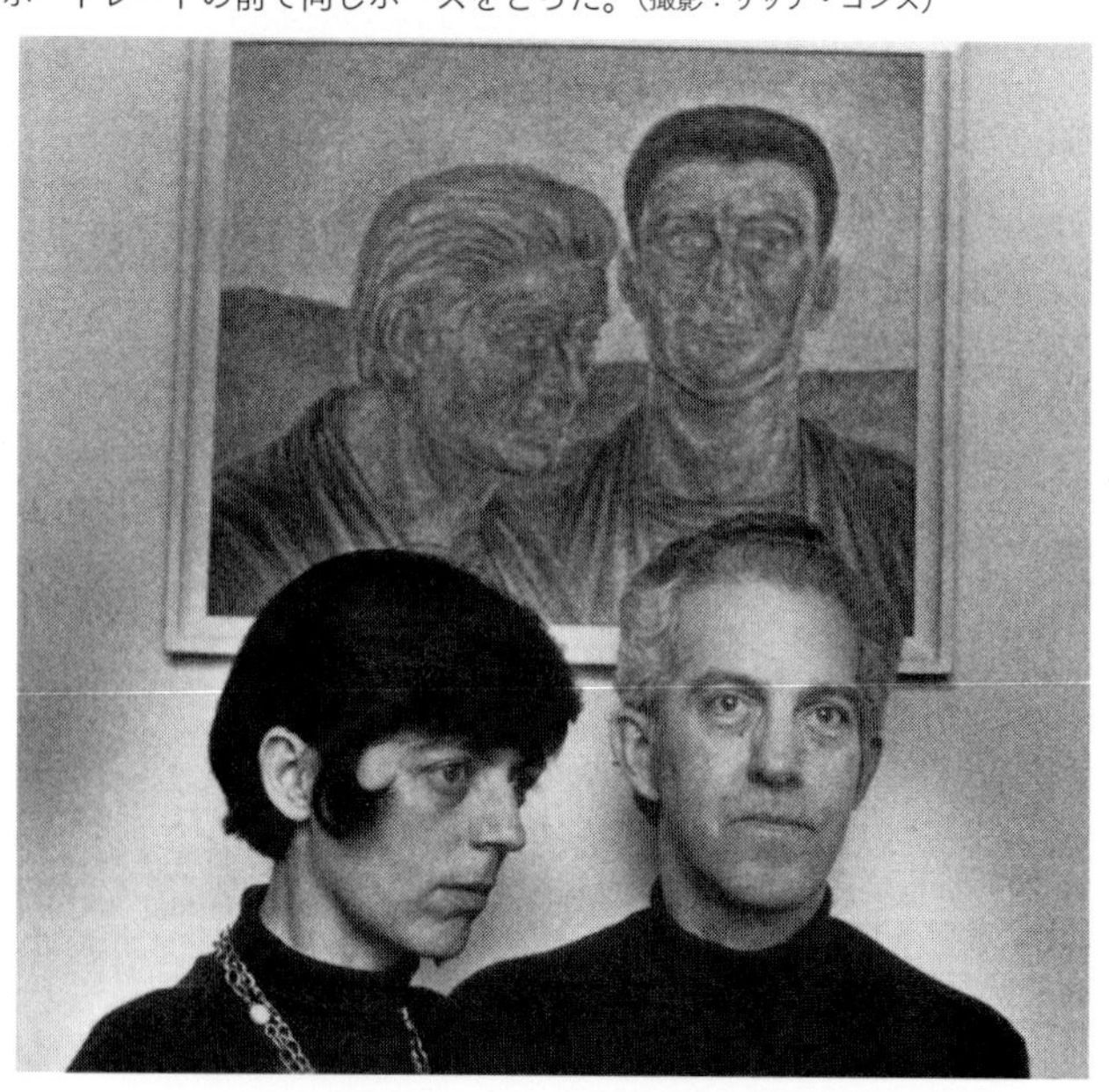

452nd Session December 2/68 9:17 PM Monday

GOOD EVENING.

Good evening, Seth.

NOW. CHILDREN BUILD HOUSES OF CARDS AND KNOCK THEM DOWN. YOU DO NOT WORRY ABOUT THE CHILD'S DEVELOPMENT, FOR YOU REALIZE ~~THA~~ THAT HE WILL LEARN BETTER.

YOU MAY EVEN SMILE AT THE CHILD'S UTTER SENSE OF DESOLATION UNTIL HE FINALLY CONNECTS THE MOTION OF HIS OWN HAND WITH THE DESTRUCTION OF THE PAPER, CARDBOARD HOUSE THAT IS NOW GONE, AND IN HIS EYES GONE BEYOND REPAIR.

NOW, MANKIND BUILDS CIVILIZATIONS. HE HAS GONE BEYOND THE CHILD'S GAME. THE TOYS ARE REAL, AND YET BASICALLY THE ANALOGY HOLDS. I AM NOT CONDONING THOSE VIOLENCES THAT OCCUR. THE FACT IS THAT THEY CAN NEVER BE CONDONED, AND YET THEY MUST BE UNDERSTOOD FOR WHAT THEY ARE: MAN LEARNING THROUGH HIS OWN ERRORS. HE ALSO LEARNS BY HIS SUCCESSES, AND THERE ARE TIMES WHEN HE HOLDS HIS HAND, MOMENTS OF DELIBERATION, PERIODS OF CREATIVITY. (Pause.) IDENTITIES ~~M~~ TAKE MANY ROLES IN MANY LIVES.

THERE ARE PERIODS, CYCLES IF YOU PREFER, THROUGH WHICH SUCH IDENTITIES LIVE AND LEARN WITHIN YOUR SYSTEM. TO SOME EXTENT THEY ARE TAUGHT BY OTHERS, PRACTICE TEACHERS IF YOU PREFER. (Amused.)

(Today the newspaper carried the story of the violence attending the Democratic presidential convention in Chicago in ~~November~~ /68, telling of the many clashes between police and various groups of demonstrators; and a guilty verdict re police behavior was rendered by an investigative commission. Jane and I had discussed the report at the supper table.)

THE RACE OF MAN IS FAR MORE THAN THE PHYSICAL RACE HOWEVER.

「セス・マテリアル」の 4646 ページ、セッション 452 の始まりの部分。このセッションの全体は、付録に収めてある。

この時までに集められた50冊のルーズリーフからなる「セス・マテリアル」の前に立つジェーン・ロバーツ。(撮影：リッチ・コンズ)

第14章

夢──偽りの悪霊──癒しの夢見

　ある夜、とてもリアルで恐ろしい夢を見ました。肉体を抜けて、寝室にいるのがわかったのですが、突然、わたしのすぐ上に誰か、というか何かがいることに気づいたのです。次の瞬間、わたしはベッドの足元に向かって押され、空中に放り出されて、寝室の床の暗い隅へと押し込まれました。わたしの上には、人の形をした、膨れてぼやけた黒いもの、としか表現のしようのない何かがいました。それは人より大きく、とてもがっしりとしていました。

　バカげているように聞こえるでしょうが、この何かは「わたしを殺しに」来たんだ、ということがわかりました。わたしは明らかに体の外にいて、とても怯えたばかりでなく、驚嘆の念に圧倒されました。「意識を投影している」間に、悪霊のようなものに襲われた人のことは本で読んだことがありましたが、わたしは悪霊などというものは信じていなかったのです。それでは、それはいったい何だったのでしょうか？　わたしにはいろいろと思いを巡らせる時間はありませんでした。それが何度も、わたしの手に噛みついたからです。それは驚くほどの圧迫感で迫って来て、わたしをベッド上の体からさらに遠ざけ、寝室のクローゼットの中に引きずり込もうと躍起になっていました。

動揺しながらも、ロブのいびきが聞こえました。いずれにせよ、わたしは肉体からは離れていたので、ロブはおそらく何かおかしなことが起きているとは気づかないでしょう。それにセスはどこにいるのでしょう？　このような窮地に陥ったときに、助けに駆けつけてくれるはずの「守護霊」たちは、皆どこにいるのでしょう？　それを振り払おうとしながら、そんな思いが頭をよぎっていきました。わたしは、そのモノの、本当に驚くほどの重さをはっきりと感じ、また、それがしようとしていること——すぐにわたしを殺せなくても、できるだけ徹底的に痛めつけてやろう——という意図がはっきりとわかりました。

「うろたえてはダメよ」とわたしは自分に言い聞かせると、必死に平静さを装おうとしました。しかしそいつはわたしを押さえつけると、再び噛みつこうとしたのです。今度はこう思いました。「うろたえないでいるなんて、もうどうでもいいわ」。そして頭が割れるほどの大声で叫び始めました。もちろん本当の肉体の頭ではありませんが、わたしの叫び声で、そのモノがひるんでいなくなるか、助けが来てくれればいい、と願ったのです。

一瞬、それは驚愕した巨大な動物のように後ずさりしたので、わたしはその下をすり抜け、あとを追ってくるそいつを従えて、自分の体に向かってロケットのように突進しました。言い換えれば、腰抜けのように大急ぎで、敵前逃亡を決め込んだのです。あまりのスピードで体に舞い戻ったので、頭がクラクラしましたが、そんなことは少しも気になりません。自分の体がこんなにもありがたいと感じたことは初めてです。

しばらくの間、怖くて目を開けられませんでした。「まったく、あいつがまだいたら、もうおしまいだわ」。そう思いましたが、それはもういなくなっていました。少なくとも、存在の別の次元に行ってしまったのでしょう。ロブを起こして話そうとも思いましたが、彼の眠りを妨げるのは止めることにしました。

安全だとわかったあとでは、あんなに臆病だった自分をかなり恥ずかしく思いましたが、平気な顔をして眠りに戻る気にもなりませんでした。そこでベッドから出ると、ミルクを1杯飲み、あのときするべきだったにもかかわらず、できなかったことにいろいろと考えを巡らしました。たとえば、威厳たっぷりに「サタンよ、引き下がれ」とか何とか言い放つこと、などです。わたしは反撃することは絶対にできなかったと思いました。

次の日の夜には、恒例の水曜日のセス・セッションがありました。セスがこの出来事について何と言ったかを述べる前に、少しさかのぼって説明する必要があるでしょう。わたしはこの出来事の前の数日間、わたしたちの周りでときに目にする、否定的な態度について思いを巡らし（そんなふうに考えこむべきではない、とはわかっていたはずですが）、気分がふさぎ込んでいたのです。さらに悪いことに、自分の内部にも、多くのものが潜んでいるのに気がつきました。それは恨みや不安、怒りなどです。

そしてセスはこう言いました。

「我らが友（わたしのことです）は、昨夜、今までとは異なった戦場を選ぼうとした。彼はあらゆる否定的な感情を敵と見なそうと心に決め、その敵と戦うことのできる別の現実界（リアリティ）で、そうした感情に形を与えようとしたのである。それはアストラル界ではなく、それより低い次元の世界だ。

ルバートが遭遇した〝黒いモノ〟の背後にあるエネルギーは、隠された恐れのエネルギーだったのだが、そうしたものは、誰にでも創り出すことができる。恐れはどの人の内部にもあるからだ。ルバートはその感情を隔離し、それに形を与え、そしてそれと戦うということすべてを、一度にやろうとしたのである。そのモノは、実はかなりがさつな低次元の動物、けしかけられた別次元の愚鈍な犬で、まさにそれが象徴するとおり、ルバートに噛みついて攻撃を加えたのだ。そのように、恐れだけから創り出された〝モノ〟は、どんなものでも怯えやすく、特に自分を創り出した者に怒りを感じている。それはたとえどんなものでも、自分が持っている現実を守るために、攻撃する以外のことは何もできなかった。というのも、〝そのモノ〟は、ルバートが自分を創り出したのは、できるなら自分を殺すためだった、ということを知っていたのである。

したがって、それには確かに現実性（リアリティ）があった。ルバートは安全な、通常の意識状態の中へと逃げ込んだ。それでルバートに関するかぎり、そのモノは消失したわけだ。ルバートが〝家に逃げ帰った〟とき、そのモノに向けていた自分の意識のエネルギーを、自然に意図せずに引き戻した……ルバートは、否定的なものだと考えられる、すべての要素を自分自身から分離し、それらと一度に戦おうとしたのだ。まるでそうすることで、宇宙から悪を取り除くことができるかのように。

彼はその〝悪の動物〟を抹殺しようとしたが、それは噛みついて反撃してきた。だが、そういう意味での悪というものは存在しないのだ。病気や恐怖でさえ、必ずしも敵ではない。理解をもたらす助けであり、より大きな目的を達するための手段でもあるのだ……」

セスは続けてこう言いました。

「ルバートが外部へ向かって投射している、と想像した悪は存在しないのだが、それが存在すると彼が信じたので、自分の恐怖からそれを物質化したのだ。それは彼の最近の落ち込みが、形をとったものだった。より大きな観点からすれば、悪は存在せず、きみたち自身の知覚が足りないために、悪があると思えるだけだ。しかしこれを受け入れるのは、きみたちにとって難しいということは承知している。

だが、このことをルバートが覚えているかぎり、それは彼が体外離脱の旅に出る際の、防衛手段となる。別次元の現実界（リアリティ）でどんなトラブルに出会っても、『あなたとともに平和がありますように』という言葉が、うまく切り抜けさせてくれるだろう――ルバートがあのモノのイメージを創り出したように、ほかの人たちも似たようなイメージを創り出しており、それに出くわすこともあり得るのだ。そうしたイメージには一種の現実性（リアリティ）があるのだから、それに対して平和を祈れば、いくらかの慰めを与えることになる。そのモノを恐れれば、その影響を受ける領域へと自分を追い込むことになり、それの決めた条件で戦うことを強いられることになるのだ。平和を祈れば、そんなことにならなくても済むのである」

セスはちょっと嫌みを込めたお世辞のつもりで、わたしの能力は上達している、あれはよくできた想念型（ソートフォーム）だった、とわたしに伝えるようにとロブに頼んでいました。それはさておき、読者の皆さんの中には、あんな向こう見ずな危険を冒そうとする人はいないと思いますが、知らないうちにすでにそんな経験をしたことがあり、とりわけひどい悪夢の記憶だけが残って、目を覚ました人がいるのではないでしょうか。

この出来事は、夢見の状態から体外離脱体験になった例ですが、次のような1つの点を明確にする役目を果たしています。つまり、夢の現実性（リアリティ）は、目覚めているときの現実性（リアリティ）と同じように、正当でリアルなものだという点です。夢は確かに日常生活に影響を与えます。健康を増進させることも、絶望感を悪化させることもあります。しかし、わたしたちの人生をよりよくするために、夢を意図的に利用する方法があるのです。もっとも、最後に紹介した経験は、あまり好ましい例とはいえないことは確かです。

夢があらゆる類いの行動に対する手がかりを与えてくれる、ということは時代を超えて知られています。精神分析医は、潜在意識に潜む動機を探るために夢を利用しますが、健康を増進する、インスピレーションを得る、元気を回復する、問題を解決する、家族関係を豊かにする、など夢を創造的に利用する方法を知っている人はあまりいません。

どのようにすれば、夢を直接的な治療法として利用できるかについて、セスはいくつかの示唆に富む提言を残しています。また、セスの概念のあるものは、自己啓発のプログラムや心理療法において、大いに役立てることができるでしょう。

セスはこう言って口火を切ります。

「人格存在は多くのエネルギー統合体（ゲシュタルト）から成り立っている。人格存在は、あらゆる経験によって変化させられるように、夢によっても変化を受け、そして個人は、自分の物質的な環境によってある程度形作られるように、自分自身が創り出した夢によっても形作られるのである……自己に限界はない。きみたちの知覚機能が働かなくなるとき、境界線が現れるように思えるのだ。たとえば、夢に気づかなくなったときには、夢が終わったように見える。だが、そうではないのだ。

あるレベルにおいては、人格存在は夢を構成することによって、問題を解決しようと試みる……そして目が覚めている間の生活、という制約の中では十分に表現できない行為（アクション）に対して、夢の中で自由を与えることがよくあるのだ。もしその試みがうまくいかなければ、（これまでに見てきたように）そうした問題や行為（アクション）は、病気として物質化するかもしれないのである。

たとえば、ある人格存在が、依存の気持ちを表現する必要に駆られている状況を考えてみよう。しかし、それを表現することは不適切だと感じているとしよう。もし彼が夢を創り出し、その中で誰かに依存する役を演じることができれば、その問題は夢見の状態の中で解決されるかもしれない。

多くの場合、これがまさに起きていることなのである。その人はそんな夢を見たことを決して思い出さないかもしれないが、そうした経験には正当な根拠があり、依存を望む気持ちが表現されたのだ。

夢を解釈する研究は多くなされてきたが、夢の中での活動の方向性をコントロールしようという試みはほとんど行われていない。しかるべき暗示のもとに行われれば、これは優れたセラピーの方法にもなりうるのだ。ネガティブな夢は、問題の不運な複雑化という悪循環をもたらすことを助長し、人格存在のマイナスの側面を強調する傾向がある。夢の行為（アクション）は、建設的な期待を充足させる方向へと転じることができ、それ自体が状況の好転を引き起こすこともあるのだ。

多くの病気は、そうした夢セラピーを通してだいたい回避することができる。攻撃的な傾向も、危害を及ぼすことなく、夢見の状態の中で自由な表現が許されるのである。たとえば、夢の中で攻撃性を経験する、という暗示を本人に与えるのもいいだろう。また、夢を見ている間に自分を観察する（劇を見るのと同じように夢を見守る）ことで、自分の攻撃性を理解することを学ぶように勧めるのもいいだろう。ちょっとした空想に耽ることを許してもらえば、夢によるセラピーで大規模な実験を想像することができる。そこでは国民が目を覚ましているのではなく、眠って夢を見ている状態の国家の間で戦いがくりひろげられるのだ。」

最初にこのセッションを読んだときには、これは抑圧を取り除く素晴らしい方法だと思いました。つまり夢を見て厄介払いするのです！　誰かに本当に腹が立ったけれど、仕返しをする勇気がなかったら、夢の中で借りを返すのだ、と寝る前に自分に暗示を与えるのです。でも、実はそれほど簡単なことではありません。

セスはきっぱりとこう述べています。

「ほかにも理解しておかなければならない事柄がある……たとえば攻撃性が問題なら、事前に攻撃的な夢を見るという暗示を与える際に、その攻撃性は特定の人物に向けられるのではない、と述べることが重要だ。どんな場合でも、問題は、はっきりとした実体のない要素（この場合は攻撃性）であって、それを発散したいと思う相手の人物ではないからである。

誰かを傷つける夢を見よう、という暗示を自分に与えるようなことはしてほしくない。これにはいくつかの理由がある。まだきみたちが理解していない、テレパシーに関わる問題もあるし、そのような場合に避けがたい、罪の意識の発現もある。われわれがここで扱っているのは、夢の行為（アクション）を物理的な行為（アクション）の代わりとして利用することではない。われわれが話しているのは、処理することが要求される具体的な問題なのである」

夢や想像上の経験は、起きているときに経験するどんな出来事とも変わらず、リアルなものである、とセスは繰り返し述べています。もしあなたがある期間、絶望感にとらわれていれば、同じ時期に、気の滅入るような夢を見る機会は多くなるでしょう。でもセスは、夢療法として次のようなエクササイズを提案しています。眠りにつく前に、心地よい、楽しい夢を見て、機嫌と元気が完全に回復するのだ、という暗示を自分に与えるのです。その絶望感が根深いものでないかぎり、目が覚めたときには、消え去っているか、大幅に弱まっていることでしょう。

わたしはこの方法をよく利用しますが、結果は素晴らしいものです。夢自体は覚えていることも、忘れてしまうこともありますが、いつも元気が回復して、さわやかな気分で目を覚まし、その効果は持続します。そのようなときに思い出す夢は、インスピレーションを与えてくれるもので、憂鬱感を吹き飛ばすばかりでなく、わたしにふつう以上の機嫌の良さをもたらしてくれるほど強力なものです。

こうしたことはすべて、実際的な意味で関心を引くものですが、ロブとわたしは、夢の現実性（リアリティ）に対するセスの説明に、より強く好奇心をそそられました。わたしは夢見の状態から体外離脱に至る経験を何度もしてきたので、夢の中の自分がいる環境の現実性（リアリティ）が、かなり気になっていました。セスは、セッションが始まったごく初期の頃から、夢の現実界（リアリティ）の性質についての議論を進めてきて、それは今でも続いています。セスから自分の夢を「監視」するようにと教えられ、自分で判断する能力が目覚めるまで、わたしはセスの発言にただ唖然とするばかりでした。

たとえば、この、初期のセッション92からの抜粋ですが、わたしは今ではこれを基本的な事実として受け入れています。

「どの夢も心霊的（サイキック）なエネルギーによって始まるが、夢を見る本人はそれを物質にではなく、機能的にもリアルさにおいても、物質的現実にまったく引けを取らない現実（リアリティ）へと変換する。夢の中で出会う物や出来事を驚くべき識別能力を持って観念から形作るので、夢の中の物自体が実在性を獲得して、無数の次元の中で存在するようになるのだ……。
夢を見ている人は、自分にとって意味のあるシンボルだけを選び取り、自分の目的を果たすために夢を創造し、価値の実現と心霊（サイキック）的な拡大を望んで外へと向かって投影する。そうした心霊（サイキック）的な拡大は夢の中での活動が演じられるときに生じる。夢を見ている人にとって、夢の中で出来事の役目が終わると収縮が起きるが、エネルギーはもはや取り戻すことはできないのだ」

セスは、夢の中で創造される人格存在（わたしが見たような「黒いモノ」）を二面性のあるハイブリッド生成物と呼んでいます。わたしの場合、セスの言う「拡大」は、わたしがそれを、自分自身の心霊エネルギーで創り出したときに生じ、「収縮」は、わたしがそれに向けていた注意力のエネルギーをそらしたときに起こったのです。しかしわたしは、それに与えたエネルギーを取り戻すことができなかったので、結果としてそれは実在するようになり、わたしの次元とは別のところで存在し続けています。自由の身となって放たれたのです。

夢の説明を続けながら、セスはこう言っています。

「精神的なものでも物質的なものでも、何らかの構成物の中へと投影されたエネルギーは、呼び戻すことはできない。そのエネルギーがその瞬間に形を変えて形成された、特定の形態が受ける法則に従わなければならないのだ。したがって、夢を見ている人が、自ら創り出した多重現実的物体を反対方向に収縮させて、自分の夢に終止符を打とうとしても、その夢は本人にとってのみ終わるにすぎない。その夢の現実性（リアリティ）は引き継がれるのである」

セスが言うように、エネルギーは変換することはできても、消滅させることはできないのです。セスは、ロブの心に浮かんだ、そしておそらくは皆さんの心にも浮かんだ、多くの質問に答えてくれました。ふつうの日常的現実が、どんな夢の現実よりもずっとリアルに見えるのはどうしてなのでしょう？　そしてもし、そのような夢の宇宙の存在に根拠があるなら、なぜわたしたちの日常生活に、もっと押し入ってこないのでしょうか？　少なくとも物質的に起きることについては、わたしたちの意見は概ね一致しますが、夢はとても個人的なものです。夢の宇宙にどうして継続性があり得るのでしょうか？　そのような宇宙の中では、何が起きているかについて、誰かの見解が別の人の見解と一致するなどということが、どうして可能なのでしょうか？

「第一に、物質的宇宙自体が、それぞれ異なる個別のシンボルの集合体であり、そのうちのどれ1つとして、2人の個人にとってまったく同じことを意味するものはないのである。いわゆる根本的な属性である、色や空間における配置でさえ、信頼できるものではない。きみたちは単に類似点に注目しているにすぎないのだ。テレパシーが、危なっかしいながらも物質的宇宙を繋ぎ止めておく糊の役目を果たしているといってもいいだろう。そのおかげで、物体の存在や性質に関して、みんなの意見が一致するようになるのである……。

そこで、夢の世界のことを考える際には、同じような宇宙があると思えばいいのだ。ただ、きみたちが物質的に知覚することのできない領域で構築された宇宙であるだけだ。しかし、夢の宇宙には、きみたちの知る世界より強い継続性がある。そしてその宇宙には、目を見張るほどの類似点がある……。

1つには……現在物質的なレベルでの人生を生きている人たちは、ある種の周期にしたがって、以前ほぼ同じ歴史的時代に生きていたことがあるといえるのだ。彼らは、ある特定の時代とそれ以前の時代で、同じような現実界(リアリティ)に住んでいたことがあり、多かれ少なかれ、それらの時代に属する内面的な親密度と一貫性を共有している。したがって、彼らの夢の体験は、きみたちが思っているほど多様ではないわけだ。ということは、物質的な世界で、観念が物質へと構築されるのと同じ方法で、夢の世界ではある種のシンボルが現実へと構成されるのである。

物質的世界を取りまとめているのと同じ種類の精神的合意が、夢の世界をも1つにまとめている。もし誰かが物質的宇宙の中にある、何の合意も得られない、通常は認識されない要素に注意を向けることができるならば、そして類似点ではなく、相違点に集中することができるならば、皆が合意できる物体が1つでもある、という見解がどうしてそもそも生まれたのか、不思議に思うことだろう。

その人は、いったいどんな集合的な狂気によって、人間は仮想的な、無限の混沌の中からたった一握りの類似点を選び出し、そこから宇宙を作りあげる、などということができたのか、いぶかしむだろう。同じように、夢の現実界(リアリティ)は見かけ上混沌としているのに、その世界にはまとまりと現実性(リアリティ)と、多少なりとも永続性が備わっているなどと、どうしてわたしが言えるのか、不思議に思うだろう」

夢が、ときにそんなにも支離滅裂で、実体がないように見える1つの理由は、単にわたしたちがその一端をぼんやりと覚えているだけで、全体としての結びつきを忘れてしまうからだと思います。もう1つの理由は、夢には直感でしか捉えられない、連想に基づく「論理」があり、それを理解するためには解釈されなければならないのですが、そこでは、わたしたちの知る時間というものが、ほとんど意味をなさないからではないでしょうか。セスによると、夢の中にはごく単純で、解決されていない現在の問題や出来事に関わるものがある、ということです。しかし、そのような夢の中でさえ、そこで起きることは、過去生で起きた出来事を象徴しているかもしれないのです。

夢に出てくるどの物体も、実はほかの、より深いデータを表す、2段、3段重ねになったシンボルなのです。たとえば、生まれ変わりに関わる夢はまた、自分の人格の内部には、ほかにも利用されていない能力が備わっていることを、わたしたちに思い出させることによって、目前の問題に対処するのを助けてくれる、という役を果たしているのかもしれません。わたしはとりわけ鮮明な、生まれ変わりに関わる夢を2回見たことがあります。1回目は、セス・セッションが始まってすぐの頃でしたが、それが予知夢ではないかと思ったので、本当に怖くなってしまいました。わたしはその夢の中では、どこかとても廃れた病院のようなところにいる、年老いた女性でした。癌で死にかけており、そのことを知っていましたが、少しも恐れていませんでした。そばにいた老いた男性も死を待つばかりで、わたしは彼に、心配しないで、そこにいて助けてあげるから、と言い聞かせていました。それからわたしは死んだのですが、意識の途切れはまったくありませんでした。わたしはその老いた男性が肉体を離れる手助けをし、何もかもうまくいっている、と彼に言い聞かせ続けていました。

次のセス・セッションでその夢について尋ねたところ、それは19世紀にボストンで、ミディアムとして生きた人生での死に関係があると、セスはわたしに言いました。そのときの人生については、それより前の何回かのセッションでも情報を与えてくれていましたが、そのときには、わたしは二度と癌で死ぬことはないだろう、とセスは言ったのです（これはセスの側の作戦の失敗です。というのも、セスはずっと前に、タバコを止めるようにとわたしに言ったのですが、わたしはそれに従っていなかったからです。セスは決して、わたしにタバコの習慣を無理やりやめるように、強制しようとしたことはありません。ただ、総じてわたしの健康や発展のためにはプラスにならないと言っただけです）。

もう1つの夢は、それよりもさらに生き生きとした、とびきり楽しい夢で、そんなにも素晴らしい時間を過ごしたことは、目覚めているときには明らかにない、と思えるほどでした。セスのアドバイスに従って、眠りにつく前に、過去生についての情報をもっと与えてくれるような夢を見るのだ、という暗示を自分に言い聞かせました。そのときには、生まれ変わりを本気で信じてはいなかったのですが、ロブにはこう言っておきました。「まあ、どうなっても損をすることなんかないんだから、やってみるわ」。そして数回自分に暗示をかけて、眠りについたのです。

この夢の中では、ロブとわたしは、2人とも20代後半の男性で、親しい仲間でした。そのときのわたしたちは、今のわたしたちとは肉体的な類似点はありませんでしたが、「のちに」現世でのロブとジェーンになることは、わたしにははっきりとわかっていました。たとえば、ロブは浅黒く、日焼けしていました。今のロブは肌も髪の毛も明るい色です。２人とも足首のところで固く縛ってある、トルコ風の、だぶだぶの長ズボンをはいていました。わたしたちの名前が何だったかは覚えていません。

夢が始まると、わたしたちは巨大な広間へ入っていきました。わたしたちと同じ衣装に身を包んだ一団の男たちが、広間の中心を囲むようにおおまかな円を描いて、床におかれた色鮮やかな枕の上に座っていました。わたしは前世で彼らのリーダーだったので、彼らを全員知っていました。わたしはその人生で若くして死んだのです。男たちは年老いていましたが、わたしは彼らのところへ戻ってくる、という約束を果たすために生まれ変わってきたのです。しかし、彼らが見たことのない、この体の中にいるわたしに気づくことはないと、はっきりとわかっていました。

わたしは自分の主張を述べ、男たちは礼儀正しく聞いていました。死んだリーダーは、戻ってきたら、ある特定の離れ業を演じて自分の身元を証明すると約束したと、彼らの代表者がわたしに言いました。それから、わたしがリーダーで、本来の地位を受け継ぐ用意があることを行動によって示すようにと、求めてきました。ロブとわたしはそのテストを予想していたので、にやりとしました。

広間の中央には、低いテーブルがいくつかあるだけの空間がありました。現世でロブとなるわたしのパートナーが、テーブルをどかして、わたしが実演できるようにしてほしい、と男たちに頼みました。テーブルは片付けられ、男たちは互いに近づき、中央に向いた輪を狭めて、枕の上にしゃがみ込みました。わたしのパートナーはわたしの背後に立ち、わたしは幾分儀式めいて軽くはねるように数歩進むと、体から抜け出しました。わたしの体はぐったりと床に倒れ込み、パートナーがゆっくりとそれを脇へ動かしました。

それからわたしはアストラル体の中に入って、高いドーム天井になっている広間の中を飛び回り、私にとっては胸のすくような、悪ふざけとも思えるこのデモンストレーションに上機嫌になって、男たち一人一人のすぐ上空を進みながら、ターバンを払い落としていったのです。パートナーが1枚の羽を手渡してくれました。どうも彼にはわたしのことがはっきり見えるようで、わたしも物を取り扱うことができました。空中でその羽を振りながら、何度か行ったり来たりしました。羽の動きを見れば、わたしがどの辺りに浮かんでいるか、男たちにもわかると思ったのです。

そうしている間中ずっと、パートナーは大声で笑い続け、わたしは途方もなく愉快な時を過ごしていました。ついにわたしが肉体に戻って立ち上がると、わたしが誰だかわかった男たちの喝采を浴びました。そのあとのことはよく覚えていません。女たちがやって来ましたが、わたしたちは微笑みながらも、来ないようにと手を振って合図をしました。まずは昔の仲間たちと話がしたかったからです。わたしたちは皆浅黒い肌をしていました。

初期のセッションで、セスはトルコで生きていたことがある、と言いましたが、わたしたちがトルコにいたことがあるかについては、何の情報もありませんでした。私たち自身の過去生には、まだまだわからないことがたくさんあります。というのも、わたしが生まれ変わりを拒否していた間、セスに生まれ変わりのことは尋ねないように、とロブに頼んでおいたからです。また、セスが生まれ変わりに関する情報を与えてくれたときに、わたしがとても動揺したので、おそらくセスは、しばらくその話題を取り上げないようにしよう、と思ったのかもしれません。セスが何回かのセッションにわたって、ある話題を説明しているときに、別の事柄について説明してくれるように頼んで、話の流れを乱すようなことはしたくありません。それに、結局セスは、わたしたちの質問に可能な限り答えてくれるということが、わたしたちにはわかっていました。

今までにわかっているかぎりでは、トルコでの人生が、わたしが生きた唯一の華やかな過去生です。セスが語ったことから判断すれば、ボストンでの人生は、まったくありきたりなものでした。ミディアムとして人々の話題に上るようなこともなく、他人を助けて家賃を稼ぐために降霊会を開いていただけなのです。しかし、わたしはかなり自制心を欠き、気まぐれでした——これは今生でわたしが矯正しようとしている、人格上の短所です。わたしが思うにこの夢は、自分はかつて権威ある地位についていたことがあり、したがって責任のある立場や、自分の所有する能力を恐れてはいけない、ということを気づかせようとしたのではないでしょうか。過去生についての情報が得られる夢を見る人は大勢いるが、ほとんどの場合、そうした夢を覚えていることはない、その理由は単純に、夢というものの重要性に気づいていないからだ、とセスは主張しています。

でも、あのトルコ風の広間という場所設定は、どうなのでしょう？　本当にリアルだったのでしょうか。わたしたちが眠っている間に訪れる場所というのは、どのくらいリアルなものなのでしょうか。これについてセスは次のように述べています。

「きみたちは目が覚めているときだけ意識があると考えている。眠っているときには自分は無意識だと思い込んでいるのだ。物事を決めるのは、まったく意識的な心の独壇場というわけだ。だが、この状況を反対側から見ていると、一瞬想像してみたまえ。

自分が夢の中にいて、目が覚めているときの意識や人生の問題を考えているふりをしてみるのだ。その観点からすると、状況はまったく異なってくる。実際、そこでは眠っている間に意識があるのだ。

したがって、夢を見ている間に訪れる場所は、今、物理的な場所がきみたちにとってリアルであるのと同じくらいリアルなのである。意識的な自己とか無意識的な自己という言い方は、もう止めよう。あるのは1つの自己であり、それがさまざまな次元に注意力を集中させるのだ。目が覚めている間は、それは物質的現実に焦点を合わせている。夢見の状態では、別の次元の内部に焦点を合わせているのだ。

もし、目が覚めたときに、夢で訪れた場所を覚えていないなら、夢を見ている状態のときには〝物理的な〟場所の記憶がないということだ。肉体がベッド上に横たわっているとき、それは夢を見る自己が住んでいるかもしれない、夢に出てくる場所からは、とてつもなく離れている。しかしこの距離は、空間とはまったく関係はない。夢で見る場所は、肉体が眠っている部屋と同じ位置に同時に存在できるからだ。

夢で見る場所は、たとえば、ベッドや衣装ケースや椅子などに、重ね合わされるように存在しているわけではない。そうした場所は、目が覚めているときに、きみたちがベッドや衣装ケースや椅子として知覚するのと、まったく同じ原子や分子から構成されている。物体は、きみたちの知覚の結果として存在するのだ、ということを思い出してほしい。きみたちはエネルギーからパターンを創り出し、それからそれを物体として認識して使うのだ。だが、物体は特定の次元で知覚されるべく形作られるのだが、もしきみたちがその次元に焦点を合わせていなければ、物体はまったく役立たずということになる。

ある夢見の状態においては、それらの物体と同じ原子や分子を使って、きみたちがこれから活動する環境を形作る。夢を見ている間は、きみたちはベッドや衣装ケースや椅子を目にすることはない。そして目が覚めてみると、ほんの数瞬間前までそこにあった、夢の中の場所はもう見つからないのだ」

これは、わたしたちがときに肉体を離れて、夢見のときの体やアストラル体の中で、別の物理的な場所へ旅することがない、という意味ではありません。セスによれば、覚えているかどうかは別として、わたしたちは頻繁にそうした旅をしているのです。たとえば、わたしの生徒の中には、目覚めている状態からでも、夢見の状態からでも、たびたび体外離脱体験をする人が何人かいて、そのようなときには何回か、わたしの居間で皆が集まっているようなのです。

　こうしたことは、わたしが自分1人でそのような経験ができるようになったり、それについて本で読んだりしたときよりずっと前から可能だった、とセスはわたしたちに語りました。いずれにせよ、目覚めて起きているときの現実と、夢を見ているときの現実の間にある相互関係についてのセスのアイデアは、刺激的なものです。

「キリストの磔（はりつけ）のことを述べた際、それはきみたちの〝物理的な〟時間の中で起きたことではないが、1つの実在する出来事であり、1つの現実だと言ったことがある。それは夢が起きるのと同じ類いの時間の中で起きたのであり、その現実性（リアリティ）は何世代もの人々が感じてきた。それは物質的な出来事ではないからこそ、純粋に物質的な、いかなる出来事にもできないようなやり方で、物質の世界に影響を与えたのだ。

　キリストの磔は、夢の宇宙と物質の宇宙の双方に、深みを与えた現実の1つだったが、それは夢の宇宙に起源のある出来事だったのだ。それは夢の世界から、きみたちの世界に与えられた重要な貢献だった。そして物質的な宇宙の中における、新しい惑星の出現に匹敵することなのである」

　ここでセスは、磔は「ただの夢」だったと言っているのではありません。それは**歴史的**に起きたことではないが、別の現実界（リアリティ）で発生し、物質的な出来事としてではなく、1つの観念――文明を変えた観念――として歴史の中へ現れ出た、と言っているのです（セスによれば、物質的に実現するかどうかは別としても、観念も当然1つの出来事です）。

セスは続けて言います。「〝キリストの昇天〟は、きみたちの知る時間の中で起きたことではない。それもまた、夢の宇宙による、きみたちの世界への貢献であり、人間は物質を超えた存在だという知識を象徴しているのだ……。

多くの概念や実際的な発明が、誰かがそれらを、物質的現実の枠組みの中での可能性として受け入れるまで、夢の世界で一時預かりの状態で出番を待っているのだ。……想像力こそが、目が覚めている人間と夢の世界を結びつけているのである。よくあることだが、想像力は夢のデータを利用できる状態にして、日常生活における特定の状況や問題に適用するのだ……。

つまり夢の宇宙は、いつの日か、物質的世界の歴史を完全に変えてしまうような、数々の概念を含んでいるのだが、そうした概念を可能性として受け入れることを拒否してしまえば、それらの発現を遅らせてしまうことになるのだ」

いくつかのセッションで、セスは、わたしたちがまさにどのようにして夢を創り出し、起きている間に、どんな化学物質が体内に蓄積されて、夢の生成時に放出されるのか、そして別のどんな化学物質が、夢の現実界（リアリティ）を電磁的に構成することに関わっているか、説明しています。しかし、全体を通して強調しているのは、わたしたちが夢の世界の「客観性」とでも呼ぶものです。

セスはまずわたしたちに、夢を思い出すにはどうすればいいか指導してくれました。続いて、夢を見ている間に、意識的な判断力を目覚めさせておくにはどうすればいいのか、そして夢を一種の発射台のように利用して、意識を体から投影する方法を教えてくれました。セスが提案してくれる実験なら、どんなものでも喜んでやってみたい、といつも思っていましたし、その気持ちは今でも変わっていません。その結果として得られた個人的な経験により、セスのアイデアの多くが正当なものである、という主観的な証拠を手にすることができました。それに、わたしは自分自身の力で事に当たるのが好きなのです。

たとえば、この夢見の状態からの意識の投影という現象を見てみましょう。ある朝、朝食のあと、夢の投影を試してみようと横になりました。わたしはときどき、自分が夢を見ていることがわかり、通常の「覚醒意識」を夢の状況の中へと持ち込むことができます。夢の投影というのは、単にその状態を利用して、自分の意識を別の場所へ投影するという意味です。その朝、意識投影の準備のできたわたしは、肉体を離れていくのがわかりました。その間、ドアに鍵がかかった部屋で、ベッドに横たわっている安心感と居心地の良さをずっと意識していました。

空中をあまりの速さで飛んでいったので、すべてがぼやけて見え、それから見慣れない町の通りにいるのがわかりました。自分がどこにいるのか絶対に探り出そうと心に決めて、通りの名前が書かれた標識を求めて、その街区を歩いて回りました。そこはホテルや大きな店が立ち並ぶ一角で、2つの通りの名前が見えました。ようやく心を決めて1軒のホテルのロビーに入っていきました。そこには本屋があり、わたしは本を見て回ろうと、本棚まで歩いて近づきました。ジェーン・ロバーツによって書かれたESPに関する本が3冊ありましたが、このとき（1967年）までにわたしが実際に書いた本は1冊だけです。

わたしはびっくりして、もう一度辺りを見渡しました。すべてはまったく正常に見えました。それがどこであろうと、物質的な場所でした。何か気配を感じて見上げると、1人の若い男性が、カナリアを捕まえた猫のような得意げな、にこやかな笑顔を浮かべてわたしを見ていたのです。彼は店員の1人でしたが、今やわたしは店員のほとんどが若者で、わたしのほうに視線を向けているのがわかりました。

どうしたらいいのか、何を言えばいいのかわかりませんでした。「ねえ、実は今、肉体の外にいるの。これは幽体離脱なのよ」と言ったところで、信じてもらえそうにありません。でもわたしがあの3冊の本の著者であること、そして、事情はわかっているよ、とでも言いたそうな店員の笑みは何を物語っているのでしょうか？

「この本は前に見たことはないわ」とわたしは言いました。

「そうでしょうね。あなたの住んでいるところでは、まだあなたは執筆していないんですから」。若い店員はこう答えると、人なつこい、屈託のない笑いを浮かべ、ほかの店員たちもわたしたちを囲んで、笑い始めました。

「ここはどこなのかしら？」とわたしは尋ねました。

彼は地名を告げるとこう言いました。「地名はどうでもいいでしょう。どうせ思い出せないですよ」

「覚えていられますとも。わたしは自分で訓練してますから」

「まだそれほど熟達してませんね」。店員の1人がそう言い、わたしは腹が立ってきました。アストラル体で旅をしているにせよ、何にせよ、この人たちはわたしを利用して、思う存分楽しんでいるのです。

「いい？　わたしはアストラル体の中にいるの。肉体は家のベッドの上よ」

「それはわかってますよ」と若い店員が言いました。

再び、あの本が目に入ってきました。「いいですよ、タイトルを記憶してください。でも、何の役にも立たないと思いますよ。思い出せないでしょうから」。今は全員が、前よりも気遣いのこもった微笑みを浮かべていました。

「もう通りの名前を2つ覚えたわよ」とわたし。「あの3冊の本は、確かにわたしが書くのかしら」

「ほら、ここにこうしてもう書いてあるじゃないですか」

誰が何と言おうとも、覚えられるものは、名前、通りの標識、道の番号、どんなものでも覚えておこうと心に決めました。最後に、店員がわたしを案内してくれる、と申し出ましたが、いずれにせよ、1人で探索するつもりだったから、とわたしは彼に言いました。彼はとても親切でした。わたしたちはおしゃべりをし、わたしは覚えていることができないだろう、と念を押しながらも、彼は町の中の見所をいくつか教えてくれました。

それから、何の前触れもなく、わたしは自分が引き戻されるのを感じました。凄まじいシューという音がして、わたしは肉体の中に戻っていました。本当に騙されたんだ、という気がしました。

ふつう、幽体離脱で同じ場所に戻るのは大変難しいのですが、わたしはあまりに腹が立っていたので、どうしても戻るんだ、と自分に言い聞かせました。でもまったく同じ位置に戻ることはできなかったようです。前と同じ通りの角に「着地」しましたが、あの若い店員はどこにも見当たりませんでした。そこで、ホテルを探しに出かけることにしました。3回は同じ区画を歩いて、確かに別の見覚えのある建物がいくつも見つかりましたが、どうしてもあのホテルを見つけることはできませんでした。そしてやっと体に戻りました。

当然、その体験についてセスに尋ねてみました。セスはちょうど、夢見の状態から意識を投影した際に出会うと予想される状況について、おおまかな説明をしているところだったのです。

「夢の現実界（リアリティ）の内部には形態がある、だが、形態はまず何よりも、心霊的（サイキック）エネルギーの内部に存在する潜在性なのだ。潜在的な形態は、それが物質化されるはるか前から存在している。5年後にきみたちが住むかもしれない家は、きみたちの観点からすると、まだ存在していないかもしれない。まだ建てられていないかもしれない。したがって、物質的なものとしてそれを知覚することはないだろう。それでも、そのような家には形態があり、広がりのある現在の中に存在しているのだ。

夢の現実界（リアリティ）のあるレベルでは、そのような形態が知覚されることがある。夢の現実界（リアリティ）の内部では、ほかにも、きみたちが通常は出合わずに済んでいる、多くの種類の現象に出くわすことがあるのだ。きみたちが頭に描いている意識投影実験では、こうした情報は非常に役立つはずだ。だから、そうした実験で何を期待したらいいのか、少し説明したいと思っているところだ。

きみたちが物質的な現実界（リアリティ）を操作しているときには、そこで働いている一連のルールは比較的単純なものだ。だが、夢の現実界（リアリティ）では自由度がはるかに大きい。そこには自我（エゴ）はない。言っておくが、目が覚めているときの意識は自我（エゴ）ではないのだ。自我（エゴ）というのは、目が覚めている意識のうちの物質界を操作する部分のことだ。

目が覚めているときの意識は、夢見の状態へと持ち込むことができるが、自我（エゴ）は持ち込むことはできない。夢の中では自我（エゴ）は戸惑い、すぐに機能しなくなるだろう。きみたちの実験では、さまざまな状況に出くわすことになるだろうが、制御することを学ぶまでは、そうした状況を識別することは難しいかもしれない。自分で操作できるものもあれば、そうでないものもある。夢で訪れる場所のあるものは、きみたち自身が創り出した場所だが、まったく見知らぬ場所もあるだろう。それらは別次元の現実界（リアリティ）に属するもので、うっかりと入り込んでしまったのかもしれない。

夢を見ている人が、きみたちから見れば、過去、現在、未来のいずれに属するかもしれない別の太陽系を訪問することも大いにあり得ることだ。そのような訪問はたいてい断片的で、意図せずに起きるものだ。それを操作しようとしないことが得策だ。それが起きたときにうまく役立てるのは構わないが、計画的にやってみるのはまだ止めたほうがいい。克服しなければならない問題が多くあるからだ」

夢見の状態から意識を投影する際に使う方法や、そこで出合うことになるかもしれない状況について述べたセッションは数多くあります。わたし自身の意識投影実験で、セスは何回かわたしに力を貸した、と言っていますが、わたしは、セスに助けてもらった記憶はありません。わたしはセスのことを、夢で見たことは一度もありませんが、これはかなり奇妙なことのように思えます。真夜中に、完全に目が冴えた状態で目を覚ますことがよくあります。そして突然、その直前までセス・セッションを開いていたことに気づくのです。頭の中をセスの言葉が、信号のように通り抜けるのが聞こえます。それはまるで、本当は聞いてはいけないラジオ局の放送に、波長があってしまったかのようです。なぜなら、はっきり聞こうと集中すると、頭の中でカチッという音がして、スイッチが切れてしまうのです。そのセッションが誰に向けたもので、何が話されていたのかわかるほど十分に内容が聞けたことが2回ほどあります。のちに、そのセッションに参加していた何人かの人たちが、わたしがその経験をしたのと同じ夜に、セスがわたしを通して彼らに語りかけている夢を見た、と語ってくれました。わたしがその話題について何かを言ったのではなく、彼らのほうが自発的に話してくれたのです。

セスによると、わたしたちは同じ夢を共有したり、集団で夢を見ることがある、ということです。そうした夢は、実は日常生活を安定させる力として働きます。わたしたちの夢は自分たちだけのものなのでしょうか？　どうも一般に考えられているほど、私的なものではないようです。セッション254でセスはこう言っています。

「集団的な、共有された夢のある領域においては、人類全体がその政治的、社会的構造に関わる問題に取り組んでいる。夢の現実界（リアリティ）の中で人がたどり着く解決策は、その人が物質的世界で受け入れる解決策と、必ずしも同じとはかぎらない。

　夢での解決策は、理想的な目標として受け入れられるのだ。たとえば、集団的な夢がなかったら、きみたちの国際連合も存在していないだろう……きみたちの成長の現段階においては、選択することが必要だ。もし、絶えず自分に降り注ぐテレパシー的なメッセージに気づいてしまったら、今のきみたちにとっては、自己感覚（アイデンティティ）を維持するのが非常に困難になってしまうだろう。したがって、共有される夢はまた、ふつう気づきの領域のはるか下方で起こっているのだ……経験を積んで自己感覚（アイデンティティ）が強化されると、自らを自動的に拡大して、自分が操作できる現実界（リアリティ）の数をさらに増やしていくのである。

　きみたちが誰か他人の夢を見るときには、その人はそれに気づいている。そして誰かがきみたちの夢を見るときには、きみたちはそれに気づいているのだ。だが、今の段階では、こうした状況に意識的に気づいても、何も得るところはない」

　このセッションで、セスはジョン・F・ケネディにも触れ、人種問題を夢と結びつけて解説しています。

「きみたちも知っているとおり、多くの人がケネディの死の夢を事前に見ていた。あるレベルでは、ケネディ自身も自分の死を知ることができたといえるだろう。だが、彼の死が必然だったという意味ではない。それは1つの生々しい可能性だったのだ。いくつかの問題に対する、数多くの解決策の1つでもあった。最も都合のよい解決策ではなかったが、物質的現実界（リアリティ）でのあの時点では、最適なものに最も近い手段だったのだ……」

セスは続けて、夢がもつ感情的な強さが、最大限まで思い出されることは滅多にない、と言いました。それから簡潔に、集団的な夢は、歴史的な変化をもたらす1つの方法だと述べました。

「現在の人種問題の状況を懸念している人たちは、個人的にも集合的にも、その状況を変える夢を見る。夢の中で、変化をもたらすことのできるさまざま方法を演じてみるのだ。実は、こうした夢は、最終的に起こる変化をもたらすのに一役買っているのである。そうした夢のエネルギーと方向性そのものが、状況を変化させる手助けになるのだ」

セスが夢の説明をしてくれるので、夢に関する本だけでも数冊は書くことができるでしょう。「セス・マテリアル」によれば、わたしたちの心霊的（サイキック）発達と成長、学習のプロセスと経験、こうしたことはすべて夢の中の人生と深く関わっているのです。夢の中で、わたしたちは存在の別の次元を訪れ、必要な技能を身につけることさえあります。そのようなときには、わたしたちの意識のさまざまな段階を統合する明確な電磁的、化学的なつながりがあり、セスはそれらについて詳しく述べています。

わたしたちは夢を通して物質的現実を変え、わたしたちの物質的な日常経験が、夢見の経験を変化させます。そこには止まることのない相互作用があるのです。夢を見ているときには、わたしたちの意識は単に、異なった種類の現実、目が覚めているときの人生と同様に生き生きとした現実に向けられているにすぎません。わたしたちは見た夢を忘れてしまうかもしれませんが、たとえ夢の現実全体に気づいていなくても、夢は常にわたしたちの一部なのです。

セスによると、わたしたちがその中で活動している別の現実界（リアリティ）が数多くあり、それらはすべて、目が覚めているときの自我（エゴ）にとっては未知のものなのです。物質と反物質から構成されている宇宙体系があるばかりでなく、無限の多様性を見せる現実界（リアリティ）が無数に存在します。また、「蓋然性の現実界（リアリティ）」と思われる世界もあり、そこでは、わたしたちは物質的な人生では現実化しなかったけれども、選ぶことも可能だった道を歩んでいるのです。

セスは言います。

「夢での経験は、内なる自己が直接的に感じ取っている。前に言ったとおり、夢には電気的な現実性（リアリティ）がある。この電気的な現実性（リアリティ）の中で、夢は夢を見る人から独立して存在しているばかりでなく、具体的な形態とでも呼べるものを持っている。だが、それはきみたちにお馴染みの物質的な形とは違ったものだ」

セスは、すべての経験は、わたしたちの細胞の内部に電気的な暗号として記録されるが、その存在は細胞に依存してはいない、と繰り返し言っています。そしてこれはまた、夢での経験にも当てはまるのです。

「思考や夢の影響力は、一般に知られているよりはるかに広範囲にわたっている。思考や夢は多数の次元に存在し、人間が気づいていない多くの世界に影響を与えるのだ。そうした思考や夢は、実質的には建物と同じように実体がある。多くの世界の中にさまざまな装いで現れ、いったん創り出されると取り消すことはできないのである……。

夢の電気的現実性(リアリティ)は解読されて、その影響は脳ばかりでなく、体のすみずみで感じ取られるようになる。夢の中での経験は、意識的にはとうの昔に忘れ去られても、物理的有機体の細胞の内部に、電気的に暗号化されたデータとして、永遠に記録され続ける……つまり個人のすべての経験とともに細胞の内部に存在し、細胞はその周りに形成されるのだ。こうして電気的に暗合化された信号は完全な経験の複製を構成し、そのパターンは物質的現実からは独立した存在となる」

言い換えれば、わたしたちの夢は、わたしたちの人格とともに、それ自身の不死性とでも呼べるものを勝ち取るのです。セスは明確にこう述べています。

「誰でも人間は、誕生のときから自分自身の分身を構築する。それは蓄積された、独自の、途切れることのない電気的信号をよりどころにしており、その信号には自分の夢や思考、願望や経験が含まれている。そして肉体の死の際、人格は物質的な形態から分離して存在するようになるのだ」

第15章 蓋然性の自己と蓋然性の現実界（リアリティ）

1969年6月、わたしたちは本当に驚いてしまいました。ロブの「蓋然性の自己」の1人が訪ねてくる、とセスが言ったのです。セスは過去に、蓋然性の自己という言葉を一、二度使ったことがありましたが、そのときには、わたしたちはそれが何なのかわかりませんでした。蓋然性の自己とは何でしょうか？　わたしたちは誰でも、別の現実界（リアリティ）に分身がいるとセスは言います。まったく同一の自己であるとか、双子のようなものではありません。わたしたちの根源的自己（エンティティ）の一部である別の自己で、わたしたちがこの世界でしている方法とは異なったやり方で、それぞれの現実界（リアリティ）で生き、自分の潜在的な能力を発達させているのです。

これらの蓋然性の人格は、わたしたちから見ると、生まれ変わりの自己よりももっとかけ離れた存在で、多少似たところのある遠い親戚のようなものといえるでしょう。わたしたちがこれまでに手にした情報によると、数ある蓋然性の自己のうちの何人かは、わたしたちとは異なった知覚方法を持っているのです。

たとえば、この現実界（リアリティ）ではロブはアーティストです。数年前、ロブは、医療現場の状況を何枚か絵に描いたときに、優れた技量を持ち、医学的な処置や用語にとても精通している自分に驚いてしまいました。その仕事を始めるまでは、医学的な分野にはまったく馴染みがなかったからです。ロブの描いたスケッチや絵画はどれも出来ばえがよく、モデルとなった医師たちに賞が贈られました。セッション４８７で、ロブには別の現実界（リアリティ）に医者である蓋然性の自己がおり、その人は絵を描く趣味がある、とセスは言いました。ロブがそんなにもたやすく医療現場の絵を描くことができたのは、そういうわけだったのです（その医者にとっては、ロブが蓋然性の自己ということになります）。

その夜、セスはこの「男性」についてかなりいろいろなことを語り、彼がこの現実界（リアリティ）とコンタクトをとろうとして利用していた方法を説明してくれました。

「実際のところ、きみたちが空間の一区画とでも呼ぶ場所には、無限の多様性に富む物質が存在している。当然ながら、きみたちが肉体的な感覚器官を使って、それらの別の現実界（リアリティ）を知覚することは決してできない。そうした別の現実界（リアリティ）を探索するには、内なる感覚を使用するための高度な訓練が必要となる。そういう意味では、きみの友人〝ロブの蓋然性の自己〟は、内なる感覚の使用においてはきみより上達しており、彼の現実界（リアリティ）はより進歩しているのだ。

思考が空間を通って伝達されることがあるのと同様に、個人の意識が〝別次元の〟現実界（リアリティ）を通って送り出されることがある。植物の種が空中を飛んでいくように、個人の意識も、そうした別の現実界（リアリティ）を通り抜けて旅することができるのだ。ただし意識の明晰さは損なわれないようにしなければいけない。そして、ある種の薬物がその役目を果たすことができる。（ロブの蓋然性の自己が、その蓋然性の現実界（リアリティ）から外へと自らを投影するときには、薬物を使った方法を利用します。）

さて、そのような薬物はタイムカプセルのようなもので、ある一定の時間、刺激を抑制し、目的地点に到達すると刺激剤を注入するようになっている。そして、そのプロセスはかなり複雑なものだ。薬物は肉体を持った存在に注入されると、脳に作用する。意識は体外離脱体験として投影されるが、肉体的な脳は、ショック（体外離脱のような場合には意識はとても速く移動するので、通常、意識と肉体との間にある接点が、断たれてしまうというショック）から守られるのだ。

したがって、脳に対して注入された薬物のあるものは、実際には脳の外にある意識を助ける働きがあり、栄養源として作用する。だが、これは単に、使われている1つの方法にすぎない。薬物は、意識が高度に活性化される期間を調節するのだが、意識は最適なレベルで機能し、あらゆる精神的な能力が加速される。そうした活性化される期間の合間には無意識になる期間があるが、それは脳を保護するために必要なのだ。

肉体的な脳に注入された薬物は、そのような無意識の期間に、意識の射出に関わる脳の部位に、通常より多くの栄養物を与えるようになっている。したがって、蓋然性の自己が、いわば、すぐ手の届くところにいても、そのように意識が途絶した、栄養補給期間の最中である場合があるのだ。

きみたちの時間感覚でいえば、高度に意識的な活動の時期は、およそ3日間続き、その後、状況により、1日半から4日間の不活発状態に入る。このときには、自分の拠点である次元から異質の次元へと、意識エネルギーの移転が行われるが、それにはある種の自動的な変換がなされなければならず、次元の異なるそれぞれの世界では正常である、脳波のある種のパターンが使われるようになるのだ。

たとえば、きみたちの科学者によって発見されているものとは違った脳波パターンがある。薬物は、必要があれば、こうしたパターンを変化させる手助けとなるのである。もしある次元を出入りする際に、これらの脳波パターンが変えられないと、少なくとも理論的には、加速や減速がうまくいかず、意識がある任意の次元内に閉じ込められてしまうこともあるのだ。もっとも、ここで言っているのはメンタルな意味での加速や減速のことだが」

セッションのあと、セスが述べたことをロブがわたしに伝えてくれたとき、わたしたちは数分間、ただ顔を見合わせて座っているしかありませんでした。「たぶん（probably）、あなたには蓋然性（probable）の自己がいるのよ」。わたしは笑いながら、やっと口を開きました。

「まったく新しいアイデアとはいえないな」とロブ。「科学者も蓋然性の宇宙についての理論を述べているよ」

「でも、あなたの話からすると、セスは蓋然性の自己は無限にいるって言ってるのよ」とわたしは言い返しました。「それに、蓋然性の自己についてあれこれ言うのと、そのうちの1人があなたと接触しようとしているかもしれないっていうのは全然別の話だわ」

「用意はできているよ」とロブは言いました。そして事実準備万端でした。次の数週間、ロブはセスに勧められた心理的時間(サイコロジカル・タイム)のエクササイズを行い、何か普通でないことが起きたら気がつくように、直感を研ぎ澄ませていました。その間に、もう1回セッションを開きましたが、ロブにはセスに尋ねる質問が山ほどありました。セスがわたしたちに語ったところによると、今回接触しようとしている蓋然性の自己は、ドクター・ピエトラです。彼の現実界(リアリティ)では、彼はロブより年上で、絵を描くことに心を奪われていますが、医師としての仕事を優先させています。

「彼は、治療に絵画を利用することを学んでいる」とセスが言いました。「患者に絵を描かせたり、芸術をセラピーとして使うことばかりでなく、ある種の絵画にはそれ自体治癒効果がある、というアイデアを探求しているのだ」。さらに続けて「絵画の中には、それを鑑賞する人の治癒能力を捉え、導くことのできるものがある……画家の意図が、画材や絵の中に埋め込まれているのだ」

「ドクター・ピエトラは、わたしが存在することを知っているのですか?」とロブが尋ねます。

「彼は、ひょっとしたらきみが存在しているかもしれない、と思っている。自分には蓋然性の自己がいるということを信じ、彼にとっては蓋然性である、この宇宙を訪問しようと試みている。しかし、きみが彼の訪問を予期しているとか、きみが彼と会おうと計画しているかもしれない、とは考えてもいない……ほかの2人の人物とともに、薬物の研究に取り組んでいるのだ。

きみを訪問している間も、彼は自分の次元でうまく取り仕切っていくことができるだろう。きみの心の状態と受容性が彼に伝達され、彼を招き寄せる領域として働いて、彼にはそれがわかるようになる。きみの人格の共感的な面が、きみたち2人の間に、明瞭なチャンネルを開く役目を果たすのだ。当然、その経路は物理的なものではないが、分子的な構造が多少関わっている」

「でも、彼が来たら、肉体のある存在として見えるんですか？　ぼくたちが何らかの形で接触したら、それは意識的にわかりますか？」とロブが尋ねました。

「きみには彼が見えるはずだ――完全に物質化した形の場合もあれば、著しく鮮明な心的イメージの場合もあるが。だが、そればかりでなく、2人の間にはテレパシー的な、内面でのつながりがあるはずだ。きみにもわかるとおり、彼もまた視覚指向の人だ。自分の現実界（リアリティ）からきみにイメージを見せることも彼にはできるかもしれない。また、きみを意識投影で、彼の現実界（リアリティ）へ連れて行くこともできるかもしれない。そうすれば、きみはその観点から、自分の現実界（リアリティ）を覗き込み、瞬間的な連続したイメージで、自分とルバートの人生を、今までになく明瞭に垣間みることもできるはずだ」

「でも、ぼくたちから見て、彼はいつやってくるんですか？」。セッションを終える時間が近づいていたので、ロブが素早く尋ねました。

「きみが彼のことを知覚するかどうかは別として、7時間以内にはきみの現実界（リアリティ）にやってくるだろう。薬物は彼の姿に色づけする効果がある。だから、黄色、または紫色っぽく見えても驚かないことだ。今夜は説明できないが、さまざまな理由により、この実験はすでに数週間にわたって行われており、次回は秋になるまで実行されることはないだろう。これは分子的構造の伝導性、そして、その時期における、きみたちの世界の大気の特性と関係があるのだ」

このセッションは1969年6月9日に行われました。ドクター・ピエトラとのコンタクトは、心理的時間(サイコロジカル・タイム)のエクササイズをすることで容易になる、とセスはもう一度ロブに言いました（これについては、心霊能力の開発を扱う章で詳しい説明がなされます）。ロブはその週、数回このエクササイズを行いましたが、彼の知るかぎりでは、ドクター・ピエトラとのコンタクトはありませんでした。しかし、6月16日に、セスが、ほぼコンタクトに近いことが2回起きた、と言ったので、わたしたちは驚いてしまいました。

「そのときは、意識的には気づかない深部で、お互いの人格の特性がつかの間融合したのだ」とセスが言いました。「2人とも、それに対してどう対処すればいいのかわからなかった。きみは自分自身の自己感覚(アイデンティティ)がぼやけることを恐れ、2人の人格内部にある類似点のいくつかに、かなり怯えてしまったのだ。だが、たとえちょっとしたコンタクトであっても、それを可能にするのは人格の類似点なのである」

「それはいつ起きたのですか？」

「きみの思考の流れが脇道にそれたときだ。そのときぎみには、人体の内部のイメージが浮かんだはずだ。あるいは内臓に関連した思考だったかもしれない。それが起きたのは、意識の深いレベルで、ドクター・ピエトラの存在を感じ取ったからだ」

ロブはポートレートや人体の絵を描いていたので、セスの言ったことは納得できたようです。でも、はっきりとした人体内部のイメージが浮かんだ覚えはありませんでした。それでも、体の中のことを考えていたことがある、と言いました。わたしはまったく知らなかったことです。より完全に近いコンタクトが起こる可能性はまだある、とセスは言いました。「……だが、ドクター・ピエトラの意図は定かではなく、この現実界（リアリティ）での彼の存在の強さは変動している」

セスはまた、ピエトラが利用する薬物についても、多少付け加えました。どうやら薬物は、意識が肉体に速く戻りすぎないようにするためのもののようです。利用された方法についてもこう述べました。

「旅をしている意識のおおまかな動きと状態を、ドクターの側の現実界（リアリティ）で監視する方法があった。深刻な危険が迫ったときには意識は引き戻されるのだが、それ自体が極めて危険なことだ」

まだはっきりと理解されていない方のために、もう一度説明しますが、セスによると、この蓋然性の現実界（リアリティ）というのは、わたしたちの現実と同様に「実在する」世界です。そこにいる住人たちにとっては、その世界は物質でできています。そしてそれは、物質と反物質の間に存在する、無限の数の世界や宇宙の1つにすぎません。ピエトラの世界の人たちは、ほかの蓋然性の宇宙が存在すると仮定し、彼は、豊富な医学的経験のために、最初の探索者の1人になったのです。

セッションからの抜粋にあったように、蓋然性の世界をまたぐそうした旅は、体外への意識の投影によって行われますが、それには医学や物理学、そしてそのほかの学問の統合が必要となるようです。以前にセスは別のところで、私たち自身の現実界（リアリティ）でも、遠距離におよぶ宇宙旅行には、物理的な旅ではなく、精神的な旅が関わるようになると述べています。

もし、セスが主張するように、わたしたちには蓋然性の自己がいるとしたら、そしてもし、それに加えて地球上で何度も人生を送るとしたら、魂は1つだ、という概念はどうなってしまうのでしょう？

ここで、物質的な出来事と蓋然性の出来事の違い、そして、わたしたちの現実界（リアリティ）と蓋然性の現実界（リアリティ）との関係についてセスが説明した、3つのセッションからの抜粋を紹介したいと思います（ロブとドクター・ピエトラは、それぞれ独立した人格であることを思い出してください。セスは、2人は遠い親戚のようなものだ、と説明しています）。セスは、全体自己あるいは自己存在全体を、この現実界（リアリティ）やほかの現実界（リアリティ）での人生に関連づけて、見事に解説することでセッションの口火を切ります。

《セッション231（抜粋）》

●自己と蓋然性の現実界（リアリティ）

「行為（アクション）は、きみたちが知覚する、しないにかかわらず行為（アクション）だ。そして蓋然性の出来事もきみたちが知覚する、しないにかかわらず出来事であることに変わりはない。思考も出来事であり、願望や欲望も同様だ。人間存在はこうしたものに対して、物質的な出来事に対するのと同じように反応する。

夢の中では、蓋然性の出来事の一部を半意識状態で経験することがよくある。これは裏抜け(*)のようなものと考えてもらっていいだろう。私はあえてその言葉を使っているのだが、きみのテープレコーダーを喩えにして説明してみよう。

全体自己を一種のマスターテープだと想像してごらん。きみのレコーダーには4つのチャンネルがあるが、ここでは無限の数のチャンネルがあると仮定しよう。チャンネル一つ一つが全体自己の一部であり、それぞれが別の次元に存在しているのだが、すべてが全体自己（この例えではテープ）の一部だ。テープをモノラル音で聴く場合、モノラル1のチャンネルはモノラル2より信頼性があるとかないとか言うことが、いかにバカげているかわかるだろう。モノラル1は、きみたちの現在の自我(エゴ)に喩えることができる。

今度はこれらの自己が増えていって、自己3、自己4、自己5、自己6のように続いていると想像してみよう。さて、きみのレコーダーにはステレオの設定がある。これをオンにすれば、複数のチャンネルの音声を、同時に協和するように混ぜ合わせることができる。私はステレオ音声のような、澄み透った明瞭さで口述することはあまりないので、ここではきみたちにはっきりと理解してもらえるように、時間をかけて説明することにしよう。

きみのステレオ音声は、われわれが内的な自我と名付けたものに喩えられる。それぞれの自己は、自分の知覚の性質に従って時間を自分なりのやり方で経験するのだが、ステレオ音声のチャンネルがオンになると、それらの自己は自らの統一性に気づくのだ。彼らのさまざまな現実性(リアリティ)は、全体自己の総合的な知覚の中で融合するのである。

このようにして、全体自己が、自らの一部である、いくつもの自己を同時に知覚できるまでは、これらの見たところ全体自己から分離している部分は、自分自身が孤立した単独の存在のように思えるのだ。彼らの間ではコミュニケーションが行われているのだが、それに気づくことはない。われわれの喩えで言えば、すべてのチャンネルで共通なのはテープなのだ。内的な自我は監督だが、全体自己（または魂）が自分自身を知ることが不可欠だ。何が起きているかを、内的な自我だけが知っていても十分とは言えない。最終的には、内的な自我が同時に存在する無数の自己の側に、理解をもたらさなくてはならない。

全体自己の各部分は、ほかの部分に気づかなければならない。もちろん、ここで扱っているのは、レコーダーのように単純なものではない。われわれのテープ（つまり自己）は絶えず変化しているからだ……」

●蓋然性の出来事と物理的な出来事の差

「たとえば、Xという出来事を例にとってみよう。この蓋然性の出来事は、自己のさまざまな部分によって、それぞれのやり方で経験されることになる。きみたちの自我（エゴ）によって経験されると、それは物理的な出来事になる。自己のほかの部分によって知覚されるときには、自我（エゴ）はそのことを知らない。

それは、自己のどの部分によって経験されようと、実在していることに変わりはない。たださまざまなやり方で経験されるのだ。つまり、全体自己は知覚し、蓋然性による影響を受ける。そして全体自己は、自我（エゴ）が、いずれかの出来事を物理的な出来事として受け入れることを選択するかどうかにかかわらず、その蓋然性を行為（アクション）として知覚するのである。時間の配列もさまざまだ。過去、現在、未来は、きみたちの自我（エゴ）にとってのみ現実性（リアリティ）があるのだ。

ところで内なる自我は、きみたちも知っているとおり、〝広がりのある現在〟の中に存在する。〝広がりのある現在〟は、全体自己がその中に存在する、基盤となる〝時〟だが、自己のさまざまな部分はそれぞれの時間系列の中で生きているのだ。

時間の経験が異なれば、心理的な構造も違ってくるのは明白だ。たとえば、意識と潜在意識の間にある心理的な差異なら、きみたちも自分で気づくことができるだろう……。

自我（エゴ）は主に、〝過去〟を振り返り、そこに自らのものである何かを見つけることによって、自分の不変性を維持しようとする。それに対して、蓋然性と向き合っている自己の部分には、自己感覚や連続性を得るための〝過去〟に関わる経験というものはないのだ。自我（エゴ）が考えるところの永続性という概念は、そうした自己の部分にとっては縁もゆかりもないものであり、膠着状態を招く極めて不快な概念なのである。

ここで重要なのは、順応性という言葉だ。つまり、それぞれの蓋然性を探求することが許されたときに、自発的に自己を変えることだ。経験の本質は可塑性にある。ここでは、基本的な自己感覚（アイデンティティ）

は、きみたちの知る潜在意識に匹敵する部分によって維持されることになる。言い換えれば、自己感覚の荷を負うのは心理的構造のそうした部分であり、自らの経験が夢のような性質を帯びるようになるのは自我のほうなのである」

《セッション232（抜粋）》

「このような蓋然性の宇宙は、物質的な宇宙とまったく同様にリアルなものであり、きみたちは、気づいていてもいなくても、その中に存在するのである。単にその中に焦点を合わせていないだけなのだ。夢見の状態では、ときに蓋然性の宇宙、（あるいは自分の蓋然性の自己の1人）に気づくことがあるかもしれない。夢に見るイメージには確固たる現実性がある、ということはすでに伝えたはずだ。蓋然性の出来事も同じだ。ただ、きみたちにとっては、具体性があるようには見えないだけなのである。

たとえば、リンゴを1個手に持っている夢を見たとしよう。目が覚めてみるとリンゴはなくなっている。これはそのリンゴが存在しなかったのではなく、目が覚めている状態ではそれを知覚しなくなる、ということなのだ。同じように、きみたちは、意識的には蓋然性の出来事の現実性を知覚することはない。しかし、全体自己の一部は、そうした蓋然性の出来事に深く関わっているのである。夢を見ている私は、まさに蓋然性の出来事を経験する自己と見なすことができる。（夢を見ている私は、自分には完全に意識があると考え、目が覚めているときの私を蓋然性の自己だと見なすのです。)

次のような状況を考えてみよう。ある人に行動する選択肢が3つあるとする。彼はそのうちの1つを選び、それを経験する。実は、ほかの2つの行動も内的な自我によって経験されるのだが、それは物質的な現実界(リアリティ)で起こることではないのである……そうした行動の結果は、内的な自我によって比較され、別の意思決定の機会の参考となるのだ。しかし、蓋然性の行為(アクション)は確実に経験され、〝蓋然性の自己〟の存在は、そうした経験で成り立っている。それは夢の行為が、夢見の自己の経験を構成しているのと同じことなのだ……全体自己のすべての階層の間では、意識ある自己が気づくことのない、絶え間のない情報のやり取りが行われているのである」

《セッション227(抜粋)》

「きみたちが焦点を合わせることのできる一連の経験は、実は多くのさらに小さい経験のまとまりから構成されているのだが、現実というものの全体像は、きみたちが経験できることをはるかに超えているのである。自己の一部は、〝自我(エゴ)〟とはまったく異なったやり方で出来事を経験することができ、実際にそうしているのだが、その部分は違った方向へと進んでいく。意識的な自己が出来事Xを経験しているとき、自己のこうした別の部分はいわば脇道にそれ、自我(エゴ)が経験できたかもしれないが、実際には経験しなかった、あらゆるほかの蓋然性の出来事へと向かっていくのだ。

自我（エゴ）は、自らの制約のために、１つの出来事を選択せざるを得ない。だが、自己のこの別の部分は、Ｘ１、Ｘ２、Ｘ３とでも呼べる出来事の中に入り込んでいくことができる。自我（エゴ）が出来事Ｘだけを経験するのにかかるのと同じ物理的時間の間に、これらの別の蓋然的選択肢のすべてを追い求め、経験することができるのだ。

これは見かけほど突飛なことではない。きみたちには握手は単純な行為（アクション）に見えるかもしれない。だが、この見たところ、取るに足らない行為（アクション）を構成している１００万もの微細な活動に、きみたちは気づいていないのだ。そうした活動は、きみたちに知られることなく存在するのである。その一つ一つを知覚するのに時間はかからない。きみたちは、それらの活動が完結した形を知覚するのだ。握手を構成している１００万もの小さな行為を、きみたちが潜在意識的に知覚するのと同じように素早く、自己の別の部分は蓋然性の出来事を意識的に経験するのである」

《セッション２２７（抜粋）》

●人格存在と蓋然性

「蓋然性の出来事を意識的に経験している自己の部分は、単に、現実の別次元の、異なった活動領域で機能しているにすぎない。今、話している例では、全体自己の各部分は、一家族の構成メンバーに喩えられるだろう。ある男性は都会で仕事をし、妻は田舎の家で働いているかもしれない。3人の子どもは、それぞれ違った学校に通っている。彼らはみんな同じ家族の一員で、同じ家を基盤として活動している。基本的には、子どもの誰か1人が、父親の仕事場で昼間の時間を過ごすことができない、という理由はない。だが、その子には、仕事場で起きている出来事や行われている活動を、理解することはできないだろう。

私はこの喩えをわかりやすく説明しようとしているのだ。その子どもは当然、物理的には父親の仕事場のある建物に収まるだろう。物理的には、父親だけを受け入れ、子どもを閉め出すような障壁はない。逆に父親が学校に入学することもできるが、そのような段取りをしたところでほとんど役には立たないだろう。

家族の内部では、それぞれのメンバーの経験に対する、おおまかな理解があるのだが、家族全体が1つの単位として共有する出来事でなければ、直接的に理解されたとはいえない。また、自己のどの一部も、ほかの部分が経験したこと全般について、直接的に理解していなくても、直感的には気づいているのである。

しかしながら、出来事の中には、自己のすべての階層によって知覚されるものもある。それぞれの階層は、それなりのやり方で知覚するのだが、経験は全体として共有されるのだ。そうした出来事は決して多くはないが、非常に鮮明で——家族の共有経験がそうであるように——心理的構造全体の自己感覚（アイデンティティ）を強化する役目を果たすのである。

繰り返すが、蓋然性の出来事は、その中から選ばれて物質的な経験となった出来事と同じように現実性（リアリティ）を持っている。もう一度出来事Xを例にとってみよう。この出来事は、無数の蓋然性の出来事のうちの1つにすぎない。意識的自我が自身の目的を果たすために、それを選択するのだ。だが、自我（エゴ）がその出来事を経験するまでは、それは単に蓋然性の出来事すべてのうちの1つであって、ほかの蓋然性の出来事と何の違いもない。物理的な自己によって経験されたときに初めて、きみたちの現実界（リアリティ）で実在のものとなるのだ……。

これらのほかの蓋然性の出来事は、別次元において同様に〝現実化〟するわけだ。ちなみに、激しい心理的ショックや深い徒労感が一種のショートを引き起こし、自己の一部が蓋然性の現実界（リアリティ）の1つを経験し始める、という興味深い例がいくつかある。今思い浮かぶ具体的な例としては、記憶喪失になって過去の記憶を失った人が、まったく見知らぬ土地で違った名前を持ち、違った職業に就いているのが突然見つかるケースだ。いくつかの例では、そうした人は蓋然性の出来事を経験しているのだが、当然、彼は自分自身の時間系列の中で、その出来事を経験せざるを得ないのである」

もちろん、セスは蓋然性の宇宙や出来事について、ここに紹介したものより多くのことを語ってくれました。また、蓋然性を予知や時間と関連づけて説明しています。ドクター・ピエトラとは、意識的には何のコンタクトもとれていません。本章を執筆している今、季節は秋に近づいていますが、セスは、秋にはもう一度コンタクトのチャンスがあると言っていました。

そのようなコンタクトをとるというアイデアは、非常に好奇心をかき立てるものです。そしてそれがロブやドクター・ピエトラ本人たちばかりでなく、2人のいる別々の現実界(リアリティ)にどんな影響を及ぼすのか、知りたいと思わずにいられません。わたしたちがコンタクトをとってみることにしたのも、ある条件ではそうしたことが可能だと、セスが請け合ってくれたからこそです。実際には、そんなコンタクトが起こらない確率のほうが、ずっと高いように思えます。わたしたちは2人とも、もっと多くの情報とかなりの訓練が必要だと感じていますし、今後も長年にわたって、この線に沿った実験をしていくのが待ちきれない気持ちです。

おわかりかと思いますが、本章で取り上げたセッションからの抜粋の多くは、人格の本質についても光明を投じるものです。人格というものは多次元的な存在であるため、たった1つの見出しの中で説明しうるものではありません。そして、セスも人格を説明するにあたって、それ自体がほとんど多次元的ともいえる方法を使っています。このような意味においては、話されることばかりでなく、セッションで起きることも重要です。まもなく、比較的最近に起きた、とても意義深い進展についてお話するつもりですが、それはおそらく、言葉よりもはるかに効果的に人格というものの多次元的な側面を明示しています。

あなたは誰で、何なのでしょうか？　根源的自己(エンティティ)とか蓋然性の自己といった、これらのアイデアを目の前にして、当惑していらっしゃるのではないでしょうか？　あなたが自分だと思っている自分のいるべき場所は、どこなのでしょうか？　次章は、人格についてのセスのアイデアに充てられていますが、あなたの知る自己感覚（アイデンティティ）は、常に保持され続けるということがおわかりになるでしょう。

＊　紙の上にインクで文字や図形などを記すとき、紙の裏側までインクが浸透してしまうこと。

第16章　多次元的人格

しばらく前のことですが、若い心理学の教授から電話があり、地元の大学で学生たちに話をしてほしい、という依頼を受けました。15人ほどの小規模なクラスだったので、わたしが大学まで出向く代わりにアパートに来てもらえないか、と提案しました。教授が部屋に入って来るや否や、彼の態度が手に取るように明らかになりました。個人的にはミディアムなどには一切関わりたくない、というのが教授の本音だったのです。しかし、ミディアムは存在しますし、その1人がいることを知ってしまったので、学生たちにミディアムとはどんなものか「直接経験させる」のが義務だと感じたというわけです。そして間違いなく、自分の寛大さに自己満足していました。

2時間半にわたって、わたしは人間という人格存在の持つ潜在的能力と、それを認め、伸ばし、利用することの必要性について語りました。テレパシーや透視、予知とはどんなものなのか、そしてそれらの働きを示すには、どんな実験をすればいいのか、全力を尽くして説明したのです。最後に、私自身のクラスでもしているような、学生たちにもできるエクササイズを提案しました。ターゲットとなるスケッチを毎日1枚ずつ、わたしが自分の家のドアの内側に鋲でとめておき、女子学生たちがその絵の印象を「感じ取って」再現してみる、というものです。決められた期間の終わりに、わたしはターゲットの絵を郵送します。そうすれば、教授は自分で当たり外れを判断することができるというわけです。

慎重に――と、自分に言い聞かせながら――わたしは、暗示がとても重要であると説明し、実験の期間中は、客観的な態度を保つように教授に依頼しました。しかし、あとで学生の1人から聞いてわかったことですが、教授の態度は客観的というにはほど遠く、科学的ともいえなかったのです。彼は、そのような実験はまともに考慮するに値しない、と考えていることを、自分の言動によって、学生たちが気づくがままに任せたのです。奇妙にも、結果はまずまずの出来だったのですが、教授の態度があまりにいい加減だったので、実験に参加したのは5人の女子学生だけでした。わたしは、教授自身も実験を試してみるように勧めましたが、それには応じず、彼の態度のせいで多くの学生がやる気を失ってしまい、参加者の数が少なすぎて結果を評価するのは困難だ、とあとで言い訳する状況になりました。そして、ターゲットの絵を当てた答えは、すべて偶然の一致だとして片付けてしまったのです。

教授は知性にあふれ、魅力的で熱意のある人でした。異なった状況で出会っていたら、おそらく彼のことが気に入っていたでしょう。でも彼は、人格の本質についての、自分の偏見に満ちた考えを検討することも、考え直すこともしたがりませんでした。彼は、自分の見解を広げる機会を逃したばかりでなく、人間の人格には思っているよりずっと大きな可能性が秘められていることを、自分に納得させてくれるような、ある種の証拠を見つけるチャンスをふいにしてしまったのです。

この件と、ほかに2、3の似たような出来事があったせいで、わたしはいわゆる客観的な研究者と会うことに慎重にならざるを得なくなってしまいました。しかし、心理学者がすべてそのように偏狭で、知的に融通の利かない人たちばかりではありません。昨年、わたしの生徒の1人が、地元の大学の夜間コースで心理学を履修していましたが、教授に励まされて、セスやESPクラスのことを授業で何度も話題にしたのです。彼女はレポートの1つで、セスの説明に基づいた人格の本質について書きたいと思っていました。そしてそのために、特別にセッションを開いてもらえないか、とセスに頼みました。彼女はそのセッションを録音して、大学のクラスで皆に聞かせたかったのです。

セスは同意し、クラス1回をすべてそのセッションに充てました。彼はまた、自分の現実界(リアリティ)について興味深いことを語りました。ある意味でそれは、彼がプライベートなセッションでする、掘り下げた講義とは違いますが、これまで「セス・マテリアル」について知識のなかった人たちにとっては、人格に関するセスの理論を見事にまとめた説明を提供するものです。そういうわけで、本章を始めるにあたって、そのセッションからの抜粋を紹介しようと思います。

そのセッションには、いつもわたしのクラスに出席する生徒が10人ほど参加しました。セスは絶好調で、笑みを浮かべながら、軽い冗談やコメントを交えて、まじめな内容を細かく区切って説明していきました。セッションの大半は、そのセッションを要請した学生に直接話しかけたり、その場にはいなかった、彼女の心理学クラスの60人のメンバーに対して、呼びかけて進められました。セッション全体は、タイプして約6ページの長さになりました。

セスはまずこう言って話し始めました。

「自己感覚（アイデンティティ）は人格とは同じではない。人格は、きみたちが3次元的な人生の中で顕在化することのできる自己感覚（アイデンティティ）の側面だけを指しているのだ……人格は、きみたちの観点からすれば、環境によって形作られるかもしれないが、自己感覚（アイデンティティ）は経験を利用するのであって、環境によって、行き当たりばったりに流されることはないのだ。

自己に限界はない、というのは本当のことだ。そしてある点においては、自己は手を広げて環境を包み込むと言うことができるだろう。人格の本質についての通説には、テレパシーや透視の存在も、生まれ変わりの事実も盛り込まれてはいない。事実上、きみたちの知っている心理学は1次元的なものだ。ところが実際には、自己感覚（アイデンティティ）は数多くの次元で活動しているのだ……」

それからセスは、このセッションの録音を聞いてもらうことになっている、大学のクラスの学生たちに話しかけました。このセッションは、ある意味では滑稽なところがある、とあとでわたしたちは思いました——何しろ、わたしたちの目には見えない人格が、その場にいない心理学クラスの学生に向かって、人格の本質について話しているのです！　それでもセスは、確かに自分が何をしているか心得ていました。彼は、自分自身の型破りなコミュニケーションの方法を、論点として引き合いに出したのです。

「今ここに（セッション自体の中に）、人格の本質を明確に説明する実に刺激的な例がある。私の人格はルバートのものではないし、彼女の人格も私のものではない。たとえば、私は二次的な人格などではない。私はルバートの人生を支配しようとしているわけでもないし、私がそうすることを彼が許すなどとは、まったく期待していない。ルバート自身の抑圧された部分の表れでもないのだ。ルバート自身が抑圧的なタイプとはほど遠いことは、ここにいる皆も知ってのとおりだ。

私は、ルバートの人格がより効果的に機能できるようにと手を貸してきた。彼は以前より十分に自分の能力を使えるようになっている。だが、そうだとしても、それは心理学的な犯罪とはとてもいえないはずだ。心理学の教授殿と学生諸君、実際には誰もが、自分で思っている以上の存在なのだ。きみたちの一人一人が、別の現実界（リアリティ）や別の次元に存在しており、きみたちが自分と呼んでいる自己は、きみたちの自己感覚（アイデンティティ）全体のごく一部なのだ。

夢の中では、きみたちは自分自身の別の部分と接触を保っている。このコミュニケーションは絶えることなく続いているのだが、きみたちの自我（エゴ）が物質的現実界（リアリティ）と、その中における生存にあまりにも強く焦点を合わせているので、きみたちには内なる声が聞こえないのである。きみたちの本質を鏡に映してみることはできない、ということを理解しなければならない。鏡に映るものは、きみたちの真の姿がぼやけて反射した像にすぎないのだ。
自分の自我(エゴ)は鏡の中には見えない。潜在意識も見えない。内なる自己も鏡には映らない。こうした言葉は、見ることも触ることもできない、自分の一部を表すための名前にすぎない。しかし、きみたちの知る自己の内部には、根本的な自己感覚(アイデンティティ)、内なる自己の全体がある。この全体自己は数多くの人生を生きてきた。数多くの人格を身につけてきた。それは、私がそうであるように、エネルギーとして存在する本質的人格なのである。唯一の違いは、私は物質界に現実化していない、ということだ。きみたちは死んだときに、突然〝スピリット〟を獲得するわけではない。今、〝スピリット〟なのだ」

それから微笑みながら、セスは自分自身と、わたしの存在の問題へと入り込んでいきました。まず、孤独と活動のバランスをうまくとるようにと、常にわたしに注意してきたことを述べて話を始めました。そのあと、心理学コースの教授にこう話しかけました。

「もし望むなら、私を潜在意識の産物と呼んでも構わない。だが、そのような呼び方はあまり愉快なものとはいえない。それは本当ではないからだ。でも、もし私をルバート自身の人格の、潜在意識的な延長と呼ぶなら、潜在意識にはテレパシーや透視能力があることに同意せざるを得なくなるはずだ。なにしろ私はこれまでに、テレパシーや透視能力を何度も実演してきたのだから。そして、ルバート自身もそうした能力を利用できることを忘れないでもらいたい。しかしながら、潜在意識にそうした能力があることを認める気がないなら——あなたのほとんどの同僚は認めないだろうが

――私の起源が潜在意識にある、と考えることはできないはずだ。

その論点は正しいと、あなたに認める気があるなら、私はほかにも主張したいことがある。私の持っている記憶は若い女性の記憶ではないし、私の心は若い女性の心ではない。私は数多くの職業に携わってきたが、ルバートにはその記憶はない。私はルバートの思い描く父親像ではないし、女性の心の奥深くに潜む男性的人格存在でもない。我が友ルバートに同性愛的傾向があるわけでもない。私はただ単に、もはや物質的に現実化していない、エネルギーとして存在する本質的人格なのである。

人格と自己感覚（アイデンティティ）は、物質的な在り方に依存してはいない。依存しているときみたちが考えているからこそ、そうした能力の発現が奇妙なことのように感じるのである……宇宙旅行者が宇宙服を着るのと同じ理由で、きみたちは肉体を身につけるのだ」

セスも十分に承知していたとおり、心理学クラスの学生たちは、人格の本質と同じくらいセスの現実性（リアリティ）にも大きな関心を持っていました。セスは微笑むとこう言いました。

「もう1つ言っておきたいことがある。セッションはスケジュールに沿って開かれている。したがって、ある管理された条件のもとに行われているのだ。セッションによって、ルバート自身の人格がいかなる形においても脅かされることはない。そして、彼の自我（エゴ）は注意深く思いやりを持って育まれ、守られている。脇へ押しのけられるようなことはなく、代わりに新しい能力を教えられているのだ……私は催眠術によって人為的に生み出されたのではない。ここには意図的な人格の操作はまったく関わっていないし、ヒステリーも関係ない。ルバートは、高度に管理された条件のもとで、私が彼の神経系を利用することを許可してくれている。しかし、私は望むときにいつでも取って代わることのできる、包括的許可を与えられているわけでも、そのような取り決めを望んでいるわけでもない。私にはほかにもすることがあるのだ」

わたしが理解しているところでは、セスが言及した催眠術というのは、何人かのミディアムによって行われる「トレーニング」のことです。ミディアムはトランス状態を誘発して安定させるために、そしてときには、「支配霊」である人格存在を呼び出して、コミュニケーションを始める際に催眠術を利用するのです。わたしの場合は、そのようなことをしたことはありません。すべては自然のままに行われます。数年間勉強したおかげで、今では自己催眠の方法を知っていますが、セッションのために使ったことはありません。

セスは、この話題を終えるにあたって、内なる自己に気づく能力を開発するための、さまざまな方法を説明しました。それに関してはあとの章で紹介します。心理学コースを取っていたわたしの生徒は、そのセッションをテープに録音し、大学の次のクラスで再生しましたが、授業時間に収まりきらないほど長かったので、教授と何人かの学生は、あとで彼女の家まで行って全体を聞き、議論をしました。

当然ながら、印刷したページより、録音を聞くほうがセスの人格がより明確に伝わってきます。セスは、はっきりと彼のものだとわかる抑揚と、言外に含みを持たせた言い方をするのです。また数分間の会話も録音したので、わたしの通常の声と、セスとして話している声を比較することもできます。ほとんど講義のようなプライベートなセッションも、いつもセスの身振り手振りで活気づきますが、グループを相手に話しているときには特に顕著になります。

わたしたちが死を超えて生き残るとしても、わたしたちのどの部分が生き残るのでしょうか？　生まれ変わりや内なる自己についての、セスの説明が増えていくにつれ、自然と疑問に思うようになりました。

全体自己がいる、というのは素晴らしいことかもしれませんが、死後、わたしのジェーン・ロバーツとしての自己が、全体自己に飲み込まれてしまうとしたら、わたしにとっては果たして生き延びるといえるのでしょうか。それはまるで、小さな魚が大きな魚に食べられてしまっても、その一部になるのだから、小さな魚も生き延びることになる、と言っているようなものです。

しかしセスによると、個としての存在が失われることは絶対にないのです。個体性は常に存在しているのです。ここで微妙なのは、自己には、自らの無知のために受け入れるもの以外の境界線はない、という点です。わたしたちの個としての意識は成長し、経験を積んで別の「人格」あるいは自分自身の断片を創り出します。こうしてできた断片――ジェーン・ロバーツもその1つです――は、行為（アクション）や決断の面ではまったく独立した存在ですが、内面のサイキックな部分では、自分がその一部である元の全体自己と絶えずコミュニケーションをとっています。こうした「断片」も成長、発達し、自分たち自身の根源的自己（エンティティ）や、「人格的統合体（ゲシュタルト）」、あるいは全体的な魂とでもいえるものを形作ることもあるのです。

今の人生においても、わたしたち一人一人にはさまざまな自我がある、とセスは言います。わたしたちは、ただ1つの自我という考えを、一種の簡略化した象徴として受け入れているだけなのです。今生の、ある任意の時点における自我は、わたしたちの「表面化した」部分、つまり、内なる自己が多様な問題を解決するために利用する、一連の特性にすぎません。わたしたちが自我だと考えているものは、絶え間なく変化しています。たとえば、「わたし自身」には、自己感覚が何らかの形で変化した、という意識はありませんが、今のジェーン・ロバーツは、10年前のジェーン・ロバーツとは違います。

自分自身の経験から、わたしは、わたしが「わたし」と呼んでいる通常の自己以上の存在だと確信しています。たとえば、透視で情報を得る際には、わたしのある部分は、ジェーンとしてのわたしが普通では知らないことを知っているのです。わたしのその部分が、その知識をジェーンである自我に伝達するのです。これはＥＳＰの場合に限らず、芸術的なインスピレーションを得る際にも起こることだと思います。そのような場合は、わたしたちは自分自身の自己存在の、より博識な部分と波長を合わせるのです。

当然ですが、こうした能力はそれを使うことを学び、自分自身で経験しないかぎり、あまり意味はないでしょう。セッションが始まってまもなくの頃、セスは彼が内なる感覚と呼ぶものを説明してくれました。内なる感覚というのは、わたしたちの内面で働く知覚方法のことで、通常の意識を拡大し、わたしたちが、自分の多次元的な存在に気づくことを可能にしてくれます。これが何を意味するのか、そしてどのようにしてそれを利用するのかを理解するまでには、かなり時間がかかりました。そしてわたしたちは今でも、内なる感覚をより効果的に利用することを学んでいるところです。

前にも述べたとおり、セッションでセスが述べたことは、そこで起きたことによって裏付けられてきました。セスが潜在能力について話す間に、わたしたちは、自分の潜在能力を発見することになりました。つまり、総じてわたしたちの私的な経験が、セスの理論に対する証拠を提供することになったといえるでしょう。たとえば、1965年3月8日のセッション138は、そのよい例です。

その夜セスは、行為（アクション）としての人格についての説明を始めようとしていました。彼が述べたアイデアは、自己感覚（アイデンティティ）についての理論全体の基礎となるもので、意識の性質についても言及しているので、のちに与えられることになる神の概念の基盤でもあります。

当時、セッションは小さな寝室で行われていました。窓が1つあり、広い庭を見下ろすことができました。それは夏で、セッションのことを知っている人はほとんどいなかったので、セスの朗々とした声が、夏の夜風に運ばれて外へと漏れ出していたら、わたしたちにはまだ答える用意のできていない質問にさらされる目にあっていたでしょう。セッションが行われるようになった頃からしているように、ロブはペンと紙を持って座り、セスの言葉を一言一句書き取りました。ロブは頻繁に暑さを感じました。セッションのことを、できるだけ人に知られないようにするために、窓を締め切っていたからです。特に隣人たちは、よく庭に出て腰掛けていることがあったので、なおさらです（わたしは熱気にとても弱いのですが、トランス状態にいるときはまったく気になりません）。

次の抜粋を読んでいただければ、これから起こることについて、セスがヒントを与えてくれていることがわかると思います。皆さんの中には、行間を読んで、わたしたちを待ち受けているものを言い当てることのできる方もいらっしゃるかもしれません。

「自己感覚は、自らを意識している行為と呼んでもいいかもしれない。われわれの議論のためには、〝行為〟と〝自己感覚〟という語は区別しなければならないが、基本的にはそのような区別は存在しない。一つの自己感覚はまた、存在の1つの次元、行為の中の行為、行為がそれ自身に対して展開するものであり、この、行為がそれ自身に織り込まれること、この、再行為を通して、自己感覚が形成されるのである。

行為のエネルギー、行為自体の内部にある、そしてそれ自身に働く作用が自己感覚を形成する。だが、自己感覚が行為から生じると言っても、行為と自己感覚を分離することはできない。つまり、自己感覚は、行為がそれ自身に与える効果なのだ。自己感覚がなければ、行為が働きかけることのできるものが何もなくなり、行為は無意味なものになってしまうだろう。行為はその本質からして、おのずから、それ自身の作用により自己感覚を創造せざるを得ないのだ。これは、最も単純なものから最も複雑なものにまで当てはまることだ。

もう一度言うが、行為（アクション）は外から物質に働きかける力ではない。〃行為（アクション）は内なる宇宙の内部の生命力であり――内なる生命力の、それ自身を完全に具体化させようとする願望や推進力と、完全にそうすることのできない無力さとの間のジレンマなのである〃。

この最初のジレンマの結果が行為（アクション）であり、すでに見たように、行為（アクション）の、それ自身に対する働きかけから自己感覚（アイデンティティ）が形成される。そしてこの2つは切り離すことはできない。したがって行為（アクション）はあらゆる構造の一部を成している。おのずから、そしてその本質により、自己感覚（アイデンティティ）を生み出した行為（アクション）は、またしてもそれ自身の本質のせいで、今度は自己感覚（アイデンティティ）を破壊するように見える。というのも、行為（アクション）には必ず変化が伴うものであり、どのような変化も自己感覚（アイデンティティ）を脅かすものだからだ。

しかしながら、自己感覚（アイデンティティ）が不変性に依存しているというのは、誤った概念だ。その性質からして、自己感覚（アイデンティティ）は絶えず不変性を求めるのだが、不変でいることは不可能なのだ。これが第二のジレンマだ。

不変性を維持しようとする自己感覚（アイデンティティ）の絶え間ない試みと、行為（アクション）に内在する変化を求める原動力の間のこのジレンマが、結果として不均衡、つまり自分自身を意識することという、精妙な、創造的な副産物をもたらすのである。意識と存在は、微妙なバランスの結果として現れるのではなく、非常に創造性に富んだバランスの欠如によって可能になるのであり、もしバランスが維持されるようなことになったら、現実（リアリティ）というものは存在しなくなってしまうだろう。

ここで話しているのは、創造的な緊張の連続だ。自己感覚（アイデンティティ）が不変性を求める一方で、行為（アクション）は変化を求める。ところが自己感覚（アイデンティティ）は変化なくしては存在することができない。なぜなら自己感覚（アイデンティティ）は行為（アクション）の結果であり、その一部だからだ。きみたち自身が意識的にも無意識的にも、ある瞬間から次の瞬間へと変化せずにいることはないように、自己感覚（アイデンティティ）も不変でいることは決してない。すでに述べたように、どの行為（アクション）も1つの終結なのだ。だが、終結がなくては、自己感覚（アイデンティティ）は存在することができなくなる。行為（アクション）のない意識は、意識的であることを止めてしまうからだ。

したがって、意識はそれ自体では〝もの〟ではない。それは行為（アクション）の1つの次元であり、ほとんど奇跡的ともいえる状態であって、私が一連の創造的ジレンマと呼ぶものによって、意識の存在が可能になっているのである。

第二のジレンマが、最初のジレンマからどのように展開してきたか見てとるのは、比較的簡単なはずだ。第二のジレンマの結果として自己の意識が生まれ、そしてまた、絶えず生まれている、と私は言ったが、これは自我意識ではない。自己の意識は、依然として行為（アクション）と直結している意識だ。自我意識は、第三の創造的ジレンマの結果としてもたらされる状態であり、それは自己の意識が、自らを行為（アクション）から切り離そうと試みるときに起きる。これは明らかに不可能なことであり、どんな意識も自己感覚（アイデンティティ）も行為（アクション）なしに存在することはできないので、ここに第三のジレンマが生まれるのだ。

繰り返すが、自己の意識には行為（アクション）の内部にある、またその一部である自己の意識が含まれている。一方、自我意識は、自己の意識が自己を行為（アクション）から分離させようと試みる状態、つまり行為（アクション）を1つの対象として知覚しようとする、意識の側の試みから成り立っている……そして行為（アクション）を、自我（エゴ）自身の存在の原因ではなく、むしろ自我自身の存在の結果として、知覚しようとするのだ。
これら3つのジレンマは、現実の3つの領域を示しているのだが、その中で内なる生命力がそれ自身を経験できるのだ。そしてここにもまた、内なる生命力が、完全な具体化を決して達成することのできない理由がある。生命力がそれ自身を具体化しようとする試みに関わる行為そのものが、生命力自体の内なる次元にさらなる要素をもたらすからだ。

行為である〝内なる生命力〟が自らを完結させることは決してできない。どのような形にせよ、具体化が行われると、行為はただちに、さらなる具体化の可能性を増大させるからだ。同時に、内なる生命力は自らを創り出すので、1つの宇宙を生み出すために必要なのは、内なる生命力の、ほんの微小な一部分だけなのだ。

行為は、それが作用するもの（基本的には行為自身だが）を必然的に変化させると前に述べたが、そうだとすると、当然のことながら、われわれのセッションにおいて働いている行為は、セッションの性質を変化させるということになる。意識は自己が焦点を結ぶ方向として捉えられると、私は今まで何度も述べてきた。行為は、焦点を結ぶ可能性が無限であることを意味しているのだ」

今、お読みなった資料をセスが述べている間に、わたしは次々と新しい感覚を経験していました。当然ですが、休憩になるまで、それについてロブに話すことはできませんでした。実際、その経験を言葉で表現することはほとんど不可能です。わたしにできる最善のことは、この情報が言葉でロブに伝えられている間に、わたしにもまったく違った方法で伝達された、ということです。わたしは「行為（アクション）」の中にいて、さまざまな次元を通り抜けて漂っているように思われたのです。まるで言葉が主観的経験に変換されたかのように、わたしはセスが述べていることを感じていました。自分の存在が否定されたのではなく、何か別のものの中へと運ばれていくような感じでした。わたしの自我（エゴ）もなくなってはいませんでした。ただ、セスが話している概念の一部になってしまい、その中にいて、外を見ていたのです。

セッションの終わり頃、何が起きたのか説明してほしいと、ロブがセスに頼みました。セスはこう言いました。

「ルバートは行為（アクション）の統合体（ゲシュタルト）を経験しているのだ。ほかのどの意識とも同じように、ルバートも行為（アクション）だ。しかし今夜ルバートは、自我（エゴ）が自分自身を行為（アクション）から切り離そうとする通常の試みからわずかではあるが自由になって、行為（アクション）を経験しているのである。

前回のセッションで、今回の資料（マテリアル）は、将来のセッションの基礎となるものだと述べた。セッションに新たな次元が加わったことは確かであり、われわれがセッションを続けるにつれ、ルバートがもっと直接的な知覚ができるように指導したいと思っている。そうした進展が予想されることはすでに話したと思う。こうしたことは自然な展開であり、それ自身の性質に従って、起きるべきときに起きるだろう。この最近の進展には、まだ別の出来事が関わってくると期待している」

セッションでは、このようなことが頻繁に起きるようになりました。初めてのときはとても印象深かったのですが、月日が経つとそのことは忘れて、当たり前だと思うようになりました。私の経験は、たいていセスが与えてくれている情報と一致しています。セスによると、これには内なる感覚の使用が関わっており、わたしの経験は、こうした能力がわたしだけでなく、どの人格にも潜在的に備わっているものであることを強調するためだということです。

肉体とその感覚は、わたしたちが物質的な現実界（リアリティ）で生きることを可能にするための、特殊化した装備なのだ、とセスは言います。別の現実界（リアリティ）を知覚するには、内なる感覚を使わなければなりません。内なる感覚とは、内なる自己に属する知覚方法で、肉体を持っている、いないにかかわらず機能している感覚です。セスは、わたしたちの知る宇宙を偽装（カムフラージュ）現実界（リアリティ）と呼びます。物質は単に生命力、つまり行為（アクション）が宇宙の中でとる形態にすぎないからです。無数にあるほかの現実界（リアリティ）も、やはり偽装（カムフラージュ）現実界（リアリティ）で、意識はそれぞれの中で、その世界に固有の性質に合うように特殊化した装備を持っているのです。しかし、内なる感覚は、わたしたちが偽装の背後にある現実（リアリティ）を知ることを可能にします。

このような内なる感覚は、わたしたちもその一部である、全体自己に属するものです。各全体自己は、それを構成している複数の人格を助け、ひらめきを与えます。わたしたちが普通人格と考えるものから見ていくと、

「まず、偽装（カムフラージュ）現実界（リアリティ）で機能している自我（エゴ）があり、それから個人的潜在意識の層がある。その下には、人類全体に関わる素材がある。さらにその下には、現実（リアリティ）全体とその法則、原理、構成に関連する、内なる自己に本来備わっている知識が、まったく歪められていない形であり、望めば手に

入れることができるのだ。
そのレベルでは、きみたちの知る偽装（カムフラージュ）宇宙の創造に関わる、本質的な知識、宇宙創造の仕組み、そして、これまで私が話してきた資料（マテリアル）の多くが見つかるだろう。また、内なる自己が、心理的な現実（リアリティ）の佇まいの中にありながら、さまざまな現実界（リアリティ）を創造する手助けをし、それを投影し知覚するための、外的な感覚を構築するために利用する方法や手段、そして無数の現実界（リアリティ）で、生まれ変わりが起こる有様もわかるだろう。内なる自己がどのようにして、エネルギーを変換して自らの目的のために使うか、どのようにして形を変え、異なった現実界（リアリティ）の装いをまとうか、そうした疑問に対する、きみたち自身の答えも見つかるはずだ」

ということになります。何と核心を突いた言葉でしょう。わたしたち一人一人が内なる自己と接触することができ、内なる感覚は、わたしたちが次元を超えた現実界（リアリティ）を知覚するのを手助けしてくれ、決意と訓練があれば、そうした知識に到達することが可能だと、セスは言っているのです。出発点は自分自身です。わたしたち自身の主観的な経験を通り抜けて旅をし、自我（エゴ）から出発して内側へと進んでいくのです。肉体的な感覚器官は、わたしたちに馴染みのある、外にある現実を知覚する手助けをしてくれますが、内なる感覚は、内側にある現実を知覚することを可能にしてくれるのです。

ロブとわたしは、ほとんどの内なる感覚を、ある程度経験したことがあります。簡単な例として、心理的時間（サイコロジカル・タイム）があります。セスはこう述べています。

「心理的時間の枠組みから見ると、物理的時間は夢のようなものと思えるだろうが、これはきみたちがかつて、内面的な時間をそう考えていたのと同じことだ。心理的時間を行えば、きみたちの全体自己が内側と外側を〝同時に〟覗き見ているのを発見し、すべての時間は1つであり、境界はすべて錯覚だということがわかるだろう」

ロブとわたしがサイ・タイムと呼んでいる心理的時間を行うと、わたしたちの経験は、通常の時間の枠組みの外で起きているように見えます。それは車のギアをシフトするようなもので、知覚が普通とは異なった背景の中で起こるのです。サイ・タイムは、わたしが意識投影を行うときに通り抜けていく「時間」です。第9章で述べたカリフォルニアへの意識投影では、9000キロ以上を超える道のりを30分で行き来しました。当然のことながら、通常の時間の枠組みでは、それは不可能です。

しかしながら、心理的時間をより深く理解するには、時間の真の性質についてさらに情報が必要です。というのも、セスによると、内なる自己は、わたしたちの知る時間の中で機能しておらず、時間というものを、ほとんど無視した知覚を使っているからです。

ここで疑問が浮かんできます。どうやって時間を無視することができるのでしょうか？　わたしたち自身を時間というものから切り離すには、どうすればいいのでしょう？　読者の中にはそのような疑問に関心のない方もいらっしゃるかもしれませんが、もしそうした疑問に答えが得られないままだったら、うまく騙されたと感じる方もいらっしゃることでしょう。セスはこの問題を避けて通ることはしません。そこで、この章を終えるにあたって、セスがそれに関して述べている箇所の抜粋をいくつか紹介します。ここでセスは、部分的にですが、時間の性質を説明し、わたしたちがなぜ、基本的には時間に拘束されていないのか示してくれます。

《セッション224（抜粋）》

●人格と時間

「過去は一連の電磁気的結合として、物質的な脳の内部と非物質的な心の中に存在している。こうした電磁気的な結合は変化させることができる……。

未来もまた、心と脳の中の一連の電磁気的結合から成り立っており、過去も未来も電磁気的結合だということは、きみたちが現在を創り出すにあたって、あてにすることができる唯一の現実（リアリティ）なのだ。

言い換えれば、過去と現在には、同程度の現実性（リアリティ）があるということだ。ある場合には過去が現在よりも〝リアル〟になることがあり、そのような際には、過去の行為（アクション）に対する反応が、きみたちが現在と呼ぶものの中でなされることになる。きみたちは、現在の行為（アクション）が未来を変えることができるのは当たり前だと考えているが、現在の行為（アクション）は、過去をも変えることができるのである。

過去も現在も、それを知覚するものから独立して、客観的に存在するのではない。過去を構成するそうした電磁気的結合は、主に個々の知覚者が作り上げたものであり、知覚者は常に参加者でもあるのだ。

したがって、その結合は変えることができ、実際、そうした変化はよくあることなのである。変化は、潜在意識において自然発生的に起こる。過去は、きみたちが覚えているとおりであることは滅多にない。なぜなら、どのような出来事であれ、それが起きた瞬間から、きみたちはすでに編成し直しているからだ。過去は、人それぞれの態度や連想が変化するにつれて、絶えず再創造されているのだ。これは実際に起きていることであり、象徴的な話ではない。大人の内部にはまだ子どもがいる。だが、その子どもは、彼が〝子どもだった〟ときの子どもではない。大人の中にいる子どもでさえ、絶えず変化しているのだ。

そうした変更が自動的に行われないときに、問題が生じる。まさに人が自分の過去を変えなかったために、深刻なノイローゼが引き起こされることはよくあるのだ。もう一度言うが、過去に属するといえる唯一の現実（リアリティ）は、物質的な脳と非物質的な心の内部に、電磁気的に存在するシンボルや連想、イメージとして認められるものなのである。

私は今、きみたちの観点から話しているので、状況をかなり単純化していることを理解しておかなければならない。態度の変化、新たな連想、あるいは無数にあるそのほかの行為（アクション）のいずれのものでも、自動的に新しい結合を構築したり、すでにあるほかのものを切り離したりするのだ。

あらゆる行為（アクション）は、別のあらゆる行為（アクション）を変化させる、という基本に戻ってみよう。したがって、きみたちの現在におけるあらゆる行為（アクション）は、きみたちが過去と呼ぶ行為（アクション）に影響を及ぼす。水面に投げられた小石の作る波紋が、すべての方向に広がっていくように、現在は過去へも未来へも伸びていくのであり、時間の本質について知っていることを思い出してみれば、過去、現在、未来を隔てる見かけ上の境界線は、きみたちが物質的に知覚できる行為（アクション）の量によって作られた幻覚にすぎない、ということがわかるだろう。

したがって、過去においてまだ起きていない出来事に反応することも、自分自身の未来による影響を受けることも可能だ。また、人が過去において、きみたちの観点からすると決して起こらないかもしれない、未来の出来事に対して反応することも同様に可能なのだ。

ヨーク・ビーチで出会った男女のことは覚えていると思うが（この出来事は第2章で紹介しました）」

「はい」。ノートから目を上げてロブが応えました。

「あの男女は、一種の時間の投影を表していた、ということもできる。というのも、文字通りきみたちは、あの2人であったものになることも可能だったからだ。それは、あのときの現在では、1つの蓋然性として存在していた。きみたちは蓋然性の未来のその部分を知覚して、それに対処したので、きみたち自身があの人格像に変換してしまうという可能性は起こらなかったのだ。過去、現在、未来は同時に存在しているので、ある出来事が、通常きみたちが観察し、参加している現実の狭い領域の範囲内に入らないとしても、その出来事に対処することができない、という理由はまったくないのである。

潜在意識のレベルでは、きみたちは、自我意識にとってはまだ起こっていない、多くの出来事に反応し、そうした反応は注意深くふるまいにかけられ、意識に上って来ることのないようになっている。そうした出来事は、気を散らすような、うっとうしいものだと自我は感じ、その正当性を認めざるを得なくなると、とてもありそうもない理屈をつけて説明し、片付けようとするのだ。

内なる自己は、実際には、肉体の死後に起こる出来事も知覚することができる。自我による時間の観念に縛られてはいないのだ。内なる自己の知覚は、単に自我による制限を受けているだけなのである。死後に自らに起こる出来事、そして自らが関わっていない出来事も知覚することができるのだ。

しかしながら、こうしたことすべてにおいて不確定な要素がある。というのも、蓋然性の出来事というのは、物質界で起こるであろう出来事と同じ出来事として見ることもできるからだ。あらかじめ起こると決まっている出来事は存在しない。どのような出来事でも、それが起こる前や起こっている最中ばかりでなく、起こってしまったあとからも変えることができるのだ。繰り返すが、私は象徴的な意味で話しているのではない。そして、私の話に対して、今夜のこのセッションではとても答えることのできない、厳しい批判が巻き起こるということも承知しているつもりだ。

たとえば、すでに起きたことをあとから変えるには限界があることは、はっきりと述べておかねばならないだろう。しかしそうした限界の範囲内では、出来事は、それが見かけ上、最初にいつ起きたかには関係なく変えることができ、また絶えず変えられていることがわかるだろう。

当然だが、こうしたことはすべて、人が物質的時間系から完全に離れないかぎり、当てはまるのだ。殺害された男は、完全に無傷のまま物質的人生に戻ることはない。だが、自分がまだ生きていると信じていれば、〝霊（スピリット）〟として戻ることはあるかもしれない。

まとめるとこういえるだろう。人は過去の出来事を絶え間なく変えているので、その出来事のなすがままになることはない。また未来の出来事に振り回されることもない、なぜなら、未来の出来事が起きる前ばかりでなく、起きたあとでもそれを変えているからだ。

もう一度言うが、過去と未来は同じようにリアルなものだ。それ以上でもそれ以下でもない。過去は、心と脳の中に、電磁気的な流れのパターンとして存在しているだけであり、それは絶えず変化しているからだ……人の未来の行為（アクション）は、具体的な、完結した過去に依存することはないのだ。というのも、そのような過去はいまだかつて存在したことはないからだ」

このあと、わたしたちは、これらのアイデアが単に理論的なものではないことを発見することになります。次章では、わたしの人生で最も奇妙な経験を紹介します。わたしは時間と空間の世界から掃き出され、そして同じように唐突に、またその中へと放り込まれたのです。

第17章

〝未来の〟セス——セッションの起源

わたしはセスの存在に馴染んできました。最初はあまりにも異様だったセッションが、わたしたちの生活の一部になったのです。それでもわたしには、理解できないことが数多くあったので（今でもそうですが）、自分の能力をもっと伸ばして、より多くのことを学ぼうと思いました。でもセス・セッション自体は、それほど変わることなく続いていくと思っていたのです。今になって初期の資料（マテリアル）を読み返してみると、自分が甘かったということがわかります。

1968年4月のある夜、わたしたちは、何か新しいことが起ころうとしているとはまったく気づかず、いつもの月曜の夜のセッションを始めようと腰を下ろしました。わたしは揺り椅子に座り、ロブはいつものように、長椅子に座ってメモを取りました。ロブによると、その夜のセスの声は、いつになく力強いものだった、ということです。開かれたわたしの目は黒さを増し、セスは入念にロブを観察しているようでした。

わたしたちにとって第406回目のセッションを始めるにあたって、セスはこれからの数年間に、資料がどんな方向に進んでいくか、ロブに語りました。

「これまできみたちが手にしたのは、大雑把な概要だが、これから詳細を補っていくことになるだろう」とセスは微笑みながら言いました。

「そうは言ったものの、概要自体も、まだ完全に説明し終えたわけではないのだ……きみたちの偽装宇宙や、ほかの宇宙の内部に存在する現実の本質を論じて、ある任意の物質化がどのような形で行われるかには関係なく、現実の本質に関わる特徴の全体像を研究したいと思っている。

この資料を読めば、きみたちがこれまで疑問に思ってきた多くの事柄や、きみたちの科学者が取り組んできた問題に対する答えが、おのずと見つかるだろう。すべての現実界の間に存在する相互関係はもとより、すべての現実界を包含する、ある種の接触点についても述べようと思う。こうした接触点は数学的にも推測されるものであり、きみたちの未来のある時期には、宇宙旅行の代わりとなって、空間を超越する接点として利用されるようになるだろう」

セスは数ページにわたって、わたしたちのセッションで今後扱われる内容を語りました。このあとすぐ最初の休憩に入りましたが、その時点でも、その後のセッションがいつものセッションとは異なったものになるとは、わたしたちのどちらも気づきませんでした。しかし、セッションを再開するとすぐに、力強いエネルギーのうねりがわたしを通り抜けるのを感じ、その真っただ中にあっては、「わたし」という感覚はほとんど失われ、押し流されてしまったかのようでした。

もちろん、ロブにわたしが経験していることを伝えることはできませんでした。しかし、彼は何かが起きていることに気づき始めました。1つには、セスがロブをじっと見つめて、断固たる調子で話すようになったことがあります。さらに、一語一語をはっきりと強勢をつけて発音し始めたのです。

「こうしたチャンネルを自由に開いたままにしておけば、ほとんど歪曲のない資料（マテリアル）が手に入るはずだ」とセス。「ルバートが到達できる領域は、実に広範囲にわたっている。そして私が存在している現実（リアリティ）界は、物質的宇宙にいる人たちが通常到達可能な範囲をはるかに超えているのだ……ルバートが自分の経験を、書物から得た歪曲された知識によって色づけすることのないように、きみたち2人で注意しなければならない。そうした書物にも目的はある。その中で使われる表現形式や空想はお馴染みのもので、人々が理解できる言葉で現実（リアリティ）を説明する上で役に立つのだ。しかし、ここではそのようなものは必要ない」。続けてセスは、「もっぱらオーソドックスな宗教的話題だけを扱い、現実（リアリティ）というものを、そうした制約の多い言葉で説明する書物」は避けるようにと、わたしに忠告しました。

この時点で、セスの口調がさらに力強くなっていく中、その声に、今まではなかった、幾分風変わりなエネルギーが込められていることに、ロブは気づくようになりました。わたしの開かれた目は、黒みを増していきました。ロブは、機会があるごとにメモから目を離して、わたしに目をやるようになりました。

「今後、きみたち2人には、概念を直接体験してもらうように努めるつもりだ。こうした実験は、対象となっている概念を声に出して表現するのと同時に、あるいはその直後に行われることになる。そうすることで、どのような概念であれ、それが物理的な形で伝達される際に起こる、残念ではあるが必然的な意味の喪失を、わずかながらでもわかってもらえるようになるだろう。これは、今までのものとは異なった種類の一歩踏み込んだ学習であり、かなり独特で独創的な進展といえるだろう。普通、そのような経験にほとんど自動的に押しかぶせられる型にはまったシンボルを、可能なかぎり排除することになる。わかるかね?」

「はい」とロブが答えましたが、それはセスの言葉を理解しての返事というより、無意識に出た反応でした。セスの口調が早まり、遅れずにメモを取るのが難しくなっていたのです。のちに、わたしたちは、前のパラグラフを何度も読み返すことになりました。まもなくおわかりになると思いますが、何が起きているのかわからず、わたしが途方に暮れてしまったときには、特にそうです。

セスの声は強さを増していきました。

「私は、自分で言っているとおりのセスだ。だが、それ以上のものでもある。私の一部であるセスという人格は、きみたちと明確なコミュニケーションをとることのできる、私の部分だ。わかるかね」

「はい」。ロブはうなずいて、もう一度返事をしました。

「私の、セスである部分は、きみたち2人と親密な関係にあるが、その点に関しては私も同様だ。これは人格エネルギーの本質がどれだけ鮮明に表現されるかということと密接に関連があるのだが、すべての人格存在は、当然のことだが、その本質から湧き出てくるのだ」

セスの声はさらに力強くなっていきました。ロブはもう少しペースを落としてくれるようにセスに頼もうと考えましたが、何が起きているのか理解できず、邪魔をしないほうがいいと思い直しました。

「ルバートの人格の内部には特異な領域があり、それはきみ自身の人格にも入り込んでいるのだが、その領域のおかげで、ルバートは、きみたちの次元からは到達するのが極めて困難な情報のチャンネルに、かなり明瞭にアクセスすることができるのだ。このセッションの最中に、そして今この瞬間にも、非常に良い状態でコンタクトが保たれている。また、通常経験されるものをはるかに超えたエネルギーも利用できるようになっている。ルバートは過去においても、このエネルギーを感じたのだが、自分の準備が十分にできたと感じるまで、そうしたチャンネルを開くことを恐れたのである。

次元間の心理的、そして心霊的(サイキック)ワープとでもいえるものが存在し、ルバートの人格のその領域は、そのワープの頂点となっており、そこでは情報交換やコンタクトが可能になるのだ」

それから、ロブが驚いたことに、セスはセッションを終えるようにと言ったのです。最近ロブは、わたしのトランス状態を終わらせるために、セスから教えられた手順に従うことになっていました（わたしは、以前に比べると極めて深いトランス状態に入るようになっていて、セスは、ロブにわたしの名前を3回呼ぶように、と提案していたのです）。セスは言いました。

「今夜きみたちは、通常私がきみたちに自分を示す人格を越えたものに到達したのだ。私が話し続けても構わないから、トランス状態は終わらせなさい」

ロブはわたしに数回呼びかけましたが、反応はありませんでした。それからわたしの肩に触れると、わたしの体は激しく跳ね上がりました。それでトランス状態からは抜け出しましたが、何が起きているのか、まったくわかりませんでした。強力なエネルギーがわたしを通って流れ続け、もし立ち上がったら、その力に押し出され、壁を通り抜けて飛んでいってしまうような気がしました。わたしの頭が大きくふくらみ、耳が数メートル離れたところにあるような感じです。でも、この感覚は新しいものではなく、以前、心理的時間をしているときに感じたことがあります。しかし、こんなエネルギーを封じ込めようとするのは、まったく始めての経験です。

わたしは頭を振って言いました。「前は疑っていたかもしれないけど……今起きていることは、わたしがしていることでもないし、わたし自身の人格から出てきたものではないのは確かだわ」。あとで、自分のメモにこう書いています。

……途方もないエネルギーが、わたしを通り抜けているようだ。幸いにも、それはわたしを超えたところからやってきて、わたしのところで自動的に言葉に変換されている、という確信がある。これはセス・セッションが始まったことと、ほとんど同じくらい意義深い進展だという気がする。異次元とコンタクトしているという紛れもない実感があった。わたしが経験したのは、あらゆるものを包含する、どこかの現実(リアリティ)と本当に接触したという感覚だ。

次の水曜日の夜、セッションの時間が近づくにつれ、わたしは少し気後れしていました。午後9時ちょうどにセッションが始まりましたが、ロブにはすぐに、「普通の」セッションとは違ったものになる、とわかりました。その理由の1つには声が違っていたことがあります。それは、セスの声よりはわたし自身の声に似ていましたが、わたしの声ではなく、セスの深みのある声色や身振り手振り、そして特徴的な言葉の使い方、そうしたものがまったく見られなかったのです。いつものセスよりずっと優しげな声で、すべての言葉を聞き取るためには、ロブは一心に耳を傾けなければなりませんでした。

「前回のセッションでの進展は、最初のセッションのときからずっと潜在的に存在したものだが、それが起こる可能性もあったし、起こらない可能性もあった。もし起こらなかったら、多くの重要な将来の発展が妨げられていただろう。多くの場合、〝セスの〟声がもっと大きく、強力になった時点が、そのような進展が起こりうる機会を示していたのだ。しかしながら、さまざまな理由から、これまでその方法が利用されることはなかった。声の中にすでに蓄えられていたエネルギーは、ほかの目的のために流用されることになったのだ」

口調は、ほとんど陽気な感じがするほど軽くなってきました。

「（セスがわたしたちに語った）内的な宇宙の法則は、どこかの書物に書かれているような法則ではない。それは内的な現実（リアリティ）の性質を、言葉によって説明しようとする試みだ。私は、説明のために概念を解体して解き明かさなければならない。そしてその過程で、多くのことが必然的に失われてしまうのだ。

可能な場合にはいつでも、言葉では足りない部分を補う主観的体験を、きみたち2人が持てるよう手助けすることによって、この資料（マテリアル）を伝えるつもりでいる。そうした体験は、状況によってさまざまに変化するだろうが、最近のセッションでの進展のあと、以前よりそれが起こる可能性が大きくなっている。

私がきみたちに語った内的な宇宙の単純な各法則は、実は単次元的な言葉で述べた十分とは言えない説明ではあるが、一般の多くの説明を凌ぐもので、どのような存在についてであれ、その背後にある根本的な事実に関する正確な説明に最も近く、われわれに許された状況のもとでなされうる最善の記述なのである。言葉は、色や音の現実性（リアリティ）について、それを経験したことのない人にはわずかな手がかりを与えるだけだが、現実（リアリティ）の性質に対しても洞察を与えるだけだ。さまざまな主観的体験を加えることで、可能なら、概念の感触を味わってもらえればいいと思っている。

内なる感覚は、内的な存在の現実性（リアリティ）を、ある程度まで知覚することを可能にしてくれるだろう。

そしてこの新しい進展では、ルバートは、内なる感覚を以前よりももっと効果的に利用している。内的な次元とのつながりを持つやり方に、いくらかの変化が起きており、その所為でルバートは違和感を感じているのだ」

ここではセッションからの抜粋だけを紹介していますが、それを話している間にも、声はさらに軽快に、また中性的になっていきました。そしてついには、高く澄んだ、遠くから聞こえてくるような、感情のない声に落ち着きました。

「セスという人格は媒介者としての役を果たしてきたが、正真正銘の人格だ。人格統合体（ゲシュタルト）の性質に関して、きみたちに伝えられた情報を読めば、この進展が起こるべくして起きたことがわかるだろう。セスは私自身だが、私はセス以上の存在だ。しかし、セスは私と同じように独立しており、成長し続けている。広がりのある現在の中に、われわれは2人とも存在しているのだ。

ある種の資料（マテリアル）については、セスは私より明確にきみたちに説明することができる」

このとき、ロブが素早く目を上げました。セスが話していたのではないとしたら、誰が話していたのでしょうか？

「（前回のセッションの）資料（マテリアル）は、私から出たものだが、きみたちがセスだと考えているセスは、ときに無言のパートナーとして、個人的には一歩脇へ退いて、ルバートが正確に変換できるように手を貸しているのだ。しばらく前（以前のセッションで）セスは、私からの資料（マテリアル）をルバートが受け取れるように、通訳をしてくれた。

休憩をとりたまえ。きみたちの知るセスは、こうしたセッションでは常に欠かせない存在だ。彼はわれわれの間をとりもつ役目を果たし、私がきみたちのところに送り出す自分の一部を成している。彼は快く参加してくれている」

ここでわたしたちは休憩に入り、わたしはスムーズにトランス状態から抜け出しました。また、セッションが始まる直前に起こったことを、ロブに話すいい機会にもなりました。そのとき、私の頭の上方に、円錐形の物が降りてきた、という気がしたのです。実際にあったとは思いませんが、円錐形という形の印象は疑う余地のないものでした。底面はわたしの頭ぐらいの広さで、上に向かってピラミッドのように細くなっていました。

それ以来、こうしたセッションで、この円錐形効果を頻繁に経験するようになりました。セッションが再開されてすぐ、あの新しい声が話し出すにつれ、またしても途方もないエネルギーを感じ始めました。

「きみたちは常に私と接触していたのだが、私の一部だけしか〝見る〟ことができなかったのだ。あらゆる名称は任意のものであることを、心に留めておきなさい。われわれが名前を使うのは、単にきみたちの便宜を図っているだけだ。基本的には、セスという名前も私の名前も重要ではない。個としての人格が重要なのであり、それはきみたちには計り知れないやり方で続いていくのだ。

基本的なことにすぎないが、最も重要なことは、私は、セスであり、自分のものである特質を解き放って、きみたちとの接触のために利用したのだ。繰り返すが、セスという人格は独立した、正真正銘の人格であり、私の自己感覚（アイデンティティ）の一部を成している。私が学んでいるように、セスも学んでいるところだ。

単に比喩的な意味で、きみたちは私を未来のセス、発達の〝高次の〟段階にいるセス、と呼ぶことができるだろう。しかし、これは文字通りに解釈すべきことではない。われわれは2人とも、完全に独立しており、同時に存在しているからだ。

こうした特別の結びつきには理由がある。われわれを1つにまとめる出来事があり、それがわれわれのさまざまな人格の発達において、転機として働いたのだ。ある奇妙なやり方で、今の私であるところのものが、きみたちであるところのものと結びついているのである。

きみたちの知る時間とはまったく関係のない、接触のポイントというものがあり、それはあらゆる人格にとって重要なのだ。そして個々の自己の内部に内在する、強力な、潜在的心霊能力のおかげで、ときに現実化される新たなエネルギーの起源となっているのである。こうしたポイントでは、無数の新たな自己単位が出現し、先に述べたように、それらの起源が火花を散らすように炸裂するのだ。その後それらの自己は散り散りになり、自分たちの道を進んでいくが、共通の起源と最初にそれらを生み出した心霊的な力はそのまま残るのである」

（ここでわたしの心には、恒星が誕生するような、視覚的イメージが浮かび上がってきました。このデータを、はっきりと認識できる視覚的な形に変換しようとする試みだったのでしょう。）

「これらの〝人格〟は、さまざまな次元でまったく異なった方法で発達していくかもしれないが、彼らの間には、お互いを引きつけ合う強力な共感が存在する。そうしたさまざま次元から知識が伝達される接触点というものがあり、ここで述べることができないほどさまざまな理由から、ルバートはそのようなコミュニケーションが起こるために適した座標点にいるのだ。

このコミュニケーションは、きみたちの時間内で起こっているのだが、別の次元においては、きみたち自身の人格の、未来における発展とでもいえるものをもたらし、きみたちもその部分とコンタクトをとることができるのである。私はきみたちを、私自身が生じてきた元の自己として思い返すが、今の私は、私が経験してきた無数の次元や時間系列を、きみたちが卒業したときになるであろう自己を総合したもの以上の存在なのだ。

私は、きみたちから遠ざかるように現れてきたので、きみたちの観点からすると異質のもののように思えるだろう。そもそも、きみたちが私とコンタクトをとれるということ自体が、非常に注目に値する出来事なのだ。だが、もしきみたちが私とコンタクトを取ることができていなかったら、私は今の私とは違ったものになっていただろう」

ここで、声はとても遠くから届いているように聞こえ、高く、澄んでいましたが、いつものセスの声とはまったく似ても似つかぬものだったので、ロブはまだあっけにとられている様子でした。

「しかしながら、私はきみたちが接触している私の部分を超えた存在だ。その部分はきみたちの現実(リアリティ)を経験した私の、ごく一部でしかないのだ。したがって、この資料(マテリアル)が歪められないようにすることが非常に重要だ。ほとんどのコミュニケーションは、今ここでわれわれが関わっているレベルとは、まったく異なったレベル、つまりきみたちの現実界（リアリティ）と密接なつながりのあるレベルで起こるので、最も〝歪みのない〟と思われるデータでさえも、それをやり取りする人たち自身が、自分が現実を創り出し、それからそれを描写しているのだ、ということに気づいていないために、甚だしく歪められているのである。

私は、将来のセッションの基礎となる理解を、きみたちにもたらそうと最善を尽くした。きみたちの知っていたセスは、きみたちの知っているセスであり続けるだろう。私が自分自身として話そうと、彼を介して話そうと、彼は仲介者であり、われわれの間をつなぐ橋渡しなのだ。彼はこれからも、きみたちの知っているセスとして現れるだろう。彼との接触に必要な感情的要素があり、それは彼自身に備わった、独特のものなのである。

私の人格構成はまったく異なっている——私にとっては実に実りのあるものだが、きみたちにとっては馴染みのないものだ。……私がきみたちから友人を奪い取ってしまった、とは思ってほしくない。私もまた友人だ。多くの点で私は同じ友人なのだ。私の別の部分はどこかほかのところで活動している。私はほかの多くの次元での自分の存在に気づいており、それらを把握し、数多くの自己を導いているのだ」

セッションが終わると、ロブとわたしは座って話し合いました。「常軌を逸しているわ。いつものセス・セッションのときには、言葉は悪いけど、セスが乗り移ってくるっていう感じがするの。でも、今度の人格の場合は、わたしが自分から出てどこかへ行って、わたしの肉体は空っぽになる。

そしてどことも知れないところでコンタクトをとるっていう感じよ。それがどこであれ、どうやってそこへ行き着くのかも、どうやって戻ってくるのかもわからないわ」

ロブはうなずきました。2人とも何となく悲しみを感じていました。わたしたちのいつものセス・セッションが終わってしまって、新しいものが取って代わるのではないか、という不安に駆られたのだと思います。「それに」とロブが口をはさみます。「この新しい人格はなんて呼べばいいんだろう?」基本的に、名前には意味がないことはわかっていましたが、何らかの名前かレッテルが必要だと感じました。そして、この新しい人格は、セスとは具体的にどこが違うのでしょうか? セスにはできないことが何かできるのでしょうか? 「もっと男らしいか、女らしかったらよかったのに」とわたしは言いました。「中性の人格なんて、なんかとても変な感じがするわ」

わたしたちの疑問のいくつかに対する答えは、1968年6月8日に開かれた、次の、セッション419で得られました。セッションの直前に、わたしは再びピラミッド効果を感じ始めました。少し照れくさくなってにやりとすると、ピラミッドが降りて来るように感じた場所の真下に移動しました。そして、友人のパット・ノレーリが同席して、セッションが始まりました。

「われわれが何者であるかは、もうきみたちに話した。われわれはセスだ。われわれが話すときにはいつでもセスとして知られてきた。われわれの根源的自己(エンティティ)は、きみたちの時間が生まれる前にその起源がある。エネルギーを物質的な形に変換する初期の試みにおいて、ほかの多くの根源的自己(エンティティ)とともに手を貸してきた。その企てに関わっているのはわれわれだけではない。きみたちの次元の何世紀にもわたって、われわれのような別の根源的自己（エンティティ）が現れ、語ってきたのだ。
われわれの根源的自己（エンティティ）は、それぞれ自身の自己感覚（アイデンティティ）が備わった無数の自己からなっており、その多くは、根源的自己（エンティティ）に代わって働いてきた。彼らのメッセージは、彼らがコミュニケーションを図る時代や状況が異なっているために、それに応じた色づけがなされるが、基本的には常に同じものだ。

われわれは、舌が音節を紡ぎ出す前に、人類に話すことを教えた。どのような人格的性質であろうと、それが妥当だと思われる場合は、それを装った。というのも、われわれの現実界（リアリティ）には完全な内なる自己の蓄えがあるからだ。そしてわれわれは皆セスだ。現実（リアリティ）というものを、きみたちに理解できる言葉に翻訳しようとしているのだ。われわれは顔かたちを変えるが、いつも1つだ。私がそうであるように、われわれの多くは肉体を持って生まれたことはない。ある意味で、われわれは、際限なくある幾多の宇宙のすべてに、私たち自身の種をまいた、といえるだろう。

物質的にいえば、きみたちには、私は1つの木の実より小さく見えるだろう。私のエネルギーがとてつもなく凝縮されているからだ。そのエネルギーは、極度に集中したまとまりとして存在する……おそらく、数知れない次元に同時に存在し、それ自身の現実（リアリティ）から、ほかのすべての現実（リアリティ）へと手を伸ばしている、1つの無限の細胞のようなものなのだ。

しかし、そのような小さなまとまりの中で、この強烈さには記憶と経験が電磁コイルのように互いに巻き付くように含まれており、その中を通って私は旅することができるのだ――それは私が知っているほかの無数の自己や、私の自己感覚（アイデンティティ）の一部である自己を通して、私が旅をすることができるのと同じことなのだ。だが、それらの自己の行く末は、じつに見事にといえるほどに、あらかじめ決められてはいないのである。その一部であるきみたちも、私の記憶の内部で完成された人格として存在するのではなく、成長しているのだ。

きみたちは木が空間を通って育つように、私の記憶の中を通って成長している。そしてきみたちが変化するに連れて、私の記憶も変化するのである。きみたちについて私が持っている記憶には、きみたちの蓋然性の自己も含まれており、こうした共通の起源を持つ自己たちのすべては、まったく空間を占めることのない点の中に同時に存在するのだ……。

ルバートの人格は、次元間のワープのように働くと言ったはずだ。それはある種の座標点においては、通路の役を果たす特殊なポイントに存在する。一般的に人格は、多くの現実界（リアリティ）に存在する構成要素から形成され、1つの頂点になっている。窓はそれ自身を通してみることはできないが、きみたちは窓を通してみることができる。同様に、ルバートの人格は……そうした意味において透き通っているのだ」

次のセッションでは、この新しい発展がどれほど違ったものになりうるかがわかりました。また、わたしは、少なくとも数秒間、気が動転するほどの恐怖感に襲われました。しかし、それ以上に、そのセッションは新しい経験の可能性にわたしたちの目を開かせ、セッションという枠組みの中で起こるかもしれない、別の現象を示してくれたのです。

その夜、以前に紹介したセールスマンの友人、フィルが立ち寄り、いつもどおり午後9時にセッションが始まりました。セスは、ビジネスの話題についてフィルと話をし、フィルの気がかりになっていたいくつかの質問に答えました。ところが、休憩時間になると、わたしはもうお馴染みになっていたピラミッド効果を感じ、セッションが再開したとき、あの別の人格が話し始めました。セスの深みのある声と、活発な身振りからの変化は、以前に一度も、その人格が話すのを聞いたことがなかったフィルをぎょっとさせました。わたしの体は、ほとんど操り人形のような状態になり、顔からは表情が消え去りました。声が聞こえてくる直前、わたしは煙突を上がって行く空気の流れのように、自分の意識が、目に見えないピラミッドを通って引き上げられるのを感じました。しかし、何かそれ以外のことが起こりそうな兆しは、まったくありませんでした。

声はこう言いました。

「きみたちは、ゲームをしている子どものようなものだ。そしてきみたちは、皆がそのゲームをしていると思っている。だが、物質的人生は、必ず経験しなければいけない決まり事ではないのだ。自己感覚(アイデンティティ)と意識は、きみたちの地球が形を成すはるか以前から存在していた。きみたちは肉体を持った人格を目にしているので、どのような人格でも、物質的な形で現れなければならないものだ、と仮定してしまう。意識とは物質の背後にある力であり、物質的な世界のほかにも多くの現実界(リアリティ)を創り出すのだ。きみたちにとって、物質的現実が規範であり、唯一の存在様式であるように見えるのは、きみたち自身の今の観点が、あまりに制約的であるからにほかならない。

きみたちの現在の意識の源とエネルギーが、物質的に存在したことは一度もない。そして私のいるところでは、こうした物質的な次元が存在することにさえ、気づいていない者が数多くいるのだ。物質的な世界は錯覚だ。しかし、きみたちはそれを受け入れ、その観点から、それを超えて存在する現実（リアリティ）を理解しようと努めなければならない。錯覚もそれが存在するからには現実なのだ。きみたちの〝現実（リアリティ）〟は、単に私が追い求めてきたものではない、というだけだ。このセッションに私が関わっている目的の一つは、ルバートと呼ばれている者に、内面の旅についてよく知ってもらうことだ。彼には物質的次元を離れ、そうすることで、有効に利用できるような習慣を身につけ、道筋を切り開いてもらわなければならない」

その夜遅くなるまで、この最後の発言について誰も特に気に留めることはありませんでした。声はしばらく話し続け、わたしは「戻って来る」のに多少手こずりました。どこかずっと上のほうの暗闇の中で、漂っているような感じがしましたが、同時にセスが近くにいることにも気がつきました。数分間が過ぎ、突然セスが現れ、はっきりと明瞭な口調で話し始めました。この2人の人格の対比があまりに際立っていたので、ロブでさえドキッとするほどでした。セスはジョークで口火を切りました。

「〝ビッグ・ブラザー〟の話が終わったので、われわれのルバートをきみたちにお返ししよう」

セスがやって来ると、わたしはスムーズにトランス状態から抜け出しました。数分間おしゃべりをしたあと、セッションが再開されると、わたしの人生で起きた、最も驚くべき経験の1つが私を待ち受けていました。説明するのがかなり難しいので、まずあの「別の」声が言ったことを引用することにしましょう。

「きみたち自身の自己感覚（アイデンティティ）と、現実（リアリティ）の内側にある部分は、きみたちには知られていない。きみたちはそれを具体化することはできず、したがって知覚することがないからだ。きみたちのエネルギーの大半は、この物質界の創造に使われているので、自分自身のものではない現実（リアリティ）を知覚するゆとりがないのだ。もう一度言うが、積み木（ブロック）で遊んでいる子どもたちのように、きみたちの注意は物質的な構成物（ブロック）に注がれているのである。

きみたちに知覚できる別の姿形もあるのだが、きみたちはそれを知覚しようとしない。別の現実界（リアリティ）について、きみたちに説明する際も、私は〝形〟とか〝形態〟という言葉を使わなければならない。さもなければ、私の言っていることが理解できないだろう。きみたちには、われわれから得た数学がある。真の数学からすれば影のようなものだが、ここでもきみたちは障壁に囲まれた現実（リアリティ）に固執している。きみたちの考える進歩は、次々と大きくなる障壁を積み重ねているのだ。だが、われわれの中には、きみたちの構築物を憤りに任せて蹴り散らかしたり、子どもの玩具は片付けなさい、ときみたちに告げたりする者は1人もいない。ただいつの日か、きみたち自身がそうすることになるのだ。

きみたちの時間でいうとあとになってからだが、きみたちは皆、巨人が小さな窓を通して覗き込むように、物質的な次元の中を見下ろして、今のきみたちと同じ立場にいる人たちに目をやって微笑むことになるだろう。しかしきみたちは、そこに留まりたいとも、その小さな囲われた場所を這って通り抜けようとも思わないだろう……われわれはそうした次元を保護している。われわれの基本的な、そして古来からの知識とエネルギーが、成長していくあらゆる次元まで自動的に手を伸ばし、養い育てるのだ――」

ここでわたしは叫び声を上げ、体が激しく震え始めました。ロブは、わたしの重い揺り椅子がひっくり返るのではないか、と思ったほどでした。ロブとフィルは素早く椅子から立ち上がりましたが、その際フィルがビールの入ったグラスにぶつかって、床に落としました。ロブは私の手をさすって、トランス状態を終わらせようとしました。

次に、その夜遅くなってから書いた、わたし自身のメモから引用しましょう。

［ジェーンのメモ］

物質的現実を子どもの積み木に喩えたとき、その人格は、床の上で積み木をして遊んでいる子どもたちを巨人が目を細めて見下ろすように、わたしたちの未来に戻ってきて物質界を覗き込む人たちについて発言した（その声が話す間、当然、わたしの目は閉じられており、声が何と言ったか覚えていないが、一言一句書き取ったロブのメモを読んだのでわかった）。そのあたりで突然、窓全体を覆うように、巨人の顔がわたしたちの居間を覗き込んでいるのが見えた。

次の瞬間、わたし自身の体、部屋、そしてその中にあるすべての物が、途方もない大きさへと拡大し始めた。わたしの体は巨大化して、内臓が大きくなっていくのが感じられた。同時に家具が全部、そしてすべての物がどんどん大きさを増していった。今や部屋が、市全体を覆うほどのサイズになったように思われた。しかし、すべてが同じ比率で拡大したので、形が変わることはなかった。

こうしたことが起きていたかのように感じたのではありません。わたしにとっては実際に起きたことなのです。わたしはパニックになって大声を出しました。ロブがわたしをトランス状態から覚ますのに数分かかりましたが、そのとき、わたしは恥ずかしくなっていました。まったくの臆病者のような気がしたからです。

ロブはわたしのことを心配して、セッションを続けるべきかどうか決心がつきませんでした。でもそのときまでに、わたしは大騒ぎをしたことが本当にきまり悪くなりましたが、この体験が重要なものだとわかりました。わたしはトランス状態に戻りましたが、すぐに中断することになったのです。

セッションが再開される直前のロブのメモを引用します。

［ロブのメモ］

これでセッションが終わってくれればいいと思ったが、この気味の悪い経験にもかかわらず、ジェーンは続けたい、少なくとも、続けても構わない、と思っていたのは明らかだった。彼女を説得して止めさせようとしたが、目を開けていることができないようだった……「わたしは、あの人格のところまで上がって行こうとしているの」とジェーンが言った。「今、セスを通り過ぎたけど、何か壮大な経験について冗談を言っていたわ」

「とにかく戻ってきたらどうだい」

「どうやって戻るのかわからないわ」

午後10時55分。ジェーンは今ではお馴染みとなった、遠くから響いてくるような、高く、とてもかしこまった声で話を再開した。

「物質界の積み木は、物質界の展望の中に住んでいる間は、非常に現実的に見えるものだ。ルバートは、次元間の移動を経験したのだ。それは不快な経験になるはずではなかった。そうなったのは、ルバートの主観的な解釈によるものだ。最初彼は、顕微鏡的な冒険に関わっていた。意識は場所をとることはない。このことを理解しなければならない。それから彼は、きみたち自身の物質的積み木の次元に再突入した。そして物質的次元は、直前の経験と比べると、巨大な怪物のように見えたのだ。

われわれがコンタクトをとるときには、彼の意識と人格は凝縮された形で旅をする――きみたちの言葉で言えば、空中に浮かぶ塵のようなものだが――意識はその精髄まで縮小するのだ。そしてわれわれが物質的次元まで退くことができるようにするのだが、その際、子どもの積み木が対照的に巨大化するように見えるのである——それは概念の中での経験だったのだ」

上記の独白の間も、わたしの主観的経験は続いていました。またしても、声が何を言っているかはわからず、あとになってからはじめて、わたしが経験したことは、語られていたことと一致している、ということに気づいたのです。わたしのメモからの引用です。

［ジェーンのメモ］

わたしは、物質的宇宙の顕微鏡的性質を感じ始めた。相対的に言えば……これは言葉にするのが最も難しいことだ。これには、わたし自身のものだと思われる、一瞬の孤独感が伴っていた。この人格が話し始める直前にはいつも、自分の上にピラミッドの形があるのがわかる。たいてい、わたしは〝それを通り抜けて上昇する〟のだが、今回はずっと上方の、狭まった末端に、あの同じ巨人が顕微鏡を覗き込むように、わたしと部屋を見下ろしているのが見えた。もし部屋とその中の物すべてが、前に拡大したのと同じように、今度は収縮していこうとしているのだったら（実際そうだとわかったが）、わたしには、その体験を受け入れる用意はできていなかった。

セッションを終わりにしたい、とロブに告げるために自分の声を出そうとしたが、あの人格がわたしの声を使っていた。ここでわたしは「わたし」という語を使っているが、「わたし」はその行為（アクション）の一部になりきっていたので、自分自身をそれから切り離すのは困難だった。トランス状態から抜け出したくて、もう一度自分自身の声を使おうとした。

今度は〝自分自身を見つけて〟気を取り直した。あの人格が一瞬、間をおいたときに自分の声帯を取り戻したのだ。ちょうどこのとき、わたしの上にあるピラミッドを通して、巨人の顔が覗き込んでいるのが見えた。前回は、わたしは思わず叫び声を上げてしまったが、2回目の今回は、自分自身の声を見つけて、この経験を終わらせる方法があることがわかった。セスがいるときには、このような問題が起きたことはない。あの人格が、経験を続けるようにとわたしにプレッシャーをかけてくることはなかった。……しかし、望んだときに終わらせるにはどうしたらいいのか、自分で学ばなければならなかった。

わたしにとってこの経験が不快であることを、あの人格が理解していたとは思えない。それどころか、不快などという言葉自体が、あの人格にとってどんな意味も持っていないのかもしれない。あの人格にとっては、情報というものはある種の条件のもとで伝えられる、それだけなのだ。わたしの反応に気づいていたかどうかさえ、わたしにはわからない。

だが、この出来事すべては実に驚くべきことだ。心理学者がすべては幻覚だ、と言いたがるにしても、これはとても偶然とは言いがたい意味と目的を持って、うまく管理されたものだということを認めざるを得ないだろう。すべてが拡大していき、わたし自身が行為（アクション）と融合したときは、最初は恐ろしかった。全体として、わたしの反応はまずまずだったと思う。なにしろ、2回目の出来事では、一晩に経験するにはもう十分だと感じたときに、トランス状態を自分で終わらせたのだから。そのときには、ただ否応無しに振り回されていたのではなく、次に起こる経験を予期して、トランス状態を抜け出したのだ。つまり、最初の経験からちゃんと学んでいたのである。

このセッションは今から1年以上前のことです。通常のセス・セッションはまだ続いていて、別の人格が話をするのは時折にすぎません。わたしたちはあの人格を「セスⅡ」と呼ぶことにしています。セスⅡが現れるセッションでは、わたしは何らかの主観的な体験をすることがよくありますが、そうしたことが起きたときにどう対処すればいいいか、今、学んでいるところです。たとえば、ある休憩時間に、非物質的状態でいるというのはどんなものなのか、ロブが不思議がりました。そしてセッションが再開すると、わたしは自分がはっきりと目覚めて、意識が鮮明な状態で（しかし肉体がない状態で）、空中に浮かんでいるように感じました。わたしにわかるかぎりでは、わたしには形がなく、まったく自由に動くことができました――意識のある空気といった感じです。今度は恐怖心はなく、ロブの質問に対する答えを得ているところだ、ということがわかりました。これを経験している間に、あの遠くから響いてくる、感情のない、弾んだ声が、非物質的存在とはどんなものなのかを説明しました。

最近のESPクラスのセッションで、2つの人格の差がとりわけはっきりとわかりました。そのときセスはかつてないほど陽気で、生徒一人一人に対する、個人的な関心を示していました。そのようなときにはいつもそうであるように、わたしの顔は極めて生き生きとした表情にあふれ、セス独特の身振り手振りがはっきりと見てとれました。一人一人の生徒に個別に話しかけたあと、ユーモアを少し交えてセスが言いました。

「私はきみたちが共感できる性格を携えて、〝親しみやすい〟人物としてやって来たのだが……。さて、このような性質は私自身のものであり、私は私が言っているとおりの者だ。その一方で、きみたちの知るセスは、私の現実(リアリティ)のごく小さな部分でしかないのだ。……肉体を持って生きていたことがある部分であり、したがって、きみたちの直面している問題を理解できる部分なのである。

その自己の先には別の自己があり、その彼方にはまた別の自己があり、私はそれらをはっきりと意識している。そうした自己にとっては、物質的現実は空中に浮かぶ一吹きの煙のようなものだ。……そしてその自己にとっては、私のものだときみたちが知っており、また、考えている性質は必要ないのだ」

声には活気があり、大音量で朗々と響き渡っていました。それから急に沈黙すると、クラスセッションでは初めて、あの別の人格がやって来たのです。セスの手振り身振りや特徴的な癖はすべて消え去り、遠くから聞こえてくる、高い、中性的な声が話し始めました。ほとんど音楽的と言ってもいい音色でしたが、抑揚がなく、1つの音符の連続のようでした。

「その自己はきみたちに告げている。人間の現実(リアリティ)と経験を超えたところにも現実(リアリティ)があり、それは言葉で表現することも、人間にわかる形に変換することもできないのだと……。

この種の経験は、きみたちにとっては冷たく感じられるかもしれないが、それは経験するためにまったく時間を必要としないような、澄みきった、水晶のような在り方なのだ……そこでは、内なる自己が、無数の人生や生まれ変わりを通して受け入れた、あらゆる人間的な知識を凝縮し……こうしたことはすべて暗号化され、消え去ることなく存在する。きみたちもまた、今、その現実（リアリティ）の中に存在するのだ……。

きみたちの世界の物質的な原子の内部には、すべての意識の起源が今でも息づいており、きみたちがそれによって自分自身を認識する、人間的な性質もすべて存在するのだということを知りなさい……。

つまり私は、きみたちの知るセスを超えたセスなのだ。そして私の中には、あのセスの知識と活力が響き渡っている。きみたちの観点からすると、私は未来のセスだ。だが、そのような見方は私にとっては意味がない。

われわれはきみたちに心的なイメージを与え、きみたちはそのイメージを基にして、きみたちの知る世界を形作ることを学んだ。われわれはきみたちに、きみたちの物質的な自己が形成されるのに必要な様式を与えた。われわれは複雑に入り組み、天与の喜びにあふれた様式を与え、きみたちはそこから、きみたちの知るあらゆる物質的なものの現実性（リアリティ）を創り出したのだ。

きみたちの脳の内部の最も微小な細胞も、われわれがきみたちに与えた意識の様式から作られたのだ。すべてのものを繋げる、網の目のようなネットワークを紡ぎ出したのもわれわれだ。われわれがきみたちに、きみたちの知る現実（リアリティ）を創り出すことを教えたのだ」

第18章 神の概念――創造――3人のキリスト

端的に言うと、次に紹介するのは、セスの語る神の概念を簡潔に説明する一節です。

「きみたちの観点で言えば、神は人間ではない。だが、人間という段階を通って来た。ここでは仏教の神話が最も事実に近い説明といえるだろう。神は1人の個人ではなく、エネルギーの統合体（ゲシュタルト）なのだ。

宇宙が拡大していく方法について私が言ったこと、つまりそれには空間はまったく関係がない、ということを思い出してもらえれば、これから述べる心霊的なピラミッドの存在を、何となく思い描くことができるかもしれない。それは相互に関連する、絶え間なく拡大を続ける意識から成っており、その意識が、個別の観点を持つという資質のおかげで、持続性、心霊的理解、知性、そして永遠の正当性を与えられた、数知れない宇宙と個人を同時に、即座に創造するのである。

この絶え間なく拡大を続ける、絶対的かつ即時的な心霊的統合体(ゲシュタルト)は、望むならそれを神と呼んでも構わないが、自分の存在にとてつもない信頼感を抱いているので、絶えず自らを分割し、再構築することができるのだ。

そのエネルギーは、実際、幾多の宇宙をすべて創り出すほど計り知れないものであり、すべての宇宙、次元、現実界(リアリティ)の内部と背後にあるので、スズメが一羽落下してもそれをちゃんと把握している。というのも、その存在自体が、まさに落下するスズメそのものだからだ」

しかしながら、以前に述べたように、「セス・マテリアル」は意識と現実(リアリティ)の「始まり」に関わる、より深遠な疑問を無視しているのではありません。そうした問題に関する資料(マテリアル)は、現代における最良の形而上学的著作に引けを取るものではない、とわたしは確信しています。そうした理由から、この章では、セッション４２６、４２７、４２８からの抜粋を紹介していきます。これらのセッションでセスは、空間、時間や蓋然性の現実界(リアリティ)について、さらに詳しい説明を始め、続けて段階を追って、わたしたちを神とは何か、という議論へと導いてくれます。

「きみたちの空間と時間の観念は、神経系の構造によって決まっている。

内なる自己によって、偽装(カムフラージュ)が実に巧妙に創られ実行されているので、きみたちは必然的に、創造された物質的現実に、意識を集中せざるを得なくなっているのだ。幻覚剤は神経の働き方を変えるので、別の現実界(リアリティ)を垣間見ることを可能にする。

そうした別の現実界(リアリティ)も、きみたちが知覚できるかどうかに関係なく、当然存在する。実際には、

〝時間〟は神経節の末端を、電気的なパルスが飛び越えることで存在するようになるのだ。したがって、これは同時に発生するプロセスではないので、きみたちは時間の経過を経験することになる。知覚される経験それぞれの間に、必ず時間の経過がある状況では、過去、現在、未来という区分は非常に説得力があるように見えるだろう。

別の多くの人格存在においては、そのような時間の経過はない。出来事は皆同時に起きるものとして知覚されるのだ。出来事に対する反応も、きみたちの観点からすると、ほとんど同時に起こる。成長やチャレンジは、時間をかけた達成や発展という見地からではなく、強度という観点から与えられる。そうした人格は、たとえば、きみたちの現在における出来事Aに反応し、その意味を理解することができるばかりでなく、出来事Aから派生した出来事や出来事Aが別の道を辿って起きる、蓋然的な出来事すべてをも経験し、理解することができるのである。

そうした人格には、現在きみたちに備わっている神経系をはるかに超えるものが必要であることは明白だ。きみたちの神経系は物質的なものだが、〝今〟の時点での、きみたち自身の内面的な素質に基づいている。神経系は内面の心霊的枠組みが物質化したものなのだ。ほかの多くの人格存在は、このような物質化した知覚のための枠組みを必要とはしないが、内面の心霊的秩序は常に存在している。

きみたちの思い描く時間——過去、現在、未来——は、そうした人格の多くにとっては、完全に現在として経験されるのだ。しかし、きみたちの過去、現在、未来をまったく過去のものとして経験する人格存在もいる。

しかしながら、過去、現在、未来を、きみたちの観点から見て、経験を1本の線として描いたものだと想像すれば、その線は際限なく続いていくことがわかるだろう。理論的には、別次元の人格存在は、その線をありとあらゆる無限の観点から観察できるということだ。だが、これにはさらに多くのことが関わっている。（物質的経験を表す）その1本の線は、きみたちがそれに沿って旅をする表面的な糸であるにすぎない。きみたちが知覚する糸はそれ以外にはないので、ほかの次元のことを思い描くときには、きみたちはその糸の上方にいる観察者たちが、任意の観点から見下ろしていると考えざるを得ないだろう。

完全に1つの喩えとして、そのイメージを最後まで追っていけば、実際にはきみたちの糸の上にも下にも無限の数の糸があり、それらはすべて1つの、想像を絶するほど驚異的な、クモの巣状のネットワークの一部だということになるだろう。だが、一本一本の糸は1次元的ではなく、多くの次元からなり、もしやり方さえわかれば、おそらく1本の糸から別の糸へと跳び移る方法があるはずだ。したがって、きみたちは1本の線を辿って、どれか特定の糸を追っていかなくてはならない、ということはないのだ。

さて、そうしたことができるほど十分に発達した人格がいる。糸から糸へと跳び移るたびに、いわば、新たな糸が作られるのだが、われわれの喩えにしたがって、自分自身を自己Aだと想像してごらん。きみたちは、今いるところに到達するまでに、すでに多くのほかの糸を横切って来たわけだが、とりあえず、糸A上の物質的現実にいて、そこから出発すると考えてみよう。

　近道をすることも、進歩することもなければ、そのような自己Aは、糸A上の狭い道筋に沿って、無限に向かって旅することになる。しかしながら、ある地点に到達すると、糸Aは糸Bに移行していく。同様に糸Bは糸Cに変わる、というふうに続いていく。そしてどこか想像も及ばない地点で、すべての糸は互いを横切るようになるのだ。糸A上にいる自己Aは、彼にとっての現在の時点では、ほかの糸の上にいる〝未来の〟自己に気づくことはない。そうした別の自己の1人と出会って初めて、彼は、自分が旅しているこの奇妙な構造物の仕組みに気づくことができるのだ。

　だが、すでにそうした道筋を旅した自己もおり、ほかの無数の自己は、その自己の一部なのである。この自己は、夢見や意識が解離した状態で、さまざまな〝上昇中の〟自己とコミュニケーションをとるのだ。この自己が価値の実現の面で長じてくると、別の糸の上を旅している自己たちに気づくようになるのだが、それらの自己は彼にとっては未来の自分のように見えるのである。

　これはすべて込み入ってるように聞こえるだろうが、それは言葉を使って説明しているからにすぎない。直感的には、きみたちにも理解できるといいのだが、とりあえずは、総合的な自己が、新たな活動の糸を紡いでいるのだ、ということがわかってもらえればいいだろう。総合的な自己が〝背後〟に残す枠組みは、ほかの自己たちが利用することができるのである。

　ごく簡単に言えば、こうしたことの目的は、非存在に対立するものとしての存在にある。私は自分が知っていることを、きみたちに伝えているのだ。私が知らないことも多くある。私が知っているのは、１つの存在から別の存在へと、助けが与えられなければならないということであり、伸展と拡大は存在にとっての援助なのだ。

さて、これから述べることは、言葉の上では矛盾のように聞こえるかもしれないが、非存在というものがある。それは何もないということではなく、１つの状態であり、非存在の中では蓋然性や可能性が知られていて、それらが実現するという期待感があるのだが、実際に表現されることが妨げられているのだ。

きみたちが歴史と呼ぶものを通しては、ほとんど思い出されることはないのだが、かつてそのような状態が存在した。それは苦悶の状態であり、その状態の中では創造性と存在をもたらす力は知られているのだが、それらを生み出す方法が知られていなかったのである。

これは、〈すべてなるもの〉が学ばなければなかった教訓だった。そして、それを教えてくれるものはいなかったのだ。この苦悶の状態こそ、そもそも創造性が引き出された起源であり、その反響は今でも感じられるのだ」

セスが「神」という言葉を使うのは稀で、たいていは、神学的な観点で物事を考えるのに慣れている学生に話しかけるときだけです。通常は、「すべてなるもの」または「原初のエネルギー統合体（ゲシュタルト）」と呼んでいます。

「この議論が、いくらか歪められて伝わってしまうのは避けられないだろう。というのも、きみたちの理解する時間の観点から説明せざるを得ないからだ。そこできみたちのために、これらの出来事が起きた、言葉で表現できないほど遠い過去のことを話すことにしよう。
〈すべてなるもの〉は、そのときの状態の記憶を今でもとどめており――きみたちの観点で言えば――その記憶は絶え間なく続く、新たな創造へ向かっての衝動としての役を果たしている。したがって、どの自己も〈すべてなるもの〉の一部として、やはりその状態の記憶を持っている。このため、どのような微細な意識にも、生存、変化、発展、そして創造性へと向かう衝動が備わっているのだ。原初の意識統合体（ゲシュタルト）である、〈すべてなるもの〉だけが、さらなる存在を望んでも十分ではなく、〈すべてなるもの〉の、あらゆる部分もまた、創造へと向かう決意を携えているのだ。

苦悶それ自体が手段として使われ、苦悶それ自体が衝動としての役割を果たしたのだが、その衝動は、〈すべてなるもの〉が、存在するための手段を自らの内部で創始するに至るほど、強力なものだったのだ。

仮に――これは不可能なことだが――〈すべてなるもの〉の最も微小な、最後の構成単位を除いたすべての部分が破壊されたとしても、〈すべてなるもの〉は続いていくだろう。なぜなら、その最小の部分には、全体に本来備わっている知識が内在するからだ。したがって、〈すべてなるもの〉は自らを、そして自らがこれまで創造してきたもの、今創造しているもの、今後創造することになるもののすべてを保護しているのだ。

私が〈すべてなるもの〉のことを語る際には、その中における私の位置を理解してもらわなければならない。〈すべてなるもの〉は他という存在を知らない。これはさらに知るべきことがない、という意味ではない。〈すべてなるもの〉は、自分のような心霊的統合体（ゲシュタルト）が、ほかにも存在するかどうかを知らず、そうしたものが存在したとしてもそれに気づいてはいない、ということなのだ。〈すべてなるもの〉は絶え間なく探し求めている。自分が自分自身を表現することのできなかった、原初のジレンマの前に、何か別のものが存在したことは知っているからだ。

　つまり、〈すべてなるもの〉は、きみたちの観点からすると、あまりにも遠い昔に進化してきたので、自らの起源を、そして、自分が――またしてもきみたちの観点から見ると――ずっと以前に離れてしまった、もう1つ別の原初の意識から発達してきたということを忘れてしまった、ということは考えられるだろう。というわけで、私はきみたちにすべての答えを与えることはできない。われわれが存在している宇宙のどこにも、そうした答えを知っているものはいないのである。われわれが知っているのは、われわれの〈すべてなるもの〉が創造したこの宇宙の内部では、創造は続いており、発展は決して止まらない、ということだ。そしてわれわれに推定できるのは、われわれの知らない別の宇宙の界層でも、おそらく同じことが起きている、ということなのである。

　表現を求める、苦悩に満ちた探求の最初の状態は、われわれの知る〈すべてなるもの〉の、誕生の苦しみを表していたのかもしれない。そこでこう想像してみてほしい。きみは自分の中に、世界中の彫刻や芸術作品の傑作すべての知識を所有しており、それらがきみの内部で現実性（リアリティ）を持って脈動していると。だが、きみにはそれらを実現するための物質的な道具もなく、どうすればいいのかも知らない。石も絵の具もそれらを生み出すための資源もない。そしてきみは作品を創り出したい、という切望のうずきに苦しむのだ。極めて小さなスケールではあるが、これで芸術家としてのきみには（当然ですが、この部分はロブに向かって語られていたのです）、〈すべてなるもの〉が感じた苦悶と衝動が、たぶん、多少なりとも理解できるのではないだろうか。

欲望、願望、そして期待がすべての行為（アクション）を規定し、あらゆる現実（リアリティ）の基盤となっている。したがって、〈すべてなるもの〉の内には、願望や欲望、創造性への期待が、ほかのすべてのものが現実化する前から存在したのだ。そして、こうした欲望や期待の強さとエネルギーが、きみたちの言葉で言えば、耐え難いほどになったために、〈すべてなるもの〉は、それらを実現する手段を見つけざるを得ない状況に追い込まれたのである。

言い換えれば、〈すべてなるもの〉は、ある存在の状態にあったのだが、その存在を表現する方法を見つけることができなかったのだ。これこそ私が話した苦悶の状態だ。だが、この凝縮した切望の〝時期〟がなければ、〈すべてなるもの〉がそのエネルギーを十分に集中し、自らの内部に蓋然的に保留状態で存在した、無数の現実（リアリティ）を創造することができたとは思えない。

創造を求める欲望と苦悩は、〈すべてなるもの〉自身の現実（リアリティ）の証（あかし）を意味していたのだ。言い換えれば、そうした感情は、〈すべてなるもの〉にとっては、自らが存在するという、十分な証だったのである。

きみたちの観点からすると、当初、すべての蓋然的現実は、〈すべてなるもの〉の意識の中の、漠然とした夢として存在していたということになる。のちに、こうした〝夢〟の具体化されていない性質が、より詳細に、鮮明になっていったのだ。やがて1つの夢が別の夢から区別されるようになり、〈すべてなるもの〉の意識的な注意を引くようになった。そして好奇心と切望に満ちて、〈すべてなるもの〉は自身の夢にさらに関心を向けるようになったのだ。

次に目的を持って、それらの夢に次々と細部を与え、多様性を帯びることを切望した。そしてまだ自分自身から分離していない部分を愛するようになったのである。まだ人格が〈すべてなるもの〉の夢の中にある間に、〈すべてなるもの〉は、それらの人格に意識と想像力を与え、そうした人格もまた、実在することを切望した。

つまり、きみたちの観点からすると、潜在的な個としての人格は、きみたちの知るどのような起源より前に意識を持っていたのである。彼らは実在へと放出されることを強く願い、〈すべてなるもの〉も、言い表せないほどの同情心を持って、そのための手段を求めて自らの内を探索した。

その壮大な想像力を行使することで、〈すべてなるもの〉は、意識が宇宙的規模で増殖することが可能であることを理解したが、それは個としての人格が〈すべてなるもの〉の内に捕われている状況では起こり得なかったのだ。この蓋然性の（起こるかもしれない）出来事が実を結ぶためには、現実化されることが不可欠だったのだ。つまり、〈すべてなるもの〉は、無限の数の蓋然的な、意識ある個としての存在に気づき、あらゆる可能な発展を予見したのだが、それらは、〈すべてなるもの〉がその手段を見つけるまでは、〈すべてなるもの〉の内部に閉じ込められていたのである。

これが、きみたちの観点から見た原初の宇宙的ジレンマだったのだ。〈すべてなるもの〉は、自らがそれと関わり合い、それに完全に呑み込まれるまで、この宇宙的難関と苦闘したのである。もし、この難題が解決されることがなかったら、〈すべてなるもの〉は狂気と直面することになり、文字通り、存在理由のない現実（リアリティ）ができ、宇宙は暴走してしまっていただろう。

そして、2つの場所からプレッシャーがかかってきた。神の夢の中で自分たちが生きていることに気づいた、意識はあるが、まだ蓋然的な個としての自己たちと、そして彼らを解放することを切望している神からだ。

一方では、プレッシャーは神の側だけにあったと言うこともできるだろう。創造は神の内部に存在したからだ。しかしそのような原初のピラミッド状統合体（ゲシュタルト）のなかに、そんなにもとてつもない力が秘められていたので、そうした自己たちの夢でさえも、活力と現実性（リアリティ）に恵まれていたのである。つまり、これはどのような原初的ピラミッド状統合体（ゲシュタルト）にもある、ジレンマでもあるのだ。ピラミッド状統合体（ゲシュタルト）は現実（リアリティ）を創造し、各意識存在の内部に、圧倒的な潜在性が存在することに気がつく。だからこそ、それを解放する手段を思いつくのだ。自分が創造したものと蓋然性を、自らの夢から放出しなければならないのである。

そうすることによって、閉じ込められていた自己たちに実在性が与えられるのだ。だが、それはまた、〈すべてなるもの〉が自らの意識の一部を〝失う〟ことでもあった。なぜなら、意識のその部分の中に自己たちが拘束されていたからだ。〈すべてなるもの〉は、彼らを解き放たなくてはならなかった。〈すべてなるもの〉が、それらの個としての存在を自分の創造物だと考えていた間は、自分の一部としてとどめ、彼らに実在性を与えることを拒否していたことになるのである。

彼らを解放することは、〈すべてなるもの〉にとっては、彼らを創造した自分の一部を〝失う〟ことだった。〈すべてなるもの〉が、個別の意識存在から浮かび上がり始めていた、幾多の蓋然性に対応することはすでに難しくなっていた。愛と切望の気持ちを込めて、〈すべてなるもの〉は自分のその一部を手放し、それらの蓋然性は解き放たれた。心霊的エネルギーが、一瞬の創造のきらめきの中で炸裂したのだ。

こうして〈すべてなるもの〉は、この創造的企てにおいて、自身の一部を〝失った〟のである。そして自らが創り出したものには、最小のものに至るまですべてに愛情を抱いている。あれほどの状態を経験し、あれほどの犠牲を払って自分から離れていった各意識存在のいとおしさと、独自性を痛感しているからだ。各意識存在が発達を遂げるたびに、達成感と喜びに満たされるのだ。なにしろこれは、あの最初の苦悶の状態に対する勝利であり、〈すべてなるもの〉は、自分から生まれ出た各存在の、最も取るに足らない創造的行いに対しても歓喜し、大いに楽しむのだ。

〈すべてなるもの〉は、自らの身を削り、あの苦悶の状態から、無限の可能性に命を吹き込んだ。自らの苦悶から、表現することを通して自由の中へとほとばしり出る道を見つけたのだ。そしてそうすることで個としての意識に存在を与えたのである。したがって、〈すべてなるもの〉が歓喜に満ちたとしても当然なのだ。だが、すべての個としての存在も、彼らの根源を思い出し、かつて〈すべてなるもの〉が彼らを夢に見たように、今、〈すべてなるもの〉を夢見るのである。そして彼らは、その計り知れない源へ向かうことを切望する……彼ら自身が創造することによって、〈すべてなるもの〉を解放し、〈すべてなるもの〉に実在性を与えることを切望するのだ。

原動力は今でも〈すべてなるもの〉にある。だが、個としての存在は錯覚ではない。きみたちもまた、同じように、そして同じ理由から、自分の夢の中で人格の断片たちに自由を与えているのだ。そしてきみたちが創造するのも、同じ理由からだ。きみたち一人一人の内部には、あの原初の苦悶の記憶がある――あらゆる蓋然的な意識を創造し、実在の中へと解放したいという、あの衝動があるのだ。

私はきみたちを助けるために送られてきた。そしてきみたちの時間でいう何世紀もの間に、ほかにも多くのものたちが送られてきた。きみたちが発展するにつれ、きみたちも新たな次元を作り出し、ほかのものたちを助けるようになるだろう。

きみたちと〈すべてなるもの〉との間にあるこうしたつながりは、決して断ち切られることはなく、〈すべてなるもの〉の気づきは、極めて精妙であり、かつ集中しているので、その気遣いは、原初の創造者の愛をもって各意識存在に向けられているのだ。

このセッションは何度も読む必要がある。最初の一読では明らかにならないような意味が込められているからだ」

言い換えると、セスの説明する現実（リアリティ）全体の枠組みには、生まれ変わりや、わたしたちが知る物質的次元における発展をはるかに超えるものが含まれているのです。別次元の現実（リアリティ）の本質を扱ったセッションも数多くあり、「宇宙論」に関するセッションもあるのですが、ページ数の制限があるために、本書に収録することはできません。わたしが思うに、最も重要な点の1つは、神自身が変化しない不動のものではない、ということです。「セス・マテリアル」全体が、分子や人間やピラミッド状エネルギー統合体（ゲシュタルト）として、意識が表出する際の潜在力や構成について語っています。そうしたものすべてが、宇宙論的活動が絡み合う中で、密接に関連し合っているのです。セスはこう言っています。

「このピラミッド状統合体（ゲシュタルト）全体でさえ、静的なものではない。きみたちの神の概念の多くは、不変の神のことを述べている。そしてそれが、主要な神学的な問題の1つとなっているのだ。この統合体（ゲシュタルト）の気づきと経験は絶えず変化し、成長しているのである。不変の神というものは存在しないのだ。『これが神だ』ときみたちが言ったとき、神はすでに何か別のものになっている。ここでは話を単純にするために〝神〟という言葉を使っているのだ。

〈すべてなるもの〉のあらゆる部分が、絶え間なく変化し、包含し、展開している。〈すべてなるもの〉は自らを知ろうと努め、絶えず自分自身の新たなヴァージョンを創り出している。この自身に対する探求自体が創造的な活動であり、すべての行為（アクション）の核心なのだ。

根源的自己（エンティティ）も、それ自身が行為（アクション）であるからには、常に移ろい、変化している。根源的自己（エンティティ）の境界線は、勝手気ままに決められるわけではないのだ。人格存在の中には、2つ以上の根源的自己（エンティティ）の一部になっているものもいる。魚のように、彼らは別の小川でも泳ぐことができるのだ。彼らの内部には、そうした関係すべての知識が存在するのである。
どんな人格存在も、自分自身が根源的自己（エンティティ）になることができる。それには、エネルギーの利用とその強度についての、非常に高度な知識が関わっている。原子と同様に、心理的構造にも可動性があるのだ。

意識は自らを知ろうと努め、したがってきみたちのことを知っている。きみたちも、1つの意識存在として自分自身を知ろうと努め、〈すべてなるもの〉の、独特の、個別の一部としての自らの自己に気づくようになるのだ。きみたちの存在は、〈すべてなるもの〉に依存しているので、きみたちは、この全体としてのエネルギーを利用しているのだが、それを意識することなく行っているのである」

「キリスト教で言うような、人格を持った個人としての神はいない」とセスは言います。「だが、きみたちは〈すべてなるもの〉の一部、きみたちと非常に波長の合った部分とつながっている……〈すべてなるもの〉には、意識存在それぞれの内部に宿り、個人一人一人の内面に向かって焦点を合わせた部分がある。したがって各意識存在は大切に育まれ、個別に守られているのだ。全体的な意識のその部分は、きみたちの中で個性を与えられているのである。

一般に考えられている神の人格は、人間が自分の心の構造について抱いている、限られた知識に基づいた、1次元的な概念なのだ。繰り返すが、きみたちが神として理解したがるものは、実はエネルギーの統合体（ゲシュタルト）、またはピラミッド意識なのである。そのピラミッド意識はそれ自身が、たとえばきみ、ジョゼフであると知っている。それ自身が最も小さな種である、と知っている……それ自身がきみであると気づいており、きみの存在の内部に焦点を合わせている〈すべてなるもの〉のこの部分は、必要なときには助けを求めて呼び出すことができるのだ。

この部分はまた、それ自身がきみを超えた何かである、ということも知っている。それ自身がきみであると、そしてきみ以上のものだと知っているこの部分が人格神なのだが、わかるだろうか。もう一度言うが、この統合体（ゲシュタルト）、〈すべてなるもの〉のこの部分は、きみの利害に気を配っており、きみはその部分に呼びかけて、個人的に援助を求めることもできるのだ。

祈りの中には答えも含まれている、そして祈りを聞いてくれる白髪の、優しい、歳を取った父なる神がいなくても、代わりに、今あるものすべてを創り出し、人間一人一人がその一部である、あの原初の、常に拡大を続けるエネルギーが存在するのだ。

この心霊的統合体（ゲシュタルト）は、きみたちにとっては、人間味のないもののように聞こえるかもしれないが、きみたちの人間性はこのエネルギーによって作られたのだから、どうしてそんなことがあり得るだろうか？

この至上の心霊的統合体（ゲシュタルト）を神と呼ぶことを好むなら、彼を具体的な存在と見なそうとしてはならない。なぜなら彼は、きみたちの細胞の核であり、きみたちが吐く息よりももっと親密な関係にあるからだ」

別のセッションでは、セスは次のように説明しています。

「きみたちは共同創造者なのだ。きみたちが神と呼ぶものは、すべての意識の総体なのだが、全体は、全体を構成する部分を合わせたもの以上の存在なのである。したがって神は、すべての人格の和を超えた存在だが、すべての人格は彼そのものなのだ。

創造は絶えず行われている。きみたちの内部には、どのようにしてきみたちを胎児から成熟した大人まで成長させるかを知っている力がある。この力は、すべての意識の内部にもともと備わっている知識の一部であり、きみたちの内部の神である部分なのだ。

きみたちの人生、そしてきみたちの世界に対する責任は、まさにきみたち自身にある。この責任は、きみたちの外にある何らかの作用によって、きみたちに押し付けられたものではないのだ。きみたちは自分の夢を創り出し、自分の物質的現実を創り出している。世界とはきみたちそのものだ。世界は、それを創り出した内なる自己たちが物質化したものなのである」

でも、もし神を具体的な存在と見なすことができないとしたら、キリストはどうなのでしょうか？　キリストは、1人の歴史的人物として存在したのではない、とセスは言います。

「人類が最大限のストレスを抱え、甚大な問題に直面すると、キリストのような人物を呼び起こすようになる。人類に力を与えるために必要な人格を探し求め、まさにそれにぴったりの誰かを生み出すのだ……。

かつて3人の男がいて、彼らの人生が歴史の中で混同され、1つに融合した。そして3人の歴史が合成されて、キリストの人生として知られるようになったのだ……3人とも霊的な才能に恵まれ、自分の役割を承知してそれを進んで受け入れた。その3人は1つの根源的自己（エンティティ）の部分で、1つの時代に物質的な人生を生きたのである。だが、彼らは同じ日に生まれたわけではない。その根源的自己（エンティティ）が、1人の人物として物質界に戻らなかったのには、いくつかの理由がある。まず1つには、根源的自己（エンティティ）の意識というものは、1つの肉体的な器で表現できないほど強烈だということがある。もう一つには、その根源的自己（エンティティ）は、1回の人生で得られるよりも、もっと多様な環境を経験したかったのである。

その根源的自己（エンティティ）は、まず洗礼者聖ヨハネとして生まれ、次に別の2つの肉体を持って生まれてきた。その2人のうちの1人が、一般にキリストに関するものとされる逸話が言及している人格だった……3人目の人格についてはあとで語るつもりだ。1つの根源的自己（エンティティ）のこれら3つの部分は、異なった日に生まれ、異なった日に埋葬されたわけだが、彼らの間には絶え間ないコミュニケーションが行われていた。人類はこれらの人格を、それ自身の霊的源泉から、利用可能な個としての意識存在の貯蔵庫から呼び起こしたのである」

マーティン・ルーサー・キング・ジュニア(*)の暗殺があってから、わたしのクラスの生徒たちはかなり動揺していました。そして国中の、おそらくは世界中の多くの人々と同様に、わたしたちも暴力の意味について議論を始めました。わたしたちの会話のさなかに、セスがやって来て言いました。

「きみたちには自由意志が与えられている。きみたちの内部には青写真がある。きみたちは自分が個人として、国民として、人種として、そして人類として何を成し遂げることになっているかを知っているのだ。その青写真を無視することも可能だ。そこで、きみたちは自由意志を行使して、物質的現実界（リアリティ）を、そもそも意図されていたものとはかなり異なったものにしてしまったのだ。自我（エゴ）が過剰に発達し、過剰に特殊化してしまうことを許したのだ。多くの面で、きみたちは1つの夢の中にいるといえるだろう。夢をあまりに生々しくしたのもきみたちなのだ。困難や課題を解決することになっていたが、同時に自分自身の内なる現実と非物質的存在に常に気づいているはずだった。だが、自身のその部分との接触を、ほとんど失ってしまったのだ。物質的現実にあまりに強く焦点を合わせたために、それが自分たちの知る唯一の現実（リアリティ）になってしまったのである。

きみたちは人を殺害することは、その人を永久に抹殺してしまうことだ、と信じていることだろう。したがって、殺人は犯罪であり、きちんと対処しなければならない、ということになる。つまり、それはきみたちが創り出した出来事だからだ。だが、そういう意味での死は存在しないのだ。

物質的存在の暁、歴史が始まる前のことだが、死とは単に形の変化だということを人類は知っていた。殺人という犯罪を創り出した神も、悲しみや苦痛を創り出した神もいなかった……繰り返すが、人を殺害して、彼の意識に永久に終止符を打つことができるときみたちが信じているから、きみたちの現実の中では殺人が存在し、それに対して対処しなくてはならなくなるのだ……キング牧師の暗殺者は、1人の生きている男の意識を永遠に葬り去ったと信じている……だが、きみたちの過ちと誤解は、幸運にもリアルではなく、現実（リアリティ）には何の影響も与えないのだ。キング牧師は今でも生きているのだから」

わたしのクラスの生徒の数は多くありませんが、年齢層は幅広く、16歳から60歳までの人がいます。ある夜、わたしたちは、大学生の暴動について話し合っていました。カールとスーは2人とも20代前半で、非暴力と平和を理想に掲げていました。彼らより年上の大人たちが、暴徒に対して苦々しく不平を言い始めました。するとスーが感情的になってこう言いました。「私も暴力には反対だわ、でもときにはそれが正当化される――」

彼女が全部を言い終わらないうちに、突然セスが遮り、皆飛び上がるほどびっくりしました。激しい議論の真っただ中に合って、みんなセスのことも、これがＥＳＰクラスであることも忘れていたのです。今、セスの声が文字通り轟きわたりました。

「暴力に対しては、いかなる正当化もあり得ない。憎しみを正当化することはできない。殺人を正当化することもできないのだ。たとえどんな理由にせよ、暴力にふけるものは、彼ら自身が廃れ、彼らの目的の純粋さが穢されるのだ。

もし、きみたちの世界の状況が気に入らないなら、きみたちが変えなければならないのは、個人的にも集団としても、きみたち自身だということは話したはずだ。それが唯一変化を確実にもたらす道なのだ」

ここでセスは、カールとスーを見つめて言いました。

「きみたちの世代にしろ、あるいは別の世代にしろ、変化を起こすとしたら、方法はその１つしかない。私が今話していることは、何世紀にもわたって、以前から言われてきたことだ。（スーとカールに向かってうなずきながら）その言葉に従うかどうかは、きみたち次第だ。

花を罵ることは間違っているし、人を罵ることも間違っている。どのような人に対してであれ、敬意を評さないことは間違っている。そしてどのような人であれ、あざ笑うことは間違っているのだ。きみたちは自分自身に尊敬の念を抱き、自分の内部に、永遠の生命力を持ったスピリットがいることに、気づかねばならない。もし、そうしないなら、きみたちは自分が触れるものを破壊してしまうだろう。そして他人一人一人にも、同様に敬意を払わなくてはならない。なぜなら、その人たちの中にも永遠の生命力のきらめきがあるからだ。

他人のことを罵れば、自分自身を罵ることになる。そしてその悪態は自分に戻ってくるのだ。暴力を振るえば、暴力が戻ってくる……私がきみたちに話しているのは、〝きみたちには世界の状況を改善する〟機会があり、今がそのときだからだ。きみたちを確実にきみたちが恐れる世界へと導く、古いやり方にはまり込むようなことになってはならない。

すべての若者が、戦争に行くことを拒否するようになったとき、平和が手に入るだろう。自分の利益や欲のために戦うかぎり、平和はあり得ない。誰かが平和のためという名目で、暴力を振るう限り、戦争は起こり続けるだろう。残念なことに、世界中の国々のすべての若者たちが、皆同時に戦争に行くことを拒否するようになる、と想像するのは困難だ。だからきみたちは、暴力がもたらした結果を、うまく収めていかなければならないのだ。次の100年の間に、戦争に終止符が打たれるときが来るかもしれない。覚えておきなさい。どのようなアイデアであれ、それを暴力によって擁護してはならないのだ。

憎しみを持てば、その憎しみは必ず物質的な形をとって外部に反映され、そして愛すれば、その愛は、必ず物質的な形をとって外部の世界に反映されるのだ」

* マーティン・ルーサー・キング・ジュニア（1929―1968）：キング牧師の名で親しまれた、米国のプロテスタントバプティスト派の牧師。アメリカの黒人に対する差別に反発し、アフリカ系アメリカ人公民権運動の指導者として活躍した。徹底した非暴力主義を貫いて人種差別撤廃を訴えたが、1968年暗殺された。

第19章 内なる感覚とその使い方

最近のクラス・セッションで、セスは次のように言いました。

「もしきみたちが、当たり前に自分だと思っている自己をしばし脇に押しやれば、自分自身が多次元的な存在であることを経験することができるだろう。これは何の意味もない、ただのきれいごとではない。私は理論をまくしたてたいからという理由だけで、きみたちに理屈を語り聞かせているのではない。私はきみたちに、こうしたアイデアを実践してほしいのだ」

「具体的には、どのような段階を踏めばいいのでしょう?」と生徒の1人が尋ねました。

「まず、きみたちは現実(リアリティ)の本質を理解しなければならない。わずかではあるが、『セス・マテリアル』の中で説明を始めてきたが、これまでの500回を多少超えるセッションだけでは、概略を紹介するのが精一杯だ。それでも出だしとしては十分だろう。私がこれまで紹介してきた資料(マテリアル)の概念それ自体によって、考えさせられるはずだ。肉体的な感覚だけでなく、内なる感覚というものがあることはすでに話したと思う。この感覚は、物質的な世界から独立して存在する現実（リアリティ）を知覚することを可能にする。こうした内なる感覚を認識し発達させ、利用することを学ばねばならない。その方法は資料（マテリアル）で説明してある。だが、それを理解するまでは、利用することはできない。

資料（マテリアル）それ自体が――もしこういう言い方をしても構わなければ――実に巧妙に書かれており、きみたちがそれを理解しようと励むことで、自分では当たり前だと考えているものを超えた能力を、すでに使い始めることになるのだ。

第一に、自我（エゴ）だけが自分である、と思うことを止めなければならない。そして、自我（エゴ）が知覚するもの以上のものを知覚することができる、と気づかねばならない。今まで自分に可能だと思ってきたことよりもっと多くのことを、自分自身に求めなければならない。この資料（マテリアル）は、奇麗に箱に入れられ、リボンがかけられ、きみたちが容易にのみ込めるように細かく切り分けられた真理によって、自分自身を騙そうとする人たち向けのものではないのだ。そのような教えは、人々の要求を満たすかもしれない。しかしわれわれの資料（マテリアル）は、きみたちが知的にも直感的にも、大きく成長することを要求するのだ」

生徒の1人が、メアリーという友人を連れてきていました。セスが話し終わると、メアリーは額にしわを寄せて、わたしにこう尋ねました。「でも、もし一時的に自我（エゴ）を脇にどけてしまったら、私たちは無意識になってしまうのではないですか?」

わたしには答える暇はありませんでした。わたしの代わりにセスが――自分のやり方で――答えたのです。

「きみは自己感覚（アイデンティティ）を持った1つの存在だ。懐中電灯を持っていると想像してごらん。その懐中電灯の光が意識だ。きみはその明かりをいろいろな方向へ向けることができるにもかかわらず、いつもある1本の道だけに向けているので、ほかにも道があることを忘れてしまったのだ。

懐中電灯を別の方向へ向けさえすればいいのだ。向きを変えれば、今まで光が当たっていた道は、一時的に暗くなるが、別の道にある現実やイメージが見えるようになるだろう。そして、きみが懐中電灯を以前に向けていた方向へ（再び）向けるのを妨げるものは何1つないのだ」

セスはいくつかの喩えを使って、この点を説明しました。別のクラス・セッションではこう言いました。

「きみたちには複数の意識的な心がある。きみたちの意識のチャンネルを変えてみてほしい……ふだん使っている意識的な心を1つの扉だと考えれば、きみたちはこの心の敷居に立って、物質的現実を覗き込んでいるのだ。だが、扉はほかにもある……きみたちにはほかの意識的自己があるのだ……。

つまり、無意識になるということはない。通常の意識的な心を遮断したら空白状態しかない、と考える必要はないのだ。1つの意識的な心（扉）を閉ざすと、別の扉を開けるまでに一瞬、何が起きたのかわからない状態があるのは確かだ。

また、別の現実界(リアリティ)を知覚することができるようにするための方法を学ぶ必要があるかもしれない、ということもやはり真実だ。だがそれは、きみたちが自分の、そうした別の意識的な部分を操作することに慣れていないからにすぎない。そのような部分は、きみたちがふだん親しんでいる意識と同様に正当であり、本物であり、批判的で、なおかつ知的でさえある」

意識とは何であるかを学ぶには、1つしか方法はない、とセスは断言します。それは、私たち自身の意識を調べ、探索すること、注意力を向ける方向を変え、自分の意識を可能なかぎり多くの方法で使うことです。セスは言います。

「きみたちが自分自身の内面を覗き込もうとする努力そのものが、意識の限界を拡張、拡大し、自我としての自己が、通常自分が持っているとは気づいていない能力を使うことを可能にするのだ」

内なる感覚が重要なのは、それによってテレパシーや透視能力が使えるようになるからではありません。内なる自己は、わたしたちが物質とは独立した存在であることを教えてくれ、ユニークで個性に満ちた、多次元的な自己としての存在であると認識させてくれるからなのです。内なる感覚は、適切に利用すれば、物質的な存在の奇跡ともいえる意義と、その中に占める私たちの位置を示してくれます。個人として、そして人間として、なぜ私たちがここにいるかを理解するようになり、より賢明で生産的な、そしてもっと幸せな物質的人生を送れるようになるのです。

たとえば、内なる感覚は、わたしたちがテレパシー能力を使う手助けをしてくれます。でもこれは、いつも「人の心を読む」ことができるようになるという意味ではありません。家庭内で、仕事上の付き合いで、あるいは社会的な状況で、他人がわたしたちに伝えようとしていることに直感的に気づくようになるということであり、言葉の裏にある意味を察知するようになる、ということなのです。また、わたしたちが言葉をより適切に使って、内面的な感情を伝達するようになるでしょう。なぜなら、自分の気持ちがはっきりとわかるようになるからです。自分の気持ちを恐れたり、それを隠したりする必要性を感じることはなくなるでしょう。

わたしたちはときに「人の心を読む」ことができますが、このよく使われる言葉が意味するところは、十分とはいえません。内なる感覚を適切に使うには、いくつかの感覚が合わさって、全体として スムーズに働かなくてなりません。たとえば、テレパシー的な情報を受け取っているのか、透視的な情報を受け取っているのかを区別することが難しい場合がよくあります。その区別が重要だというのではありません。内なる感覚を使えば、わたしたちは単純に、知覚の幅全体を広げることができるということなのです。

今、この文章を書いている間にも、わたしは自分のまわりの環境に関して、あらゆる種類の情報を受け取っていますが、そうしていることに意識的にはほとんど気づいていません。自分がどのように知覚しているか考えようとしないかぎり、意識的に視覚的データと聴覚的データを区別することは確かにありませんが、情報を、異なった感覚器官を通して受け取っていることはわかっています。肉体的感覚器官はすべてが同時に働いて、現実の様子をわたしたちに提供してくれています。内なる感覚も同様に、通常の意識的な気づきの手の届かないところで、絶えず機能しているのです。

内なる感覚が与えてくれる内容は、1つのまとまりとして知覚されますが、説明するためには、それぞれの感覚を個別に描写しなければなりません。

セスは、セッションが始まったばかりの頃、内なる感覚を一つ一つ説明してくれました。それは1964年の2月に始まりましたが、わたしたち2人は、今でも内なる感覚を使うことを学んでいます。わたしもセスがしたように、内なる感覚を一つ一つ取り上げ、セスの説明をいくつか抜粋して紹介することにしましょう。

●内なる波動的感触

「内なる感覚とは、内面の現実(リアリティ)へと導いてくれる道だと考えるのがいいだろう。第一の内なる感覚は直接的知覚に関わるもので、私が内なる波動的感触(Inner Vibrational Touch)としか名付けようのない、即座の認識である。住宅や草、街路樹がある典型的な通りに立っている1人の男を想像してみよう。この感覚を使えば、彼は、まわりにある一本一本の木が感じる基本的な感覚を感じることができるのだ。彼の意識は拡大し、木であることはどんな感じがするか、という経験をも含むようになる。人であろうと、昆虫、草の葉であろうと、彼の気づきの範囲内にあるものどんなものでも、彼が選べば、自分がそのものであるという経験をするようになるのだ。自分が誰であるか、という意識を失うことはなく、今きみたちが熱や冷たさを感じるのと同じように、そうした感覚を知覚するようになるのである」

この感覚は共感とよく似ていますが、それよりはるかに生き生きとしたものです（今の段階では、わたしたちはこうした内なる感覚を、目一杯の強さで経験することはできない、とセスは言います。なぜなら、わたしたちの神経系は、それに伴う膨大な刺激を処理することができないからです）。この種の内なる感覚の経験を分類することは困難ですが、わたしは次のような状況で、この内なる波動的感触を使っていたのだと思います。

ある夜、ビルとペグのギャラガー夫妻が訪れていました。隣人も1人やってきました。その隣人ポリーは情緒不安定な若い女性で、自分について、わたしが何か情報を拾い上げてくれないだろうか、と頼んできたのです。わたしは疲れているから、という理由で断りました。実際のところは、不快な感じがするほど彼女の「感情の高ぶり」を感じたので、関わりを持ちたくないと思ったのです。でも、どうやらわたしの好奇心が勝ったようです。わたしは自分の内なる感覚にスイッチを切り替えて、何が問題なのか探りを入れたのです――でも、自分がそうしていることには気づいていませんでした（ほかのどんなことでも同じですが、内なる感覚を使う際には、場所と状況をわきまえ、分別を持たなければなりません）。

ほとんど即座に、その若い女性が、1950年にティーンエイジャーだった頃の姿が、目に入りました。彼女は病院のベッドで陣痛に襲われていました。わたしは自分の居間で、その痛みを感じたのです。その経験はとてつもなく鮮明で、痛みは実際のものとほとんど変わりませんでした。病室には年配の女性と若い男性もいて、わたしは2人の様子を語ることができました。ポリーは、2

人は前夫と彼の母親だと認めましたが、出産しようとしていたことは否定しました。それでも、同じ年に、非嫡出子の女の子を出産した女友達がいた、と言いました。

わたしはポリーにきまりの悪い思いをさせる気はなかったのですが、最初のうちは感じた痛みに怯えてしまい、起きていたことをすべて口に出してしまったのです。あとでバカなことをしてしまったと感じて、自分に腹を立て、この出来事は潜在意識がドラマチックに脚色したものでないかと疑問に思いました。2年後、ポリーは町を出て行きました。その直前に、彼女が電話をかけてきて、あのときの話はまったく本当のことだった、と言いました。子どもは彼女自身の子で、わたしが描写した部屋は、彼女がいた病室と一致していたのです。当然ですが、彼女はその子のことは誰にも知られたくないと思い、養子に出しました（いずれにせよ、それはわたしとは何の関係もないことですが）。彼女はわたしたちの家にやってきた夜、そのときの出産のことを考えていたのです。というのも、子どもの父親から、何年かぶりで連絡があったばかりだったからです。たぶんこうしたことが理由となって、わたしはこの出来事と「波長が合って」しまったのでしょう。この例では、わたしは内なる波動的感触を使って、その女性の感情に気づくことになったのです。

しかしながら、この第一の内なる感覚は、概して非常に役に立つものであり、経験の幅を広げ、より深い理解と思いやりの気持ちをもたらしてくれます。練習を重ねてこの感覚を使うことで、自らの生命力を謳歌している、あらゆる生き物の生き生きとした感情的要素を感じ取ることができるのです。これは霊的な侵略ということではありませんし、この感覚の使用によって、その生き物の独自性が損なわれることもありません。わたしたちはサイキックな覗き魔になろうとしているのではないのです。こうした能力は、他人を助けるという目的のためだけに、あるいは、わたしたちが喜びを持って肉体を動かすように、楽しみながら使うべきなのです。この心がけは重要です。でも、基本的に、わたしたちは内なる感覚を間違って使うことはできないと思います。適切に利用する準備ができていなければ、あなた自身の人格が、内なる感覚を意識的に使わないように取りはからってくれるからです。

●心理的時間（サイコロジカル・タイム）

「第二の内なる感覚である心理的時間（サイコロジカル・タイム）は、きみたちがたやすく内面的な世界から外面的な世界へ達し、またその逆を辿る手段を提供するための自然な道筋なのだが、実際にはそのような目的で利用することはないだろう。元来、心理的時間（サイコロジカル・タイム）は、人が内面的な世界と外面的な世界の両方に、比較的容易に暮らせるようにするものだった……その使い方に熟達するにつれ、意識を保ったまま、その枠組みの中にとどまることができるようになるだろう。心理的時間（サイコロジカル・タイム）は、きみたちの通常の時間に持続性を与える。心理的時間（サイコロジカル・タイム）の観点からすると、物理的時間は、かつてきみたちが内面的な時間について思っていたのと同じように、夢のように見えるのだ。自分の内面を覗き込むのと同時に外の世界に目をやることで、きみたちは自分の全体的な自己を発見し、境界というものはすべて錯覚だということがわかるのだ」

事実、心理的時間(サイコロジカル・タイム)を実践すると、ほかの内なる感覚が開発されるようになります。サイ・タイム——わたしたちは、心理的時間をそう呼んでいます——では、ただ注意力を内面に向けて集中するのです。1人で横になるか腰掛けて目を閉じます。物質的な世界と同様に鮮明で、現実的な世界が内面にもある、と想像してください。肉体の感覚を遮断します。それぞれの感覚にスイッチがついていて、それを一つ一つ消していくと想像しても構いません。それから、内なる感覚にもそれぞれスイッチがあると想像します。それらのスイッチをオンにしていきます。これが1つのやり方です。

代わりに、ただ静かに横になって、目の前の暗いスクリーンに注意を集中し、何かイメージか光が見えてくるのを待つのもいいでしょう。肉体的な感覚を遮断すると、心配事や日々の些細な問題が浮かんできますが、それに気をとられてはいけません。もし、そうした思考が頭を離れないようであれば、まだ先へ進む準備ができていないということです。まず、そのような思考を頭の中から追い払わなければなりません。

わたしたちは、2つのことに同時に100パーセント注意を集中することはできないので、再びスクリーンに注意を向けるか、浮かんできたイメージに集中します。そうすれば、うっとうしい心配事を追い払ってくれるでしょう。あるいは、心配事そのものがイメージとなり、それらが消え去っていくと想像することもできます。

ある点まで来ると、頭が冴えて意識があるという感覚が強くなりますが、とても軽快な感じがしてきます。明るい光が見えたり、音や声が聞こえてくることもあります。その中にはテレパシー的、または透視的なメッセージもあり、単に潜在意識に由来するイメージもあります。

慣れてくるにつれ、区別がつくようになるでしょう。

次第に上達してくれば、サイ・タイムの間、わたしたちの知っている時間から切り離されている、と感じるようになってきます。超感覚的なものから、単純なインスピレーションや指示を受け取るといった、さまざまな主観的な経験をすることもあるでしょう。たとえばわたしは、サイ・タイムの間にときどき体外離脱の旅をします。サイ・タイムを行えば、気分が爽快になり、のんびりとくつろいだ平安な気分になります。サイ・タイムは、いろいろなやり方で、いくつもの異なった目的のために利用できるのです。わたしの生徒たちのほとんど全員が、今では、ほかの経験に至る準備段階として、この感覚をかなりうまく利用しています。

●過去、現在、未来の知覚

「私が以前に話した、通りに佇む想像上の男性を思い出してほしい。彼は、第一の内なる感覚を使って、彼の知覚の範囲に入る生き物すべての本質を感じることができる、と話したと思う。この第三の、過去、現在、未来の内なる感覚を使えば、その経験を拡大することができる。彼は、選択すれば、自分の知覚の範囲内にいる、すべての生き物の過去や未来の状況も感じるようになるのだ」

全体的な自己は、こうした内なる感覚を絶えず使っている、とセスが述べたことを思い出してください。基本的に、過去、現在、未来という区別には現実性(リアリティ)はないので、この感覚は、わたしたちが見かけ上の時間の障壁をすり抜けて見通すことを可能にしてくれます。物事の本来の姿を見るようになるのです。予知的な経験には、この感覚の使用が関わっていますし、サイ・タイムを行うときには、無意識のうちに、よくこの感覚が使われています。

●概念感覚

「第四の内なる感覚は、知性という言葉をはるかに超えた意味で、概念を直接的に認識することに関わっている。それには概念を完全に経験することが含まれる。概念には、〃思考と同様に〃わたしたちが電気的、および化学的組成と呼ぶものが備わっている。意識の分子とイオンが、概念の分子とイオンに変化し、それが直接的に経験されるのである。どのような生き物であれ、そのものになりきってしまわなければ、それを本当に理解し、その価値を認識することはできない。

1つの概念を少しでも理解しようと思えば、〃準備段階として〃心理的時間(サイコロジカル・タイム)を行うのが一番だ。静かな部屋の中に座って、概念が浮かんできたら、それを知的にいじくり回すのではなく、直感的に把握しようとすることだ。今までに感じたことのない身体的感覚を感じても恐れてはいけない。練習を積めば、ある程度までだが、その概念に〃なりきる〃ことができるのがわかるだろう。外側からその概念を覗き込んでいるのではなく、その概念の中にいて、外を見ているようになるはずだ。

私が言及しているような概念には、きみたちの時間と空間というアイデアを超えた領域が関わっている。認識が自然に起こるときに、第三の内なる感覚〃過去、現在、未来の知覚〃の使用に精通していれば、より自由に概念感覚を利用できるのだ。真の概念であればどんなものでも、その起源は、きみたちの偽装現実界の外にあり、さらにそれを超えて続いていく。このような形で内なる感覚を使わないかぎり、きみたちが受け取るのは、概念が単純なものであっても、そのかすかなきらめきでしかないのだ」

第17章で紹介した出来事で、わたしはこの感覚を使っていたのだと思います。部屋の中のすべてのものが、途方もない大きさに拡大していくように見えたとき、言葉では十分に表現できない概念を経験していたのです。

●知識にあふれた本質の認識

「これらの内なる感覚は、全体としてまとまり、スムーズに働いていること、そしてある程度、私の気ままなやり方で分類していることを忘れないでほしい。この第五の内なる感覚は、第四の感覚(概念感覚)とは、概念の認識が関わっていない、という点で異なっている。この5番目の感覚が4番目の感覚と似ているのは、過去、現在、未来の区別から自由であること、そして、自己が何か別のものになりきる、あるいは別のものに変容することが関わっている点だ。

これは説明するのが難しい。きみたちは、身体的感覚を使って友人を理解しようと試みるが、この5番目の感覚を使えば、きみたちが友人の内部に入り込むことが可能になるのだ。きみたちの次元の中においては、この感覚を完全に利用することはできないだろう。1つの根源的自己が別の根源的自己（エンティティ）を操作することができる、という意味ではない。生きた〃組織（ティシュー）〃の本質を、即座に直接的に認識することができる、ということなのだ。私は〃組織（ティシュー）〃という言葉を特別な意味で使っており、必ずしも肉体的な意味だとは考えないようにしていただきたい。

根源的自己（エンティティ）はすべて、何らかの形で自分自身の中に包含されているのだが、さらに別の根源的自己（エンティティ）とつながってもいるのだ。この感覚を使って、きみたちは自己を包み込んでいるカプセルを貫通していくことになる。ほかのものと同様に、この内なる感覚も内なる自己によって絶えず使われているのだが、それによって受け取られたデータはふるいにかけられて、潜在意識、または自我（エゴ）まで上がってくるものはごくわずかだ。しかしながら、この感覚を使わずにして、人が他者を理解することはあり得ないのである。この感覚は内なる波動的感触の強化版といえるだろう」

●根源的現実（リアリティ）の先天的な知識

「第六の内なる感覚は非常に基本的な感覚で、宇宙の基盤となる生命力に関する、根源的自己（エンティティ）の先天的な、生きた知識に関わっている。これがなければ、たとえば先天的なバランス感覚なしに、まっすぐ立ち上がることができないのと同じように、生命力の操作はまったく不可能になるのだ。もし、この6番目の感覚がなくて、内なる自己が絶えずそれを使うことがなければ、きみたちは、物質的な偽装（カムフラージュ）宇宙を構築することができなくなってしまうだろう。この感覚は、きみたちの考える本能に匹敵する、と言うこともできる。ただし、この感覚は、宇宙全体に対する生得的な知識に関わっているのだ。生命体がその中で生きている現実（リアリティ）の、特定の環境についての個別のデータが、その環境内での操作を可能にするために生命体に与えられるのである。内なる自己は、知識全体を思いのままにできるが、1つの生命体が利用できるのは、その一部にすぎない。糸で巣を紡ぐクモは、この感覚をほぼその純粋な形で使っているのだ。クモには知性も自我（エゴ）もなく、その活動は、内なる感覚を制約なく、偽装（カムフラージュ）することなく、純粋にあるがままに使用した結果なのである。だが、人間と同じように、クモの中にも宇宙全体についての完全な理解が、生得的に備わっているのだ」

現実（リアリティ）に関するわたしたちの疑問に対する答えは、わたしたちの内部にある、とセスはいつも主張しています。わたしたちが注意力を物質的なデータからそらし、自分の内部に向けるとき、答えがわたしたちに明らかになるのですが、そこで6番目の内なる感覚が、力を発揮するのです。それはまた、インスピレーションを受けたり、物事が自然に「わかったりする」ようなときに現れます。確かに、この感覚はわたしが「宇宙意識」を体験した際、突然作用し、そして「観念によって構成される物質宇宙」の原稿を書いたときにも、部分的に関わっていたのでしょう。啓示的な性質の経験のほとんどは、この感覚が引き起こすものなのです。

問題は、受け取ったデータを何らかの方法で理解できる形に変換し、言葉で、あるいはイメージで説明しなければならず、結果として歪みが起こらざるを得ない、ということにあります。そうした経験の中には、物質的な形で表現できないものもありますが、体験した本人は、その経験が正当なものであることに、まったく疑問の余地はないのです。

●組織（ティシュー）カプセルの拡大と縮小

「組織カプセルの拡大と縮小に関わる第七の内なる感覚は、2つの方法で作用する。自己の境界と意識的な理解力を広げる拡張と拡大として働く場合もあり、また、自己をより小さなカプセルにまとめて、別次元の現実（リアリティ）に立ち入ることを可能にする、収束として機能することもあるのだ。組織（ティシュー）カプセルはそれぞれの意識存在を取り囲んでおり、事実上、内なる自己のエネルギーが拡散することを防ぐ、エネルギー場の境界を形作っているのである。

どのような次元の中であれ、まわりを取り囲むこうしたカプセルなしに、意識が存在することはできない。このようなカプセルは、アストラル体とも呼ばれてきた。7番目の内なる感覚は、この組織（ティシュー）カプセルが拡張、または縮小することを可能にするのである」

ロブとわたし、そして、わたしの生徒も何人か、この内なる感覚を利用した経験があります。サイ・タイムの間にこの感覚を使うと、独特な「肥大する気分」が得られます。自分が膨張し、同時にどんどん軽くなっていく感じがするのです。そのような感じは、体外離脱体験の直前にもすることがあります。セスⅡが現れたセッションでは、この感覚が逆に働いて、縮小していく感じがしたことが何回かありました。

●カムフラージュからの離脱

「きみたちの次元においては、偽装（カムフラージュ）からの完全な離脱が起こることは滅多にない。だが、特に心理的時間（サイコロジカル・タイム）が関わっているときには、それを成し遂げることは可能だ。心理的時間（サイコロジカル・タイム）を最大限に利用すると、偽装（カムフラージュ）の影響が驚くほど軽減されるのだ。離脱が起こる際には、内なる自己は、ある特定のカムフラージュから自らを切り離して、円滑に別の種類の偽装（カムフラージュ）を取り入れるか、偽装（カムフラージュ）自体を完全に排除してしまうか、どちらかの道を選ぶことになる。これは、周波数、または振動の切り替えとでも呼べるもの、つまり、生命力を1つの特定のパターン、もしくは様相から別のものへと変換することによって行われるのだ。ある意味では、内なる感覚が気づきの範囲内から遮蔽されてしまっている、目を覚ましているときの世界より、夢見の世界のほうが、基盤となる内面の世界をより親密に経験できるといえるだろう」

わたしたちが、この内なる感覚を経験したことはほとんどありません。ただ1回、わたしがこの感覚の使用に1歩近づいたといえるのは、すでに述べた、体や形がなくなって、意識を持った空気のように感じた出来事のときだけです。

●エネルギー人格による拡散

「きみたちの次元の一部となることを望むエネルギー人格は、この内なる感覚を使ってその目的を達する。エネルギー人格はまず、自分自身を数多くの部分に拡散させるのだ。きみたちの次元、または世界に入り込み、その一員になるには、それ以外の方法はないので、最も単純な条件のもとで行われなければならず、その後、徐々に一員となっていくのだ――当然だが、精子はこの意味において、きみたちの世界への入り口となるのである。そしてその後、人格のエネルギーは再編成されなければならない」

ここでセスが言っているのは、内なる自己がこの感覚を使うことにより、物質的な人生における自らの人格の1つが誕生し始める、ということなのです。この感覚はまた、ミディアム的な活動において、死後の人格がコミュニケーションをとろうとする際にも、さらに、体外離脱体験で、物質的現実以外の次元が関わっているときにも、役立っているのかもしれません。

内なる感覚の使い方を学ぶことには、どんな意味があるのでしょうか？　大学の心理学クラスのために開いた録音されたセッションの中で、セスは内なる感覚を使うことから得られる恩恵について、次のように語っています。

「きみたちが主観性に飲み込まれてしまうことはない。現実（リアリティ）とは何かを学ぶことになるだろう……理解されていないのは、自己探求によって、通常では馴染みのない、さまざまな意識状態が経験できるようになるという点だ。そうした意識状態は探求のための道具として利用できるのだ。

私が話しているような種類の探求においては、人格は自らの内面に入って行こうと試み、身につけたいろいろな性格の覆いを通り抜けて、自身の内面の自己感覚（アイデンティティ）に至る道を見つけようとするのである……自己の内核部にはテレパシーや透視能力が備わっており、それが家族関係や、ひいてはきみたちの文明にも大きな影響力を及ぼしている。だが、きみたちは今、その能力を有効に利用していない。そうした能力こそ、今、必要とされているものなのだ。世界的なコミュニケーションを実現させようという望みがあるとすれば、きみたち一人一人が、個性ある主観的な生き物として、自分の潜在力がどこに潜んでいるかを理解しなければならないのである。

書物がそれをきみたちに教えてくれることはない。たとえ、精神分析によって自分のノイローゼの起源がわかったとしても、それはごく表面的な部分を浅く理解したにすぎない。自分の人格の最上層を探求しているだけで、私が指示した方法で自分自身の内面を見つめたときに起こる、さまざまな変性した意識状態の恩恵を受けてはいないのである。

きみたちが今までに知っているものより、はるかに目覚めた意識の状態がある――その状態では、起きているときと、夢を見ているときの自己の両方に、同時に気づいているのだ。体が眠っている間にも、完全に目覚めていることができるようにもなるし、現在の気づきの限界を拡張することもできるのだ」

セスが示唆しているのは、サイ・タイムを行うことによって、通常の意識の範囲が引き伸ばされる、ということです。これまで抑圧されていた、ありとあらゆるインスピレーションや虫の知らせ、有益な超感覚的情報が、意識的気づきの中に浮かび上がってくるのです。サイ・タイムを定期的に行えば、内なる感覚を通してやってくるデータに気づくようになります。そのようなデータに反応し、今までより大量の刺激を処理することを学ぶのです。

この直感的覚醒状態は、日常生活や睡眠時にも引き継がれていきます。前に述べたように、セスが与えてくれた指示に従って、わたしは夢を見ている間にも、完全に目覚めているようになることを学びました。この状態では、夢を夢として認識すると同時に、ほぼ自分の意志どおりに操作できるようになるのです。意識投影のために、眠っている間に安全に体を離れることもできます。しかし、こうしたことすべてには――少なくともわたしの場合は――努力が伴います。経験を通して、適切な意識のレベルを保つことを学ばねばなりません。そして、普通の夢見の状態に戻ってしまう可能性は常にあるのです。

こうした意識のレベルは、稀にですが、わたしが到達したことのある、別の意識状態への準備段階でしかありません。その状態に入ると、知性、直感、そして自分の全存在が真に超常的といえるレベルで機能します。感覚器官はほとんど信じられないくらい鋭敏になります。この状態は、普通に目が覚めているときも、夢の中で「目覚めて」いるときも、トランス状態にいるときも起こりますが、自分がこれまで夢の中で人生を生きてきて、たった今、目を覚ましたように感じるのです。ほんの一瞬ですが、自分の多次元性に気づきます。この経験を一度でもしたら、決して忘れることはないでしょう。

こうしたことを達成するにも、サイ・タイムの簡単な練習が出発点となります。１日に数分間、注意力の焦点を、物質的現実からそらすことから始めるのです。内なる感覚の経験は、一人一人異なります。知覚はどんなものでも、とても個人的なものだからです。でも、最初はサイ・タイムを使わずに、ほかの内なる感覚を利用するのは極めて困難です。実際、何人かのわたしの生徒は、サイ・タイムをしている間に、ごく自然に別の内なる感覚の「スイッチが入った」のです。サイ・タイムを使って、過去生に関わる情報を受け取った人もいます。この場合、サイ・タイムをしながら、複数の内なる感覚を一緒に使って、求めていた情報を探り出したのです。

全体として、内なる感覚は、わたしたち一人一人に、物質とは独立して存在する現実（リアリティ）の姿を、そして自分自身のものである内的な自己感覚（アイデンティティ）のイメージを与えてくれます。ごく自然に集中力を強化し、日常生活に、ふだんは気づかない意味、活力、そして目的を与える能力を解き放ってくれるのです。

第20章

個人的評価——セスとは何者なのか?

人間存在として存在しているわたしたちは、生と死の狭間で宙づりになっています。これは動物でも同じことです。そして、それはわたしたちの、この世界における存在の条件なのです。しかしわたしたちの知るかぎり、動物は自らの死を予期したり、生まれる前にどうだったのか思いを巡らせたりすることはありません。彼らにとっては、現在という瞬間があるだけです。

それに対してわたしたちは、過去、現在、未来があることを知っており、1つが過ぎると次の瞬間がやって来る、というように連続した瞬間が数珠つなぎにつながっていると思っています。もしこの瞬間の連続が、より大きな現在、わたしたちの気づいていない、もっと広がりのある「瞬間」の一部にすぎないとしたらどうでしょうか?

もちろんわたしたちは、気づいている、いないにかかわらず、この時間の別の次元の中にも存在しているのです。それはわたしたちの飼っている猫が、時計とはどのようなものであるかを理解することなどないまま、わたしにとっての午後4時に存在することができるのと、まったく同じことです。ある意味で、猫はわたしより真実に近いといえます。なぜなら、時計が刻む時間は人工的なものであり、猫はそれとはまったく関係なく生きているからです。セスが主張するように、過去、現在、未来もまた、すべての行為が同時に起こる、広がりのある瞬間の上に押しかぶせられた、人間が考えた人工のものだとしたらどうでしょうか。

　物理的にわたしたちが処理できるデータの量には、限りがあります。わたしたちの神経学的構造に左右されるからです。でも、生まれてから今までに受け取った感覚はすべて、潜在意識の中にまだ無傷のまま残っています。わたしたちは現在に対処するために、そうした詳細な情報を「押しやって」しまうのです。注意を「現在の」あるまとまった出来事に集中してから（それを）潜在意識の中へと落とし込むので、出来事は遠く離れていってしまうように見えるのです。もし、過去の出来事に注意を向けたまま、同時に現在の出来事にも集中できれば、わたしたちの現在という時間感覚は計り知れないほど拡大されるでしょう。

　そして、未来についてはどうでしょうか？　おそらく未来は、この広がりのある現在の中にすでに存在している出来事、つまり、わたしたちが「まだ起きていないもの」として、取り組むことを都合良く避けている出来事から成っているのでしょう。セスによれば、出来事というものは、どんな場合にも具体的に決まっているのではなく、柔軟性があり、常に心の中から始まるものなのです。

いくつかの出来事は、わたしたちが物質的現実へと具現します。その場合には、先に述べたプロセスを経て、それらの出来事を処理します。この次元ではまったく取り扱わない出来事もあります。それらは、わたしたちの過去、現在、未来という枠組みの中に入ってくることさえないのです。

　わたしたちは生物学的に、こうした出来事を知覚できないようになっているのでしょうか。それとも、現実（リアリティ）の真の姿に圧倒されないようにする防衛機構として、心理的な死角があるのでしょうか？　神経系の働きで、わたしたちが知覚できることは限られている、というのは本当ですが、その限界を超えたところにも何らかの心理的要素があって、本来なら知覚できるはずの多くの情報を閉め出してしまっているのではないか、とわたしは考えています。もしそれらの死角を取り去り、注意力を向ける範囲を広げることができたら、わたしたちは別次元の出来事に気づくようになり、テレパシーや予知、透視といったものが、情報を獲得する、正常で実際的な方法になると思います。言い換えれば、ＥＳＰ能力は自然な力なのですが、わたしたちの持っている現実に対する観念と相容れないように見えるので、これまで否定されてきた、ということになります。

　ここで感情的な反対意見が聞こえてきそうです。「そんなことはない。もしそんなことが全部できるなら、自分がいつ死ぬかもわかってしまう」と。でも、仮に死を超えた時点に目をやり、驚いたことに、死んでも意識があるとしたら――自分だと思っていた自分に対してばかりでなく、これまで気づいていなかった、自分自身の別の部分に対しても意識があるとしたらどうでしょう？　もし実際にセスの言ったとおり、わたしたちは肉体に住み、その中に存在していますが、実は肉体から独立しているとしたらどうでしょうか？

わたしたちは、肉体が自分自身だと思っています。実際、心理学者たちもこの世界で生きていくには、そうしなければならないと言っています。でも、この肉体との一体化は、体のないところに自己はない、というアイデアに基づいているのです。それはまた、知識はすべて肉体的感覚を通してやってくるということを前提にしています。この考えに従うと、わたしたちが体の外へ出てしまえば、何も知覚することはできないどころか、そもそも体の外へ出て行く自己などないということになってしまいます。なにしろわたしたちの意識は、肉体のメカニズムの結果として存在するのですから。これこそ、多くの正統的な科学者や心理学者の考え方なのです。

組織化した宗教は、人間の本性は肉体の死後、物質から独立して存在する、という正反対の考えを受け入れることを明言しています。しかしながら、人間が今、その独立性の恩恵に預かれることを示す探求には疑いの目を向け、魂は肉体の死後も生存すると説く一方で、死者とのコミュニケーションの可能性を示す実例を研究することには、うさんくさそうに無関心を決めこんでいるのです。

それでも、超心理学の分野に目を向けるほど広い心を持っている人や、意識の本質を極めようと、勇敢にも自ら実験を行う人にとっては、事実の示すところは明白だと確信しています。また、説得力のある予知夢、透視的出来事、テレパシー的意思の伝達を経験したことのある人にとっても、事実は明白なはずです。

わたしやほかの多くの人が、「わたしたちはある程度まで肉体から自由である」「意識が肉体から離れているときでも、見たり、感じたり、学んだりすることができる」「未来の一部を知覚することができる」「五感を通さずに情報にアクセスすることができる」という経験をしたのは事実です。科学は、もしそう望むなら、100年かけてこうしたアイデアを受け入れることもできます。その間にも、事実は事実のままです。ここに幻覚の入り込む余地はありません。わたしが今このページを執筆し、コーヒーをすすりながら、わたしたちの中には、制約のある観念を守るためだけに、自分の能力を使おうとする人たちがいる、ということに心からの憤りを感じているのも幻覚だ、というのであれば話は別ですが……。観念がわたしたちの経験と矛盾しているのに、なぜ当たり前のように、その観念は正しいと思い込まなければならないのでしょうか？

わたしが最初のＥＳＰに関する本を出版して以来、多くの人が手紙で、自分が体験したテレパシーや透視、予知や意識投影のことを語ってくれました。最も親しい家族にも秘密にしておいた出来事を教えてくれた人たちもいます。そうした人たちは、そのような出来事は起こるはずがないと思っていて、超感覚的な経験は、自分の精神的、感情的な健全さに疑いを投げかけることになると恐れていたのです。

ある意味で、わたしも同じような状況でした。自分自身を疑い、ことあるごとに自分の経験をいぶかしんでいたのですが、それは今でも続いています。でも、少なくともわたしは、自分の経験のどの部分は事実として受け入れ、どの部分は受け入れることはできないかを決めるのに、時代遅れの観念に頼ろうとはしませんでした。しかし、もし本当にそうした観念の影響を受けていなかったら、最初に起きた超感覚的経験を、もっと気楽に受け入れ、その解明に全力で取り組んでいたことでしょう。ところが、特に最初の頃は、新たな展開があるたびに喜びを感じると同時に、あきれかえっていたのです。

このような経験は、わたしにこう教えてくれました。あなたもわたしも、そしてほかの誰でも、わたしたちは皆、今のこの瞬間に多次元的な人格存在である、ということです。原子や分子が集合するのと同様に意識もまた集まり、凝集した物質があるのと同じように意識の集合体があり、気づいている、いないにかかわらず、わたしたちはその集合体の一部なのだと思います。わたしたちは、自分の心の働きについてほとんど何も知りませんし、意識の本質に関してはなおさらです。もっと多くのことを学ぶためには、一人一人が自分の意識を探求してみよう、という気持ちを持たなければなりません。そうすることで、より大きな意義のある個性、独自性、自己感覚(アイデンティティ)を発見することになるだろうと確信しています。自我による物質指向の気づきの範囲に、あまりに密着しているわたしたちは、最も深遠な疑問に対する答えから、そして物質的人生をもっと賢明に処理することを助けてくれる知識から、自分自身を隔離してしまっているのかもしれません。

こうしたことを探求していくのがわたしの仕事です。わたしは自分の霊的な体験、セスのセッション、そしてセスとの関係全体を、1つの学びのための冒険——終わることない冒険——と見なしています。「セス・マテリアル」には、現実(リアリティ)の本質についての洞察と情報が含まれており、それらはわたしたちが切実に求めているものだと思います。セスの理論は個として存在することの意味を拡大し、これまで科学と宗教が、折りに触れて私たちに否定することを説いてきた、より大きな自己を受け入れるように、対応を迫っているのです。

何をおいても、セスが啓示的知識をもたらしてくれるチャンネルであることは確かです。啓示的知識というのは、論理的思考能力によっては手に入らない、自己の直感的部分に示される知識のことです。そうした啓示的な情報は、わたしたちの誰にでも、ある程度は手に入るものだと思います。わたしたち人類の大志や業績は、そのような源から湧き出てくるものです。啓示的な知識は、初めは直感や夢、虫の知らせや私が経験したような出来事として現れ、それから与えられた情報を知性が利用するのでしょう。そのどちらも重要なのです。

セスが何であるか、あるいは誰であるか、という疑問については、彼自身の言葉、「エネルギーとして存在する本質的人格」というのが、わたしたちが手にする最も正解に近い答えといえるでしょう。セスが、心理学者が使う意味での、わたしの潜在意識の一部、または二次的な人格であるとは思えません。潜在意識が通常の自己の「下に」あるとすれば、そのはるか「上に」超常意識があるのだと思います。ただし、セスは、自己には本当の意味での階層はない、と主張しているので、こうした言葉は、ただ説明を簡単にするためのものでしかありません。ＥＳＰ能力はこの超常意識に属するもので、超常意識は、人格の自我である部分には普通手に入らない、現実（リアリティ）の本質に関する情報にアクセスできるのです。セスは、わたしの通常の自己の超意識的に展開した部分が、心理的に人格化したものなのかもしれません。

もしそうであるならば、セスはどの程度独立した存在といえるのでしょうか？　この質問に答えるのは容易ではありません。確かに、彼はわたしが自分だと見なす、わたしの人格構造の内部に存在しているのではないでしょう。たとえば、わたし自身がどのような心理テストを受けても、セスの存在がそれによって明らかになることはないと思います。しかしながら、セッションの間に超常的な自己感覚（アイデンティティ）が取って代わると、わたしたちの間に本来ある関係の焦点が結ばれるのです。

ここでセスの性別の問題も浮き上がってきます。少なくともわたしにとっては、ほとんどの人格存在の直感的部分は、男性的というよりは女性的な趣に彩られているように思われます。もしセスが、わたしの高次の直感的な自己であるならば、彼が女性的か、あるいは女性作家によってよく描かれる、男性の登場人物でありながら、真の男らしさは欠いたタイプだと予想されるでしょう。たいてい男性は、そのように描かれる登場人物を、すぐに過度にロマンチックだと見なします。セスは〝あからさまに〟男性的というわけではありませんが、彼の動きや話し方からすると、女性よりは男性に好かれるタイプという気がします。男性は彼のことを気に入ります。セスは教師ですが、典型的な「霊的ガイド」ではありません。セスは端的に彼自身であり、それが結局、彼自身が独立した存在であることを示すものなのかもしれません。

彼の他人に対する影響力はすぐに見てとれます。どうやら彼にはかなりの「存在感」があるのです。多くの人と応対しますが、さまざまな社会的地位の人たちと、わたしより上手に関わり合います。しかし、セッションからの抜粋が示すように、わたしたちがセスだと認識する特徴は、彼の人格の一部にすぎず、わたしたちの注意を引き、資料(マテリアル)を伝える上で最も役に立つと彼が考える性質なのだ、とはっきりと述べています。

かつてロブがセスに、セッションのためにいつでもやって来てくれるのか、と尋ねたことがあります。それに対するセスの答えは、わたしたちの関係が、単なる一対一の関わり合いを超えた、複雑なものであることをはっきりと示しています。わたしは受け取った答えが正しいものであると信じ、それが大変複雑な心理的なつながりについての、率直な発言であると思っています。

《1969年1月20日 セッション458（抜粋）》

「さて、私がきみたちのセッションに参加できるかどうかだが、われわれが設定した条件のもとで、私の援助があれば、私の人格の、きみたちに馴染みのある部分を呼び出すことができるだろう。それは生き生きとした4次元の手紙、あるいはコミュニケーションのようなもので、こんな言い方をしてもかまわなければ、メッセージそのものがミディアムとなっているのだ。

ある意味で、ルバートは生命力にあふれた電報に変化する、といえるだろう。ふつう、メッセージや電報を送るときには、ただ言葉を送るにすぎないが、私は、私の一部を送るのだ。それには、必ずしも、私の本質全体が関わる必要はない。言い換えれば、私が完全にきみたちの次元に焦点を合わせる必要はないのだが、約束した時間にやって来ることができる程度には、十分に集中しているのだ。私が以前に話したことのある、心理的な架け橋が非常に役に立っており、この橋は、私の側だけでなく、ルバートの側にも存在している。

　したがって、私の現実（リアリティ）のある一部が、約束した時間にきみたちに利用できるようになるわけだが、その架け橋は常に準備ができているのだ。それを利用して、ルバートはほかの時間にも私に呼びかけることができる。そしてそれを使って、私がきみたちに呼びかけるのだ。だが、それは必ずしも、そのような呼びかけに対して、どちらかの側が必ず応じるという意味でも、コンタクトがなされるという意味でもない。

　喩えれば、跳ね橋のように、1つの橋が2つの部分からなっているのだ。そしてそれが橋として働くには、その2つの部分がつながらなければならない（以前にセスは、この「心理的架け橋」は、わたしたちの両方によって作られる、と説明しています）。きみたちが、いつもの約束の時間以外に、私とコンタクトをとりたいときに、私がすぐに応答できるかどうかはわからない。しかし、きみたち自身の、私を呼びたいという感情的な必要性は、私にわかるだろう。もしその必要性が強ければ、もちろん私はそれに応えるつもりだ。それは、きみたちが友人の頼みを無視したりしないのと同じことだ。しかしながら、きみたちと同様に、私もすかさず対応できるわけではないのだ」

　わたしたちは2人とも、あるセッションがほかのセッションより「迫力に満ちている」ことがあると思っていましたが、今、セスの説明が続く中で、それがなぜかわかりました。

「私自身が、ごく自然に、きみたちへのメッセージの一部になっているのだ。ときに、ほかのセッションより、もっと完全に私が〝ここ〟にいることがある。その理由は、電磁気的条件や心理的事情など、たいていは通常制御することのできない状況によるところが大きい。こうした状況は、私がその中を旅しなければならない、大気の条件だと考えることもできる。

すでに述べたように、私とルバートの双方の側での、意識の投影がある程度関わっている。きみたちが、たとえば教育的なテレビ番組を見るとしよう。そこには教師がいて話をする。だが、(ロブ)自身の存在も、ある特定のセッションに同席しているかどうかは別として重要だ……さて、彼がその時間に、実際に話しているかどうかはわからない。きみたちが見ているのは過去に録画した映像かもしれないからだ。しかしその教師は、その時間に話している、いないにかかわらず存在し、彼の伝えるメッセージは正当なものだ。そこで今、ルバートをテレビの画面だと考えてみよう……私自身が今、ルバートの内部で話しているかどうかはまったく関係がない……私が話したのは昨夜彼が眠っていたときで、今夜の話はそのときの映像か、再生かもしれないのだ。

もう一度言おう。ミディアム自体が、広がりのある現在の中のメッセージなのだ」

微笑みながらセスが言います。「そして番組が始まる時間が来ればいつでも、私にとっての現在である時間に、私が実際にどこにいるかにかかわらず、私はきみたちの現在であるここにいるのである……ルバートが意識的には気づいていないときに、私が映像をあらかじめ準備することもある。だがそれは、そのようなセッションの正当性が他のものと比べて劣っている、という意味ではないのだ」

セスは続けて、わたしがそうした取り決めに合意したのであり、2人で行う活動の多くは、わたしが眠っているときか、ほかのことに関わっているときに行われる、と述べました。

「これは私がルバートを操り人形のように使い、テープレコーダーに入れるように彼の口にテープを押し込んでいるという意味ではないし、きみたちが聞いているのは常に再生で、セッションでは、私の気持ちは、いつもきみたちと共にいるわけではないということでもない。そのような多次元的なコミュニケーションにおいては、きみたちが想像するより多くのことが関わっている、という意味なのである。

教師はテープの中にいる。つまり、その人格が凝縮されているのだ。きみたちが疑問に思うのは、もし私がここにいるなら、同時にほかのどこかにいることはあり得ない、あるいはもし私がここにいるなら、私のエネルギーはすべてここに集中していなければならない、と感じていることに由来している。私の自己感覚(アイデンティティ)には、きみたちに馴染みのない側面が多々あるのだが……〝いつの日か〟それを知ることになるかもしれない。

テレビの例で言えば、すべてのチャンネルがまだ機能していないのだ。わかるかな?」セスがおどけて言いました。

「きみたちの観点からすると、きみたちは、どの任意の時点でも、きみたちが知り得る私のすべてを知っているのだ。私が私の現実(リアリティ)を、完全にきみたちに明らかにすることは、ほぼ不可能といえるだろう。というのも、きみたちの理解力の範囲内には入りきらないからだ。さて、休憩をとってはどうだろう。ブラウン管(*)が飛んでしまったら困るからな……」

明らかに、わたしは、セスをスピリットと呼ぶことをずっと避けてきました。1つには、その言い方が好きではないということがありますが、さらにそれはあまりに簡単な答えだ、という気がするからです。1つの解答を受け入れることで、さらに奥にあるほかの答えに心を閉ざしてしまうこともあるのです。セスはただの心理的な創作物で、わたしが啓示的な知識に波長を合わせることを可能にしてくれるだけだと言っているわけでも、彼が独立した存在であることを否定しているのでもありません。セッションでは、わたしとセスの人格の間で、何らかの融合が起きるのであり、この「心理的架け橋」自体が、このようなコミュニケーションでは必ず発生する、正当な構築物なのだと思っています。セスは架け橋の一方の端にいて、わたしはわたしの側の端にいるのです。この点については、わたしはセスと同意見です。これは単純に、ミディアムが意識を失って、電話で話すように霊界とつながる、というような単純な問題ではないと思います。セスは別の根源的自己（エンティティ）の一部で、たとえば、肉体の死後も「生存している」友人とはまったく違う何かなのです。

こうした考え方が矛盾しているとは思いません。セスは非常に古い根源的自己（エンティティ）の一部で、セスⅡは、わたしたちの観点からすると、同じ根源的自己（エンティティ）の、もっと進化した部分なのかもしれません。物理的な体を持った生命体が進化するのであれば、意識自体も進化しない理由はありません。わたしたちがそうした根源的自己（エンティティ）、あるいは意識の集合体の、独立した一部であるという可能性を受け入れることは、わたしにとっては難しいことではないのです。このことを認めれば、わたしとセスの間で、何らかのコミュニケーションが行われたとしても、不思議ではありません。わたしたちは皆、同じ「精神的な素材」——それが何であろうと——から作られているのであって、ただ、そうした経験がわたしたちにとっては、超常的なものに見えるのです。

　わたしの人格のある部分が、そのような別の現実（リアリティ）や意識状態への、透明な窓口として働いたのだ、とセスⅡは述べました。もしそうであれば、そうした「窓口」は数多くあるに違いありません。セスⅡは、ほとんどわたしたちの理解を超えたところまで進化したのかもしれません。その「距離」だけでも、コミュニケーションを困難にし、何人もの通訳が必要となったのでしょう——セスはそのうちの1人なのかもしれないのです。

　わたし自身、たくさんの疑問を抱えています。たとえば、わたしを通して話をしていないとき、セスはどの程度意識があるのでしょうか？　もし彼が、別の現実（リアリティ）へわたしが入る窓口だとすると、わたしは、彼が物質的人生に入る窓口なのでしょうか？　わたしの考えでは、セスは完全に意識があります。ただし、存在のさまざまな別の次元の中での、そうしたそれぞれの次元に対する意識です。しかしこう考えると、非物質的な人生とはどのようなものか、という疑問にたどり着きます。

　セスは、セッション中に口述で、自分自身の本を書くと約束しました。その中でこうした疑問に答えると言っています。

「自分の本の中で、私は、言ってみれば、人格というものを裏側から示そうと思っている……ある程度、私自身の経験を語ることになるだろうが、3次元の現実界の中に閉じ込められていない者の目から見た、現実の本質を描写するつもりだ。

その本にはミディアム能力の研究も含まれるが、ミディアムの視点からではなく、ミディアムが代弁する人格存在の視点から見たものになるだろう。また、私の目に映るきみたちの現実界を吟味することになるだろう……。

私が今、存在している環境やその性質を明らかにし、死後の生存についての記述——ミディアムが受け取る肉体の死後の現実に関する記述が、なぜそんなにも異なり、互いに矛盾することが多いのか、その理由を説明しようと思う。

そのような本は、私がきみたちの現実界に入るときの方法や、結果として現れる心理的架け橋として働く人格についても言及するだろう。繰り返すが、きみたちがセッションで目撃するのは、私の自己感覚の全体像ではないのだ。私がコミュニケーションをとる際に利用する、ある種の心理的構造がなければならない。しかし、ときに私の自己感覚が、非常に明瞭に通り抜けて来ることがあり、その際には、ルバートの協力がなくても、私は自分自身として、比較的独立してこの現実界に存在することができるのだ。

そのような本は、ルバート自身の執筆活動には何の影響も与えない。執筆はそれなりのペースで進んでいくだろう……本の著者は私ということになるが、きみたち2人に捧げるつもりだ」にっこり微笑みながらセスが言いました。

「それは素晴らしい」ロブは冷ややかに応じました。

当然ですが、わたしはこの資料（マテリアル）が、純粋な、歪みのない知識を述べたものだと主張する気はありません。歪曲に関するこの疑問は、セッション463までに、おそらく50回は浮上したでしょう。わたしが本書の契約書にサインしたあと、友人のペグ・ギャラガーが、地元の新聞にセスについての記事を書くことになり、その資料を集めるためにセッションに出席しました。ペグにいくつか冗談じみた発言（「いつか、私がきみをインタビューすることにしよう」）をしてから、セスが歪曲について話し始めました。

「たとえミディアムのトランス状態が大西洋ほど深くても、ミディアムが純然たるチャンネルになることはない。自我（エゴ）を迂回することは簡単だが、自己のほかの階層や、特に神経的構造は通常と同じように機能し続ける。そうした階層や構造は、それを通り抜ける知覚によって変化させられるのだ」

セスは続けて、声によるコミュニケーションは一般的な方法ではない、と言いました。わたしたちよりもっと進化した存在にも、わたしたちほど発達していない存在によっても、声が利用されることはないのです。わたしたちの、3次元的な自己にとって意味をなすためには、情報は「搾り出される」ように伝えられなければならず、それ自体が歪曲を引き起こします。

「私がきみたちに話す言葉が情報を伝達するのだが、言葉そのものは情報ではなく、情報の運び手にすぎない。

ミディアムという蛇口が、自由に開いたり閉じたりして、情報が、澄みきった水のように流れることは滅多にない。情報は、ミディアムの人格のいくつもの階層から成る、ふるいを通り抜けなければならないのだ。神経系は、データを変換しながらも、そのデータに対して反応する。そういう意味では、中立の状態で存在するものは何もないのである。情報は受け取られると、必然的に神経系が処理し、解釈できる形態に翻訳されるのだ。ほかのどのような知覚とも同じように、その後情報は、神経系の構造の一部となる。それ以外のことはあり得ない。

どんな知覚でも、知覚する者の電磁気的、神経的機構を即座に変化させる。きみたちの観点からすると、知覚とは神経的構造の変化なのである。受け取る機構そのものが変化し、受け取るものによって変化させられるのだ。私が今話しているのは、知覚の物質的性質のことだ。

きみたちの物質的構造においては、知覚する者の内面の状況を変化させずに、知覚がなされると想像することは、論理的矛盾がある。私はできるだけ明快に説明しようとしているのだが——情報は、物質的に有効な人格構造全体と自動的に混ざり合い、絡み合い、それに溶け込むのだ。

どのような知覚も行為（アクション）であり、それが働きかけるものを変化させ、さらにそうしながら自らも変化する。ほんのわずかの知覚でも、きみたちの体のすべての原子を変化させるのだ。そして次にはその変化がさざ波のように広がるので、きみたちも知ってのとおり、最も微細な行為（アクション）でも、あらゆる場所で感知されるのである」

セスは引き続き、通常の知覚と超感覚的知覚において起こりうる、さまざまな歪曲の例を挙げました。

「さて、ルバートであろうと、ほかのどんな個人であろうと、気分が落ち込んでいるときには情報を間違って解釈し、悲観的な要素を誇張するものだ。自分を罰する必要性に駆られている人は、一貫してそのように、どんな知覚をも誤解するだろう」

セスが知覚の本質の説明を続けるにつれ、物質的な知覚それ自体が、現実（リアリティ）にある形態を与えるのだ、ということが明らかになっていきます。超感覚的な知覚でさえ、わたしたちがそれに意識的に気づくようになるには、物質的な条件に変換されなければなりません。「セス・マテリアル」は、わたしたちの知る通常の現実（リアリティ）の背後にあるものを明らかにしてくれますが、資料（マテリアル）の言葉への変換そのものが、必然的に意味を歪めてしまうのです。

加えて、ほかにも歪曲の原因となる要素があります。セスはいつも同じではありません。わたしたちが録音機であるかのように、資料（マテリアル）を整然と伝えているだけではないのです。彼は質問に答えますが、彼に向けて発せられた質問によって、ときにセスがある特定の話題を議論する特定のやり方を変えざるを得ないこともあります。

セスは適応性が高いので、わたしたちとの関係による影響を受けているに違いありません（しかし、わたしたちがセスから受けている影響に比べたら、それほどでもないでしょう）。セス体験に適応しながら、わたし自身の人格が成長を遂げたことに疑いはありません。わたしは、かつてないほど大量の刺激を処理することを学ばねばなりませんでした。そして潜在的な能力を伸ばすことを習うにつれ、全体的な安定を保つことを身につけなければならなかったのです。それには恩恵ばかりでなく、緊張やストレスがあったことも確かです。でも、ユーモアとちょっとした常識で解決できないほど深刻なものはありませんでした。休みが必要と感じたときには休憩をとりますが、セスはそれを快く尊重してくれます。

セスは、人間の潜在能力の素晴らしさについて多くを語ってくれましたが、それなのになぜ、人類は道徳的に、そしてスピリチュアルな面でもっと発達していないのか、ときに疑問に思うことがあるのを認めないわけにはいきません。

ある水曜日の夜、お決まりのセッションが始まる前、ロブとわたしは、世界の全般的な状況について、かなり気を揉んでいました。2人とも座って話していましたが、ロブは人間の行動はなぜそんなにも破壊的なのか、戸惑いの気持ちを声に出して表しました。「こうしたことのすべての背後には、どんな本当の意味や目的があるんだろう？　僕たちの中に、自分が何をしているかわかっている部分があるとしても、みんな地球を破壊しようと躍起になっているみたいじゃないか。戦争によってでなければ、環境汚染でね」

「わからないわ」とロブと同じように気落ちして、わたしは言いました。

それは1968年11月6日でしたが、その夜から、わたしたちの心の中で、最も気がかりになっていた疑問を扱うセッションが始まったのです。まさにその夜のセッション446では、あの別人格、セスⅡがやって来て、遠くから聞こえてくる澄んだ声で話し出しました。

セスⅡはさまざまな話題について述べましたが、とりわけ次のように言ったのです。

「人類というのは、さまざまな意識体が通り抜ける1つの段階である……もっと幅広く、開かれた現実界（リアリティ）に入ることが許されるようになるには、まずエネルギーの扱い方を学び、物質的顕在化を通して、いかに思考や感情が具体的な結果を生むか理解しなければならないのである。子どもが泥でパイを作るように、きみたちは思考や感情から、きみたちの文明を形作る。そしてその後で、自分たちが創り出したものを目にするのだ。

　生まれ変わりのサイクルが終わり、物質界を離れるとき、きみたちはレッスンを学び終わり、文字通り、もはや人類の一員ではなくなるのである。きみたち自身が物質界を離れることを選択するのだ。いずれにせよ、物質界に住んでいるのは意識的自己だけであり、きみたちの自己感覚（アイデンティティ）のほかの部分は、同時に別の学びの次元に存在している。もっと進んだ世界では、思考や感情はごく自然に、即座に行為（アクション）へと変換され、その世界での物質に当たるものへと形を変えるのだ。したがって、レッスンは実に巧妙に教えられ、学び取られなければならない。

　創造に対する責任は、はっきりと理解されなければならない。ある意味で、きみたちは防音の、隔離された部屋の中にいるといえるだろう。その〝部屋〟の中では、憎しみは破滅をもたらし、レッスンを学び終わるまでは、破滅のあとに、さらなる破滅が続いていくのだ……。

　ほかの次元の条件のもとでは、そうした種類の破滅は存在しない――しかし、きみたちはそれが存在すると信じており、死の苦しみを切実に感じるのである。現実のように思える悪夢もまた痛切に感じられるがすぐに消滅する。破滅をもたらさないようにすることを学ばなければならない、ということではない。なぜなら、破滅というものは実際には存在しないからだ。きみたちが学び、身につけなければいけないのは、責任を持って創造することなのだ。きみたちの次元は、新たに出現しつつある意識のための訓練の場なのである……。

その訓練は、互いに関連し合う、さまざまな次元に存在するための備えとなるだろう。もし、きみたちの次元における悲しみや苦しみが本物だと感じられなければ、レッスンを学んだことにはならないのだ。きみたちの次元にいる教師は、最後の生まれ変わりの人生を生きている者か、すでに物質界を離れたのだが、まだその中にいる人々を援助するために任命された人格だ……。

きみたちは、感情的エネルギーを、行為（アクション）や形あるものに変換することに関わっている。次に自分たちが創造した次元の中でそれを操作し、その結果から、どこで成功し、どこでしくじったかを学ぶのだ。きみたちの次元には、そこに〝初めて〟参加する断片的な人格もいれば、生まれ変わりの途中の段階の人格もいる。

人類は同じ夢を同時に見る。そして集団として、きみたちの世界を作り上げるのだ。その仕組み全体は、自分が制作者であると同時に俳優としても演じている、教育的な劇のようなものだ。1つの劇の中に別の劇があり、さらにその中にも別の劇がある。物事の〝内側〟には果てはないのだ。人が夢を見ると、その夢の中の人も夢を見る。しかし、そうした夢は無意味なのではなく、夢の中の行為（アクション）には重要な意味が込められている。全体的自己は観察者であり、また役を演じる者でもあるのだ」

セスのセッションは、週2回のペースで今でも続いています。セスの話すテーマや話の範囲は絶えず拡大し、発展し続けています。もし、わたしたちがこれまでに手にしたものが、「概略」であるなら、それは極めて驚くべきものといえるでしょう。

セスⅡはこう言っています。

「〃物質界に生きているということ〃は、きみたちの本質がよりレベルの低い現実(リアリティ)に存在しているということではない。きみたちがまだ、自分の存在する現実(リアリティ)の規模の大きさを、認識することを学んでいないということなのである」

本書と「セス・マテリアル」によって、ご自分が多次元的な存在であることを、読者の皆さんに垣間見ていただければ幸いです。

＊ ドイツ人のカール・フェルデナンド・ブラウンが１８９７年に発明した、電気信号を映像にして出力するための陰極線管。20世紀にはほとんどのテレビやパソコンに使われていたが、液晶やプラズマの普及により、その生産数は激減している。

付録

ここまでの章で、数多くのセッションから抜粋を抜き出し、さまざまなテーマに関するセスの見方を紹介してきました。この付録は、個別のセッションをもっと完全な形で読んで、そもそも資料(マテリアル)がどのように伝えられたのか、より明確に知りたい、という読者のために用意したものです。

そこで3回の短いセッション全体と、最近の数回にわたる連続したセッションの一部をここに掲載します。これらの抜粋をお読みになれば、セスが過去のセッションを基礎にして新たな議論や情報を加えながら、1つの話題を別の話題に盛り込んで説明するやり方が見てとれます。さらに、ロブやわたしの日々の体験をセス自身の説明の出発点として利用する、彼の方法が浮き彫りになるでしょう。

この付録には、本書の章では扱われなかったテーマがいくつか含まれています。あるセッションでは、セスはユングの無意識の概念について考察します。別のセッションでは、「原初の太陽系」に関する新たな題材を紹介し、さらにある友人の質問に対する回答として、胎児の知覚に関する説明に取りかかります。こうした議論は、「セス・マテリアル」が絶えず展開を続ける中で、現在進んでいる方向性を示すものです。

わたしが本書の執筆を終えようとしている今、物質の領域のすぐ下層に位置する、電磁的構成要素についてのセッションが始まったところです。長い間、科学者たちは、物質が〝消え去っていく〟先には何があるのか頭を悩ませてきました。セスの言うEE(electromagnetic energy 電磁エネルギー)構成要素はその答えであるかもしれません。

句読点を除くと、この付録に引用されている「セス・マテリアル」には、まったく編集が加えられていません。ロブのメモはそのまま記してあります。

●セッション452……1968年12月2日（月曜日）午後9時17分

こんばんは。

（「こんばんは、セス」）

さて、子どもがトランプで家を作ってはみるが、その家は手が当たって崩れてしまう。だが、きみたちはその子の知性の発達について心配したりはしないだろう。やがてその子がどうしてそうなるかを学ぶことを知っているからだ。

自分の手の動きが紙の家の崩壊の原因だとその子がじきに気づくまで、彼が感じる惨めな気持ちに対して、微笑むことさえあるかもしれない。だが、その子の目には、崩れた家はもはや修復がきかないほどに壊れてしまったように映ったのだ。

一方、人類は文明を築く。それは子どもの遊びをはるかに超えた段階だ。そこで使われる玩具は本物だが、基本的には子どもの喩えはまだ有効だ。私は、きみたちの文明の中で起こる暴力を大目に見ているわけではない。実際のところは、暴力は決して許されるべきものではなく、それが何なのか、理解されなければならないのだ。つまり人間は自ら犯した過ちから学んでいるのだということを理解しなければならない。人間はまた、自分が成し遂げたことからも学ぶのであり、ときに、互いに手を結び合い、慎重に物事を判断し、創造性を発揮するのだ。（休止）自己感覚（アイデンティティ）は数多くの人生で、さまざまな役を演じるのである。

そうした多くの自己感覚(アイデンティティ)を持った存在が、再びきみたちの次元で生き、学ぶ時期、あるいは周期と呼んでもいいものがある。ある程度まで、彼らは他人――教育実習生とでも呼べる人たちによって教えられるのだ。(愉快そうに)

(今日の新聞に、1968年11月にシカゴの民主党大統領指名大会で起きた暴力事件が掲載されていた。警察とさまざまなデモ隊が衝突を繰り返し、調査委員会は警察側の行動に対して有罪の評決を下した。ジェーンと僕は、夕食時にこの記事について話し合った。)

だが、人間という種は、肉体的な人種をはるかに超えたものなのだ。きみたちが目にしているのは、発達の1つの段階でしかない。ある個人がきみたちの次元を去ると、次には別の次元へと向かう。彼はABCを学んだだけなのである。だが、例外がある。きみたちの次元に戻り、教えることを選ぶ存在だ。彼らは、生まれ変わりのサイクルが完全に終わっていない人たちとは、いわば、レベルが違うのだ。彼らは、野蛮人の住むジャングルのまっただ中に学校を建てようとする人のように、きみたちの次元にはびこる暴力を我慢さえして、戻ってくることがあるのだ。

しかしそうしたことがあるおかげで、きみたちの次元そのものの中でなされる進歩がある。中世ヨーロッパの居住者が核兵器を手にしたら、良心の呵責などみじんもなく、ほぼ即座に使用に踏み切り、キリスト教世界以外の国々を抹殺していただろう。キリスト教世界も、ほかの地域とともに壊滅したかもしれないが、当時の支配勢力はあまりに偏狭でよこしまで独善的だったために、その可能性には一考の余地も与えられなかっただろう。

当時は、分別のあるまともな人でも、自分の富を分かち合うことはもとより、貧困層の苦境に考えを巡らすことさえ、思いもよらなかったのだ。慈善行為が行われなかったばかりか、その実践的な側面に考えが及ぶこともなかった。（当時信じられていた）古典的な神の概念が、そうした問題に見事な答えを与えていた。貧乏人は明らかに罪深く、貧困は彼らに与えられた罰だったのだ。そして神が見捨てた者を助けようとするのは、神に対する冒とくだと考えられたのである。動物たちは、楽しみのために痛めつけられた。男性が生き物に対して慈悲の心を持つことは、排除すべき弱さと見なされた。女性は一部の上流社会の外では、人間として認められることもなかったのだ。

もしきみたちがそのようなすべての事実を知っていたら、何世紀にもわたる進歩の度合いを、今までよりはるかに顕著に認めることができるだろう。私がまだ述べたことのない1つの側面がある。それは、人類は、ある程度の自制心を身につけたという証拠が得られるまでは、危険性の高いおもちゃで遊ぶことは許されなかったということだ。これは、人間が、彼の知る世界を完全に破壊してしまうことはあり得なかった、という意味ではない。単にそのような破壊は不可避ではなかった、という意味だったのである。もし子どもが、自分自身か隣人に向かって銃を発砲するとはっきりわかっていたら、弾の入った銃を、そもそも子どもに渡したりはしないというのと同じことだ。

さて、武器や破壊というのは、明らかに目に見える事物だが、その一方でそれほど明白ではない要素があり、重要なのは実はそちらのほうなのだ。それは学んで身につけた自己規律、自制心、やっと目覚めた慈悲の心、そして最後のレッスンとして学ばれるもの――目前の破壊と憎しみを超えて、創造性と愛を求める積極的な願望――である。こうしたことを学び終えたとき、生まれ変わりのサイクルは終わりを告げるのだ。

こうしたレッスンが、このような形で学ばれなければならないのには理由がある。基本的に、実際に存在するのは創造性だけなのである。破壊は単に形の変化にすぎない。土砂降りの雨や竜巻は、破壊のことなど何も知らない。この同じエネルギーが、人間の体の中に取り入れられると、まったく違うものになる。つまり、創造性にはさまざまの異なった種類があり、それらは学び取られねばならないということだ。そして、そこにはエネルギーの焦点とフィーリングの特殊化が発現する――それは自然要素のエネルギーが自らに対する意識を持ち、「以前には」存在しなかった問題点に気づくことであり、原初のエネルギーに満ちあふれた何百万もの分子が、一瞬のうちに生きた意識と一体となって、愛を学び、極度に繊細な精神的パターンを形成することであり、雲の代わりに感情を形作る、電荷を帯びたエネルギーのことであり、1つの思考の、非常に特殊化されて真に精緻なメカニズムの背後に存在する、分化していない人格の汚れのない混沌のことだ。こうしたもののすべてが、1人の人間がきみたちの次元に生まれて来る前に存在していたのだ！　時間的にいえば、われわれ全員の背後にあるのだ。

心の中で戦いが起こっても不思議ではない。だがそれにもかかわらず、きみたちの次元を超えたところでは、言葉で表すことができない洗練さと、これまでに起きたものよりはるかに奇跡的な発展がある。こうしたことすべてを通して、その壮大な混沌から創られた根源的自己（エンティティ）は、自らの自己感覚（アイデンティティ）と「過去」についての知識を維持し、創造性を伸ばし続けていくのである。

　これは、私がきみたちに与えた、最も重要な資料（マテリアル）といえるだろう。というのも、きみたちは（この次元での意識の）目的について思いを巡らしてきたのに、目にすることができるのは時間と空間の、ほんのわずかの一片でしかないからだ。

　きみたち2人が今夜話していた暴力事件は、それに関わった人たち一人一人の魂の内部に、深い亀裂を生み出し、彼らはそれを通して自分の自己感覚（アイデンティティ）の背後に潜む、目がくらむような暴力の起源を垣間見たのだ。そのとき、そしてその後においても、その「心ない」裂け目の中へと、引き込まれるのではないかという恐怖があった。

　嵐がときに多くの人を魅了することがあるが、そうした暴力もまた同じことだ。だが、途方もなく破壊的な嵐の中、戸外へ出て行こうとする者はほとんどいないだろう。参加した一人一人が、自分が直接接触した混沌を感じ、（強調して）それに魅了されながらも、恐怖感に襲われたのである。なぜなら、暴力が自分ばかりでなく、敵をも狂気か死へと追いやることになる、と気づかずにはいられなかったからだ。

　参加者の多くは、自分がそのようなエネルギーに接触できるとは思ってもみなかった。したがって、それを創造的に利用するなどという可能性は思いもつかなかったのである。彼らは自分たちがちっぽけで、孤立していて、無力だと感じた。だが、そのエネルギー自体は気持ちを高揚させるものだった。生まれて初めて、そうしたエネルギーはまた、創造性の根源だと直感的に気づいたのである。彼らの多くは、そのエネルギーを再体験しようと、さまざまな方法を試し、自分が所有していたとは知らなかった、創造的な感覚を解き放とうとするだろう。エネルギーそのものは、当然中立なものだ。当時彼らがそのエネルギーを利用したやり方が、破壊的な要素をもたらしたのである。

しかしながら、解放されたエネルギーは、すでにきみたちの国家の状況を変えてしまい、さらに変え続けるのだ。エネルギーのそのような膨大な解放は、きみたちが生存している間には実現しないだろうが、地球全体を平和的に統一するために利用されるようになるだろう。これは、数多くの惨事が起きるまでは実現することはないだろうが、そうなったときには、地球の歴史上で初めて、万人に平等な平和が達成されることになるのだ。

平和的であった時期は今までにも何回もあったが、そこには平等はなかった。地球の過去には、自らを破壊し去った無数の文明があった。そしてその前には、ほぼ今の地球の位置には別の惑星が存在した。その惑星の寿命を超えて存続した文明がいくつもあったのだが、彼らはどこか別の場所へと去っていったのだ。

さて、休憩をとってくれたまえ、そのあとで続けることにしよう。

(10時9分。ジェーンはしばらく沈黙した。トランス状態を抜け出したのかと思って、彼女の名前を呼ぶと再び語り出した。)

かつて9つの惑星が、太陽の周りを宝石のように、一団となって取り巻いていた。それらの惑星は互いに等距離を保ち、太陽から外側へと向かって均一に分散していた。そしてこれこそ、人類が居住した最初の太陽系だったのだ。それは、宇宙的には今のきみたちと同じ位置にあったが、きみたちの観点からすると、あまりに遠くに漂い去ったように見え、きみたちの装置では見つけることはとてもかなわない。

それらの惑星は、爆発しては再創造されるということを繰り返し——消滅しては、再び出現した。脈動しているように見えるのだ。きみたちにとっては、無限に近い年月、消え去ってしまっているように見えるだろう。しかし、それら自身にとっては、その存在は継続している。きみたちの次元の原子や分子が、それ自体消えたり出現したりしているにもかかわらず、椅子に現実性(リアリティ)を与えているように、この惑星系もまだその自己感覚(アイデンティティ)を維持している。きみたちの天文学者は、宇宙の果てに、その痕跡を認めるかもしれないが、それはきみたちには知覚することのできない現実(リアリティ)の反射にすぎないのだ。

さあ、休憩をとってくれたまえ。

(10時19分。ジェーンはたやすくトランス状態から抜け出し、しばらくして目を開いた。どこか遠くのほうに行っていて、太陽と惑星のヴィジョンを見たと言った。

現在われわれの太陽系にあると知られている惑星を頭の中で素早く数えてみた。合計9個、* セスの言った数と同じだ。当然、セスの話からは多くの疑問が浮かび上がってくる。だが、今夜それに答えが得られることはなさそうだ。

休憩が終わる直前、「今ちょうど、セスから思考の固まりが送られてきたところよ」とジェーンが言った。10時31分再開）

さて、現実的存在には形が必要だ。惑星系が崩壊するときには、多くの場合、その惑星系に魅力を感じていたり、そこに居住することを考えている根源的存在（エンティティ）たちは自分の形態を変えたり、エネルギーを再編成するのだが、もし、そうすることに価値があると考えた場合には、惑星系自体を立て直すこともあるのだ。つまり、彼らは、利用できる形に入り込んだり、あるいは生存可能な形を創り出したりするのである。きみたちの太陽系でも、こうしたことは数回にわたって行われてきた。しかし、頻繁に行われることではない。手に入る材質では、意識が自らを十分に表現できるほどの複雑さを備えた構造を形成することができないからだ。

きみたちの観点からすると、一種の記憶の喪失――起源の知識を混沌とさせる厄介な問題――が起こることがある。これが起こるときには、必然的にエネルギーの分散があり、ある根源的存在（エンティティ）は形をとるが、ほかの者たちはその過程に参加することはない。そうした存在たちは、自らの記憶と知識を完全なまま保存して、制作責任者としての役を担い、その記憶を基にして新たな様式が形成されるようになる。繰り返すが、こうしたことは、きみたち自身の太陽系でも起きたことなのだ。

きみたちの観点で言うと、形を必要としない根源的存在（エンティティ）も数多くいる。だが、今夜は彼らについて言及しようとは思わない。私が話した原初の惑星系は、まもなく科学者たちの間でも、理論として取り上げられるようになるが、深い議論を引き起こすほど、真剣に考慮されることはないだろう。

その惑星系のエネルギーは途方もないもので、きみたちの知るいかなるものをも凌いでいた。そして、脈動するその惑星系から絶えず放たれる破片が、他の惑星系をいくつも生み出してきた。(長い休止)ルバートの利用できる語彙を見つけようと、手間取っているところだ。(休止)運動するスピードも、きみたちの知るものをはるかに超えていた。だが、スピードは周期的に速まったり、遅くなったりしていた。

(ジェーンは再び話すのをやめた。話のペースはゆっくりで、多くの身振りを伴い、空中で絵を描くような動作をした。眉をひそめることも何度かあった。)

原初の惑星系には意識のある生命体がいたが、きみたちの知る生命とは異なったものだ。エネルギー、根源的存在(エンティティ)は(長い休止)極めて多量のロイタン「roytans」を絶えず変換し……

(あるいは「roetans」かもしれない――僕が音声から解釈したものだ。セスまたはジェーンが使ったこの単語が何だったのか、はっきりとわからなかったが、1つ質問をしただけで、それ以上追求することはしなかった。もっともその質問にも答えは得られなかったが……。)

われわれはルバートの語彙と取り組んでいる。

(「レントゲン〝roentgens〟のことですか?」。それはエックス線の国際単位のことだ。)

その生命体は自ら莫大な量のエネルギーを引き出し、それが自動的に反応して、爆発的な方法で惑星系の形態に影響を与えたのである。彼らのエネルギーが惑星系の行動の発端となったのだ。

意識と物質の間に直接的な即座の反応が起こり、1つの宇宙を生み出すほど強力な電磁力のほとばしりが発生した。きみたちの宇宙は無数にある宇宙の1つであり、きみたちが知覚できるのはそのごく一部でしかない。質問がなければ、セッションを終えることにしよう。

（「質問はあとでします」）

今日の資料（マテリアル）は、自然な形で締めくくりを迎えたが、以前のセッションでは取り上げなかったテーマに行き着いたことも確かだ。今夜のセッションは、のちに明かされる情報の準備段階としての役を果たすだろう。きみたち2人には心より祝福を送りたい。そしてお休み。

（「お休みなさい、セス」）

（10時52分。ジェーンは深いトランス状態に入っていたが、すぐに意識を取り戻した。セッションの終わりに、強力なエネルギーを感じたと言った。）

＊　本書が出版された1970年当時、太陽系には冥王星をふくみ、9個の惑星があると考えられていた。

●セッション453……1968年12月4日（水曜日）午後9時6分

（スー・マレンが同席した。）

こんばんは。

（「こんばんは、セス」）

パーティーに招待してくれてありがとう。

（「どういたしまして」）

さて、前回のセッションで語った惑星系は、きみたちの宇宙では最初のものだった。時間という観点からの話だが……。きみたちの目にする宇宙、きみたちが眺める恒星や惑星が、実在と比較すれば一次元的なものであることを、きみたちに説明するのは困難だ。きみたちは、きみたち自身の現実界（リアリティ）の中で眼に見える部分だけを知覚しているにすぎないからだ。

あの「初期の」惑星系の誕生には、重い水素の分子が大きな役割を果たした。意識は最初に、惑星系が存在できる虚空、もしくは次元を創造しなければならなかった。さらにきみたちの時間の中で起こった、そしてこれから起こるであろう発展のあらゆる蓋然性を、その虚空に授けなければならなかったのだ。したがって、言い換えれば、その虚空は心に例えることができる。そして、そこにどんなイメージや思考が誕生するか、誰が予想できるだろうか？　前にも述べた通り、そのような惑星系は無数に存在する。だが、それらのすべての内部には、自己感覚（アイデンティティ）と方向性があるのである。

この広漠とした虚空、この無限の心は、それ自身を超えた、より偉大な別のものから生まれ出たのだ。（微笑んで）この宇宙体系の内部で現実化した可能性は、1本の木が千個もの種を実らせるように、それぞれが別の宇宙や現実界（リアリティ）を生み出したのである。きみたちも、自分自身の精神的行為（アクション）によって、自分でも気づいていない無数の現実を創り出すのであり、きみたちが生み出す子どもたちは、肉体を持った子どもたちばかりではないのだ。

きみたちは、自分自身の思考が流れ込んでいく次元のことを、理解してはいない。きみたちの思考は存在し続け、ほかの次元の住人はそれを見上げて、星に目をやるように眺めるのである。きみたちの思考や精神的行為は、別の宇宙の住人には、きみたち自身にとっての恒星や惑星のように見えるのだ。そしてその宇宙の住人たちは、彼らの天空に浮かぶ星の内部や、背後にあるものを知覚することはない。彼らは彼らの宇宙を探索するが、きみたちの現実界（リアリティ）に迷い込むことはない。彼らが知覚するのは、きみたち自身の精神的行為——思考や夢——が彼らの次元でとる形や姿だけなのである。

今、話したことは、以前に語ったことないテーマだが、それはきみたちに自分の存在は取るに足らないものなのではないか、という感覚を暗に与えることを避けるためだ。きみたちはただ受け取るだけの側ではなく、与える側でもあるということなのだ。きみたち自身の宇宙が、今はきみたちの理解していない根源的存在（エンティティ）によって創られているのと同じように、きみたち自身の意識が放棄したものが、きみたちのことにはほとんど気づいていない根源的存在（エンティティ）のために、無数の現実界（リアリティ）を形作っているのである。

この豊かさの中では、無意味なものは何もなく、何ものも無駄になることはないのだ。無数の現実界（リアリティ）は互いに絡み合っており、相互に作用し合っている。そしてその結びつきを否定することはとてもできない。たとえば、夢の現実界（リアリティ）は、きみたちの知っている以上のものから成り立っている、と言ったことがあるが、その夢の宇宙は、きみたちがそれを知覚している、していないにかかわらず存在し続けるのである。その意味で言えば、そこに住む住人たちも、自分自身の夢を見て、電磁的な現実（リアリティ）を創り出すのだ。きみたちは、いわば、意識の段階の一番上にいるわけでも、一番下にいるわけでもないし、中心にいるのでも、縁にいるのでもない。

それどころか、きみたちは気づいていないが、内なる自己はそれぞれの現実界（リアリティ）と密接に結びついており、自らの自己感覚（アイデンティティ）を維持したまま、どのような世界であろうと、そこにあるネットワークを通って、そのつながりを辿っていくことができるのである。

われわれがきみたちの次元の始まりのことを話すときには、きみたちの時間の観念を考慮に入れざるを得ない、ということを思い出してほしい。つまり、実際には、すべては同時に存在するのだ。きみたちの考え方からすれば、ある命は（多くの次元で）一瞬しか生きず、別の命は何世紀も続くように思われるだろう。しかしながら、意識の知覚力に制限はないのである。たとえば、樹木にはそれ自身の意識があると話したことがあると思う。木の意識は、きみたちの意識ほど明確に焦点が合っているわけではないが、どのような観点から見ても、木は自分が生まれる50年前のことも、50年後のことも意識しているのである。

木の自己感覚（アイデンティティ）は、形の変化を超えてごく自然に続いていく。木には自我（エゴ）がないので、自我（エゴ）の消滅で「自分」という感覚が消えてしまうことはない。自我（エゴ）という区分を持たない生き物は、形態の変化を超えて、容易に自分の自己感覚（アイデンティティ）を辿っていくことができる。内なる自己は、この自己感覚（アイデンティティ）の統合性に気づいているが、自我（エゴ）は物質的現実にしっかりと焦点が合っているので、そのような贅沢を楽しむ余裕はないのだ。

したがって、どのような意識も、自らの基本的な自己感覚（アイデンティティ）に気づいているのである。内なる自己は、目に見える物質的な恒星や惑星の背後にあるものを知っているが、自我（エゴ）がそのような気づきを得たら、自分が一掃されてしまうように感じて、パニックに陥ってしまうだろう。

先に話した、太陽と原初の9つの惑星からなる惑星系は、きみたちの観点からすると、遠い昔に形を変え、別の宇宙体系へと移行してしまった。しかしながら、宇宙の構成全体は、1つの原初の思考が物質化したものだったのだ。その思考は根本的現実（リアリティ）であり、具体的な表現が行われる前には、必ず存在しなければならないものなのである。したがって、その原初の惑星系には知性があった。

さあ、休憩をとって、その後続けることにしよう。われわれの友人（スー）の幸せを心から祈っている。

（9時36分。ジェーンはトランスから素早く抜け出し、心地よいトランス状態だと言った。セスはふだんを凌ぐ強さで語り、どちらかというと声も大きく、口調も速めだった。9時44分に再開）

さて、繰り返しになるが、思考一つ一つがそれ自身の電磁的現実を創り出し、思考を構成するエネルギーは形を変えることはあっても、決して消え去ってしまうことはない。1人の人間の主観的現実は、そのまま宇宙に解き放たれれば、別の宇宙を生み出すほどのエネルギーを放出するのだ。今の言葉は歪曲されたものではない。

今週末は、追加のセッションを開くことにしよう。ルバートの活力に負担をかけすぎたくはないし、きみを3週間もタイプライターに釘付けにするようなこともしたくない。というわけで、今夜のセッションは、前回のセッションで述べたことを補うための短いものになるだろう。それでも得をするのは私のほうだ。(ユーモアを込めて)きみたちみんなに、心を込めて祝福の言葉を贈りたい。きみたちの会話を楽しむためにしばらくとどまることにしよう。

(「お休みなさい、セス」)

(9時48分。ジェーンがトランス状態を抜け出るのに、しばらく時間がかかった。「トランス状態は終わったみたいだけど、まだ完全に目覚めていないわ。中途半端な状態はとてもいや。円錐形の器の中にいるみたいな感じよ。周りで起きていることは聞こえるけど、まだ外に出きってないの」

9時55分までには、完全にトランス状態から出たように思われた。しかしそれは見当違いであることがわかった。セスがまだいるか、トランス状態が残っていたのだ。ジェーンは、トランス状態に戻っていく兆候を、はっきりと見せていた。眼球が上向きになっていたので、僕はトランス状態から出るように話しかけたり、お茶を飲ませたりした。

ジェーンをこの状態にとどめている状況が1つ、僕の注意を引いた。揺り椅子に座りながら、何気なくこう言ったのだ。「セスはまだいるわ。今はわたしの右側のほうに」。そしてその方向に腕を伸ばした。セスは、ジェーンの腕がやっと届く位置の、1・5メートルほどの高さの空間の「隙間」に浮かんでいるようだった。僕はセスの邪魔になることなく、その空間に立ち入ることができた。僕たち3人が話をしてその夜を過ごす間、セスはずっとそこにとどまっていた。)

●セッション503……1969年9月24日(水曜日)午後9時32分

(約2ページにわたる個人的問題に関わる資料(マテリアル)は削除した。)

(再開。ジェーンのESPクラスのメンバーであるスー・マレン――現在のスー・ワトキンス――が可能なときにセスに答えてもらえるように、昨夜3つの質問を残していった。最初の質問:「今、私は妊娠しているのですが、体外に意識を投影したときには、私のアストラル体も妊娠した状態で出ていくんですか? その際、私のアストラル体は、胎児のアストラル体も一緒に運んで行くのですか? それとも胎児のアストラル体は、肉体としての胎児と共に私の肉体の中に残るのですか?」)

(僕はセスに尋ねてみた。「スーの最初の質問、胎児のアストラル体について何か話してもらえますか?」。ジェーンはスーの質問をしばらく前に読んでいたが、僕が今夜いずれかの質問を尋ねるつもりだったとは知らなかった。)

胎児にはそれ自身のアストラル体がある。そのアストラル体は、今生で生きることになっている人格である個人に属するものだ。「過去生」に存在していたアストラル体ではない。これには多くの複雑な問題が関わっているので、簡潔に説明しようと思う。

胎児は膨大なエネルギーとつながっている。物質的な人生で、それほどのエネルギーが、それほどまでに目的に向かって、そんなにも巧みに方向づけられる時期はほかにはない。真に宇宙的な規模ともいえる、このエネルギーのチャージが、物質界への初めての突入を可能にするのだ。物質界に登場する人格は、文字通り無限のデータを変換するのに余念がない。その仕事の大半は、妊娠3カ月目までにはすでに終わっている。新たなデータが、胎児と肉体的構造を形成するや否や、前世からの自己は、その掌握力を手放さなければならない。前世からの自己は、この（誕生の）プロセスに短期間関わるが、産まれてくる新しい個人になるわけではないのである。

新しい個人が形成されるのに手を貸し、その後退去しなければならないのだ。その新たな自己は自由でなければならず、過去生の自己によって押し付けられる要求によって、阻害されることがあってはならないのである。新たな自己には、過去生の記憶が深く埋もれて眠っているが、最後の前世の自己の個人的な意識が、その新たな自己感覚（アイデンティティ）の上に重ね合わされてはいけないのだ。新しい人格が、自らの小さなアストラル体の中にいながら、自分が属する自己感覚（アイデンティティ）全体のほかの部分を訪ねることはある。その人格に対して、教訓のようなものが与えられることもあるが、基本的には自立した自己存在なのである。

（「たとえば、スーが意識を投影するときには、その自己も同じようにするのですか？」）

するかもしれないし、しないかもしれない。そうすることが強制されているわけではないのだ。スーが自分のアストラル体の中にいて、どこか別の場所に行っている間に、その自己はまったく異なった場所に投影することもある。しかし、今の時点で、2人の間には非常に強い結びつきがある。

より深いレベルでは、2人が別の場所にいても、お互いの位置に気づいているのだ。母親は意識的にはわからなくても、子どもの居場所を知っているのである。母親は意識投影で子どものあとを追っていき、連れ戻すことさえある。

多くの場合、自然流産は新たな人格が、新しい肉体を構築することが困難な場合に引き起こされる。アドバイスを求めてほかの存在のところに意識投影して、体に戻らないように忠告されるのだ。

●**セッション504**……1969年9月29日（月曜日）午後9時17分

前回のセッションで始めた話に付け加えたいと思う。胎児には物質的環境が目に見える。その時点での細胞構造が光に反応し、母親の胎内の細胞構造内に眠る潜在的能力を活性化させるのである。まったく文字通り、胎児は母親の体を通して、母親の体に助けられて外界を見るのだ。

胎児が目にするのは、はっきりとした輪郭のあるイメージではないが、すでに物の姿形という観念を築き始めている。言うまでもなく、まぶたもまた同様に備えられる。言い換えれば、胎児はまぶたを通して見ることができるのだ。光や陰、姿形に気づいているが、きみたちが物体として認識している現実の領域、そして物体として認識しない現実の領域から、そのような特徴を識別することを学ばなければならない。

胎児はきみたちや、彼の母親が見ている以上に見えているのである。というのも、きみたちがある種のパターンのみを受け入れ、ほかのものは受け入れていない、ということを胎児はまだ理解していないからだ。誕生するまでに、胎児は現実とはどんなものか、という両親の考えを受け入れることをすでに学んでいるのだ。大きな意味で言えば、胎児はきみたちが受け入れていない、ほかの現実界（リアリティ）を依然として部分的に知覚しているのだが、きみたちが物質的現実と呼ぶものにのみ、焦点を合わせることを身につけ始めているのである。1つの特定の現実に焦点が合っているときに、彼の存在が認められ、欲求が満たされるからだ。つまり、ほかの現実界（リアリティ）を捨て去ることを素早く学習するのである。

また、子宮内にいる間に胎児は聞くこともでき、ここでも同じことが当てはまる。物質的環境からの音を聞き、同時に、きみたちの受け入れていない現実の領域内の音も聞こえるのだ。誕生しても、そうした音や声はまだ耳に入るが、それらが肉体的要求に応えてくれることも、泣いてもミルクを持ってきてくれるわけでもないので、次第にそのような音や声を、無視するようになるのである。

誕生後もしばらくの間、乳児は文字通り、一度に数多くの現実界（リアリティ）を知覚している。そして、乳児の意識がはっきりとしていないように見える理由の一部は、単にデータがそんなにも多いために混乱しているからなのである。その個人や状況によるが、胎児は過去に知っていた人たちからのメッセージを受け取っている場合がある。これはさらに混乱に拍車をかけるが、物質界での生存がかかっているために、物質的現実界（リアリティ）に焦点を合わせることを学ぶ一方、そうしたメッセージの大部分を無視してしまうのだ。

たとえば、胎児は気温の変化や天気に、かなり敏感に気づいている。動物やほかの人たちとテレパシー的コミュニケーションを保ち、また別のレベルでは、植物やその他の意識存在とも一種の意思の疎通が行われている。植物は、堕胎にはかなり激しく反応するものだが、胎児は家族に飼われている動物の死にも反応し、妊娠6カ月になるはるか以前に、家族内の無意識の精神的関係をも理解するようになる。

屋内の植物も、成長しつつある胎児にはっきりと気づいており、家族の一員が病気のときも、肉体的兆候が現れる前に、その事実を感知することもよくある。植物は、細胞構造内の意識に対して、それほどの敏感性を持っているのである。また胎児の性別もわかっているのだ。

(2ページにわたる個人的資料(マテリアル)は削除)

(超感覚的知覚にはすべて電磁的な原理が働いている、というセスの何年も前の発言に長い間興味があったことを、今夜宵のうちにジェーンに話しておいた。これまでの実験では、ESPに電磁気が関わっているというような証拠はまったく見つかっていない、と本で読んだことがあったので、好奇心をそそられたのである。そこでこれについてセスに尋ねてみた。)

その問題は、胎児に関する情報と結びつけて述べたいと思う。

(「いいですよ」)

そうすれば、2つのテーマを同時に扱うことができるだろう。

（「わかりました」）

さて、現在きみたちの（科学的な）装置では感知できない電磁気的構造が存在する。それは知覚を伝達する基本的な構成要素であり、きみたちの観点からすると、非常に短い「寿命」を持っている。大きさはさまざまで、数個のものが結合し合ったり、多くの電磁的構成要素が1つにまとまったりすることもある。できるだけ単純に言うと、それらの構成要素が空間の中を移動するというより、移動するために空間を利用するのだ。この2つは異なったことだ。

ある意味では、熱特性が関わっており、また誘引と反発の法則も関係しているといえるだろう。この構成要素は、通り過ぎて行く空間に電磁的特性を与え、ほかの構成要素を自らに引きつけるのである。体の中で、細胞が動かずに静止しているのと同じように、これらの構成要素が静止しているとはいえない。細胞でさえ、静止しているように見えるだけなのである。これらの要素には「本来いるべき場所」というものはなく、感情の強さに合わせて築き上げられるのだ。

それらは、感情的なエネルギーが取る1つの形態であり、それ自身の誘引と反発の法則に従っている。ちょうど磁石が繊維状の力で引きつけるように、これらの構成要素は同種類の仲間を引き寄せてパターンを形成し、それがきみたちにとっては、知覚として認識されるのである。

さて、胎児はこのような構成要素を利用している。植物のものも含めて、どのような意識も同様だ。細胞が光に反応するのも、それが物事の道理であるからだけでなく、光を知覚したいという感情的な願望があるからなのだ。

その願望は、この電磁的構成要素という形を取って別のレベルの現実（リアリティ）に現れ、それから光への感受性を生み出す。これらの構成要素は自由気ままに動き回る。通常の知覚に使われることもあれば、きみたちが超感覚的知覚と呼んでいるものにおいても利用されることがある。こうした要素の基本的性質については、後のセッションで扱うことにするが、胎児の問題と結びつけて話そうと思う。胎児は知覚のメカニズムと深く関わっているからだ。

（「次のセッションで結構です」）

きみたちが、これらの構成要素を知覚する装置を考案することができない、というわけではない。きみたちの科学者は、単に間違った質問をしているだけで、物理法則に縛られずに動き回る構造という観点で考えていないのだ。

●セッション505……1969年10月13日（月曜日）午後9時34分

こんばんは。

（「こんばんは、セス」）

さて、以前に話した電磁的構成要素は、基本的には、意識から浮かび上がってくる、生気にあふれた動きだ。私が今話しているのは、サイズに関係なく、それぞれの物質的な粒子内部にある意識――分子意識、細胞意識、そしてきみたちがふだん親しんでいる、もっと大きな意識――の総体だ。

ルバートの科学的な語彙に限りがあるために、これを説明するのは幾分難しい。また、私がこの話の中で紹介する理論には、きみたちにまったく馴染みのないものもある。

こうした放出は呼吸と同じように自然に発生するもので、ほかにもいくつかの喩えが可能だが、要は中に入ってくるものと、外へ出て行くものがあるということなのであり、要素の内部で変容が起こり、たとえば、肺の中に入ってくるものは、呼気で外に出て行くものとは違っているのと同様なのだ。こうした要素は、単に喩えの目的でいえば、意識の目に見えない呼吸ということができるだろう。この喩えはあまり多くを語ってはくれないが、このアイデアを理解してもらうにはとりあえず十分だろう。呼吸は、当然だが一種の脈動でもあり、これらの要素は脈打つように機能しているのだ。たとえば、植物、動物、岩石、そのほかのものの中の細胞によって放出される。もしきみたちが物質としてそれらの要素を知覚できたとしたら、色もついていることがわかるだろう。

きみたちの観点からすれば、それらの要素は電磁気的であり、それ自身の正負の電荷のパターンと、ある磁気の法則に従って作用している。ここではまさに、似たもの同士が引きつけ合うのだ。それらの放出は実は感情的トーンなのであり、そのトーンの多様性には本質的には制限はないのである。

それらの要素は物質の領域のすぐ下にあり、同じものは1つとしてない。だが、それらには、ある構造がある。この構造は、きみたちの科学者の考える電磁気的性質の範囲の外にある。実際には、意識がそうした放出を引き起こすのであり、要素の放出は、通常のものも超感覚的なものも含めて、あらゆる種類の知覚の基礎となっているのだ。

このテーマの議論は始まったばかりだ。私が、きみたちのために単純化して説明していることが、やがてわかるだろうが、そのようにして始めなければ、きみたちに理解してもらえることはないだろう。だが、私はこれらの要素の構造を説明しようと思っている。さて、しばらく時間をくれたまえ。

この電磁的要素の放出はまた、音として聞こえることがあり、きみたちは、科学者が要素の放出の基本的な意味を理解する前に、音に変換することができるようになるだろう。これらの要素がまだ発見されていない理由の1つは、まさにそれらが、あらゆる構造の内部に巧妙に溶け込んでいるからなのだ。物質の領域をわずかに外れたところにあり、非物質的構造を持ち、脈動する性質があるために、それらの要素は膨張したり、収縮したりすることができる。たとえば、小さな細胞を完全に包み込むことも、細胞内の核に入り込むこともできるのである。言い換えれば、単位としての性質と、場としての性質を併せ持っているのだ。

こうした要素が西洋の科学者に知られていないままでいることには、もう1つの理由がある。要素の強度は、その活動とサイズを左右するばかりでなく、磁気的性質の相対的強さにも影響を与える。たとえば要素は、ある「時点」での特定の意識存在の感情的トーンの強度にしたがって、別の要素を自分自身に引きつけるのだ。

つまり、これらの要素は、明らかに絶えず変化しているのである。サイズに関していうならば、要素は、膨張したり収縮したりする間に、絶えずサイズが変化している。したがって、理論的には、要素の膨張と収縮には限界はないのだ。さらに、要素には吸収力がある。要素は熱を放出するが、それは要素の存在について科学者たちがこれまでに手にした、唯一の手がかりだといえる。

そうした性質のために、要素は絶えず相互に作用し合っている。要素の集団が（ジェーンは身振りを交え、口調はかなり強く、活気に満ちてきた。）1つにまとまり、文字通り密封されると、またしても、一つ一つが離れて散り散りになっていくのだ。要素の本質は、一般に空気として知られているものの背後にあり、要素が空気を形成すると、空気を利用してその中を移動するのである。言い換えれば、空気はそれらの要素の動きによって、形成されるのである。

この点についてはあとで明確にしようと思うが、空気はこれらの要素の存在の結果として、要素の位置の相互関係、それぞれの要素間の相対的距離、そして運動中の相対的速度とでも呼べるものによって形成されるのである。つまり、空気は、これらの要素が運動しているときに発生するものであり、要素の電磁気的効果が最もはっきりと科学者に認められるのは、天気との関係においてなのである。

これらの要素を、岩石との関係において説明することにしよう。岩石は、原子や分子で成り立っているが、それぞれの原子や分子には、それ自身の意識がある。それが集まって総体としての岩石意識を形作っているのだ。これらの要素は、さまざまな原子や分子から無作為に放出されるが、その一部は、全体的な岩石意識による統制も受けている。要素は岩石から送り出されると、たとえば、太陽の角度や夜が更けたときの気温の変化などの、環境の変化の情報を岩石に伝え、岩石の感情的トーンとでも呼べるものの変化に応じて、自らも変化していく。要素は変化するに連れて、自らの活動の結果である周囲の空気にも、変化を引き起こすのだ。

要素は、ほとんど同時とも見える1つの素早い動きで、岩石から発せられてはまた岩石に戻っていく。また、たとえば、草木の葉や、そのほかすべての物体から放出された別の要素と出会い、ある程度の混ざり合いが起こる。絶え間ない融合と、そして誘引と反発があるのである。

休憩をとってくれたまえ。その後で続けよう。

(10時10分。ジェーンの口調はセッションを通して、強い調子と活気を維持していた。トランス状態は良好だった。)

(セッションの残りの時間は、僕の夢の1つに対する、セスの説明に充てられた。——ロバート・バッツ)

●セッション506……1969年10月27日(月曜日)午後9時40分

(午後9時過ぎ、ジェーンと僕は、座ってセスがやってくるのを待っていた。ジェーンにはセッションを開かなくてもいいのではないか、と話したが、ジェーンはもし、セスがセッションを始めると決めたなら、喜んで応じる気のようだった。彼女は、自分の本の執筆に長時間取り組んできて、あと2章ほど書き直すだけになっていた。

（ジェーンは最近2回ほど、ESPクラスのためにセスとセスⅡとなって、長時間にわたる、新しい題材を含む見事なセッションを開いていた。）

こんばんは。

（「こんばんは、セス」）

さて、定期的なセッションを2、3回逃したことを、ルバートが心配することはない。彼は成り行きに任せることを実践してきたのだが、逆説的にも、われわれのセッションの規則性は、実は、自然のままに物事が起きるのに任せることにかかっているのだ。わかるかな？

（「はい」）

さて、私が今まで話してきた電磁的構成要素には、特定の、規則的な、あらかじめ決まっている「寿命」というものはない。多くの科学法則に反するようにも見えるだろう。それらの構成要素は、物質の領域のすぐ外側にある直感的な力であり、それに基づいて物質が形成されるので、物質の法則に従うことはないのだ。しかし、ときに物質と同じように振る舞うように見えることもある。

個々の構成要素を検知するのは、ほとんど不可能である。その踊るような活動において、絶えずほかの構成要素の一部となり、拡張したり収縮したり、脈動して強度やエネルギーの強さを変化させ、極性を変えたりするためだ。この最後のポイントは非常に重要である。

（数多くある休止の1つ）

ルバートの語彙が限られているために、これは説明するのがかなり難しいが、きみたちの北極と南極の位置が絶えず変化しているのに、互いの距離は相対的に同じに保たれ、極性の変化が地球の安定性を（休止）乱している、というのと同じようなものなのである。ただ1つ違うのは、構成要素の極間に作用する力が地球の極間の力より比較的強いために（空中に図を描くような身振りを伴って）、極性の変化が起こるたびに、新たな安定性がほとんど直ちに確立されるのだ。だいぶ明確になってきただろうか？

（「はい」）

極性のシフトは、変化する感情的強烈さ、あるいはお好みならば、感情的エネルギーの変化といえるものとともにリズミカルに発生する。したがって、ある任意の構成要素を形成し、それに運動を与える「当初の」感情的エネルギーが原因となって、その構成要素が先に述べた、変化する極性という特性を持った高電荷の電磁場になるのだ。極性の変化はまた、ある構成要素に吸着したり、それから分離したりしていく、ほかの似たような構成要素の誘引力や反発力によっても引き起こされる。この、絶えず起きている極性や強度の変化すべての根底には、あるリズムがある。だが、そのリズムは感情的エネルギー自体の性質に関連しているのであって、物理的法則に従うものではないのである。

こうしたリズムを理解しなければ、構成要素の活動は、無秩序で混沌としているように見え、構成要素同士をまとめるものが、何もないように思われるだろう。実際、構成要素はとてつもないスピードで、ばらばらに飛び散って行くように見えるのだ。細胞の喩えに戻ってこれらの構成要素が細胞だと仮定すると、その「核」は、実際には核ではないのだが、絶えず位置を変化させ、細胞の残りの部分を引き連れて、あらゆる方向に飛び去って行くようなものなのである。この喩えがわかるだろうか？

（「はい」）

電磁的構成要素は明らかに、すべての細胞の内部にある。さて、核が細胞の重要な部分であるのと同じように、始動点は構成要素の基礎となる部分だ。始動点とは、どのような構成要素をも形成する起点となる、唯一無二で個別の、具体的な感情エネルギーのことである。始動点は、物質の形成へと至る道筋の入り口となるものなのだ。

すべての物質は、当初の、3面からなる包囲構造から生じる。始動点がその周りに3つの面を形成するのだ。（身振りを交えて。休止）感情エネルギーが生じるにつれ、爆発性を帯びてくる。3つの面は即座に作られ、摩擦に似た効果を導くが、その効果によって3つの面の位置が変化し、結果として始動点が中に収まった、閉じられた三角錐のような形になる。だが、これは物理的な形態ではないことがわかるだろうか。

（「はい」）

そのエネルギーのポイントである始動点は、その後、構成要素の形態を絶えず変化させるのだが、今述べた過程が最初に発生しなければならない。たとえば、構成要素は円形状になることもある。さて、感情エネルギーのさまざまな強度は、最終的に利用できるすべての空間を変換して、構成要素を形成するのである。構成要素間の極性の、ある強度と位置関係、そして要素の集合体がエネルギーを圧縮して個体形状（結果として物質）にするのだ。構成要素内部の感情エネルギーは、間違いなくこうしたことすべてのきっかけとなる原動力なので、なぜ感情エネルギーが、物理的な物体を打ち砕くことがあるのか、きみたちにも理解できるだろう。休憩をとってくれたまえ。

（10時10分。深いトランス状態だったが、ジェーンは素早く抜け出した。彼女の口調はときにかなりの速さになっていた。資料（マテリアル）を歪めることなく、できるだけ明瞭に伝えることができるように、セスが後押ししてくれていたのが感じられた、とジェーンは言った。

また、資料（マテリアル）を伝えている間にイメージがいくつか浮かんだが、休憩になる頃には思い出せなくなっていたそうだ。ふつうはどんなイメージが浮かんでも、セッションが終わったり、休憩に入ってすぐに僕が訊かないかぎり、その内容も、ときにはイメージが浮かんだことさえも忘れてしまう、とジェーンは言った。また、ときには、ある特定のセッションの記録を読んだときに、同じイメージがよみがえることがあり、そのときには、セッションでそのイメージが浮かんだことを思い出すということだ。

電磁的構成要素の極性の切り替わりに関して、ジェーンは念を押して次のように述べた。「これは単に北極と南極が入れ替わるだけじゃなくて、（使われた喩えに従って言えば）円周のどの位置でも、たとえば東と西というように、正反対の極が反転するんだわ」）

（10時26分再開）

当初の感情エネルギーの強度が、構成要素の活動、力、安定性、相対的大きさを決めるのだが、さらにその脈動の速度、そしてほかの構成要素と結合する能力ばかりでなく、ほかの構成要素を引き寄せたり、遠ざけたりする力も感情エネルギーによって決まるのだ。

これらの構成要素の振る舞いは、次のような仕方で変化する。1つの要素が別の要素と結合しようとしている際には、ある特徴的な方法で自らの構造を配列し、別の要素から離れていこうとする際には、また違った方法で構造を配列するのである。どちらの場合でも、構成要素の内部では極性が変化する。構成要素は自らの内部の極性を変えて、自分を引き寄せている要素の極性構成と一致するように適応させ、ほかの要素と離れるときには、相手の極性構成から外れるように変化させるのだ。

5千個の構成要素が並んで1つにまとまったものを例にとってみよう。当然、目には見えないが、もし見えたとしたら、個々の構成要素の極は同じように配列していることがわかるだろう。それはたとえば円形の、1つの単一の要素のように、したがってきみたちの地球がそうであるように、磁極線が整列した1つの小さな球のように見えるだろう。

次に、この大きなまとまりとなった構成要素が、極が東西にある、さらに大きな円形の、別の構成要素に引き寄せられたとしよう。するとこの構成要素は自身の極性を変化させ、その内部の構成要素もすべて、同じように極性を変えるのである。始動点であるエネルギー・ポイントは、そうした構成要素の極の配置に関係なく、極同士の中間地点に位置するようになり、エネルギー・ポイントが極を形成するのだ。したがって極はエネルギー・ポイントの周りを旋回することになる。基本的にエネルギー・ポイントは破壊することはできない。

しかしながら、エネルギー・ポイントの強度には驚くほどの幅があり、そのため、相対的にいうと、物質の基盤を構成するには弱すぎたり、強度が足りずに後退することがあり、その場合には、おそらく、「物質化」のための強度があまり必要とされない、別の次元へと投射されるのである。

これらの構成要素はまた、力と強度を大きく増大させ、その背後の驚くべきエネルギーを利用して、きみたちの次元の内部に比較的永続的な構造物を形成することもある。きみたちのストックリッジ――

（セスが話すのをやめた。ジェーンは言葉を探し求めるようにして眉をひそめた。）

（「オークリッジですか?」）

そうではない。（身振りを交えて）寺院のなごり……

（「ああ、バールベックでは?」）

星に関する研究の場だった。天文台だ。

（「そうですか?」。セス／ジェーンが探している言葉は、たぶん僕が知っていると思ったが、思い出してメモする時間がなかった。）

非常に強烈な感情エネルギーを帯びた構成要素は、物質のためのひな形を形成し、その強度を維持した。こうした構成要素は、きみたちの次元内に出現する一方で、その外側にも存在し、感情エネルギーを持った構成要素を、物質からなる世界全体へと押し出すこともあるのだ。前にも言ったとおり、これらの要素を破壊することはできない。しかし、要素の力が弱まって物質形成が可能なレベルを下回るまで後退したり、強まって物質として現れながらも、物質を通過して、きみたちの次元に行きわたるように放射したりすることもあるのである。

構成要素のこうした活動については、別々に扱うことにしよう。しかしそうした状態にあっても、構成要素は変化の途中にあり、常に何かになろうとしている最中なのだ。休憩をとるか、セッションを終えるか、好きなようにしてくれたまえ。

(「それでは終わりにします」)

この資料（マテリアル）はぜひ聞いて欲しかったのだ。

(「とても興味深いです」)

まだ始まったばかりだ。きみたちに必要がなければ、喩えを述べるのはやめよう。心よりお休み。

(「お休みなさい、セス」)

(10時45分。2人でしばらく話し合ったあと、セス／ジェーンは「ストーンヘンジ」と言おうとしていたのではないか、と思い当たった。イングランドにある、円形に巨石を並べた古代ドルイドの遺跡だ。するとジェーンも、セスが自分に言わせようとしていたのは、この言葉だと確認した。彼女はこの言葉を知っており、何のことを指しているのかもわかっていたので、トランス状態でなぜすぐに出てこなかったのか、わからなかった。)

●セッション509……1969年11月24日（月曜日）午後9時10分

（今日ジェーンは、ユングの実験心理学を読んでいた。1968年にユングの後継者によって出版された最初のアメリカ版だ。それについてのコメントをセスに求めることはしなかった。）

こんばんは。

（「こんばんは、セス」）

さて、意識の性質を語る際に、きみたちの心理学者がこぞって過小評価する重要なポイントがある。この資料（マテリアル）は、ＥＥ（電磁エネルギー）構成要素の議論と関連があるので、結びつけて説明しようと思う。

まずはユングから始めよう。意識は自我構造を取り巻くように構成されていると、ユングは推測した。そして、彼が無意識と呼ぶものは、それほど自我による統制を受けていないので、ユングは無意識には意識はない――自己としての意識はない――と考えた。通常の自我は無意識の内容を直接知ることはできない、という彼の主張は説得力のあるものだ。しかしながら、ユングもきみたちのほかの心理学者たちも、私が何度も述べてきたこと――内的な自我というものがあるということ、そしてユングが無意識の素材と呼ぶものは、この内的な自我によってまとめられている――ということに気づいていないのだ。

重ねて言うが、きみたちが通常の、目が覚めているのとは異なった状態にいるときでも、この日常的な自己を放棄したときでも、きみたちは意識があり、覚醒しているのである。単に、起きているときの自我から記憶を閉め出しているだけなのだ。というわけで、意識の性質に話が及ぶと創造性の問題がほとんど無視されてしまうのである。創造性は、自我意識にではなく、主に無意識の領域にあると見なされている。私が言いたいのは、無意識にも意識がある、ということだ。したがって、創造性は、意識の最も重要な特性の1つなのだ。通常の自我意識と、自我意識にとっては無意識だとみえるだけの、意識の領域を区別することにしよう。

さて、内的な自我は、ユングなら無意識と呼ぶ経験のまとめ役である。われわれが内なる自己と呼んでいるものを表す別の言葉だ。外的な自我が、物質的な環境の中で物事を取り仕切るように、内的な自我または自己は内的な現実（リアリティ）の中で経験をまとめ、処理するのである。内的な自我が物質的現実（リアリティ）界を創造し、その中で外的な自我が対処するのだ。

この内なる自己による、創造性に富んだ個性的な仕事は、いずれも無意識になされるのではない。その仕事には目的があり、極めて独自で、それに比べたら外的な自我は影にすぎない、内なる意識的自我によって実行されるのであって、その逆ではない。ユングの言う自己の暗黒面とは自我のことであり、無意識ではないのだ。無限ともいえるほどの多様性に富み、複雑で、信じられないほど見事に織りなされたユングの「無意識」は、とても無意識とはいえないのである。それは、日常的な自我よりはるかに大きな自己感覚（アイデンティティ）と目的が備わった、内的な意識が創り出したものだ。いわゆる無意識の活動を、自我が無秩序だと見なすようにさせているのは、日常的自我自身が無知であり、その焦点の範囲が限られているためなのだ。

意識的な自我は、実は「無意識」から浮かび上がってくるのだが、無意識は自我の創造者であるが故に、必然的に、その子どもである自我よりはるかに意識がある。自我は単に、自らの源である内なる意識的自己の所有する、膨大な知識を取り込むことができるほど意識的ではない、ということなのだ。

この内なる自己こそが、その計り知れない知識と、限りなく広大な意識から物質的世界を形成し、外的な自我に絶えず気づきをもたらす刺激を与えているのである。われわれが話してきたEE構成要素を起動し、まとめ、投射して管理し、エネルギーを物体へと物質へと変換するのは、ここでは内的な自我と称した内なる自己なのだ。

この内なる自己は、そのエネルギーを利用して、それ自身――内なる経験――から物質的な対応物を形成し、その中で外的な自我が自らの役を演じられるようにする。つまり、外的な自我は、内なる自己が書き上げた脚本に沿って演技するのだ。だがこれは、外的な自我が操り人形だということではない。外的自我の意識と知覚力は内的な自我と比較するとはるかに劣り、外的な自我が自らの安定性をどれほど自慢しても、内的な自我にはとても及ばないということであり、また外的な自我は、内的な自我から生じたのであるが故に、その気づきの度合いは内的な自我には敵わない、ということなのである。

外的な自我は、いわば甘やかされており、自分が対処できる感情や情緒、情報だけを与えられているのだ。その情報は、非常に特殊なやり方で、通常は肉体的な感覚器官によって受け取られる形で、外的な自我に伝えられるのである。

内なる自己、または内的な自我は意識があるばかりでなく、他者と区別される個としても、ほかのすべての意識の一部である個としても、自らを意識している。きみたちの観点からすると、内なる自己は、この別異性と一体感の両者に継続的に気づいているのだ。外的な自我が持続的に気づいているものは何もない。自分自身を忘れることもしょっちゅうだ。強い感情に圧倒されると、外的な自我は自らを失うように見える。つまり一体感はあるが、別異性の感覚はなくなってしまっている。それに対して、個としての感覚を意欲的に維持しようとすれば、もはや一体感に気づかなくなるのだ。

内的な自我は常に２つの側面に気づいており、自身の最も重要な様相である、創造性を中心にして構築されている。自らの統合体（ゲシュタルト）を構成する各部分を――私が述べたＥＥ構成要素を通して、絶えず物質的現実へと、あるいは同様に正当な別の現実（リアリティ）へと――変換しているのだ。

それでは休憩をとってから続けることにしよう。

（肉体の死後、ユングは自分の考えを変えたのだろうか。休憩の間に、僕はこの疑問を口に出して言ってみた。）

（10時5分再開）

さて、ＥＥ構成要素は、基本的な経験が、内なる自己によって統制されたときに取る形である。

次に構成要素は、物質や物体を形成する。つまり、物質とは、基本的な経験が３次元の世界に侵入した際に取る形なのだ。物質とは、きみたちの夢がとる形なのだ。君たちの夢、思考、感情はこの内なる自己により、文字通り、目的を持って物質へと変換されるのである。

　したがって、個々の内なる自己は、壮大な創造的熾烈さを伴う、並外れた努力を絶えず行使しながら、ほかのすべての内なる自己と協力して、きみたちの知る物質的現実界（リアリティ）を創造しているので、物質的現実界（リアリティ）は、非常に意識度の高い内なる自己の派生物、あるいは副産物だということができる。

　建築物は、岩石や鋼鉄でできているように見え、肉体的感覚器官にとってはかなり永久的なものと映るだろう。だが、実際には振動して絶えず変化している、強いエネルギーを帯びた（どのような素粒子にも、いわば「まだなっていない」）ＥＥ構成要素の統合体（ゲシュタルト）であり、数多くの内なる自己の集合的な尽力によってまとめられ、維持されているのである。つまり、建築物は凝固した感情であり、主観的状態が固体化し、物質として実体化したものなのだ。

　つまりは、意識の力というものが、はっきりとは理解されていないということになる。このＥＥ構成要素の物質的実体化には各個人が役割を演じている。したがって、物質は自己の延長だと主張することはまったく妥当であり、それは肉体が内なる自己の投影だ、というのと同じ理屈なのだ。

　体が内なる自己を中心に成長し、樹木が地面から生えてくるのは当然だが、建築物が花のように自然に建ち上がってくることはない。つまり、内なる自己にはさまざまな創造の方法があり、ＥＥ構成要素をいくつもの異なった方法で利用するのだ。このことは議論を進めていくにつれ、わかってくるだろう。

自らを表現する場として物質界を選択したあと、内なる自己のする最初の仕事は、ほかのすべてのことのよりどころとなる、物質的な基盤——自然環境とも呼べる地球のさまざまな特性——を造り、維持することである。内なる自己には、知識や経験を引き出す膨大な、無限ともいえる貯蔵庫がある。あらゆる選択肢が可能であり、物質のとる形態の多様性は、深奥にある、この多彩な可能性の根源が現れたものなのである。

自然の構築物が形成され維持されるにつれ、ほかの2次的な物質的特性——2次的構築物——が投影される。しかしながら、最も深く基本的な、不変の主観的経験は、自然的な要素、つまり、物質的生命を養う、豊かな自然環境へと変換されるのだ。この議論の続きは次のセッションにしよう。

ユングは死の直前に、自らの概念のいくつかにさらなる説明を加えた。（前屈みになり、ユーモアを交えて強調）それ以来多くの観念に変更を加えている。それでは、休憩をとるかセッションを終えるか、お好きなように。

（「休憩をとることにします」）

（10時30分。ここまでの口述には、実際には25分かかったが、たぶん10分くらいしか経っていないように感じられる、とジェーンは言った。10時43分再開）

まもなくセッションを終えることにしよう。しかし今のところは、私がきみたちに語っていることとは、将来もっと一般的に知られるようになる、と言っておけば十分だろう。人間は自分自身の内なる自己感覚（アイデンティティ）、自分自身の意識がとる別の形態に、ある程度慣れ親しむようになるだろう。

はるか昔から、ある種の夢や睡眠状態には、自己意識と目的が関わっていることに気づき、目を覚ましている状態でも、その内なる自己の感覚を引き続き維持した人たちがいた。そのような人たちにとっては、自我意識だけが自分だと見なすことは、もはや不可能なのだ。彼らは、自分たちが自我を超えたものであることに、明らかに気づいているのである。そうした知識が得られると、自我はそれを受け入れることができるのだ。というのも、自我を超えた感覚によって、自分にとって意識がぼやけるどころか、今まで自らが課してきた制約が取り除かれたのだということに自我が驚きを持って気づくからである。

さて――特に強調しておきたいのだが――いわゆる無意識の内容というものが自由を与えられると、正常な人格において自我を中心にしてまとめられた自己から、エネルギーを奪い去る、という主張は正しくない。まったく正反対に、自我のエネルギーはかなり直接的に補充されるのである。心理学者たちが、そのように無意識の活動に対する危険を訴えるのは、「無意識」は支離滅裂で混沌としている、という不安によるものなのだ。また、心理学を研究する人たちの性質として、「無意識」というものに心を奪われる傾向が存在するのだが、多くの場合、それは無意識に惹かれているのと同じ程度に、それを恐れているのである。

自我は自らの安定性、安定性と見えるもの、そして健全さを、潜在意識や無意識から絶えず与えられる栄養によって維持している。栄養が多すぎるからといって、自我が死んでしまうことはない。わかるかな？

(「はい」)

そうした栄養が何らかの理由でかなりの程度遮られたときに初めて、自我が飢餓に脅かされるのだ。自我の「無意識」との関係については、まだ述べることがある。健康な人格においては、内なる自己がすべての経験をたやすくEE構成要素に変換し、それが物質的に具体化される。したがって、物質は一種のフィードバックとしての役目を持っている。質問がなければ、ここでセッションを終えることにしよう。

(「ないと思います。とても興味深い話です」)

きみたち2人には心からの祝福とお休みを。

(「写真は気に入りましたか?」。写真というのは、前回のセッション508のときに写真家が撮ったものだ。その写真はジェーンの本、『セス・マテリアル』に使われるだろう。)

(10時56分)

大変気に入ったよ。それを撮影した若者もね。

訳者あとがき

本書は、ジェーン・ロバーツ著、『The Seth Material（ザ・セス・マテリアル）』の日本語訳です。原著は、日本でもすでに出版されている2冊のセスの本、『セスは語る』、『個人的現実の本質』よりも早く、ジェーン・ロバーツの著作の中でセスに関する本としては最初に、１９７０年に出版されました。

「セス・マテリアル」という名称には2つの意味があります。本書のタイトルであると同時に、ジェーン・ロバーツが１９６３年12月2日に、ウィージャボードを使った第1回目のセッションを開いてから、１９８４年9月5日に他界する6日前の、8月30日までに残されたセスの言葉全体も「セス・マテリアル」と呼ばれています。

日本で出版されたセス関連の本としては3冊目に当たる本書は、既刊の2冊とは趣を異にしています。『セスは語る』と『個人的現実の本質』では、セスは直接読者に語りかけます。それに対して本書は、セスが現れるようになり、セスの語る資料（マテリアル）が次第に複雑さを増し、進展していく様子をジェーン・ロバーツが解説する形をとっています。本書で語られるセスの言葉は、主にThe Early

Sessions（初期のセッション）から引用されたものです。初期のセッションは、第1回から第510回までのセッションを9冊に分冊して収めたもので、初期のセッションであるにもかかわらず、出版されたのは1997年になってからです。初期のセッションは、もともと一般の読者向けに語られたものではなく、ジェーンと夫のロブの二人に向けられた、非常に高度な内容のアイデアが凝縮された形で述べられています。それはまるで、セスが自分の教えの骨子を初期のセッションで述べ、その後に出版された一般読者向けの8つのタイトルの中で詳しく説明を加えて、敷衍、発展させていったという感じです。

日本語版に関してのみ当てはまることですが、本書が前二作と大きく異なる点がもう一つあります。既刊のセスの本をお読みになった読者の方は、本書でのセスの言葉づかいが、大きく異なっていることにお気づきだと思います。今までの丁寧で、どちらかと言うと柔和な感じすらする語り口に慣れていらっしゃる方は、違和感を感じられたかもしれません。しかしながら、原著に語られているセスの口述の様子や、ジェーンがセスとなって話している言葉を録音した音声を聞くと、セスの口調には明らかに敬体（です／ます調）より、常体（だ／である調）の方がふさわしいことがわかります。そうした理由から、また、原著の雰囲気を踏まえてセスらしさを十分に引き出すため、本書ではセスの言葉づかいを改めました。

訳語についても、既刊の2冊から変更を加えたところがあります。entity はこれまで「存在」、「本体」と訳されてきましたが、本書では「根源的自己」または「根源的存在」としました。本書の第一章で、セスは〝Entity is the basic self, immortal, nonphysical〟（エンティティとは、肉体を持たない、不死の、根源的な自己のことだ）と述べています。つまり、エンティティとは、ごく簡単に言えば魂の集合体のようなものですが、わたしたちがその一部となっている、全体的な自己を表し、その中には、この世界に住んでいるわたしたちのような人格存在ばかりではなく、生まれ変わりの自己も（後述する）蓋然性の自己も含まれるのです。

　さて、その蓋然性ですが、これはprobableの訳語として本書で採用した言葉です。『セスは語る』では、probableは「確率的偶然」と訳されていました。しかし、「確率的偶然」ではセスの意味するところを正確に捉えているとは言えません。セスの説くところによれば、この宇宙に偶然の出来事はなく、あらゆる現象にはそれが起こる理由があり、わたしたちが人生で出会う出来事も、それが必要であるから起こるのです。セスの言う蓋然性とは、この世界で現実になることもできる（できた）が、実際にはそうはならない（ならなかった）出来事を意味します。もちろん、出来事だけではなく、蓋然性の自己という場合には、自分がそうなっていたかもしれないが（この現実界(リアリティ)では）そうはならなかった自分のことです。そのような出来事や自己は、この世のわたしたちの目から見れば、現実にはならなかったのですが、実は別の世界では現実化しており、その世界の観点からすれば、今わたしたちのいるこの世界が蓋然性の世界になるのです。

　セスがジェーン・ロバーツを通して、初めてこの世界とコンタクトをとるようになってから、すでに半世紀以上が経過しました。その間、セスの言葉はフランス語、ドイツ語、スペイン語、オランダ語、アラビア語、中国語、そして日本語に翻訳され、数百万の読者に語りかけてきました。さらに、エイブラハムをチャネリングするエスター・ヒックスを始めとして、その後に現れた数多くのチャネラーたちに影響を与えました。そして「セス・マテリアル」を始めとして、ジェーン・ロバーツに関連するあらゆる記録（書簡、録音、映像記録、日記、詩、私生活や作家としてのキャリアに関わる書類を含む）は、現在米国のイェール大学の図書館、スターリング・メモリアル・ライブラリにジェーン・ロバーツ・ペーパーズとして保管されており、もっとも閲覧者の多い資料の一つとなっています。そのような名門大学の図書館に保存されている、という事実そのものが、「セス・マテリアル」がいわゆるニューエイジに関心を持つ人たちばかりでなく、多くの有識者にも高い評価を受けていることを示しています。

　セスの教えは、時代や思想や文化を超えた、わたしたち自身の源からくる声です。その声は、人類の歴史が始まって以来、様々な形をとって私たちに語りかけてきました。そしてセスは、現代を生きるわたしたちに理解できる形で、現実（リアリティ）の本質を解き明かしてくれます。個人としても、また全体としても、今人類が直面している数々の問題は、まさに私たちが自らの根源とのつながりを見失ってしまったことにある、と思います。セスが本書でも述べている通り、答えは私たちの中にあるのですが、現代人はその答えがある場所を見失い、間違った方向に目を向けているようです。セスの言葉が、読者の皆さんの自己発見の旅のよき伴侶となることを祈っています。

　現在ネット上にはセスのアイデアを紹介するサイトや、セスに関するディスカッション・グループが数多くありますが、英語によるものがほとんどです。日本語のサイトとしては、セス・ネットワーク・ジャパン（SNJ）があります。ただ、同サイトは2020年7月現在、アクセスできない状態になっています。新規会員の登録も行えませんが、ＳＮＪ自体は存在しています。サイトが再びアクセスできるようになったら新規会員の受け付けも再開される予定です。具体的な再開時期は決まっていませんが、そのタイミングにも意味があることでしょう。ときどき、「セス・ネットワーク・ジャパン」で検索してみてください。

最後になりましたが、この度、本書を訳出する機会を与えてくださった、ナチュラルスピリットの今井社長、ならびに編集作業でご尽力いただいた杉田巳樹子さんに、心より感謝したいと思います。読者の皆様が、ご自分の現実を創造する上で、本書が一助となることを願っております。

2020年7月

水野　浩

ジェーン・ロバーツ著作目録（一部）

How To Develop Your ESP Power（1966）（後に The Coming of Seth として刊行）
The Seth Material（1970, 2001）
　　日本語版『セス・マテリアル』
Seth Speaks: The Eternal Validity of the Soul（1972, 1994）
　　日本語版『セスは語る』
The Nature of Personal Reality（1974, 1994）
　　日本語版『個人的現実の本質』
Adventures in Consciousness: An Introduction to Aspect Psychology（1975）
Dialogues of the Soul and Mortal Self in Time. Prentice-Hall（1975）　詩集
Psychic Politics: An Aspect Psychology Book（1976）
The "Unknown" Reality Vol. 1（1977, 1997）
The "Unknown" Reality Vol. 2（1979, 1997）
The World View of Paul Cézanne: A Psychic Interpretation（1977）
The Afterdeath Journal of An American Philosopher: The World View of William James（1978）
Emir's Education in the Proper Use of Magical Powers（1979）　児童文学
The Nature of the Psyche: Its Human Expression（1979, 1996）
The Individual and the Nature of Mass Events（1981, 1994）
The Oversoul Seven Trilogy（1995）
　　当初は The Education of Oversoul 7（1973）、The Further Education of Oversoul Seven（1979）、Oversoul Seven and the Museum of Time（1984）の三分冊として刊行
The God of Jane: A Psychic Manifesto（1981, 2000）
If We Live Again, Or, Public Magic and Private Love（1982）　詩集
Dreams, Evolution and Value Fulfillment, Vol.1 / Vol.2（1986）
Seth, Dreams and Projections of Consciousness（1986）
A Seth Reader（1993）　Richard Roberts　「セス・マテリアル」の要約
The Magical Approach : Seth Speaks About the Art of Creative Living（1995）
The Way Toward Health（1997）
The World View of Rembrandt（2006）
The Early Sessions Vol.1 ~ Vol. 9　（1997 ~）
　　セッション１から 510 までを９冊に分冊して収録
The Personal Sessions Vol.1 ~ Vol.7（2003 ~）
　　他のセスの本には収録されていないセッションをまとめたもの
The Early Class Session Vol.1 ~ Vol.4（2008 ~ 2010）

本書以外のセス・ブックについて

The Nature of Personal Reality: Specific, Practical Techniques for Solving Everyday Problems and Enriching the Life You Know

『個人的現実の本質：日々の問題を解決し、人生を豊かにするための具体的で実践的なテクニック』（ナチュラルスピリット刊）

『Seth Speaks』と並ぶ、長年にわたるベストセラー。現実の本質に対する理解に疑問を投げかけ、誰でも覚醒して行動する力を持ち合わせていることを説く。それらの理論を日常に応用するための実践的方法が詳細に述べられている。

Seth Speaks:The Eternal Validity of the Soul

『セスは語る：魂が永遠であるということ』（ナチュラルスピリット刊）

セスの本のなかでも最もパワフルなものの一つである『セスは語る』は、人間の潜在能力の最も深い可能性を探求している。時の試練に耐えて、最もダイナミックで、内的現実の光輝く地図の一つであり続けており、今日でも有効な意識的に生きるためのガイドである。

The Individual and the Nature of Mass Events

個人と大衆レベルの出来事の本質

個人的思念と世の出来事との繋がりについて探求した、セス・ブックの先駆けの書。私たちの現実がどのように溶け合い結び付き、政府転覆や新宗教の誕生、戦乱、疫病、地震、新しい芸術や技術など、大衆レベルの出来事を創造しているのかをセスが明らかにしていく。

The Magical Approach: Seth Speaks About the Art of Creative Living

魔法の手引き書：セスが語る創造的生活の技法

セスは、私たちの存在のもっとも深いレベルの真の本質は魔法のようであると言い、「魔法のレンズ」を通して世の中を見ることを奨める。創造的に自然のリズムにしたがって毎日を生きる方法を語ったメッセージ集。

The Nature of the Psyche

精神の本質

隠された愛の言語、時間に依拠せずに存在する内なる現実、夢の真の出所と素晴らしい威力、人類の性的特質、我々がどのように肉体の死を選択するか、などに関する疑問に答えながら“自己”について驚くべき概念を明らかにする。

The “Unknown” Reality: A Seth Book in two volumes

“知られざる”現実（上下巻）

上巻ではセスにいざなわれ、慣れ親しんでいたものを遠く後にして心の旅に出る。人生における出来事はどこから始まり、どこで終わるのか、また個人はそれらの出来事のどこに収まるのかといった疑問にセスが答えていく。下巻ではそれらの知識や情報をもとに一連のエクササイズを通じて、外なる現実を創り出している、自己の知られざる内なる現実を浮き彫りにしていく。

セス関連サイト

セス・ネットワーク・インターナショナル（フェイスブック）

※米国で幅広くセスのアイデアの啓蒙活動をしているリンダ・マッデン・ダールの著書も紹介されている。

https://www.facebook.com/LyndaMaddenDahl.SNI/

Seth Learning Center（セス学びのセンター）

セスのメッセージについてのサイト

http://www.sethlearningcenter.org/japanese/（日本語）
http://www.sethlearningcenter.org/（英語）

New Awareness Network Inc.

セスに関する書籍やセッション集、オーディオコレクションを販売

http://www.sethcenter.com/（英語）

上記 URL は予告なしに変更される場合があります。

著者

ジェーン・ロバーツ　Jane Roberts（1929-1984年）

1929年5月8日生まれ。2歳で両親が離婚、母親とともにニューヨーク州サラトガ・スプリングス市の祖父母のもとで育つ。9歳でカトリック・スクールに転入、その後スキッドモア大学に学んだ。詩、小説、児童文学ほか、メタフィジカルな著作を数多く残している。なかでも、『セスは語る』(Seth Speaks)、『個人的現実の本質』(The Nature of Personal Reality）をはじめとする「セス・ブック」は大きな反響を呼び、今日も世界中の人々に読まれつづけている。1982年に甲状腺を患い、関節炎その他を併発して入院。1984年9月5日、エルマイラ市内の病院にて逝去。夫であったロバート・バッツ氏も2008年に88歳で他界。

訳者

水野 浩　Hiroshi Mizuno

東京生まれ。慶應義塾大学中退。米国カリフォルニア州レッドランズ大学卒業。若いころより宇宙の神秘や古代文明の謎、精神世界に関心があり、1979年～1986年の在米中にはグルジェフ・ワークに携わる。1984年にセスを知り、以来「セス・マテリアル」を中心に、意識研究や現実創造に関わる諸問題を探求中。翻訳家。

セス・マテリアル

●

2020年7月20日　初版発行

著者／ジェーン・ロバーツ
訳者／水野 浩

編集／杉田巳樹子
DTP／山中 央

発行者／今井博揮
発行所／株式会社ナチュラルスピリット

〒101-0051 東京都千代田区神田神保町3-2　高橋ビル2階
TEL 03-6450-5938　FAX 03-6450-5978
E-mail info@naturalspirit.co.jp
ホームページ　https://www.naturalspirit.co.jp/

印刷所／モリモト印刷株式会社

ISBN978-4-86451-340-1　C0011

新しい時代の意識をひらく、ナチュラルスピリットの本

Seth Speaks

セスは語る

魂が永遠であるということ

ジェーン・ロバーツ著
ロバート・F・バッツ記録
紫上はとる訳

四六判並製／定価＝本体 2900 円＋税

1972年発刊以来、世界に影響を与え続けている歴史的名著！

あなたが物質的な現実の創造者です。人間は多次元的な存在です。

「まことの霊性とはあなたがたのなかでの意識の躍動であり、心のなかの超越的冒険感覚と関わりをもつものなのです。まことの霊性は、宇宙を、そしてあなたの人格全体を鳴り響きわたらせて歌います。それは創造のすべてを可能せしめることへの喜びを意味しているのです」（本文より）

お近くの書店、インターネット書店、および小社でお求めになれます。